世界传世藏书

【图文珍藏版】

旅游大百科

赵然⊙主编

第四册

线装书局

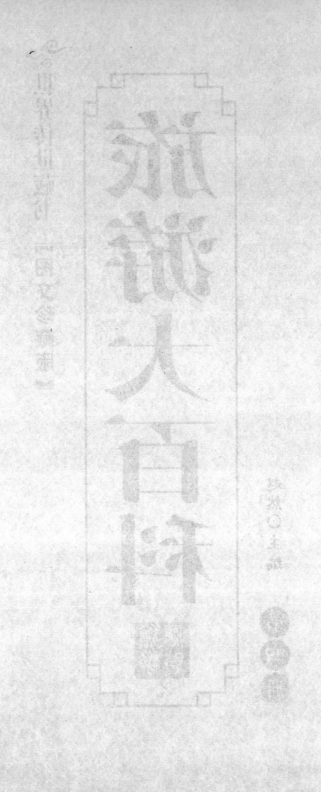

第二十五章　湿地游

巴音布鲁克湿地

据说，早在 2600 年前，这里就是姑师人的游牧地。在 1771 年，蒙古族土尔扈特部落定居在巴音布鲁克草原和开都河流域后，这里便成了他们的家园。而巴音布鲁克大草原便是开都河的发源地。

每逢夏日，巴音布鲁克草原绿得诱人，平坦开阔望不到尽头。牛羊自得其乐，只顾品尝美食，甚是赏心悦目。此外，巴音布鲁克还有一个很神圣的地方——天鹅湖。

巴音布鲁克水草丰美，风光亮丽，也是草原动物的美食居。这里盛产焉耆天山马、巴音布鲁克大尾羊、中国的美利奴羊和有"高原坦克"之称的牦牛，被誉为"草原四宝"。

这个草原上坐落着著名的天鹅湖，青山碧水、蓝天白云、成群的天鹅，这样一幅画面怎么能让人不陶醉。

每当炊烟渐起，天鹅便各顾各地过着自己的生活，让人们不能忽略这个大家庭。最有趣的是天鹅的睡姿，它们有的会以单腿支撑身体立于草丛间，有的直接浮在水面上，俨然是天生的舞蹈演员。傍晚的时间绝对不要错过，因为这是属于天鹅的表演时间，它们有时慵懒地守护草丛，有时警惕地捕捉草茎，有时又以高难度的动作将头直插水面，让人不禁窒息。它们是天生的舞者。

巴音布鲁克湿地

一年一度的"那达慕"大会在农历六月初四至初六召开。这时候的巴音布鲁克鲜花似锦，草原一片辽远，甘当衬托，牛羊成群，似乎也在为盛会捧场。

在这个盛会上，游人能够看到赛马摔跤及极具民族特色的歌舞表演。观赏完表演，还能悠闲地逛逛小市场，购买各类纪念品，带着这份民族色彩回到自己的故乡。农历初四是蒙古族的"塔格楞节"。这天，在塔格楞山上，一早便有身披袈裟的喇嘛端坐在蒙古包外，诵经祭佛。人们则会身着盛装彼此祝福，宛如一条漂亮的移动彩虹，构成草原一道亮丽的风景。

巩乃斯区内林木遮天，流水潺潺，天空湛蓝，草地碧绿，野花点点，构成色彩极佳的水墨画。而巩乃斯森林公园又是巩乃斯的亮点。远远望过去，仿佛冰雪中的公主，在蓝天白云的衬托下，在林海的陪伴下，有着独特的优雅。在这里，还有巩乃斯河奔流不息，唱着草原的赞歌。这样一个妙不可言的地方绝对是一个避暑胜地，看着蓝天白云，惬意地走在草原上，欣赏着动人的天鹅舞，将所有的炎热就轻易打退，还游人一片清凉。

传说，巴音布鲁克内有一片会流泪的草场，它守护着人类的爱情。

有人说，在找到草场之前不要回头，也不要发出声响。等到了那里，沐浴更衣，并且虔诚地祈祷三天三夜，然后勇敢地大声说出爱人的名字，这片流泪的草场便会实现这个人的愿望。

还有人说，如果能够找到它，对着它大呼爱人的名字，同样祈祷三天三夜，将来死去葬在那里，就能变成永不超生的透明精灵，灵魂就能够抵达爱人的身边，与自己的爱人永远相伴，再也不会分开。

这样的一片会流泪的草场，如果您渴望爱情，如果您要守护爱情，您会舍得错过吗？

🚗 旅游小贴士

怎么去：巴音布鲁克区政府离县城 338 公里，每隔一天和静客运站有班车。从区政府租车去草原，吉普车每天 400~500 元。早上从库尔勒出发的班车，途中会在巴伦台吃午饭，你也可以选择在这时去巴伦台黄庙后再另乘其他的车。

观光：巩乃斯林场和天鹅湖风光秀美，如人间仙境。

美食：巴音布鲁克草原的美食，有新疆特色的烤全羊、奶茶、烤羊肉等。

购物：巴音郭楞蒙古自治州的香梨十分有名，这种梨非常小，但却汁多肉嫩，香甜可口，如果在 9 月初到巴音郭楞蒙古自治州，就能品尝到这种世间少有的美味水果了。

若尔盖湿地

若尔盖于 1953 年设县，据说县名来自一个西藏派来的大管家的名字。管家名叫若耶，方言译为若尔盖。还有人说它是以若尔盖部族为名。若尔盖县位于青藏高原东部边缘地带，地处阿坝藏族羌族自治州北部。东西景色各异，东部群山起伏，林海滔滔；西部草原广阔，一直有"川西北高原的绿洲"之称。

若尔盖草原辽阔，牛羊成群，以其独有的美演绎着草原的传奇。漫步其中，水

若尔盖湿地

天一色，秀美绮丽的自然风光与民族风情相互衬托，游走在其中，仿佛在欣赏一幅大自然的画作，美丽得没有一点虚夸。

纳摩大峡谷仿佛仙境一般，属于自然景观中的人文景观。散布着一排排房子、庙宇，让这个本已美得窒息的峡谷又彰显着人文气息。

一条小河蜿蜒在两岸的屋庙中间，延伸至远方。临近傍晚，两岸袅袅炊烟伴着小河一起流动，一条地上，一团天边。顺着小河延伸的方向，又能看到威武的群山，甚是壮观。那袅袅炊烟给傍晚的峡谷增添了几分神秘的美，似一层面纱欲遮住含羞的脸颊。

九曲黄河第一湾蜿蜒逶迤，美不胜收。河面宽阔弯曲，正如其名。它被中外科学家誉为"宇宙中庄严幻影"，足见其魅力之大了。

黄河第一弯地势极其平坦，水舒缓地流向远方，让人不禁想在这缓慢的节奏中小憩一番。岸边红柳掩映，极具色彩感。让本已蔚为大观的第一湾轻松夺取游人眼球。黄河第一弯山凹临河处还分布有寺庙，各个景物与建筑搭配得和谐美妙。

降扎温泉被四周群山环抱着，仿佛受宠的婴儿，它在川、甘、青藏区有很高的知名度，历来有"神圣吉祥"之地的美称。温泉内水清澈见底，氤氲弥漫，水源自山上，调皮地将所经过的地方都染成翠绿，仿佛一幅镶嵌翡翠的绿毯，一直铺至温泉。远远望去，似乎要给温润的泉水铺路。阳光下，碧泉诱人，翠绿耀眼，让人不舍得走开，非亲自下去一试不可。

更神奇的是，经上百年的实践证明，降扎温泉对皮肤病、关节炎、风湿、癌症、胃病等有显著疗效。每年来往的游人除了为泡温泉、观美景外，可能还有一部分人是慕名而来体验其神奇疗效的。

在气候相对温暖的若尔盖东北边缘，植被茂盛，草丰水盛，绝对是一个适宜安家的至美之地。这里居住着众多的野生动物。它们以天为盖、地为庐，就在这里尽情地享受着大自然的恩赐。这里是梅花鹿自然保护区。

每望去，成片的梅花鹿过着悠闲自在的生活，远离尘世，斑斑点点与皮毛形成鲜明对比，在蓝天白云中自成一景。梅花鹿在其中时而奔跑，时而休憩，充满野趣。让人不禁联想到童话中温驯的动物，不谙世事的动物。

传说黄河有9个女儿，嫁到了世界各地，常年无法聚齐。

有一次，黄河被渤海龙王邀请去龙宫赴宴，黄河很久没见到女儿，想要带着她们一起去。9个女儿中，白河是黄河最怜爱的，于是她便先去接白河。白河因最小也最思念母亲，一听说母亲要来接她，便欣喜若狂地朝黄河的方向跑去。

母女俩在索藏乡相遇了，她俩互诉思念之情后，就一同去接其他的姊妹。因为母女情深，姐妹情深，黄河走过的9个地方就形成了现在的9个湾，也就是现在的黄河九曲湾。

🚗 旅游小贴士

怎么去：可先乘飞机抵达成都，再驱车前往，途经汶川、茂县、松潘后到达若尔盖。

观光：热尔大坝、高原湿地自然保护区、九曲黄河第一湾、降扎温泉、梅花鹿自然保护区、玛尔莫塘草坝、阿尔甲乔干草坝、苟象寺、格尔底寺、达扎寺、索格藏寺等。

美食：藏族餐饮有糌粑、角玛饭、酸奶子、奶饼、烧馍、酸菜面块、山野菜、藏族腊肉、香肠、香猪腿、青稞酒等。

购物：在当地游客可以买到天然沙棘饮品、山野菜系列产品、红叶塑封签、红叶系列酒，还有藏族工艺品如藏刀、烟盒、火锅、腰带、头帕、饰品等。

三江平原湿地

三江平原有"中国黑土湿地之王""高寒湿地之乡""沼泽湿地之最"之称，更有人这样形容"数不清的水泡和岛状林点缀在苔草和小叶樟纺织的一望无垠的绿地毯中，登高望去一片苍茫"，足见其壮美。

三江平原的考古价值极高，20世纪80年代以来，在三江平原陆续发现了600多处古代遗址，印证了更朝迭代的历史兴衰。

2002年，三江平原已经有三个国家级湿地自然保护区被列入到国际重要湿地名录。2005年被权威杂志《中国国家地理》评选为"中国最美的六大湿地"第三名。

三江平原湿地

湿地中草原茫茫，芦苇荡荡，河道纵横，保持着最原始的沼泽湿地的美，以其最原始的风貌迎接着游人的欣赏。这片原始的湿地是野生动物的天堂，草味鲜美，惹得这里总是热闹非凡。

三江平原是中国迄今为止唯一保持着原始面貌的淡水湿地。进入三江平原，会看到许多小山丘拔地而起，散布在一望无垠的大平原中，成为宽阔的平原中的点缀。高高地看，就仿佛三江平原绫罗绸缎上的配饰，有一种天然的美。

这里的河流发源于山区的几条河流，它们和三江平原一样有着平静的性子，在经过一路的奔波投靠在平原的丰茂的苇草休憩，看不到它的流向，就这样"无疾而终"，因此有人称之为无尾河。

据统计，考古工作者自 20 世纪 80 年代以来，陆续在三江平原发现 600 余处古代遗址。它们形态不一，有的庞大，占地达到 100 多万平方米，设施齐全；有的则只有几平方米，没有任何光鲜华丽可言。但相同的是，它们对于历史的追溯都有着重要的作用。三江平原保持着最原始的状态，古址群也保持着最原始的风貌，有着完好地保存程度，值得一去。

三江流域盛产八种淡水鱼：鳌花、鳊花、鲒花、哲罗、法罗、重罗、雅罗、胡罗，被统称"三花五罗"。味道鲜美，鱼肉丰盈，做法不一，让人垂涎欲滴。而经典的酸菜猪肉炖粉条、笨鹅炖土豆、小鸡炖蘑菇更是让人赞不绝口，汁浓而不腻，香气扑鼻。

七星峰是三江平原上的最高峰，传说它是七仙女的化身。

据说，七仙女听说人间的三江平原美丽至极，于是偷偷来到这里。这里住着以打猎为生的一家人，儿子英俊潇洒，让最小的仙女一见钟情。于是她便偷偷和他结了婚，有了个聪明可爱的儿子，一家人生活得幸福简单。好景不长，山里出现了一个蛇妖祸害百姓，平静生活不复存在。七仙女对付不了它，便偷来太上老君的七星宝剑与丈夫二人赶跑了蛇妖。

蛇妖落败后跑到天庭说出了七仙女违犯天条的事情，天庭大怒，派天兵天将捉回七仙女，要将她打入天牢或者永留人间不能为仙。七仙女深爱自己的孩子和丈夫，毅然决然地选择留在人间。这样，一座挺拔秀丽的山峰便矗立在三江平原上，她以独特的姿态终日守护着自己的家人。

她的六个姐姐来到天庭为小妹求情不成，但思念之情让她们割舍不下妹妹。于是，她们化作了一座座山峰陪伴在妹妹左右，从此三江平原便有了七座山峰，被人称为七星峰。而七仙女变成七星峰以后，蛇妖羞愧难当，自知对不起七仙女，便知悔改重新做人，因此据说现在山里的蛇不会祸害人，有利于游人游玩。

旅游小贴士

怎么去：可在齐齐哈尔第一百货商场乘公共汽车前往，每天早中晚各一班，车程一小时。旅游旺季火车站有专列直达。

观光：如果驱车进入三江平原，就会看到在一望无际的大平原中，耸立着许多的小山丘，仿佛是大海中的小岛。这里的河流多数没有比较明显的河床，发源于山区的几条河流，在活泼地流进平原之后就逐渐归于平静，漫散在平原的苇草中，消失殆尽，形成了独特的无尾河景象。

美食：酸菜猪肉炖粉条、大鹅炖土豆、小鸡炖蘑菇。

购物：佳木斯所在三江流域盛产淡水鱼，如鳌花、鳊花、鲒花、哲罗、法罗、重罗、雅罗、胡罗，游客不妨采购一些。

辽河三角洲湿地

辽河三角洲独特的环境孕育着独特的湿地景观，苇海稻海每年吸引着无数游客，享受盛誉。

1929 年，张学良将军为振兴学风，在此建造了"新民小学"，并一直沿用至今，可以说每一块砖头都是文物。生态与人类活动的和谐规划，使得这里在 1992 年被联合国规划署评为"环球 500 佳"之一。

这里有世界最大的苇海，以其翠绿的身躯成为硕大的平原湿地中的亮点。这里成为各种候鸟的栖息地，是鸟的天堂。这里有着自然的原始风貌。一年有四季，芦苇荡都能以不同的姿态给您不一样的惊喜。

春季，万物复苏，当绿色渐渐还原在大地上，芦苇也顶不住春的诱惑，悄悄吐出绿芽，新奇地看着世界，一点点地延伸到水中。

夏季，一切都是生机勃勃，芦苇也健壮得足以抵挡风雨，随风摇曳，却从不屈服，宛如一片舞动的碧海。

辽河三角洲湿地

秋天，在蔚蓝的天幕下，金黄的稻海与苇海相呼应，一阵风吹来，仿佛一条金黄的纱巾随风起舞。而飘起的芦花又为这样的风景添加了浪漫。

到了冬天，苇荡银装素裹，开始冬眠，悄悄地躲在雪里，等待着下一年的生机勃发。

辽河三角洲的红海滩风景世间难得一见，举世闻名。每年慕名而来的游人数不胜数。它像为海滩蒙上了一层红色的薄纱，从空中俯瞰，俨然一位盖着盖头的少女，妩媚之极，让人不禁想"掀起你的盖头来"。它充满生机活力的红色让人感觉到生命的厚积薄发，这是一种神奇的力量，是能量的积蓄地。

而编制这片红色沙滩的便是名不见经传的碱蓬草，它以纤弱的身躯创造了最美的神话。每年随着气候的变化，碱蓬草的颜色也随之变化，然后出现了人们叹为观止的红海滩。

苇海的天然优势让这里成为候鸟的栖息地。这片大自然的宝地中栖息着丹顶鹤、白天鹅、黑嘴鸥等鸟类，共计236种。

据说每年3月20日前后，它们从南方陆续飞到辽河三角洲，在浩瀚的芦苇荡中繁衍生息，迎着春的希望播下爱的种子。游人可以观赏到丹顶鹤在空中美妙绝伦的舞蹈，即使舞蹈大师也要对这大自然的舞蹈家竖起大拇指了。

在这个有着原始的自然美的地方，大可以与这些舞蹈家来一张亲切的合影，为自己的旅行增添乐趣。

相传很久以前柴河叫麒麟河。麒麟河龙王的女儿小龙女，漂亮至极，远近闻名。辽河龙王就叫乌龟婆当红娘，带着聘礼去给辽河小龙说媒。

麒麟河龙王见聘礼丰厚也迫于辽河龙王势力强大，便一口答应下来。而小龙女听说之后，想起辽河小龙传说中的恶名死活不同意，于是化身一个渔家姑娘下凡寻觅心上人。机缘巧合，当她鱼篓里的鱼被强盗抢走，并且身陷险境之时，一个名叫柴郎的人出手相救。小龙女瞒住身世，与英俊潇洒的柴郎结为夫妻，一起过着平凡却幸福的生活。

而此时，辽河龙王让小龙去见见小龙女，但是小龙来到麒麟河王宫却不见她的踪影。当小龙听说小龙女与柴郎生活在一起之后便发誓要报复，于是他兴风作浪几乎淹没了他们的村庄。小龙女告诉柴郎事情原委后，两人决定并肩作战。柴郎与辽河小龙斯杀起来，最后同归于尽了。

小龙女伤心欲绝，回到了龙宫。为了纪念柴郎和小龙女，人们便将麒麟河改称柴河。

 旅游小贴士

怎么去：先乘火车到盘锦市，在盘锦市区内有直达红海滩接待中心的车，从钻井体育馆或者是锦江宾馆出发，在终点站赵圈河下车。

观光：主要景点有红海滩码头、苇海观鹤景区和月牙湾湿地公园，其中苇海观鹤景区内设有湿地博物馆、鸟语林、苇海探险、跑马场、越野卡丁车场、水上浮桥等游览项目。

美食：盘锦美食以海鲜为主，河蟹肉味鲜美，营养丰富，为水产中的上品。香螺是世界上较稀有的海螺品种，其肉味鲜香，为人们所喜食。还有活锅鱼，其风味独特，原料丰富，营养平衡，汤鲜肉嫩，酱香适口，口味无穷。

购物：盘锦市是全国重要的优质稻米生产基地，素有"北国江南"之称。盘锦大米米粒整齐、玲珑剔透、黏软细腻、营养丰富，是粳稻中的佼佼者。此外，盘锦的扣蟹也远销海外。

黄河三角洲湿地

现代黄河三角洲是 1855 年以来，黄河冲积作用形成的冲积扇，它以其执着让黄河三角洲从一片汪洋大海变为现在的旅游胜地。

1991 年国家在此设立了自然保护区，并在一年后晋升为国家级自然保护区。黄河三角洲的淤积成洲还在不断扩大，1997 年 10 月到 1998 年 10 月净淤进 10.89 平方公里。

黄河三角洲

黄河三角洲与其他地方相比少了几分柔情，多了几分风度。天色碧蓝，黄色三角洲就以它苍茫的景色，依赖着黄河母亲的神性发挥着特殊的魅力。走在这里，让人感觉到一阵大气迎面扑来，骨子里残存的矫揉造作就这样被排挤得无影无踪。

有人总结说，黄河三角洲呈现奇、特、旷、野、新的旅游特色。如今，这里已经形成了沼泽地生态区、海滩湿地观光区、槐林生态接待区、芦苇湿地观鸟区、新黄河三角洲湿地国土观光区等五大功能区。

在这些观光效果极佳的地方，壮美的湿地景观一览无余。黄三角的湿地风光动静结合，既有河道纵横、河流蜿蜒的壮阔，又有独特的"长河落日圆"的美景。似一块黄金插入蔚蓝的大海，有着天然的借口，让人在不断的惊喜中，开始真正领略这片年轻的湿地的独特魅力。

这里是百鸟的乐园，黄三角的野生动物鸟类确切数字为283种。每年冬季，寒冷不期而至，丹顶鹤等大批候鸟都会迁徙到黄河三角洲。

一时间鸟鸣幽幽，让粗犷的风景瞬时多了几分柔情。每年来这里中转的候鸟约有400万只，大批鸟儿聚集在这片美丽的湿地上，自成一种景观，以芦苇荡为背景，它们有的休息玩闹，有的翱翔天际，是一道亮丽的风景线。

来到黄河三角洲，一定不要错过这里的美食。这里的鲜鱼汤风味独具，喝在嘴里，一种清香会自然溢开，一点香油的点缀，让它更成为人间美味。而黄河刀鱼、鲤鱼、鲜蟹、文蛤、广饶肴驴肉、利津水煎包也是闻名遐迩。

吃过的人都知道利津水煎包会散发出一股子质朴的面味，浑厚的猪肉和辛辣的葱味，吃在嘴里，香味遗留在舌头上，独特的味道就散开来。鲜浓的汤汁在咬的那一刻便洒在嘴里，让人赞不绝口。

董永的故乡博兴便在黄河三角洲。传说玉帝的女儿七仙女非常羡慕人间的美好生活。一天，她随姐姐们出来时恰好碰到卖身葬父的董永，被其孝心感动，见钟情。

七仙女的姐姐看穿了她的心事，于是想尽办法帮助她下凡。临走之前给了七仙女一炷香，让小妹遇难时急用。七仙女高兴地来到人间，与董永结为夫妻。此时的董永已经卖身给傅员外家。七仙女为了还丈夫自由，也去傅员外家做工。傅员外为人奸诈，开出一个条件，要求在一夜之间织成十匹绢，这样他就答应将董永的期限改为一百天，不成功的话就会改成六年。这时，七仙女便用了姐姐留下的香。在姐妹们的帮助下，成功完成了任务，由此董永的长工期短了。董永恢复自由之后，两人开始过幸福的生活。

这时的七仙女已经有孕在身。得知了这一消息，玉帝震怒，派出天兵天将传旨限七仙女午时三刻返回天宫，否则董永就性命难保。七仙女无可奈何，将自己的身世和盘托出。为了证明自己矢志不渝的爱，她在槐荫树上刻下"天上人间心一条"的誓言，恋恋不舍地返回了天庭。

旅游小贴士

怎么去：可乘飞机到达东营永安机场，从东营市到自然保护区有东港高速公路，可乘出租车或东营到仙河镇的专线车。

观光：黄河口湿地生态旅游区有沼泽生态区、海滩湿地观光区、槐林生态接待区、芦苇湿地观鸟区、新国土观光区等五大功能区。

美食：东营的饮食风味，兼具四方特色。除了里嫩外焦、脆嫩爽口的黄河刀口鱼外，还有广饶肴驴肉、利津水煎包、黄河口酥鱼、三疣梭子蟹、孔雀三鲜等，让人闻香止步，流连忘返。

购物：黄河口刀鱼、东方对虾、烤花篮鲑鱼、肴驴肉等都可在市内各超市购其成品。此外，冬枣，无刺黄瓜，青州府花边（鲁绣的一种）等，各色东营特色产品应有尽有。

东寨港红树林湿地

这里是"鸟类天堂"和"天然养殖场"。这里的鸟种类丰富，而且数目可观，只要有人在此经过，就能惊起一大片的飞鸟，情景蔚为壮观。

东寨港红树林于 1980 年 1 月建立，1986 年升级为国家级自然保护区，是我国建立的第一个红树林保护区。1992 年被列入《关于特别作为水禽栖息地的国际重要湿地公约》组织中的国际重要湿地名录，是中国七个被列入国际重要湿地名录的保护区之一。

东寨港红树林风光极美。从远处眺望，只能透过一片绿海窥见一些树冠，它们以微弱的优势探出头来。如若坐在船上又是另外一番风景了。这个美丽的胜地有着说不完的诱人的地方……

红树林枝叶繁茂，有着与众不同的美。红树的气根，形状不一，让人产生无限遐想。据说观看红树林景观的最佳时间是大海涨潮以后，划上一只小船驶入红树林区。一条蜿蜒的水路夹在树林中间，更加地亲近树林，有着不一样的感觉。每逢低潮，红树林的根部就会露出来，而高潮时则能看到树冠高高在上，在潮水中自由地游荡。

东寨港红树林湿地

如果这时候有一只小鸟停驻在树冠头部，与那点点的花朵相辉映，相信这样的美景肯定让很多摄影爱好者兴奋了吧。

番荔枝香甜可口，营养极其丰富，剥去皮，嫩嫩的肉露出来，会让人忍不住咬一口。山竹有"热带果后"之称，白色果肉又嫩又滑，可口至极。槟榔有着特殊的口感，据说嚼槟榔有利于健齿，可降血糖。

四宝琼山豆腐以其鲜美著称，洁白的颜色，爽滑的口感让人为之心动。

椰奶咖喱蚵是海南特产风味菜，用椰子汁与咖喱油配合而成，要想品其味只能您亲自过来了。

瓦罐椰奶鸡和海南墨鱼丸也是海南特产，椰奶鸡同样也有椰子的参与，听着这诱人的名字相信也知其值得一品了吧，而墨鱼丸的鲜美绝对是妙不可言、独具风味的。

在琼山东寨港一带有 72 个"海底村庄"。据资料显示，这是 300 多年前的一次罕见的大地震造成的，是中国迄今发现的历史上唯一的一个陆陷成海的地震废墟。

透过海水，还能依稀看到村庄的原貌。耕地平坦开阔，如果现在村庄依然存在，肯定会是一片欣欣向荣。参差不齐的房屋，甚至于每户不同的院内摆设都以它特有的纹理证明着曾经的印记。还有当时风靡的戏台，只是不知发生地震时，是不是一场演出就这样成了永恒。而据说，海底下还竖立着一座"贞节牌坊"，只是现在无法探知其历史故事了。

这样一个神秘的地方，拥有着这样一个传说。曾经，这里的村民过着幸福平静的生活。而不知道因为什么惹得海龙王震怒，他发泄了一番之后怒气还是没有全消，于是便呼风唤雨，在狂风怒吼，电闪雷鸣之后，大水如倾倒般从天而降，这72个村庄就这样淹没在水中。人们就这样永远居住在自己的村里，再也没有醒过来。而现在，它已变成一处充满神秘色彩的旅游胜地，每年吸引着数万旅游者前来观光。

旅游小贴士

怎么去：游客可先到海口，保护区距海口30公里，有陆路可以通车，水路可达铺前。可在海口五公祠乘至演丰的中巴车，到演丰下后，再乘三轮车至东寨港，交通方便。

观光：值得游览的景点有红树林、野菠萝岛等。

美食：当地美食众多，如四宝琼山豆腐，洁白嫩滑，味极鲜美；椰奶咖喱蚵，用椰子汁及咖喱油配制而成，独具地方特色；瓦罐椰奶鸡，色泽、造型、质感和味道都恰到好处；海南墨鱼丸，用新鲜墨鱼和猪肥肉配制而成，色泽洁白，富有弹性，入口爽脆，味道鲜美，曾在海南及全国烹饪大赛中获奖。

购物：海南多产热带水果，当地的番荔枝味道极甜，营养丰富。山竹，肉质嫩滑，品质优良，有"热带果后"之称。还有肉厚多汁，香脆可口的菠萝以及槟榔等。

第二十六章　冰川游

托木尔冰川

在漫长的历史长河中，托木尔冰川沉默了很久。1958 年中苏交恶之后，托木尔因祸得福得以名正言顺地出现在两国地图上，从此，托木尔冰川以其惊艳世人的美屹立于世界美景中。清代著名文学家、方志学家洪亮吉曾随伊犁将军亲临此处，著有《冰山赞》。诗人李白也写下"明月出天山，苍茫云海间"和"五月天山雪，无花只有寒"的诗句。

托木尔冰川

托木尔冰川共有冰川 829 条，其中发育在我国境内的 509 条，冰川总面积达 2746 平方公里，比两个祁连山冰川面积还大 1.3 倍，冰雪储量 3500 亿立方米，是中国冰川之最，比祁连山和珠穆朗玛峰地区冰雪储量的总和还大得多。与这样的美比起来，它无疑是低调的。

2010 年 7 月 23 日，托木尔冰川群作为核心入选世界自然遗产申报项目。这个低调的宠儿终于优雅的高调起来。

荣膺"中国最美六大冰川"之一的托木尔冰川，即使在炎热的夏季也能维持一贯的优雅，保持着冰彻寒天的低调。它终年以皑皑的冰雪护体，以缭绕的云雾拂面，与珍禽异兽为伴。它远离世俗的喧哗，以它巧夺天工的技艺雕琢着世界的奇观异景。

托木尔冰川以其优雅的舞蹈和巧夺天工的精湛技艺将美景雕琢得美不胜收。冰雪中的热喀斯特地貌自然天成，放眼天际，在湛蓝的天空的庇佑下，冰川以其顽皮的个性随意高低起伏，似乎把人间的坎坷铺陈，冰川于天际交错，宛如一道历史的蔷薇葳蕤生长着希望。纵横交叉、低洼不平的沟壑在冰川中形成独特的景观。

让人叹为观止的冰面湖上，数百米深的冰裂缝，搭配浅蓝绿色的冰溶洞、冰蘑菇、冰下河道等相当发育的冰川奇景，形成一幅恢宏的画卷。冰川融水由冰舌末端的冰洞流出，哼着神曲，胜似人间仙境。置身其中，在广阔的天空与无垠的大地之间，纯洁无瑕的冰雪世界足以让世界为之动容。

托木尔冰川有时还附送一次灵魂的震撼。置身冰川之中，瞬间也许雪尘弥漫，飞泻而下，突然掀起数十米高的雪浪，这就是雪崩。而明暗交接的冰川裂缝，忽略其壮观的美景，那深不可测的巨口正等待着游人挑战生命的极限。密布的冰碛石更是道道天险。暗河哗啦啦的水声不绝于耳，冰川坍塌巨响声震彻峰谷，每一步的行走，都是一次探险。如若以淡然的心境置身于此，听着圣灵的音响，也不乏是一次朝圣自然的顶礼膜拜。

在这样华丽的冰雪世界，珍禽异兽乐得逍遥。这里是雪鸡、雪鸽、雪雀、鹭、旱獭、棕熊、马鹿、牦牛、野驴、豺狼、石貂等多种珍禽异兽的故乡，其中最为珍贵的是雪貂和黑鹳，属国家一级野生保护动物。因托木尔峰地区有丰富的高山植被和雪域生物，20 世纪末被列为国家综合自然保护区。相传，玄奘取经经过龟兹国的火焰山之后踏入托木尔这片冰天雪地。就在至热至寒的考验中踌躇不前。而托木尔以其冷艳的灵气化身为仙子助玄奘一臂之力，玄奘在此修行后得以成就不畏艰险的毅力，悟性得以提高，从而克服心魔。玄奘途中也在托木尔灵气的庇佑下每每化险为夷，得以成为得道高僧。这样一个让人心向往之的地方必定会释放灵气，与玄奘同游，托木尔在等你。

 旅游小贴士

怎么去：可以乘飞机或火车抵达乌鲁木齐，再坐车到阿克苏，再北上途经温宿到塔格拉克，然后徒步沿琼兰河谷北上，可达托木尔峰南坡。还有一条路线是从温宿向东行至破城子，然后再徒步北上至吐盖别里齐。

观光：汗腾格里冰川、木扎特冰川、喀拉古勒冰川、吐盖拜里齐冰川，热喀斯特现象。

美食：温宿卤鸽肉质细腻，口感鲜嫩，野味十足，远销全国，是新疆著名的地方特产食品。还有温宿大盘鸡，其制作方法讲究，配料选材严格，金红油亮，麻辣醇厚，再加上宽板拉面拌汤汁，味美无穷。

购物：温宿红、姑墨之刀、薄皮核桃、温宿香米、红枣、冰糖心苹果、棉花、山羊绒、驼绒、东陵玉都是当地著名特产，游客购物千万不能错过。

米堆冰川

米堆冰川发育的源头在海拔 6000 米左右的雪山，追史溯源，米堆冰川是两条世界级瀑布的杰作，就在它们彼此的包容间，米堆冰川应运而生。

米堆冰川以其特有的情趣将与之相关的数字做了完美的组合。仔细观察，可以发现，其主峰海拔、雪线海拔、末端海拔组成了一个等差数列，分别为 6800 米、4600 米、2400 米。这注定米堆冰川与数字有着不解之缘。

尽管在众多的冰川中，它的高度并不起眼，但它却依然能以独特的美成为焦点，成为世界海拔最低却美得让人心醉的仙境。2005 年 10 月 23 日，米堆冰川位列米堆冰川以终年雪光闪耀,景色神奇迷人闻名。两条瀑布在造就米堆冰川的同时还以一片原始森林划清界限,这样的原始风貌给米堆冰川增添了无尽的神秘感,似乎身临其境。而迷人的风土人情又让本该冷漠的米堆沾染了几分人情味。这样的冰川有着致命的吸引力,令人神往。

与"传说中的世外桃源"米堆村的接壤使得米堆冰川当之无愧地称为"桃花源里的冰雪"。冰盆绝壁无规则地遍布在冰川高处,可望而不可即,动人心魄,而雪崩、消融区独特的黑白相间、波浪起伏的"弧拱"结构以其独特的魅力征服着众人。身处其中,冰雪似仙子光彩夺目。冰湖的冰舌,在阳光的折射中闪着幽幽的蓝光,自天而降的冰瀑布闪着耀眼的光芒,很有"飞流直下三千尺"的气势,让人在惊叹中有着眩晕,伴着一阵阵从冰川上吹来的风,实在怡情。

米堆冰川

置身这样的世外桃源,暖人心脾的人情民俗更是锦上添花。眼中充斥着冰湖、古树的美景,还能感受当地藏民的淳朴,似乎世外桃源再现,美得让人不敢相信自己的双眼,如痴如醉,似乎进入一个与世无争的世界。这里的幸福很简单,生活就是这样一幅秀美而神秘的田园风光,这样的山水,这样的

风情,只应天上有,人间哪得几回见。或许此时的你会诧异:如此温情,是否真实?

米堆冰川改变了冰川一向冷漠的印象，以它的宽容博大包揽着冰川、湖泊、农田、村庄、森林，它们完美地融会在一起，浑然天成。很难想象，这几样景观也可以搭配得如此别致和谐。走在其中，沿途林木葱郁欲滴，流水潺潺动人，炊烟、雪山、涟漪让人不知道该如何感恩。

米堆冰川的名字是不是因为米堆村而得名，我们不得而知，但神奇的米堆效应却不容小觑。据说米堆有着特殊的灵气，它能带给人平衡感和亲切感。更有人证实来到米堆以后彼此更加亲近，彼此谅解。它的博大会以灵气传给置身其中的人。因此每年都会有很多的游客慕名而来，不仅仅是因为米堆冰川的美丽景色，也是被神奇的米堆效应吸引而来，因为大家都希望沾染这种灵气，让自己得到神的祝福。

很多的游客和自己的亲人、朋友置身米堆都会被这样的神奇震撼，会彼此冰释前嫌，珍惜彼此的感情。如果有一天，你要去米堆，请一定记得带上自己的亲人朋友，一起去体验神奇的米堆风景和神奇的米堆效应。

🏍 旅游小贴士

怎么去：米堆村位于西藏八宿县然乌镇与波密县城之间，虽然米堆属于波密县，但从然乌镇前往比从波密县城要近得多。游客可乘飞机先到成都，然后乘客车到然乌镇，从这里，越野车就可以开到米堆村，从村里走到冰川只需两个小时左右，而且可以当晚回然乌镇住宿。

观光：米堆冰川景色优美、姿态迷人，周围有成群的牛羊、古朴的藏式民居、雄伟壮观的雪山，还有攀羊、猴子等野生动物。

美食：这里有西藏传统风味的青稞酒、糌粑、酥油、酥油茶等，还有具有当地民族特色的白酒、黄酒、瓜菜、烤肉、烤老鼠等。

购物：这里有波密鱼、易贡香椿、蕨菜、贼耳根、松茸等特色食品，还有波密天麻，其品质被推为藏区天麻之首，游客可以尽情选购。

透明梦柯冰川

"透明梦柯"是蒙古语，意为高大宽广的大雪山。它于1959年被中国科学院高山冰川研究站的专家们发现，才出现在我们的视线中。

而透明梦柯这四个美不可言的汉字出自著名冰川学家王宗太之口，享有"中国冰川之父"之称的施雅风对其有"很美，易于接近和攀登"的盛赞。身临透明梦柯才能体会"美"字实至名归。

冰川末端海拔4260米，最高峰海拔5483米。与其他冰川的险峻不同，透明梦柯赋予人名副其实的梦幻享受，它坡度较平缓，没有雪崩危害，极具安全性，解除了游人的后顾之忧。

透明梦柯冰川

融如此纯美与安全于一体的冰川美景，你舍得错过吗？

透明梦柯终年白雪皑皑，与云霄相容，屏息站立，宁静幽雅，让人不舍得惊扰这一平静。除特有的冰川地貌之外，透明梦柯在宁静中赠与游人辽远，在辽远中又赠与人壮阔。此情此景，让人不禁感叹大自然的神奇魔力。

踏进透明梦柯冰川，游人一定会被大自然那令人惊叹的魔力所震撼。随处林立的冰蘑菇让人在梦幻中看到童真，壮美的冰谷、冰瀑布让人在壮观中酣畅淋漓。走在透明梦柯，美景让人应接不暇，惊喜不断。各种冰雕造型让人眼前一亮，峰、溪、谷、洞、壁、湖、瀑等景物完美的搭配，冰挂玉坠、河口冰乳、冰峡骇浪、冰雪瑶池、群鳄戏冰、巨鳄啸天等特色景点使人流连忘返。

而继续前进，壮阔辽远的冰川与无垠的雪原就这样浑然一体，交接的完美无瑕。置身其中，无垠的雪原以其唯美彰显着特有的魅力。如若夏季走进透明梦柯，辽远的雪原，绿色的草地，由羊群组成的斑斑点点，美的如此不着痕迹。站在高处远眺，让人不得不惊叹这样美的油墨风景画。

游完透明梦柯冰川下山后，看不到普通乡邻的炊烟袅袅，独特的蒙古风情却更是别有韵味。

傍晚时分，当夕阳悄悄走开，围坐在蒙古包外的篝火旁，感受着淳朴的蒙古族朋友的热情，享受着透明梦柯独特的清爽，吃着香气四溢的手抓羊肉，与能歌善舞的蒙古朋友跳着特色舞蹈，观赏彪悍的蒙古武士表演摔跤，感受着各族兄弟姐妹是一家的热情，这样的一晚，让人不禁希望天亮得晚一点。

踏进透明梦柯，只是欣赏美景，不品尝美食可谓一大遗憾。除在蒙古包中的风干肉、手抓肉、面片焖羊肉、羊奶酪干茶、马奶酒、酸羊奶、奶茶、奶渣饼等特色肃北蒙古小吃以外，腊丰肉更是一绝。腊丰肉以其肉鲜美而有名，而肉的鲜美来源于草的优良。如此鲜美的肉，加上高台雪花盐、茴香、生姜等作料，烹制而成，肥而不腻，红得剔透。你是不是已经垂涎欲滴了呢？

如果来到透明梦柯，带些特产也无妨。据了解，这里的小茴香气味芳香，含有2.3%~2.4%的挥发有机茴香脑、宁稀、茴香醚等多种成分，广泛应用于医学、食品化工及化妆工业，也是主要调味品。

当成吉思汗带着蒙古族部落远征亚欧大陆归来的时候，哈萨尔后裔中的一支和硕特部落在祁连山的草原牧场上停留了下来，是不是被透明梦柯的美吸引而驻足或许无从考证。但如今透明梦柯所在的自治县，正是当时那支庞大蒙古部族核心所驻扎过的地方。在这里依然生活着哈萨尔的后裔，他们自从在此停留之后，世代在此定居，他们还传承着那时候的传统和生活习惯，他们以自己是哈萨尔的后裔而自豪。

想要了解他们有着怎样的故事，有着怎样的生活吗？走进透明梦柯，亲近神秘的哈萨尔后裔，你肯定会不虚此行。

绒布冰川

绒布冰川长达26公里，平均厚度达120米，最厚处超过300米以上，冰舌平均宽14公里，面积达86.89平方公里。在享誉世界的珠穆朗玛峰附近，可谓吸人眼球。

绒布冰川壮丽秀美，风景独特，又有珠穆朗玛峰为依托，当真是美到极致。面对这样的美景，任谁都无法无动于衷，难怪"中国冰川之父"施雅风说绒布冰川"宏伟景观，最美是冰塔林"，地质学家崔之久也盛赞"绒布塔林独堂皇"。

亿万年来，这里的冰雪沿着山谷缓缓移动，形成了这独特的冰川。1966年，这里出现了美丽而高大的"冰蘑菇"，人站其前，显得非常渺小。但1992年以来，绒布冰川的冰塔渐渐消融，2004 年后已经很难看到 5500 米以上的冰塔了，原来的冰塔也变成了水湖。

绒布冰川上有千姿百态，宏伟壮观独堂皇的冰塔林，千奇百怪的冰塔冰桥，让人一饱眼福。此外又有高达数十米的冰陡崖和步步陷阱的明暗冰裂隙，还有险象环生的冰崩雪崩区，将娇美与险峻完美地结合起来。

绒布冰川

因珠穆朗玛峰的纬度优势，绒布冰川表面形成小气候差异，具备许多让其他旅游胜地忌妒的绮丽景色。在高度达 5800 米的冰川上，放眼望去，能让人忘却烦恼，陶醉在一片纯净洁白中间。

自然鬼斧神工的设计，悬崖峭壁、石柱、石笋等相互辉映，一望无垠，美不胜收。三条冰川与珠穆朗玛峰相互配合，远远望去，珠穆朗玛峰以其神武的身躯矗立在其中，展示着世界最高峰的威严，甚是壮观。

站在绒布冰川上，短短凝视出神，总会让人有灵魂出窍的快感。也正是因为绒布冰川的景色奇绝，它才当仁不让地享有"高山上的公园"的盛誉。

提起绒布冰川，就必然要提到绒布冰川的水晶宝塔——冰塔林。这也是众多冰川研究者最为痴迷的美景。在海拔 5700~6300 米的地段，便是瑰丽的水晶宝塔——冰塔林的世界了。数据表明，珠穆朗玛峰北坡绒布冰川上，发育有 5.5 公里长的冰塔林带。

在漫天的雪色里，乳白色的冰塔挺拔地矗立着，似乎一个个英勇的圣斗士在保卫着疆国。错落却也不乏秩序地排列着，一座挨着一座，一片和谐融洽。远远望去，形状各异，似乎是囊括了世界许多壮观美景的蜡像馆，温驯的动物，高耸的建筑等形状栩栩如生，个个引人称赞。难怪人们都说，进了冰塔林，就如同进入仙境，有着琼楼玉宇的畅快感觉。

在5800米左右的冰川上，各种冰雕随处可见。在洁白的世界中，独享几分风韵。这些层次分明的天然的冰雕，都是经过阳光这位大师的高超技术雕琢而成，在慢慢地形成后，又慢慢地在阳光的侵蚀中变化，尽管过程是漫长的，但却依然不能掩盖阳光炉火纯青的技艺，这样的美值得等待。

据说绒布冰川得名于珠穆朗玛峰下绒布沟。而绒布寺，是一个富有地方特色的僧尼混居寺。这样也注定绒布冰川与这个僧尼混居寺有着不解之缘。

莲花生大师当年在珠穆朗玛峰的山洞中修行，而在绒布寺中，至今还存有莲花生大师的修行洞，以及印有莲花生手足印的石头和石塔等。绒布寺主殿正面供有释迦牟尼、莲花生等佛像。在绒布寺里，僧尼同住，共同开展佛事活动，而寺外白塔下的玛尼堆是当地佛教信徒们为自己祈求好运的地方。游客能一饱眼福，同时为自己的亲人朋友祈福。绒布寺也被称为从北坡攀登珠穆朗玛峰的大本营。万里无云的天气，一团乳白色的烟云会在山顶形成，被称为"世界上最高的旗云"。这样的壮观景色，这样的祈福机会，到此一游的你千万不要错过。

🚙 **旅游小贴士**

怎么去：先乘飞机到达拉萨，在拉萨公路纪念碑旁的长途汽车站乘车前往日喀则，再从日喀则乘班车前往定日县城，然后包车前往珠峰大本营，到达登山大本营后，去冰塔林——冰川世界大约走3~4小时。

观光：冰川上有千姿百态、瑰丽罕见的冰塔林、冰茸、冰桥、冰塔等千奇百怪，美不胜收。

美食：这里有藏族风味美食，如糌粑、奶茶、酸奶、牛羊手抓肉、风干肉、各类灌肠、青稞酒和酥油茶、凉拌牦牛舌、各种糕点，以及甜茶、夏普青（肉浆）等。

购物：喀则地区的民族手工业历史悠久，有金银铜铁器、"松巴"靴、"仲丝"（卡垫）、谢通门、藏刀、玉器、木碗、竹器、氆氇和民族服装等。

特拉木坎力冰川

特拉木坎力冰川长 28 公里多，面积为 124.53 平方公里，冰川末端高度为 4520 米，冰川雪线高度为 5390 米。特拉木坎力冰川所依傍的喀喇昆仑山脉，突厥语意为"黑色岩山"。与其他冰川相比，特拉木坎力冰川有着独特的地理位置。

特拉木坎力冰川

在西藏神秘的土地上，特拉木坎力冰川以其独特的美占据一席之地。有专家对特拉木坎力冰川如此评价："地形复杂多变，消融区表碛密布，冰塔林十分发育。"让人不由神往在西藏的众多美景中依然能够彰显美丽的特拉木坎力冰川。

2005 年 10 月 23 日，"中国最美的地方"排行榜在北京发布，特拉木坎力被选为"中国最美的六大冰川"之一。

特拉木坎力冰川在阳光的照耀下常年雪光闪闪宛若仙子。完美的冰川景观与自然景观不露痕迹地结合，走进特拉木坎力，会自然地感受着一种和谐。无论考察还是旅游，特拉木坎力冰川绝对是极佳的选择。

在这里，冰川、湖泊、农田、村庄、森林等融汇在一起，透着暖暖的温情。最奇异的自然景观是沈永平专家提到的冰塔林，完美发育的冰塔林有着强烈的扩展欲，自海拔 5200 米处至冰川末端都葳蕤着它壮美的身影。

冰塔林中，冰丘及冰锥林立，高矮不一，却极其错落有致，似乎造物者特设的格调。冰锥物如其名，总是有着烈性，它不断生长，也不断裂开，裂开时发出震耳欲聋的声音，是让人很享受的听觉盛宴。冰塔林中各个冰丘冰锥的形状各具千秋，有的宛如雅典女神，有着优雅的身姿，温婉平静。

据数据表明，冰川冰净储量为 26.774 立方千米，换算成水量可达 22.758 亿立方米，如此储水量配以"固体水塔"的美称，任谁也没有异议了。这样的一座水塔有着真正的建筑一样的壮美，又同样以其极美的水质而夺人心魄。这样的壮观，再也没有任何地方可以与之媲美。若要与冰川近距离接触的话，还要翻越三道冰川运动留下的终碛垅。当你走上第三个终碛垅时，就会看见有一道宽近两米、高达十数米的断裂的冰舌，发出幽幽的蓝光，从天而下的冰瀑布在阳光下闪着银色的光芒，近 800 米的落差让人感到一阵晕眩，一阵阵从冰川上吹来的寒风迎脸扑来，在强烈的阳光下，还是让人不寒而栗。这就是著名的冰瀑奇观。

喀喇昆仑山赋予了特拉木坎力冰川特殊的魅力，流传的神话为这座冰川披上了神秘的外衣。传说有一个"共工怒触不周山"的故事与这里息息相关。在《淮南子·天文训》中又描述："昔者共工与颛顼争为帝，怒而触不周之山，天柱折，地维绝，天倾西北，故日月星辰移焉，地不满东南，故水潦尘埃归焉。"

传说盘古开天辟地、女娲造人之后，人们安居乐业，彼此和睦，四海一家，幸福安详。人们之间没有利益的牵绊，都向往着单纯的生活。但是好景不长，权力总是有着致命的诱惑，水神共工与颛顼开始争夺帝位，彼此都不肯轻易放弃，发生了无休止的争夺。在长久的征战后，共工输掉了这场帝王之争。而水神无处发泄，一怒之下便用头撞倒了不周山，导致天柱拆掉了，四地分裂，天空出现了一个大窟窿，洪水泛滥，大火蔓延，人民流离失所。

心地善良的女娲也便开始炼取五彩石以补上窟窿，使人民摆脱苦难，恢复幸福的生活。就这样，一个感人的故事开始流传。

旅游小贴士

　　怎么去：特拉木坎力峰靠近川藏公路，规模大，进入方便，最好是包车前往。

　　观光：特拉木坎力冰川的冰峰十分壮观，冰峰下常伴有冰湖，碧波荡漾，冰塔及各种冰雕形态随处可见，而且常年雪光闪耀，景色神奇迷人。

　　美食：去特拉木坎力冰川，一定自己准备好充足的水和食物。在喀什，可以品尝到各种新疆美食，如羊肉抓饭、奶茶、大盘鸡、烤羊肉串、薄皮包子、油塔子等。

　　购物：在喀什，满大街都是漂亮的围巾、披肩、镜子和木碗，还有来自印度、土耳其、巴基斯坦的许多工艺品，令游客眼花缭乱，不过一定记得要使劲砍价。

海螺沟冰川

　　数据表明，海螺沟冰川最下端的海拔高度仅为 2850 米，低于贡嘎山雪线 1850 米，该冰川全长 14.7 公里，面积 16 平方公里。它不但是低纬度低海拔的冰川，而且是落差最大的冰川。如果游者想体验冰川美景之余享有一份轻松，千万不要错过海螺沟冰川。

　　对于海螺沟冰川，中国科学院地理科学与资源研究所研究员杨逸畴教授是这样评价的："磅礴的银色长龙深入森林，宏伟而壮观，最奇特的是在冰川旁边还有高达 79℃ 的高温温泉和茂密的原始森林"。

　　有人精辟地总结说，海螺沟冰川沿纵向大致呈三级台阶：第一级是粒雪盆，冰川的孕育地；第二级是宽 500~1100 米，高 1080 米的大冰瀑布，是中国迄今发现的最高大、最壮观的冰川瀑布，第三级是冰川舌，伸入原始森林达 6 公里，形成冰川与森林共存的奇绝景观。而最妙的是接近冰川的地方有大流量的温泉、热泉甚至沸泉。

　　海螺沟冰川森林公园，是中国规模最大的冰川公园，也是亚洲东部海拔最低的冰川公园。它与四川省的长江三峡、九寨沟及黄龙，合称为四川"旅游四宝"。

海螺沟冰川

　　在冰川公园内，冰川舌静卧在巨大的峡中，悠然翘首、倾斜身躯对着蓝天。原始森林保持着最独特的风韵，冰川与森林共存的奇绝景观让人惊喜。古老的树木讲述着历史沧桑，淙淙流水声演绎着美好，栖息的鸟儿唱着赞歌。但更让游人惊喜的是随着愈加深入的接触，温度并没有不知趣地降低，两边陪伴的依然是繁花似锦的秀丽风景。

　　沿冰川上行几公里，绕过黑松林，这条大冰瀑布便会映入眼帘。冰瀑布宽1100米，落差达到1080米，极具"飞流直下三千尺，疑是银河落九天"的壮美。它虽不具水瀑布的动感，但冰崩时，震耳欲聋的响声伴着摩擦产生的光，瞬时光艳耀眼，耳边轰鸣。冰块无序的滑落，漫天的冰雪也顺势飞扬。放眼望去，仿佛大自然表演的一场华丽舞蹈，让人不舍得眨眼。

　　海螺沟冰川有三怪。第一怪：不冷。冰川上气候适宜，游人大可放心轻松地漫步于冰川之上，畅快地一饱眼福。第二怪：冰崩。海螺沟冰川是最活跃的冰川，冰瀑布发生雪崩时，冰雪四溅，响声发聋振聩，让人惊叹。第三怪：构造千奇百怪。冰川表面的冰桌、冰椅、冰面湖、冰窟窿、冰蘑菇、冰川城门洞等构造的奇特景色绝对让你耳目一新。

关于海螺沟名字的来历有三种说法：一种说法是探险家、登山者站在冰瀑布4300米处所看到的冰川巨大的冰体形状像一只海螺，遂以其形状命名；另一种说法是早期冰川城门洞，河风吹入洞内发出像海螺鸣奏的声响，海螺沟因声音而得名；还有一种说法是在无林地带高山区，一块不大的草坝中央有一块海螺石，原本吹得响；传说是洋人盗宝，海螺石中的金海螺被盗走，从此海螺便发不出声响来。这个秘密已经被历史掩盖，但可以知道的是，它与海螺有着密切的关系。

🚗 旅游小贴士

怎么去：先乘飞机至成都，再由成都经成雅高速到雅安，再从雅安旅游车站乘客车到泸定，全程路面良好。

观光：海螺沟有五绝，即日照金山、冰川倾泻、雪谷温泉、原始森林和康巴藏族风情。

美食：磨西老腊肉是采用无污染的半肥瘦猪肉为原料，经过烟熏晾干等工序，制成肥而不腻、浓香扑鼻的腌腊肉，"九大碗"是当地的特色筵席，猪肉墩子两碗、丸子、蒸菜等为主菜，酥肉、粉条、海带、木耳等为佐菜。另外还有砣砣肉、盐蛋、大蒜、天粟饼等。

购物：泸定的樱桃红得像玛瑙，形如珍珠，汁多肉厚，酸甜可口，营养丰富。香桃浅红皮薄，清脆香甜。还有枇杷、板栗、核桃、仙桃、花椒、柿子、黑木耳、麝香、鹿茸、虫草、贝母、松茸、红景天、雪莲花、白菌等远近闻名。

第二十七章　海岛游

澎湖列岛

　　澎湖最大的本岛与中屯、白沙、西屿三岛相互衔接，形状如一个湖，湖外波涛汹涌，湖内则毫无波澜，湖水澄澈，澎湖的名字由此而来。一首《外婆的澎湖湾》更是让澎湖无人不知无人不晓，并将这个地方印在了许多人的记忆深处。

　　澎湖列岛的矿产资源丰富，自秦汉时期到如今，一直是世人探宝之地。于宋代正式被纳入中国版图，到了元代，已经有了相当于一个县的人口规模。然而这片祖国的珍宝岛，命运却十分坎坷，1884年，法国人占领了澎湖列岛两年之久，1894年又在中日战争后被分割给了日本，100后才归还给了中国。

　　行走在松软的沙滩上，驻足在清澈的海水边，秀美的海岛风光让人惊叹。徜徉在海边，举目远眺碧蓝的海水与透明的天空在远处缝合，海天一色，分不清是海侵占了天空，抑或是天空环绕了海水。夕阳西下，暮霭沉沉时，又是另一番风景了。

　　"澎湖渔火"与"西屿落霞"同为台湾八景。当银色的月光洒下来，数千渔船灯火倒映在水面，远远望去，犹如繁星点点，朦朦胧胧，意境绝美。光点在海上游移，似一个个光斑的炫舞，与漫天的星光媲美，气势不凡。每当夕阳西下，彩霞漫步在西屿之上，恬静悠闲，蔚蓝的大海则别添一份幽远。这样的美景彼此交接，让整个澎湖列岛都安静下来。

　　澎湖列岛许多僻远小岛至今仍像世外桃源一样，保留着十分浓厚的习俗。据说在望安乡的将军屿上，盛行的仍然是夜间步行结婚。女儿出嫁要等到夜深人静的午夜一点钟，在媒婆的陪伴下徒步去男方家里。进洞房前，不能与男主家人见面，当新娘踏进婆家时，满屋的烛火必须吹灭，新娘在一片黑暗之中被人牵入新房。此时，由媒婆大喊一声点灯，烛火重燃，新娘才拜见公婆，完成婚礼。

澎湖列岛

　　"妈祖宫"历尽百年沧桑，极富闽南特色。妈祖宫有许多雕刻，那精湛的浮雕技术赋予了它别样的肃穆与庄严。各种雕刻中的风景，动物栩栩如生，很让人惊叹在百年前的技术已经如此炉火纯青。

　　澎湖海鲜让人垂涎三尺、拍案叫绝。配以蚌炒丝瓜、鲜鱼面线这样的乡土美食绝对芳香四溢，让人欲罢不能了。澎湖的糕饼特产独特至极，天一食品的花生酥、盛兴饼店的咸饼、源利轩的黑糖糕均名闻遐迩，澎湖特产的仙人果、哈密瓜、绿海苔制作的冰激凌也肯定会让游人惊喜。

　　资料中记载着这样一个传说：以前台湾与大陆相连，这里住着两对夫妇。其中一对夫妇生了个大胖小子，因他下巴上长着蓬松的一撮小胡毛，取名叫澎湖。另一对夫妇生了个美貌的小姑娘，因为两眉之间生着个白色晶莹的颗粒，像沙滩的沙子一样，所以取名叫白沙。

　　澎湖与白沙青梅竹马，两小无猜。有一天，他俩在海边戏水，突然一声巨响，狂风大作，巨浪袭来，台湾半岛就这样漂向东边。而澎湖和白沙也漂离了大陆。两人心急如焚，澎湖乱扯胡须，而白沙狠揪颗粒。这时，妈祖婆踏着祥云下凡来。她告诉大家，这个岛原是拴在大陆石柱上的，但由于时间太久，石柱断了，要被大鲨鱼拖往东海大洋，而石脚还在海底，需要钉住石脚才能稳住它。她指着一筐杨梅，说一个人吃一颗杨梅，就会变成一颗大钉子，几十颗大钉子合力能把大石脚钉牢。澎湖和白沙首先吞下杨梅，变成了两颗大钉子，然后又有数十个人吞下了杨梅，一共吞下 64 颗杨梅，变成了 64 颗大钉子，就钉住了石脚。

后来，海面上出现了一群岛屿，这时距海岛漂离正好整整 64 年。于是，渔民便将最大的岛屿命名为澎湖岛，把其旁边的小岛叫作白沙岛了。

🚗 旅游小贴士

怎么去：澎湖四面环海，对外交通全依赖海运及空运，目前从台北、台中、台南、高雄都有飞机往返澎湖。马公市是澎湖县陆海空交通的枢纽。马公市与近郊的湖西乡之间有环澎湖岛的公路相通，并通过跨海大桥与西屿岛相连，可直抵西屿岛的最南端，从县城马公市乘车，约 20 分钟即可抵达。

观光："澎湖渔火"自清代起即为台湾"八景"之一，澎湖天后宫、西屿炮台、西屿东谷均为台湾地区一级古迹。还有观音亭、顺承门、孔庙、施公祠、七美人冢、海水浴场、西屿灯塔、果叶日出、通梁古榕等。

美食：澎湖的美食自然离不开海鲜，鲳鱼、鲣鱼、石斑、河豚、薯鳗、龙虾、大虾（斑节虾）、海臭虫（旭蟹）、红蟳、九孔、海瓜子等应有尽有，鲜美欲滴。

购物：澎湖的棱角丝瓜、鱼干和海风风干的手工面线远近闻名。澎湖曾为世界四大珊瑚产区之一，所产的珊瑚属粉红色系列，目前已停止开采，但市上仍有一些加工制成的戒指、耳环、胸花、项链、圆珠、袖扣及领带夹或小株珊瑚树装饰品等，游客可依喜好选购。

大嵛山岛

大嵛山岛拥有"海上天湖，南国天山"的美丽景观。曾有专家如此评价它：地处东南，却有西北高山草甸的风光；身处海岛，更有天湖清澈如镜。能得到如此高的评价的风景自然是值得一去的。

大嵛山岛地理位置特殊，扼闽浙海路之咽喉，历来是海上船只的必经之道，在海战中具有相当重要的战略意义。1389 年，明朝在此设置军事要塞，以抵御倭寇骚扰。到了清代中叶，这里是蔡牵海上起义活动的重要根据地。辛亥革命时期，朱腾芬先生也在此组织义军抗清。2005 年 10 月被《中国国家地理》杂志社评为"中国最美的地方"中"最美的海岛"第八名。

大嵛山岛

大嵛山岛岛上风光秀美，以天湖泛彩、蚁舟夕照、沙滩奇纹、南国天山、海角晴空等胜景闻名。与其他岛屿的热闹非凡相比，它更多的是宁静，仿佛是一个仙子的住所，容不下一丝的嘈杂，好像这样的纯净已经成为习惯。

"海上天湖"是指大嵛山岛在东海之上的两个湖泊。其中大天湖湖面宽广，可以划船而行，体验绝美风光。大小两个天湖隔着一千多米，终年含水，水很是甘甜，清澈见底，静默地守着大嵛山岛。另外，据说湖水还有健体的功效，可以一试。

天湖的四周分布着万亩草地，是优良的天然牧场，被誉为"南国天山"。很有趣的是，湖畔常常有野生乌龟出没，做好随时和它偶遇的准备吧。天湖中倒映着蓝天、白云、青草的倩影，构成了美丽的"天湖泛影"景观。

大嵛山岛号称"南国天山"，它没有沙滩，取而代之的是登山的乐趣。山上漫山遍野见不到一棵树，只有一望无际的野草，它们漫布在空旷的土地上，有着散漫的自由。

有这样的形容，岛在一望无际的海中央，一望无际的草原在岛中央。它们就这样成就着绿草和蓝天的亲密接触。这种自由让人忍不住想畅快地呼吸，快速地奔跑，去触摸绿草和蓝天的衔接点。

在雾气蒙蒙的湖上泛舟，看着青山碧水，周围围绕着轻柔的雾气，不是仙境胜似仙境。泛舟的木浆划着碧绿的河水，有着古朴的美。顺势找一条小路看去，一片朦胧。只有走出的小路在雾气中若隐若现，似乎前面藏着秘密。

跳水漳是大嵛山岛上最大的溪流，漳中分布着很多巨石，漳水受到巨石的阻挡，奔涌前进，浪花颇大，似乎跳跃着前进，所以得到名字"跳水漳"。跳水漳所形成的沙洲上，在风力的完美雕刻下，形成千种美丽的花纹图案，极具特色，似乎一条精美绣制的地毯横铺。它还随风向和水势的变化而变化，精美绝伦。

据说很久很久以前，渔民在嵛山岛上过着平凡的农耕生活。岛上淡水全靠雨水的蓄积，遇上干旱，渔民的饮水就会成为大问题，难以为继。太姥娘娘知道后，命龙潭洞的小白龙，把太姥山的泉水引到岛上解决水源问题。小白龙欣喜若狂，将龙潭湖水穿过海底，从嵛山岛上的天湖中引出来。从此，岛上的渔民们再无后顾之忧。

天湖的水清澈明净，吸引着瑶池仙女，于是，仙女们经常趁深夜偷偷下凡来到这里洗澡。有一次，当她们洗澡的时候，天庭司晨的仙乐奏响了，她们于是赶紧返回瑶池。由于太匆忙，她们把绿色的飘带遗忘在湖边。飘带化为一片草甸，永远留在了人间。大嵛山岛也从此被称为"能听到仙乐的地方"。

旅游小贴士

怎么去：到大嵛山可以从福州市出发，先抵达福建北部的霞浦，之后做中巴车到达三沙镇后抵达大古镇码头，从码头有到大嵛山的船，快船23元，只有周末有，慢船15元，天天按照固定的航班行驶。行程20~30分钟。之后抵达大嵛山后可以步行上山，也可以乘坐当地的中巴车到达天池，10元/人。自驾车在高速公路的三沙出口下沿路标行驶到大古镇码头，将车停在码头后坐船上岛。

观光：岛上风光旖旎，有天湖泛彩、蚁舟夕照、沙滩奇纹、南国天山、海角晴空等胜景。

美食：当地盛产石斑鱼、鳗鱼、鲳鱼、墨鱼、淡水鳗、鳖等，青蟹、海蜊、乌塘鲤、带鱼、虾等，以其肉质丰肥、味道鲜美而远近闻名。除海鲜之外，还有鼠曲裸、年糕、水粿、红龟、扁肉（馄饨）、鱼片、牛肉丸、槟榔芋、四季柚、红烧包鱼头、本地鸡煮锦粉丝、盘烧鳝鱼、脆炸红芋等美食。

购物：这里有被称为"东方奇石"的"福鼎黑"玄武岩，有"世界奇果"——四季柚和"中国名芋"——槟榔芋，还有"白琳功夫"茶，早在明清时就已蜚声海外。

西沙群岛

西沙群岛有着悠久的历史。古代这里被称为"千里长沙"，是南海航线的必经之路。秦汉开始，中国人民最早发现并频繁航行于这些岛屿礁滩，并予以命名。

西沙群岛在长250公里、宽约150公里的海域里，由45座岛、洲、礁、沙滩组成。这些岛屿、洲、礁、沙滩组合而成的美丽风景，别有一番独特的韵味。

西沙群岛是绮丽的南中国海上的明珠，以其独特的风光吸引着世界的目光。这是个四季常绿的地方，热带植物丛生，以旺盛的生命力迎接四季。它是一个可以漫步的地方，也是一个可以遨游的地方。

西沙群岛洁净得不染纤尘，也是鸟的天堂。有40多种鸟类在这里建筑家园，常见的有鲣鸟、乌燕鸥、黑枕燕鸥、大凤头燕鸥和暗缘乡眼等。海鸟遍布在树林的上方，一只只地盘旋在树上，以其天籁之声诉说着关于它和森林的故事。最原始的"土著居民"应该是被渔民称为"导航鸟"的鲣鸟了，它会像灯塔一样指引着方向。

西沙群岛

西沙独具热带风情特色的岛屿风光绝对会让人终生难忘，幽蓝的海水与蔚蓝的天空拼接得天衣无缝，毫无瑕疵，仿佛是天在运动，海在静止，轻闭双眼，景不醉人人自醉。绵延千里的珊瑚礁也成为一道亮丽的风景线，它们形状各异，栩栩如生，大自然果然匠心独运。

这里海水清澈，绝对是潜水的不二之选。珊瑚是最原始的铺垫，它们一丛丛一簇簇地占据着海底，构成海的背景。各种各样的鱼儿不时在身边游来游去，让身体不禁舞动起来，大小不一的鱼儿灵活地嬉戏玩耍，让人童心大发，如此轻松快乐让人飘飘欲仙。

西沙永兴岛的西南方，有七个大小不一、形状各异的岛屿连在一起，也就是七连屿。在浩瀚的海面上，它们是沧海的遗珠，似乎故意镶嵌在海面上让人一饱眼福。躺在沙滩上，看着明净的天空，吹着清新的海风，很容易让人陷入幻觉，觉得自己是海天中的一部分，自己的身体也是天蓝色，有着透明的神秘感，仿佛置身世外桃源。

听说，很久很久以前，海南香水湾一带淡水缺乏，农民生活疾苦。于是，王母任命身边的檀香仙子下凡解决这个难题。

檀香仙子带着许多檀树苗来到人间，开始在香水湾附近的牛岭山上种树。附近村庄有个叫水生的小伙子，勤劳善良。有一天，恰逢他从地里忙完农活回家，路过牛岭看到檀香仙子正在种树。水生觉得一个姑娘家在这里种树实在太辛苦，于是上前帮忙。从那开始，水生忙完农活后就会来帮檀香仙子种树，两人日久生情。

王母知道后大怒，派天兵天将去捉拿檀香仙子。檀香仙子和水生之间的真情感动了真爱之神。就在天兵天将快要到达牛岭的时候，他们一起种下的成千上万亩檀树林突然都变成了参天大树，成了一道天然的屏障，帮助他们逃过了天兵天将的追捕。最后他们定居在这里，过上了幸福快乐的日子。

此外，泉水从山谷的低洼处不断涌出，顺着山涧流下来，在低洼的地方形成了一个淡水湖，湖里的鱼类众多，成为当地人重要的食物来源。这个淡水湖也就成了当地人的生命之源。后来人们为了纪念檀香仙子和水生，传诵他们的爱情故事，把香水湾取名叫——情人港湾，寓意愿天下有情人终成眷属。如果来到西沙，千万不要错过这个美丽的情人港湾。

🚗 旅游小贴士

怎么去：三亚、陵水的军用机场有到西沙的飞机，不到 1 小时就能到达永兴岛。每个月从文昌的清澜港有西沙群岛的补给船琼沙 3 号，还有不定期从三亚榆林军港出发的补给舰，到永兴岛，15 小时左右可以到达岛上，坐琼沙 3 号需提前一周向西沙工委申请办上岛证，没有上岛证是不能乘坐补给船的。

观光：永兴岛、石岛、七连屿、西沙洲、赵述岛、中岛、南岛、珊瑚岛、甘泉岛、金银岛都是值得一去的好地方。

美食：在西沙可以吃到多种海鲜，比如青口螺和油炸海鲤鱼都是上等的美味，而蔬菜大都是补给船从海南运过去的。西沙工委招待所里有三餐供应，但注意不要错过开饭时间，岛上每天早晨 7 点早餐，11 点中餐，下午 5 点晚餐。

购物：西沙群岛物产丰富，游客可购买到贝壳工艺品、海产干品、天然水晶制品、海水珍珠、热带水果等，比如海龟之王——棱皮龟、海参之王——梅花参，世界最著名的珍珠——南珠等珍品。

海陵岛

关于海陵岛地名的来历，有人说，是源于一个张太傅的"海上陵墓"之名。但实际上，海陵岛原名叫螺岛，因为其地形极像横躺的海螺壳。后来，随着地理变化，海岛渐渐从海上浮起来，形成了"海中丘陵"，这才有了名字——海陵。

海陵岛的风光独特，海滨沙滩让人流连忘返，十里银滩和千年古船更是吸引众人的眼球，而最让人念念不忘的莫过于这里的小吃，到此一游的游客可以大饱口福了。

海陵岛四面环海，犹如从海湾中突起的一颗珍珠，受着水的呵护。它以水碧、沙净和游海水、住海边、食海鲜、买海味的特色驰名中外，四季气候宜人，是一个难得的度假胜地，热爱旅行的你一定心动了吧。

在海陵岛绵延的海岸线上。点缀着 12 处风景各异的天然海滩。宽阔的沙滩与轻柔的海浪嬉戏玩耍，碧海蓝天，让人忘情。

海滩慵懒地随着海岸线的曲折起伏，形成海陵岛一条亮丽的风景线，各个海滩巧妙地与周围景色融合，有的平静得让人不忍打扰，有的浪潮如梭，有的美如仙境，有的随着海涛起舞……如此各具特色，让人惊喜连连，尽情享受大自然的赏赐。

海岛总是与大海不可分离，漫步在海岛上，看着浩瀚的大海，心里无比畅快。十里银滩，地如其名，有着别处无法比拟的天然优势，它以独特的风光让游客不得不在细腻的沙滩上留驻、玩耍。

沙滩上耸立着海上丝绸之路博物馆，最吸引眼球的便是那艘千年不腐的海底古沉船"南海一号"了，它以其与生俱来的神秘感让人不得不靠近去一探究竟，让人不禁联想到海盗的故事。

闸坡小吃三题远近驰名，让许多外国游客拍手叫好。闸坡小吃三题是鱼丸、鱼面、马鲛鱼饭。据说闸坡鱼丸以其形佳味美、香滑爽口、营养丰富、能保持鲜鱼的原汁原味而著称；闸坡的鱼面可归结为四个字：软、滑、甜、爽；而马鲛鱼鲜甜肉滑，清香可口，营养丰富，味道鲜美。想象一下，氤氲的热气，一颗颗鱼丸跃进滚滚热水，一点葱花、一点蔬菜，清香沁鼻。你是不是已经垂涎欲滴了呢？

海陵岛

每年农历初一至初五，阳江都要举行龙舟赛，而且是逆水行舟，获奖者可得金猪一只和龙包无数。这里山歌节同样振奋人心，山歌百转千回，就在耳边回荡，让心灵得到一种涤荡。这里洋溢着原始的不加雕琢的美。

传说，在海陵岛最高的山上住着一个姓黄的地主。有一天，他梦见一个神仙说他该做皇帝了，等他家后背山上的黄茅长得高过他的耳朵，只要他拔起其中三根使劲朝北边扔下去，他便会成为皇帝。

这个地主醒来欣喜若狂，第二天赶紧去看那片后背山，果然发现了黄茅，但是，它们却只及膝盖。他心急如焚，第三天又去看，发现黄茅高度依然没有变化。他等不及了，不知道什么时候才能等到那一天。突然灵光一动，蹲下身体，本不高的黄茅这时候高过了膝盖，他迫不及待地拔起其中三根便按照神仙说的做了。而这一天，听说，皇帝刚坐上龙椅，突然三支箭射来，还好有惊无险。经国师测算，说南方有人要篡位夺权，便出兵征伐。地主知道后吓得赶紧躲到了山里，再也不敢出来。他便做了这座山的山中之王，人称草头王，而这座山也从此被称为草王山。

🏍 旅游小贴士

怎么去：阳江在合山建有民航机场，已开通阳江——广州、阳江——珠海等直升机航线。到了阳江市，可在市区汽车总站及二运站乘坐直达快车到闸坡汽车总站，每隔 15 分钟一班，票价 12 元。岛内有公共汽车、的士、电瓶车、黄包车，以及载人机动艇、快艇等交通工具，十分方便。

观光：海陵岛拥有风光旖旎的海滨旅游资源，岛内有大角湾——马尾岛风景区、十里银滩风景区及金沙滩风景区，各景点先后开发了冲浪、水上快艇、碰碰车、骆驼沙滩游、激光射击、情侣车、升空伞、沙滩骑马、沙滩足球、海上水球、沙滩文艺表演等项目。全区共有旅游宾馆 100 多家，大排档 23 家，按星级标准建设的宾馆 28 间，每天可接待游客 2 万人次，具备食、住、行、游、购、娱六大功能。

美食：闸坡小吃三题是海陵岛闸坡港传统的风味美食，也是渔家接待贵客的席上佳肴，指的是鱼丸、鱼面、马鲛鱼饭。海陵岛鱼丸以其形佳味美、香滑爽口、营养丰富、能保持鲜鱼的原汁原味而著称；鱼面是闸坡渔港名菜之一，闸坡的鱼面独特之处在于：软、滑、甜、爽；马鲛鱼鲜甜肉滑，清香可口，营养丰富，味道鲜美，可概括为：香、酥、甜、爽、滑。

购物：海陵岛的海鲜品种繁多，各类干鲜制品琳琅满目。海螺号、海石花、贝壳盘景、螺贝项链、珍珠首饰、渔女帽等旅游工艺品制作精美；阳江被称为"中国风筝之乡"，阳江风筝的制作工艺非常考究，形神兼备，栩栩如生。阳江漆器，色彩绚丽，技艺精湛，防潮耐用，既可作生活用品使用，又可作美术工艺品鉴赏，深受游客喜爱。海陵食品如粉酥和煎堆也值得带回家与亲友品尝。

南鹿岛

　　南麂岛海岸线曲折，风光秀美，有专家评价说"山秀、石奇、滩美、草绿、海蓝、空远，是东海上的一颗璀璨的明珠"。周秋麟概括说："环岛的海域是全球为数不多的海洋生物物种聚集区，岛上有连绵的高山草原、突兀的滨海悬崖、绵延的贝壳沙海滩。"

　　清顺治十八年（1661年），这座岛上的居民被政府驱逐一空，实行海禁，以致百年荒废于海上。民国初年才又招人入驻，南麂岛再次变得生趣盎然。1990年，南麂岛被国务院确立为我国首批五个国家级海洋类型自然保护区之一。1998年12月又被联合国教科文组织纳入世界生物保护区网络的海洋类型自然保护区，这在我国还是首次。

南鹿岛

　　南麂岛的"山秀、石奇、滩美、草绿、海蓝、空远"是名副其实的。山清水秀，奇石独特，沙滩与海水相连，令人把一切烦躁抛到脑后，不肯辜负这种美景。南麂岛的景观以大沙岙金沙碧海、奇峰异石、天然壁画、海岛平原，大擂水仙最为著名。这样的天然组合让人憧憬。

南麂岛岛内的大沙岙沙滩是国内唯一、国外罕见的贝壳沙滩，又名"黄金滩"。当潮水退去，沙滩就会露出来，坐在它平缓的坡度上看着开阔的海面让人浮想联翩。沙滩的沙质坚硬细腻，属于铁板沙，踩后无明显痕迹，与沙漠一步一脚印形成鲜明的对比。旁边山石形状各异，似威猛的虎豹、温驯的小鹿、行走的路人等，无不是大自然的杰作。

在南麂岛大大小小的岩群中，有一块巨岩看起来极像南海观世音优雅地站立在那里，她以一贯的宽容博大注视着远方。而在这块观音石的相对方向，有一块石头恰似拱手叩拜的猴子，这便是传说中的猴子拜观音。远远看去，观音微笑着，猴子则收敛顽皮虔诚地拜谒，有趣至极。

在一个极深的岩洞外有两条岩石。一条是又粗又长的大青石，从洞中蜿蜒着伸向海滩头，好像觅食的青蛇；另一条岩石则是白色的，游向海底，若遇风浪，仿佛是白蛇戏水，这就是"白蛇礁"。走在这里，不禁会想到《白蛇传》中的姐妹情深。

郑成功曾被明朝皇帝赐姓朱，郑氏曾在这里练兵，南麂西澳从此被称为国姓澳。在澳口海边，可以看到峭壁上刻石"官澳"两个大字，每个字40厘米见方，右下角还有"虎林"等字。走到这里，就不免要缅怀一下这位有着丰功伟绩的英雄了。

南麂岛中，有一块状似海马的岩石，在群石中，它昂首挺胸，极具霸气，一副不可一世的样子。而在三盘尾南部的山顶上，有一块岩石俨然一只石青蛙，它两眼突出，肥硕的身体支撑在四肢之上。四脚微抬，大有一试跃海之势。两块岩石活灵活现，让人叹为观止。

南麂岛上有块人形的石头，名叫"望夫石"。

传说在很久以前，有一对恩爱的夫妻，男的出海打鱼，女的照顾家里，两人的生活平淡幸福。

突然有一天，男的在出海捕鱼时不幸遇上风浪，就这样一去不复返。而妻子坚信丈夫终究有一天会回来，于是每天站在海边的高山上向丈夫出海的地方张望，期待丈夫归来。

但是时间一天天、一年年地过去，丈夫最终没有回来，而这个守着希望等待的女人却变成了一块石头。这块石头被称为望夫石，它是忠贞不渝的爱情的象征，来此游玩的人无不被它感动。

🚗 旅游小贴士

怎么去：上海、江苏、安徽、福建、广东等地都有到鳌江的班车，鳌江是离南麂岛最近的陆上口岸，可在鳌江乘坐快艇至南麂。

观光：南麂风光旖旎，气候宜人，有"碧海仙山""东方夏威夷"之美誉，是旅游、避暑、度假的胜地。主要有三盘尾风景区、大沙岙景区和特色岛屿及历史人文景观。

美食：南麂的餐饮以海鲜为主，在大沙岙海滩附近有很多海鲜排档，鲍鱼、牡蛎、扇贝、蛏子、佛手应有尽有，尤其是沙蛤，被人称为"天下第一鲜"，是南麂最具特色的海鲜。

购物：海鲜是南麂岛的特色产品，游客可购买各种海鲜干货，还有珊瑚贝壳做的手工艺品。

第二十八章　洞穴游

本溪水洞

本溪水洞洞口坐南朝北，高于太子河面 13 米，洞身向山里延伸，长度 3000 余米，容积 40 余万立方米。洞内钟乳石、石笋、石柱、石华、石幔均发育良好，形状奇异，蔚为大观。

很早以前，古人类就发现此洞，并在这里居住栖息。清代同治年间诗人魏瓷均曾游此洞，留诗一首可见一斑：“拨云探洞口，云散洞天深。石穴千年乳，冷冷滴到今。冥蒙藏太古，寒气积阴深。闻有烧丹士，长年此陆沉。”新中国成立以来，政府多次组织发掘开发。正式开放后，吸引了众多游客，被誉为“北国一宝”“天下奇观”“亚洲一流”“世界罕见”。

本溪水洞以其长、深、广而闻名世界，因此到本溪水洞一游，定要感受水洞宏伟之美、地质之美以及洞内的钟乳之美。

本溪水洞全长 5800 米，目前已开发 2800 米，空间 40 余万立方米，最开阔处高 38 米，宽 70 米。大厅正面有 1000 多平方米的水面，有码头可同时停泊游船 40 艘，泛舟则可畅游水洞，水洞之大、水洞之长、水洞之深堪称为奇。

洞内空气通畅，水流终年不竭，河道曲折蜿蜒，河水清澈见底，洞内分“三峡”“七宫”“九弯”，故名“九曲银河”。水域沿洞体展开，纵深达 2.3 公里，而且时阔时狭，迂回曲折，极具宏伟之美。

　　本溪水洞历经亿万年的地质变化才形成了今天的奇特景观，其中留下了各种奇特的地质景观。因此来到本溪水洞不得不参观建于2006年的本溪地质博物馆，馆中陈列了辽宁本溪国家地质公园内的地质遗迹、史前地质遗迹，包含国宝级珍贵标本30余件、珍稀标本3300余件。馆内地质藏品数量大，精品多，具有极高的观赏价值及科普价值。

本溪水洞

　　本溪水洞不仅洞大、宽、长，洞内钟乳更是秀美逼真，让人不得不惊叹："钟乳奇峰景万千，轻舟碧水诗画间，钟秀只应仙界有，人间独此一洞天。"从码头乘游艇向里行进，飞泉迎客、玉米塔、宝莲灯、玉象、孔雀岩、雪山等奇景依次出现在眼前。它们惟妙惟肖，形象逼真。特别是玉米塔、玉象和雪山三景，更是名实相符，几可乱真。

　　洞河两岸钟乳林立，石笋如画，千姿百态，光怪陆离，洞顶空窿钟乳高悬，晶莹斑斓，神趣盎然，千姿百态，各具特色，泛舟其中，如临仙境，这是水与石浑然天成的神秘洞穴，是迄今世界上发现的可乘船游览的最长的地下暗河。

传说每年四月初八，各路神仙都到紫霄宫聚会，众仙见洪钧老祖开拓的宫殿十分壮观，皆为之惊叹，纷纷赠宝装点。紫霄宫里，尽是奇珍异宝，祥光万道，千姿百景融于一洞，水绕洞行，妙趣横生。后来，常有贪心之人来盗宝，当九十九颗夜明珠被盗走之后，水洞就变成了幽深的黑洞。

九天玄女见人心难测，就从哥哥玉皇大帝那里借来了红蝙蝠，时刻观望进紫霄宫之人，是好人赐之以福，是恶人降之以灾。又在九曲银河似的水洞渡口放一只无桨无橹的神船，避难百姓乘船遇救，贪心之人上船失踪，幽暗深邃的紫霄宫成了使人不敢涉足的迷宫。

直到太平盛世之时，夜明珠再现，人们才看到了紫霄宫的真面目，虽然不能尽游水洞全程，但也使游人叹为观止，因此本溪水洞又被赞誉为"人间独此一洞天"！

🚗 旅游小贴士

怎么去：先乘机抵达沈阳桃仙国际机场，再乘客车或者火车到达本溪市，在本溪火车站有旅游专线车前往景区。

观光：从码头乘游艇向里前进，可以欣赏到飞泉迎客、海潮、宝莲灯、宝鼎、群猴、玉米塔、宝瓶口、仙丹石、龙角岩、福寿星、剑群、瀑布、独角犀、麒麟岩、春笋、三塔、斜塔、玉象、倚天长剑、孔雀岩等奇观，实在妙不可言。

美食：蝲蛄豆腐、可心烤鱼、山野菜、炖河鱼、山鸡炖蘑菇、小市羊汤、冻梨、长宽猪蹄都是地道小吃。

购物：本溪有许多特产，如辽砚、根雕、蝴蝶翅画、参茸、铁刹山酒、野生山核桃乳等。

黄龙洞

黄龙洞总面积 10 万平方米，洞体共分四层，洞中有洞、洞中有山、山中有洞、洞中有河。经中外地质专家考察认为：黄龙洞规模之大、内容之全、景色之美，包含了溶洞学的所有内容。黄龙洞以其庞大的立体结构、洞穴空间、丰富的溶洞景观、水陆兼备的游览观光线路独步天下。

黄龙洞

黄龙洞开放至今，先后接待了胡耀邦、乔石、李瑞环、李岚清等党和国家领导人以及诸多著名的科学家、艺术泰斗、文人墨客。1998年，黄龙洞还成功地接待了首位外国元首——坦桑尼亚总统姆卡帕。同年，当时的香港特首董建华考察黄龙洞后欣然题词："黄龙奇洞，叹为观止。" 2004年泰国公主诗琳通参观考察黄龙洞后曾挥毫：梦幻世界。

漫步黄龙洞

黄龙洞因其规模最大、内容最全、景色最美，被称为世界溶洞的"全能冠军"；也因为其洞中有洞、穿插交错，被称为"地下魔宫"，其中以处于黄龙洞最底层的迷宫最为精美绚丽。

黄龙洞全长7.5公里，垂直高度140米，内分两层旱洞和两层水洞。洞内拥有1库、2河、3潭、4瀑、13大厅、98廊。还有迷宫、响水河、天仙水、天柱街、龙宫等景区，整体犹如一株盘根错节的古木，洞中有洞，楼上有楼，各种奇观琳琅满目、美不胜收。其规模之大、钟乳石之多、形状之奇，在国内外溶洞中极为罕见，被中外溶洞专家誉为世界溶洞的"全能冠军"。

黄龙洞洞口迷漫着层层雾霭，散发出来自洞穴深处的神秘气息。洞内长廊蜿蜒，钟乳悬浮，石柱石笋林立，石帘、石幔、石花、石琴等异彩纷呈，令人目不暇接。"洞外洞""楼外楼""天外天""山外山"，盘根错节。更是山重水复、峰回路转，洞穴景观，无所不奇，无奇不有，最大的厅堂有 1.2 万平方米，可容纳万人，仿佛一座神奇的地下"魔宫"。

迷宫地处黄龙洞最底层，洞内钟乳石种类较多，景观异常集中。国务院前副总理邹家华曾为之题词"中华江山多娇姿，黄龙迷宫竞折腰"。

洁白晶莹的钟乳石、石柱，石花、石笋、石幔、石珊瑚、卷曲石、石珍珠等玲珑剔透，与粗犷宏伟的黄龙洞龙宫相比，更显精美绮丽。由于迷宫面积小，钟乳石密集，景观集中，所以在游览的时候不要激动得撞到头。

黄龙洞内的泉水叫黄龙泉，泉水长流不断、清甜可口，还留下了一个神秘的传说。

相传很久以前，黄龙洞当地的百姓遇到百年大旱，一位叫何俊如的法师不忍百姓受干旱之苦，带着师刀进洞为百姓求雨，洞中的龙王见其心诚，即从口中吐出几滴雨水，这时洞外已降大雨。何法师却以为龙王见死不救，遂操起师刀朝龙头挥去。龙王不悦，顿时吐水如柱，使得洞内被漫天大水所淹没。

等到何法师逃出洞外时，才发现自己已经遍体伤痕，不仅将自己心爱的师刀遗留在洞中，更让百姓被洪水冲散，整个村庄也被洪水所淹没，当下对自己的鲁莽行为后悔万分，于是就在黄龙洞的洞口刻下"干死当门田，莫打黄龙泉"十个字，然后含恨归西。自此，人们谈洞色变，直到 1983 年，黄龙洞才被当地的民兵发现。这颗深藏地下亿年的明珠，伴随着 20 世纪 80 年代初张家界的对外开放才得以蜚声海内外。

旅游小贴士

　　怎么去：先乘机到达张家界，在张家界市汽车站乘开往武陵源的中巴，然后再乘坐1路车或乘摩托车去黄龙洞。

　　观光：主要观赏景点有前厅、宝塔峰、响水河、黄土高坡、万丘龙田、龙宫大厅、定海神针、迷宫、摘星台、天书宝匣、罗汉迎宾、地下游艇码头等。

　　美食：当地的土家菜加工花样多，吃法讲究，极富特色。主要特色菜有三下锅、火熏腊肉、腊猪头、血豆腐酸鱼肉、团年菜、泥鳅钻豆腐、乌鸡天麻汤、坛子菜、合渣等，讲究酸、辣、香。还有黄龙洞生态广场的黄龙食府，在这里面可以品尝到极富地方特色的美味佳肴，如玉米棒、野生猕猴桃、八月瓜、金香柚等。

　　购物：当地土特产特别多，猕猴桃、青岩茗翠茶、龙虾茶、松菌、葛根粉、蕨根粉、岩耳、杜仲茶、姜糖、竹筒米酒、军声砂石画、龟纹石砚台、土家织锦等都深受游人喜爱。

芙蓉洞

　　芙蓉洞洞体庞大，洞穴沉积物丰富，因此征服了各国洞穴专家，也吸引了众多游客前来观光，与美国的"猛犸洞"，法国的"克拉姆斯洞"并称世界三大洞穴。芙蓉洞曾被中国洞穴研究会会长朱学稳教授评价为"一座斑斓辉煌的地下艺术宫殿"。世界洞穴协会会长安迪称其为"世界最好的游览洞穴之一"。1994年芙蓉洞更被评为中国100多溶洞之第一，冠之以"溶洞之王"的美名，被公认为地下最美的风景。

　　芙蓉洞被洞穴界赋予极高的称誉，因为它不仅具有丰富多样的钟乳石类，在其他各个学科也具有相当高的研究价值，而且洞中的美景更是让人流连忘返。

　　芙蓉洞内，几乎包含了所有的钟乳石类，包括碳酸盐岩和硫酸盐岩这两种类型的次生化学沉积形态。品种达 70 多种，像石钟乳、石柱、石笋、石幕（小的为石幔），石瀑布、石盾、石旗、石带、石葡萄、珊瑚晶花等。它们的矿物组成主要是方解石和石膏，也有文石、水菱镁石。其中大多数种类存在数量之多，形态之丰富，如针、如丝、如缕……千形万状，举世罕见。

芙蓉洞

芙蓉洞是一个大型石灰岩洞穴，形成于第四纪更新世（大约 120 多万年前），洞内景观极为丰富，更显得辉煌壮丽，玲珑剔透、华丽奇巧，令人目不暇接。因此决定了它不仅有很高的旅游价值、美学价值，而且在地层学、地貌学、矿物学、生物学、水文学、地球化学、第四纪地质学、古气候学与古环境学、考古学等一系列的科学领域方面极具研究价值。

芙蓉洞主要分为三大景区。第一景区以色彩斑斓的高调为主，第二、三景区则以自然色调为主线。洞内的美丽景观比比皆是，几乎是步一景。其中在国内外属特级的景点有 10 余处，尤其是巨型石瀑布，它宽 15.76 米，高 21.04 米。面积 32 平方米，水深 0.8 米，处在生长旺盛期的"珊瑚瑶池"，就像是一条白练；"生命之源"长 120 厘米，周长 124 厘米，被称为是生长旺盛的石花之王；还有世界绝无仅有的犬牙晶花石五绝，更是世界洞穴景观的稀世珍品。

芙蓉洞被发现于1993年5月。经中国与澳大利亚有关溶洞科研机构两次实地勘测，被评价为"世界奇观，一级洞穴景点"，"一座地下艺术宫殿和洞穴的科学博物馆"。并确认芙蓉洞不仅本身是一座大型的旅游与科考价值极高的洞穴，在以其为中心的周围还发育有一个以大量竖井和平洞组成的庞大的洞穴群——芙蓉洞洞穴群，使其与美国的"猛犸洞"，法国的"克拉姆斯洞"并称世界三大洞穴。

1996年，芙蓉洞开始组织申报世界自然遗产，2004年，被纳入申遗提名地。2005年，在《中国国家地理》主办的"中国最美的地方"评选活动被评为"中国最美六大旅游洞穴之一"。

 旅游小贴士

怎么去：乘飞机、火车或汽车到达重庆，在朝天门汽车站乘坐长途汽车到武隆，然后租车前往。

观光：芙蓉洞的景点有摔人洞、卫江岭洞、垌坝洞、新路口洞、水帘洞、芙蓉洞、干矸洞和四方洞等洞穴，神奇幻化，精美绝伦。

美食：羊角豆腐干、羊角老醋、土坎晶丝苕粉、武隆牛肉干、蕨精粉、苗家情米酒、烤全羊、羊肉汤锅、烤鱼、豆花饭、乌江水煮鱼、武隆土鸡、羊鱼鲜、碗碗肥肠等都是当地著名美食。

购物：羊角老醋、"羊曹"老醋、双鸽豆腐干、南川大观天绿名优茶、刘老大晶丝苕粉、樊三豆腐干等都是名特产，备受游客喜爱。

腾龙洞

腾龙洞整个洞穴群共有上下五层，其中大小支洞300余个，洞中有山，山中有洞，无洞不奇，洞中有水，水洞相连，构成了一个庞大而雄奇的洞穴景观。洞中石灰岩地貌发育完好，石柱、石笋、石花、石幔、石人、石猴等奇观随处可见。洞内透明鱼世所罕见，清江至此跌落形成"卧龙吞江"瀑布，水声如雷吼，气势磅礴。

清光绪《利川县志》对此有记载："干洞有硝，光绪十年，有采硝者十余人，秉烛而入数十里，惧而返。"除了这里有记载外，腾龙洞一直都是个神秘的地方。

腾龙洞

直到 1985 年，一篇《利川落水洞应该夺得世界名次》的文章发表后，一石击起千层浪，很快掀起探索腾龙洞的热潮。1985 年以后腾龙洞才慢慢地揭开了神秘的面纱。

龙洞集山、水、洞、林、石、峡于一身，熔雄、险、奇、幽、秀于一炉，声誉远播，遐迩闻名。无论从洞口到大厅还是到园堂关，一直都是美景不断，让人惊叹不已。

还未走进洞里，洞口的奇特景象就先声夺人地让人惊呆了！腾龙洞顶上那雄奇的白岩，就像一艘巨大的天船遨游在蓝天之中，而高大的洞口有如梯形，淡青中泛着粉绿的洞壁下长满了灌木和野花。

如果极目凝视，可看到有一蓬墨绿的植物长在侧壁的万丈高崖上，传说那是一株灵芝，古时常有巨蟒缠绕守护。

进了洞门，迎面便是一个大厅。大厅面积 15 万平方米，在大厅的顶板上形成了一只巨大的孔雀，孔雀昂首扬冠，彩屏如扇石一样展开，恰似正在向远方的来客致意，所以这个大厅又名孔雀迎宾大厅。

大厅本是古人筑灶熬制硝盐的地方，本来有硝坑星罗棋布地散布在大厅的底部。但现在几乎荡然无存，只在洞壁左侧留下了一两个硝坑和灶孔的遗址，让我们还能领略古人熬制土硝的风采。

在圆堂关，有原中国作家协会副主席冯牧所书的石刻"登山当登珠穆朗玛峰，览胜应游腾龙"。往洞里走，密密麻麻的蝙蝠在洞中飞舞，犹如一道道黑色的闪电；一个个水潭明丽如镜，洞壁、洞额以及洞外的山峰倒映其中，美得不可方物；一群群浑身透明的小鱼，在清澈见底的小溪里游荡，有如一队队羽衣霓裳的精灵。

透明的小鱼其实并非鱼类，而是种叫红点齿蟾的古生物的幼虫。红点齿蟾浑身釉黑如黛，腹缘长满一圈火红的斑点，十分好看。你若是到了凉风洞和牛鼻子洞，就能看到它们的幼虫全身透明的倩影。

相传很早以前，利川还是一片汪洋大海，土家先民靠打鱼为生。龙王爷专门派了一条蛟龙来看管这片大海，并帮助土家先民捕鱼泛舟。谁知这条蛟龙却兴风作浪，搅得百姓不得安宁。土家渔民的怨声惊动了龙王，龙王一气之下请来开天辟地的盘古和镇妖的雷神惩治蛟龙。盘古手持开山巨斧与雷神一起劈向那条蛟龙，蛟龙自知罪不可恕，难逃惩罚，便拼着性命，一头向海底深深地扎去……

顿时轰隆一声，天塌地陷，海底被蛟龙扎了一道又深又长的地洞，海水顺着地洞山呼海啸般地奔腾漏去。盘古和雷神看到蛟龙乖乖地蜷缩在地洞里，便发了慈悲，放它一条生路。过了几天，海水就漏完了，利川这片汪洋大海转眼消失不见，只见四面高山突起，中间出现一条清澈见底的江，后人称之为清江，那个洞也被后人称为腾龙洞。

 旅游小贴士

怎么去：利川市东门、西门处均有车去腾龙洞。

观光：主要景点有大水井古建筑群、齐跃山天然草场、鱼木寨、玉龙洞、凌云塔、星斗山森林公园、天下第一杉、乳泉洞、忠路温泉、培风塔、三元堂、石龙寺、一品山寨、如膏书院、太平塘摩崖题刻、七孔子崖窟墓、见天坝瀑布、朝阳洞、船头寨、谌家牌楼、香淹坝田园风光、水莲洞、贺龙脚印、老龙洞等。

美食：合渣类似火锅，里面放入豆渣、花生渣、肉末等底料，再加上猪肉、牛肉或者羊肉等原料，并配以花生米、凉菜、豆干等。腊肉也是当地的特色之一，先把腊肉放到煤炉上烧，烧到滋滋流油，再扔到放了碱的开水里泡，最后在用清洁球在肉表面擦，等一会即可食用。还有苏马荡野菜和烤全羊、烤鸡、白杨豆干、福宝山莼菜等也是特色食品。

购物：宝石花漆筷是当地特色产品，以精竹为筷坯，镶嵌贝壳，精心磨制而成，做工精致、古色古香，能耐高温、耐酸碱、不脱化。深受游客喜爱。

织金洞

织金洞位于始建于 1382 年的织金城内，地理位置十分优越，是我国著名的喀斯特风景名胜区，中国旅游胜地 40 佳之一。1994 年代表亚洲加入了国际洞穴旅游协会。2009 年升级为国家 4A 级风景名胜区。

洞内地形复杂，有迎宾厅、万寿宫等 10 个景点、40 多种岩溶形态，有"岩溶博物馆"之称。洞外有地面岩溶、峡谷、溪流、瀑布等自然景观与布依族、苗族、彝族村寨，曾有首诗赞美织金洞："黄山归来不看岳，织金洞外无洞天，琅嬛胜地瑶池景，如信天宫在人间。"

织金洞洞内拥有特殊的地貌，迷人的景观，更有周围独特的人文景观和民俗风情，每年吸引了大量的游客到此观光。

洞中遍布石笋、石柱、石芽、钟旗等多种堆积物，形成千姿百态的岩溶景观。洞道纵横交错，石峰四布，流水、间歇水塘、地下湖错置其间。被誉为"岩溶瑰宝""溶奇观"。织金洞更有多项世界之最：洞内堆积物的多品类、高品位为世间少有，洞厅的最高、最宽跨度属于极致；神奇的银雨树，精巧的卷曲石举世罕见。洞内最大的景物是金塔宫内的塔林世界，在 1.6 万平方米的洞厅内，耸立着 100 多种金塔银塔。

织金洞囊括了全世界溶洞堆积物类别的 40 多种堆积形态，万千气象，无限风

织金洞

光。据专家考察比较，织金洞规模体量、形态类别、景观效果都比誉满全球的法国和南斯拉夫的溶洞更为宏大、齐全、美观。

雄伟壮观的"地下塔林"、虚无缥缈的"铁山云雾"、一望无涯的"寂静群山"、磅礴而下的"百尺垂帘"、深奥无穷的"广寒宫"、神秘莫测的"灵霄殿"、豪迈挺拔的"银雨树"，纤细玲珑的"卷曲石"、栩栩如生的"普贤骑象""婆媳情深"……一幅幅大画卷，一处处小场景，令人心魄震惊，叹为观止。

距织金洞23公里处，有座素有"小桂林"之称的织金古城，它是全省四个历史文化名镇之一。发人思古的彝族文物、清丽秀雅的织金古城，给织金洞增添了沉积丰厚的文化氛围。城中多庙宇、寺、阁、石拱桥，与奇山、秀水、清泉相互映衬，古色古香。加上明代奢香夫人和清代重臣丁宝桢等历代人杰遗迹荟萃，使织金洞成为自然景观和人文景观相结合的风景名胜区。震撼西南的明末彝族起义首领安邦彦的故居"那威遗址"和"安邦彦墓"就在织金洞附近，凭吊古迹，更是令人荡气回肠。

织金洞处于苗族地区，这里洋溢着浓郁的民族风情，有着独特的风物特产。在这里，你可以领略苗族精彩绝伦的射弩表演，与他们一起载歌载舞，甚至亲身感受苗家儿女求偶择伴的"跳花"情景。这里更有颇负盛名的织金"残雪""金墨玉"大理石系列工艺品，古朴美观的蜡染纪念品和砂器用具，营养丰富的竹荪产品，独具风味的"荞凉粉""宫保鸡""烙锅臭豆腐"等，这一切都会让你的旅途充满乐趣。

织金洞又叫"打鸡洞"，关于这个名称在当地人中有两个不同的说法。

一个说法是：相传很早的时候，当地村民特别喜好斗鸡，有位村民把自己的斗鸡丢了，在寻找斗鸡的过程中才偶然发现此洞，所以叫作"打鸡洞"。另一个说法是：以前苗家青年男女喜欢踢毽子，而且经常在洞口踢鸡毛毽，这项运动在当地被称为"打鸡"，所以这个洞因而得名"打鸡洞"。现在看来，无论是哪个说法，都为织金洞添加了更多的神秘气息，而它的美丽景色依然是那么的受世人瞩目。

🔥 旅游小贴士

怎么去：先乘飞机或汽车到达贵阳，第一汽车服务站每天都有班车前往织金，在三甲下车，然后包车前往景区。也可从安顺、水城等地前往织金。

观光：织金洞有十大名景：迎宾厅、讲经堂、万寿宫、望山洞、江南泽国、雪香宫、灵霄殿、广寒宫、十万大山。

美食：毕节汤圆个小皮薄、馅儿有各种味道；豆腐干素有"臭里香"之美称；清汤鲫鱼，味道鲜美；玉米火腿焖饭价格便宜；荞麦食品种类繁多。

购物：大方漆器、大理石工艺品、蜡染纪念品、砂器用具等，"王傻子"烧鸡、威宁火腿、曾三兴家卤牛肉都是比较有特色的食品。

雪玉洞

洞内80%的钟乳石都"洁白如雪，质纯似玉"，故被中国洞穴会会长朱学稳教授命名为"雪玉洞"。雪玉洞全长1644米，现已开发游览线路1166米，上下共三层，分为六大游览区：群英荟萃、天上人间、步步登高、北国风光、琼楼玉宇、前程似锦。距今8万年至5.5万年前，雪玉洞发育于龙河边上；距今1万年以前，洞内环境才改变为有利于次生化学物的生成和发育。

2003年，雪玉洞成了我国第一个洞穴科普基地和第一个溶洞观测站。同年，被

雪玉洞

推上"三峡国际旅游节"这个大舞台，向世人揭开了神秘的面纱。

雪玉洞之所以闻名世界，正是因为它不仅有"三个世界罕见"，更有"四处世界奇观"，不仅吸引着成千上万的中外游客，同时也吸引了众多的科研工作者和地质学家前来考察研究。

雪玉洞是世界罕见的洁白如雪的溶洞，仿若"冰雪世界"一般纯白无瑕。由于雪玉洞的构成是质地极纯的碳酸盐岩，洞穴沉积环境封闭很好，洞顶厚度很大，因而溶解后的碳酸岩溶液杂质极少，因而生成的洞内景观80%都"洁白如雪、质纯似玉"。

雪玉洞是一座世界罕见的"汉白玉雕塑博物馆"，这是朱学稳教授的评价。洞内沉积物生成的景观，规模宏大，种类繁多，分布密集，造型精美，实在令人叹为观止。真所谓是"白玉雕琢玲珑界，冰雪起舞桃花源"！

雪玉洞是世界罕见的正在快速成长的洞穴，被形象地比喻成"妙龄少女"。其他洞穴的钟乳石景观一般都要几十万年到几百万年才能形成。而雪玉洞只用了四五万年的时间，就呈现出如此美丽的沉积物景观，实为罕见。洞穴沉积物景观的生长速度，一般是100年一毫米左右，而雪玉洞竟达到100年33毫米，生长速度是一般洞穴的33倍！

雪玉洞内有一酷似企鹅的大地盾，由碳酸盐岩构成。它高达4米多，是目前世界所有洞穴中的石盾之王，举世罕见。它形如蚌壳体，由两半组成，水从中间呈放射状向外侧边缘渗出，水量微弱，然后从四周流下，数万年沉积而成。

雪玉洞有世界上规模最大、数量最多的塔珊瑚花群。其名来源于南宋大词人辛弃疾写给陈同甫的一首"壮词"。词中有言：沙场秋点兵。面对这样的场景，不由得让我们联想到当年旌旗猎猎、杀声震天、马蹄飞扬、阵势奇特、波澜壮阔的远古战场。

雪玉洞的鹅管林重重叠叠，倒挂空中。它的科学名称叫"鹅管"，是由重力水（存在于地下水位以下的透水土层中的地下水）从洞顶滴落下来形成的，因其色白，呈鹅毛管状而得此名。此处的鹅管密度居世界之最。

雪玉洞有一面巨大的石旗，它是洞内连续性水流作用在洞壁和洞顶上形成的薄而透明的碳酸钙沉积物，它垂吊高度约为 8 米，为世界之最。看上去薄如蝉翼，晶莹剔透，巧夺天工，让世人注目仰拜。

鳄鱼护洞是进入雪玉洞的第一个景点，这个景点的来历颇为有趣。1997 年，当地一老农在龙河岸边打猎，因追兔子而进入了一个洞穴，后来越走越深，直到到达鳄鱼护洞处时，老汉发现一"怪物"，甚是可怕，就再也不敢往前走了，后来报告了政府，政府组织有关部门考察后命名为雪玉洞，直到 2004 年才对外开放。当年老农看到的"怪物"，就是这酷似"鳄鱼"的石头，这个景点也就被命名为鳄鱼护洞了。

旅游小贴士

怎么去：先到达重庆，在重庆朝天门长途客运总站乘坐重庆到丰都的大巴车，抵达丰都后，乘雪玉洞旅游专线车直达景区。

观光：雪玉洞有四个世界之最。"雪玉企鹅"这一酷似企鹅的大地盾，是目前世界所有洞穴中的石盾之王；"沙场秋点兵"是世界上规模最大、数量最多的塔珊瑚花群。"鹅管林"的"鹅管"是由重力水从洞顶往下滴而形成的，这里的鹅管密度居世界之最；"石旗之王"是面巨大的石旗，它垂吊高度约为8米，为世界之最。

美食：景点有餐厅，里面的食物多样。附近的农家乐里有当地家常菜，非常有特色，而且价格便宜。如土碗蒸的烧白（上面是肥肉，下面是咸菜）和粉蒸肉。

购物：当地特产种类繁多，都楠竹锦橙、龙眼、丰都红心柚、包鸾竹席、榨菜、仙家豆腐乳、鬼城麻辣鸡块、鬼城麻辣鸡、鬼城瓢画等都很著名。

第二十九章 草原游

呼伦贝尔草原

呼伦贝尔的名字有一个美丽的民间传说：草原蒙古部落的一对情侣呼伦和贝尔为了拯救草原，也为了追求爱情，与草原上的妖魔搏斗，最终化作湖水淹死了恶魔，后来，在这片草原上便世世代代留下滋养生命的两弯湖水，呼伦湖和贝尔湖。

呼伦贝尔天生就是和草原密不可分的，这里是北方游牧民族成长的摇篮，东胡、匈奴、鲜卑、室韦、突厥、回纥、契丹、女真、蒙古，在2,000多年的光阴中，草原被马蹄践踏着，征战割据着，群雄逐鹿着，朝代王庭更替着，衍生出了独具一格的游牧文化，写下了荡气回肠的历史篇章，可是草原，在武力和政权面前，从来没有被谁真正征服过。

海拉尔，如今是呼伦贝尔的首府，这已经完全是一座繁华大城市的氛围，只是，空气中仍然飘过草原的气息。也不用走出多远，城市的边缘已经是草原的腹地。30多公里外，有一个地方叫作金帐汗。当年出演《嘎代梅林》的男主角在草原上盖起大帐，经营起了红红火火的旅游生意。一辆辆的旅游大巴驶来，马头琴声响起，身穿艳丽蒙古服装的男男女女站在帐前献上一轮下马酒。虽然这并不是真正的不喝便不能进账的豪爽，虽然这只是一场旅游手段的模仿，但是草原，仍然是无法复制的真真正正的草原。

金帐汗选址的地方实在是得天独厚，其实它不需要靠那些虚情假意的旅游噱头也能博得心服口服的认可。这片草原太美了。已经有些干涸的莫日格勒河并没有失去其蜿蜒曼妙的身姿，曲折周旋中一气呵成，老舍先生曾赞这里是天下第一曲水。看不到河流的尽头，犹如看不到这片草原的尽头，远远的河边点缀着很多珍珠，那都是雪白的羊群，哗啦啦一忽儿集中，一忽儿散去。一批安静的马儿正在吃草，不时地扬起它们高傲的头，鬃发飘扬，褐色的皮肤闪着油亮的光泽，这才是真正的骏马。也看到了这里的老板鄂布斯，头戴卷边帽，脚踏长皮靴，一副草原牛仔的打扮，晒得很黑，很瘦，一个真正的蒙古汉子。

呼伦贝尔草原

　　曾问当地人呼伦贝尔最好的草原在哪里，得到的答复是东旗，东旗也叫作新巴尔虎左旗。这里有一座辉煌的喇嘛庙——甘珠尔庙，庙前的广场上五色风马旗飘扬，映衬得这片藏、蒙、汉三种建筑风格相互交融的庙宇显现出一片壮丽的恢宏，每年的那达慕便在这里举行。

　　东旗的草原距离城市的范围更近了，随随便便走出城区，草原鲜活的面目立刻呈现眼前。一群马儿在水塘中嬉戏，走近了，会引起它们一阵小小的骚动，但是并不逃走。又一群牛儿过来了，它们显然毫不顾忌人的存在，大摇大摆地饮起水来。还是羊群的声势浩大，骑着马的牧人挥舞着长长的马杆，草原上腾起一阵烟尘。这里没有金帐汗那么精致的景点造势，走进的是真正的草原腹地。一位放牧的老爷子腰里别着收音机，放的是蒙语播音，他家的羊有700多只，老爷子每天早上6点出来放羊，日复一日的工作就是赶着羊去吃草和喝水，其实牧民们也很富有了，但是他们的生活却似乎并没有因此多了些舒适和享受。还是起早贪黑的放牧，还是晒得黝黑的面庞干裂的皮肤，也许这就是对草原的依恋，这就是世世代代草原人的归宿。只是，时代真的变迁了，真正会牧羊的好羊倌也是越来越少了。老爷子的儿女都移居县城了，很多人放弃了家传的牧地，未来的草原不知会是由谁主宰。

在额尔古纳河边，在中俄交界之地，还有一个边陲小镇叫作室韦。这里是蒙古族的发祥地，也是一座独具魅力的俄罗斯民族乡。额尔古纳河静静地流淌，看得到对岸的牛羊房屋还有河里洗澡的孩童，他们属于另外一个国度。室韦小镇是安详宁静的，土豆花在围栏内开得正艳，牛儿悠闲地在草场上散步，一些有着闪亮蓝色眼睛的少年男女微笑着走过，带来一丝异域陌生而迷人的芳香。住在木刻楞房子里，吃着大列巴，再洗一场桑拿浴，在这极北边境的草原上，享受一丝桃花源般的浪漫心醉。

呼伦贝尔的区域太辽阔了，这里有异域风情的边贸城市满洲里，有鸟类和鱼类天堂的呼伦湖，有大兴安岭西麓的森林公园，有边境古城的要塞遗址。不管你去了哪里，别忘了这份与草原的约定，赴一场与草原的约会，走进牧民的蒙古包，喝奶茶吃手把肉，放一次羊骑一次马，看一场那达慕，听一曲蒙古长调，这样，你便是真正来过了呼伦贝尔。

 旅游小贴士

夏天旅游旺季海拉尔的住宿很紧张，价格也比较高，要提前做好准备。

去一些开发了的草原景区最好不在里面吃饭和住宿，价格高而且性价比不高。

去满洲里可以品尝俄式西餐，去呼伦湖可品尝鱼宴。草原手把肉和奶茶自然也是必不可少。

每年各旗那达慕的时间不定，最好能提前打探清楚，赶上节日能更好地体验草原风情。

到达：去呼伦贝尔一般先到海拉尔，海拉尔通航班和火车。去东旗、满洲里都有班车，要进入草原腹地深处需要包车。

周边景点：阿尔山、漠河

若尔盖草原

多年以前曾经被一幅风景照彻底击倒，平静的水面倒映着澄澈的蓝天，木质栈道伸向水天相接的远方，那份空灵令我无比向往，从而永远地记住了连那个名字都十分美丽的地方：花湖。多年以后，当我终于到达那里，才又一次验证最美好的风景只存在于心底，过高的期望会带来失望，而旅途中那些意料之外的美妙瞬间，往往才是最值得珍藏的记忆。

若尔盖草原

八月的某个阳光明媚的下午，我一个人在横穿整个朗木寺的那条街道上闲逛，试图寻找同伴包车去唐克。从夏河经碌曲到朗木寺，再南下经若尔盖到九寨黄龙，这是一条无数驴友烂熟于心的线路，现在是旺季，当然不缺同伴，在著名的铺着格子床单的萨娜宾馆找到三个要去花湖的女孩儿，反正花湖就在去唐克的路上，先圆了我多年的梦再说。

从朗木寺出发，翻过一个山口，若尔盖大草原便展现眼前，两侧连绵起伏的山峦划分出一带狭长的谷地，目光所及，没有一棵树，也看不到一寸裸露的土地，绿毯子般的青草盈满视野。草原上隔一段距离就扎着几顶或黑或白的帐篷，那里住着逐水草而居的牧民，烟筒里冒着青烟，帐篷外拴着马，停着摩托车，夏季是他们最忙碌也最开心的季节，草原上散放着的是他们的财富和希望。草并不高，刚没脚踝而已，但非常茂盛。马不算多，三三两两地吃着草，头也不抬，个个把肚子吃得滚瓜溜圆；羊群的规模就庞大多了，几百上千只羊缓慢地移动着，犹如滚过草原的朵朵白云，远远地甚至可以听到它们啃噬草叶的声音。

　　如果仅有青草，这里不过是羊群的餐厅，而长满了野花的草原，就不可避免地成为游客的天堂。八月的若尔盖繁花似锦，鲜花对于女孩子总是有着巨大的杀伤力，不管这花来自她们爱人的双手，还是刚刚从牛羊的嘴边幸存下来，车一停下，姑娘们便欢呼着扑向花的海洋，在草地上花海中打滚、嬉戏、留影，欲与鲜花比一比谁更美。我则跪在草丛里俯身拍摄野花，色彩艳丽的穗花马先蒿是最常见的品种，我很不厚道地觉得这花就像举着个紫色的马桶刷子；花型简洁的野菊花骄傲地挺直腰杆，向镜头展示她的笑脸；被传唱了多年的雪绒花 Edelweiss 很不起眼地躲在一边，顽强地撑出自己毛茸茸的白色花瓣；散发着异香的零零香青则有着完美的形态，很多朵小花密密匝匝地拥抱在一起，天生一束圣洁的新娘捧花；还有许多我叫不出名字的野花，黄的、紫的、蓝的、白的，五彩缤纷，形态各异，却都争夺着属于自己的一片天空。拍累了，就在花丛中躺一会儿，花香、草香萦绕着我，蜜蜂嗡嗡地从我脑袋左边飞向右边，从花的缝隙中看出去，湛蓝的天空上浮着大朵的白云，真想就这么沉沉睡去，学一学醉卧花下的史湘云。

　　到底是旅游旺季，花湖大门口聚集了大批游客，大客车、小轿车把停车场挤得满满当当，甚至停到了路边。费尽千辛万苦到达湖边，沿着栈道走出很远才勉强避开拥挤的游人。在草原深处，花湖依然美丽，平静的湖面倒映着蓝天白云，变成醉人的深蓝，草丛就像神灵随意丢弃的翡翠，一团团、一丛丛地散布在湖中，偶有白色的水鸟自远处的草丛中飞起来，"啾啾"地唱着歌忽上忽下地掠过水面。湖水清澈见底，碧绿的水草顺流摇曳着腰肢，据说六月是花湖最美的季节，水下开满鲜花，我来的不是时候，没看到水中花，却看到游人如织，又赶上一场夏日暴雨。

　　高原的天气瞬息万变，乌云迅速地越过北边的山脊，黑压压地向花湖猛扑过来，刚刚还热力四射的太阳突然不见了踪影，我躲到木质观景台下面，耳听得一阵雨声由远及近，随即便有雨滴钻进湖面，发出"啵啵"的声响，一个个晶莹的水泡冒出来，在水面上短暂地漂浮、爆裂，转瞬间新的水泡已抢占了它的位置。短短不过三五分钟，雨过天晴，湖面恢复了平静，依旧倒映着蓝天白云，栈道上的水迹在高原阳光照射下很快褪去，这里似乎什么也没有发生过，悄悄地我走了，正如我悄悄地来，我挥一挥衣袖，不带走一片云彩。

唐克是跟几个北京绿野的俊男美女一起包车去的，朗木寺胖胖的喇嘛司机穿着袈裟，开着他那辆加装车顶行李架后显得格外威风的金杯把我们送到那里，车上还有位不会说一句中文的澳大利亚爷们儿。到的时候才下午三点多，在山坡上的帐篷旅馆安顿好，离日落还早得很，百无聊赖的我看到曲折流过的黄河水，怎么也按捺不住跳进黄河的冲动，便忽悠了一位帅哥同游黄河。带着泳裤下到河边，一看四下无人，一不做二不休，干脆裸泳！脱得赤条条地试探着向河中间走，水不很凉，略有些浑浊，脚下是软软的淤泥，一踩下去便温柔地握住我的脚踝，不让我离开。还是游起来轻松些，水流很平缓，非常顺利地到达对岸的沙洲，随后又横渡一道河流到更远的岸上，熟悉了水情，就抛弃了起初的谨慎小心，我们开始享受畅游的乐趣，划动手臂逆流而上到悬挂着风马旗的上游，又放松身体顺流而下，几个来回，长途旅行的疲惫一扫而光。唐克是白河汇入黄河的地方，黄河在这里之字形地流动着，我至今也没弄清楚跳进的究竟是白河还是黄河，不过答案对我已经不重要了，我只知道自然流动的河水滑过身体的感觉，很爽。

回到旅馆，被子正四仰八叉地躺在阳光下暴晒，留守的驴友们一看就极富经验，晒过的被子睡起来既有阳光的温暖，又有阳光的味道。面向黄河的露台上，撑开的阳伞如同花朵般盛开，喜欢古铜色的在阳光下待着，愿意美白的藏在阳伞的阴影里，黄瓜、西红柿、花生米端上来了，应景的啤酒也上来了，雪花勇闯天涯，我不大喜欢这酒的口味，但喜欢它的名字，尤其是跟这么一帮志趣相投的驴友在一起。高原的阳光暖洋洋地照着，聊着驴行见闻，交流摄影心得，吃几粒花生，走一杯啤酒，这样的下午实在太过完美。

捧着装满啤酒的肚子慢慢爬上索克藏寺后的山顶，这里是观看黄河九曲的最佳位置。黄河到了唐克，似乎流连于优美的风景，想多盘桓些时间，以"之"字形在平坦的草原上折来折去，不肯离去，中华民族的母亲河此时不过是一个喜欢跳舞的小女孩，苗条的身体扭动成了艺术体操运动员手里的彩带，一直舞到天的尽头。西沉的夕阳把山峦的影子在草原上越拉越长，绿色的草场镀上了一层淡淡的金色。面对晴朗的天，其实真的没有什么可抱怨的，但晴朗对于欣赏黄河九曲日落来说却不算好天气，碧空如洗，自然就看不到绚丽的晚霞，如果能扯一片火烧云贴在天顶，把黄河变成一条燃烧着的彩带，那该是多么壮观的景象啊。

渐渐地，暮色四合，脚下的帐篷旅馆已经亮起了灯，暖暖的灯光从帐篷中透出来，就像一排巨大的灯笼摆在山坡上；草原归于黑暗，此时九曲黄河倒映着天光，成为苍茫大地上唯一的亮色，反而更加醒目。身边一同欣赏落日的游客不知何时摸出一只口琴，瞬间便有悠扬的音符在夜色中流淌，大家都不再说话，静静地倾听，没能看到热情似火的日落，却收获了清丽如水的琴声。太阳明天会照常升起，路上遇到的朋友却将各奔东西，也许就此在彼此人生中擦肩而过，永不相见，不知他们关于那晚的记忆，是否如我一样既有曲折的黄河，也有温婉的乐曲。

🚗 旅游小贴士

简介：草原湿地沼泽密布，在花湖请不要随意离开栈道。

观看黄河九曲最好是登高望远，但海拔每提高一米都是对自身体力的挑战，沿木制栈道登顶大约需要几十分钟。

黄河九曲最美的时刻是日落或日出，建议在此住宿一夜，帐篷旅馆每人约几十元，不过帐篷的防风防寒功能不能强求。有家名为"更白"的帐篷旅馆因建有房屋而广受欢迎。

无论是拍摄夕阳或日出，光线基本与拍摄方向垂直，偏振镜可以起到很好的效果；受到地形限制，黄河九曲的日落比日出更壮观漂亮，不过日出时贴着地面飘动的晨雾也颇为妩媚。

黄河裸泳过后，皮肤轻微瘙痒了几天，而且毕竟是野外水域，安全没有保障。在此郑重提醒，笔者在唐克游泳纯属危险动作，请勿模仿。

到达：成都每天有一班到若尔盖的班车，约十几个小时。若尔盖县城汽车站每天有一班车开往辖麦乡，经过唐克，但旅游旺季时回程经常满员。亦可在县城内包车前往唐克或花湖，约两个小时车程，路况很好。

周边景点：朗木寺、则岔石林、瓦切塔林、红原月亮湾、九寨沟、黄龙

锡林郭勒草原

　　草原，草原，草原，丰宁草原，围场坝上，克什克腾旗，张北草原，往锡林郭勒盟的路上早已踏入草原包围圈。也分不清哪里才是进入锡林郭勒盟的分界线，只是车窗外的绿色不停掠过眼帘，浩瀚无边，广袤无垠，耳边无声，却觉得心潮翻涌，仿佛风中传扬着一首牧歌荡气回肠。

　　还未来得及看清那些远远的羊群和蒙古包，天色已然暗下来了，已经酝酿了整个傍晚的夕阳却不肯轻易放过这场时间之窗的表演，它披着霞光万道火辣辣地登

锡林郭勒草原

场，激情四射地晕染了半边天。太阳已经要慢慢地沉下去了，视线中突然出现了一排齐整的平头山坡，一座一座地排列有序，山头却无一例外地如刀削般平齐，"平顶山"，有人认了出来，千百万年前的火山喷发，岩浆吞没了草原，又再次因为地壳的运动形成了大批的平顶山地形。这样的地貌奇观在天色暗淡的剪影中配上夕阳如火的绚烂，是一幅如英雄史诗般激情的画卷。原来这还是被称为锡市八景之一的

平台落日，未入锡林浩特，先观奇景，当为一大幸。

锡林浩特是整个锡林郭勒盟的中心地带，也是盟首府所在。这里曾是成吉思汗第十五世孙巴图孟克达延汗之后裔的领地。清乾隆八年建贝子庙，后又称为贝子旗。如今的贝子庙仍然是来锡林浩特的必游之地。登上敖包山，这里亦是城市的制高点了，虽然极目远眺难以看清周边草原的面貌，入得眼的仅是草原怀抱中这座城池的玲珑别致。可是，那来自草原的风，已经隐隐约约地触摸到了发梢。十三座敖包一字排开，旗幡飞扬，呼啦啦地在风中展开五色风马。

找一家奶茶馆坐一坐，两块钱一壶奶茶，不是那种奶茶粉冲出来的轻薄气，是醇厚浓香的原味口感。奶皮子、炒米、奶豆腐、炸果子，奢侈地摆了一桌子。当然，还少不了手把肉。锡林浩特竟然有手把肉一条街，一家店挨着一家店全是手把肉专营。一斤两斤的数量只能让人看着笑话，没见每家饭馆里都是隔成一个个包间，每一间里都是一桌子人对着大盆的羊肉和一堆酒瓶子，剽悍的蒙古汉子一把刀在羊肉间游刃有余，那戏耍的手法不亚于大厨名师雕一朵萝卜花，剩下的骨头干干净净，一场饕餮痛快淋漓。酒酣耳热之际，歌声响起，无论是草原长调还是流行歌曲，难能可贵的是毫无雕琢自然流转的真性情。

还未踏入真正的草原，已为城市的点点滴滴倾倒。锡林郭勒盟最好的草原自然就是乌珠穆沁。东乌珠穆沁和西乌珠穆沁就是这片草原的两颗明珠。通往东乌的路开阔平整，草原的表演迫不及待地在道路两侧拉开大幕。远处与天相接的是起伏的绿色山坡，云彩的阴影投射下去，明明灭灭。一大片白花花的珍珠滚动过来了，是不断移动的羊群的身影。有挥舞鞭子的牧人骑马飞驰而去，身上穿的俨然正是一件色彩浓艳的蒙古袍子。一两座蒙古包孤零零地伫立在草原深处，它们享受了来自草原开阔无拘束的自由，便也要承受得起与牛羊为伍天地唱和的寂寞。有快乐有豪情，也有风霜有苦难。我们往往赞叹这一刻过路的激情，艳羡一种猎奇般的经历，然后便轻易地忘记了。掠过草原而去的身影中，有几个人真正走进了山那边的蒙古包，有几个人真正走入了牧民的生活，那些喜欢穿着民族服装搔首弄姿拍照留念的游人，他们真正能领略草原风情的灵魂与内涵？

东乌的一场那达慕要揭开帷幕了，这是草原人一年一次的盛会。高大的看台搭建起来了，一排排蒙古包威风凛凛。四面八方的人赶来聚在一起，为比赛，为交易，为一场延续草原文化的娱乐聚会。搭起毡房，宰杀牛羊，熬茶煮肉，烟火升腾。姑娘们盛装而出,珠围翠绕,争奇斗艳。男人们在赛马和角力中挑战自我。决出英雄的头衔。一千多年来,草原的领地在缩小,草场在萎缩,草长得一年不如一年高,可是只有那达慕之火不熄,它是属于草原人的节日,不论是大范围的,还是小规模的,草原传统的生活习俗仍在继续。虽然住进了砖瓦房,虽然不再赶着勒勒车,时代可以斗转星移,文化精神的支柱却代代相传屹立不倒。

问一位参加那达慕的牧民,这大会收门票吗?不收钱,参加比赛交易的人不收入场费,来观摩的群众也不收门票。我们太小心眼了,这并不是一场商业活动,并不是我们城市中招商引资的庙会,现代化手段的包装并没有改变原生态的初衷,他们坚守着自己纯真朴素的快乐阵地,不为利益的诱惑动摇。可赞的草原人,可赞的草原文化。

假如你没有勇气没有机缘走入草原深处的牧民生活,那么一场那达慕会是不错的切入点,融入这热烈喷薄的气氛中去吧,这可能就是锡林郭勒草原之旅最美的亮点,这是草原文化的根。

🚗 **旅游小贴士**

简介:草原旅行最适合自驾车,行程比较自由,能够深入草原腹地,锡林郭勒草原的看点大多并没有固定的景点,如果只是坐班车,就只能是很无奈地路过草原而无法进入。

东乌旗每年会有那达慕,日期不定,可事先打探清楚,那达慕期间住宿紧张,最好提前到达安排。

虽然是夏天,还是要穿长裤,随身携带防蚊虫的药。

别忘了品尝手把肉、蒙古包子、奶皮子、马奶酒和奶茶。

到达:锡林浩特与北京、上海、天津、海拉尔、呼和浩特通航班,火车只通呼和浩特。

周边景点:达里诺尔湖、克旗草原、阿斯哈图石林

那拉提草原

　　那拉提草原的美丽，是所有关于北疆的文字中永不褪色的话题。

　　实际上，驱车接近那拉提镇时，公路右边的景色就开始渐露端倪了。沿河谷地带，缘坡蔓延而上的是润泽而均匀的绿色，覆盖整座整座的山坡，完美得毫无瑕疵，让路途中有些疲劳的眼睛感到无比惬意。

　　自古以来，那拉提草原就是著名的牧场，在地理学上，它属于发育在第三纪古洪积层上的中山地草场，属于亚高山草甸植物区。

　　那拉提草原的地势是倾斜的，身段是舒展的，气质是温和的，色泽是饱满的。

　　进入景区，首先要跨过流水潺潺的巩乃斯河——伊犁河支流之一。在不太宽的河面上，横着一座木板铺就的吊桥，走过桥去，照例是有惊无险。

那拉提草原

　　放眼远望，原野平缓起伏，河水从坡下西去，云杉沿沟而布，依坡而立，绿毯般的草地上，有点点毡房，骏马驮着牧马人在草原上漫步走过。北望有无数高耸的天山险峰，即使盛夏，山顶的冰雪仍隐然可见。而在这冷峻映照下的那拉提草原，更显现出人间温柔乡的姿色和缱绻。

傍晚的夕阳安详地照在草原上，即便是满眼翠绿的夏季，阳光也会给你的照片笼罩上一层难以名状的暖色调，像是镜头前加了滤镜一般。

几年前的那拉提，人很少，草很长。可以静静地卧在齐腰深的草丛中，欣赏天上的白云、地上的野花，听虫子啾啾鸣叫，享受草的淡淡芬芳，有时候干脆什么都不做，就那么躺着，对着人间至美的景致发呆，或者在绿色原野睡上一觉，进入温柔乡里，让自己彻底忘记一切凡尘中的是非和烦恼——这不是如入仙境一般美丽吗？

醒了以后，到哈萨克牧民家里，连说带比划，租上一匹高大的伊犁骏马，到远处的山坡上看更远处的郁郁云杉，因阳光下的美景和西域天马的血缘，驾驭的不凡感觉是那样的前所未有。晚上如果不离开的话，就到附近哈萨克人家的毡房里投宿。

人们都休息了，独自步出毡房，沿着草场边的路向前走。那拉提的夜晚极其安静，夜色幽深而神秘，在黑暗中感受草原的辽阔与静寂是多么美妙的事情。没有灯光，天上的星星是那么迷人，在漫天星斗中，忽然有几颗流星从高空无声滑落，坠到草原深处，不知是厌倦了天空的单调，还是被绿色草原勾魂。你曾经一晚上看见过五次流星吗？在那拉提就有过。

而这一切，都像曾经的青春一样一去不复返了。随着旅游开发的浪潮涌动，人们纷纷涌入草原，爬上山坡，乘车，骑马，歌舞，消费。白天的喧闹代替了虫子的鸣叫，夜晚的歌舞声让人无心抬头观看流星。只有到深夜，草原才能有自己的时间进入片刻的清净。

不管如何，那拉提仍然是伊犁最值得去的草原。除了风景，你对其他视而不见吧。

旅游小贴士

简介：景区内的住宿比较贵，附近有一处地方，各种招牌的山庄别墅度假村汇聚在一起十分杂乱，要价也很高，还不如到几公里之外的那拉提镇上。那里住宿选择更多，价格也都不太贵，还有邮局、商店和几家网吧。

进入景区后有收费电瓶车，下电瓶车是景区内的班车站，可乘中巴车到观景点。

到达：从伊犁自治州首府伊宁市的州客运站乘坐长途汽车可到。

周边景点：巴音布鲁克草原

川西高寒草原

对川西高寒草原的美景，有人做了这样一个形象的总结："埋头啃食的草群，像天上飘动的白云；缓慢移动的牛群，像绿绒毯包裹着的黑色珍珠；远处的雪山之水，好似母亲充沛的乳汁，滋养着这广袤的大地。"

2005年，川西高寒草原被《中国国家地理》评为"中国最美的六大草原"之一。

走进川西，没有人能不被一望无际的草原和壮美险峻的高峰所折服。它描绘着一幅自然的美丽画卷：一望无际的天空，白云缭绕，翱翔的鸟儿、吃草的牛羊、疾驰的马群……走在川西，让人不禁有一种与世隔绝身临仙境的感觉。

亲临川西高原会感觉到一种霸气。在高寒的环境中，山峰高耸、河流湍急、"疾风知劲草"，似乎一切的风景都在急切地表现出勃勃生机。古老的文明就是在这样的环境中孕育而成。

在高寒的考验下，川西的草原有着更加动人的美感。川西的牦牛很具特色，它有着硕大的体形，却也保持着特有的缄默。珍贵药材如冬虫夏草等也是不胜枚举。登高望远，川西高原演绎着绿色的传奇，它没有给沙地任何发挥的余地。

史料记载，由于茶叶和马匹是汉藏地区重要的交易商品，它所经过的道路便被史家和学者命名为茶马古道。据说为这一道路命名的是云南学者李旭先生，他曾花了5年时间重走茶马古道，这样的毅力也体验了不一样的美。从川西既能体验壮观美景，又能感受茶马古道的历史沧桑，一举两得，何乐而不为。

川西高寒草原印证着藏族人民的历史。这个伟大的民族在松赞干布统一青藏高原时，便以崭新的面貌出现在我们的民族大家庭中。伴随着民族的发展，灿烂的藏族文化就在这里熠熠闪光。

川西高原的民间有一句著名的话："康巴人能走路就会跳舞，能说话就会唱歌。"走进川西高原便注定要享受这样的视觉和听觉盛宴了。康定情歌国内外闻名，通俗易懂，朗朗上口，在辽阔的高原上大声唱出来，更是别有一番韵味。而当夜幕降临，就可以踩着月光，与藏族儿女共同牵手围圈，一起旋转起舞，变换舞姿，相互对唱，真正体验一下具有藏族风情的舞蹈。

川西高寒草原

在川西高原上，嘹亮的歌声、动人的舞蹈绝对会让人沉浸其中。如果有兴趣，你大可以让自己真正融入藏族人民的生活，一起唱着康定情歌，一起跳着锅庄舞，在旅游中为自己营造一个美好的回忆。

很久以前，川西发生大旱，村里的聂郎在割草时偶然捡到一颗可以招来财物的宝珠。他与母亲从此摆脱了饥饿的困扰。善良的聂郎还用宝珠变来的大米帮助自己的邻居。一时间，大家的生活都有所改善。

但好景不长，这件事被恶霸周洪知道了，他带着家奴来抢宝珠。聂郎情急之下吞下了宝珠。他立即感到急火烧心，本想下河饮水解渴却变成了一条龙，将恶霸和他的家奴都卷入了水中。但聂郎却没能变回来。

他的母亲赶过来，沿着河岸呼唤聂郎的名字，撕心裂肺，痛哭流涕。但是聂郎已化为巨龙，只能离开。他看着尾随呼唤的母亲，恋恋不舍，他一步一回头，一停便留下一处滩，就这样沿江留下了24个望娘滩。

🚗 旅游小贴士

怎么去：可先乘飞机到成都，再乘客车至雅安，在雅安旅游车站有很多客车前往甘孜州地区。若要到各景点游玩，近的一般是徒步，稍远一点的多选择人力三轮车、租车或搭顺风车。

观光：地理与气候原因促成了这一方土地独特的景观和复杂的高原气候，可谓一山有四季，十里不同天。

美食：当地的饮食以牛羊肉、乳制品、糌粑、青稞、小麦、豌豆为主，还有荞麦、洋芋（马铃薯）、大豆、芸豆、芜菁等。著名的美食有：油淋酪布、坨坨牛羊肉、风干牛羊肉、腌肉、腊肉、酪糕、烙饼、酪干（俗称奶渣）等。

购物：风味特产有杜仲、厚朴、黄柏、大黄、羌活、黄连、贝母、天麻、虫草、山药、魔芋、野生蔬菜、金花梨、甜樱桃、猕猴桃、黄果柑、雅鱼、蒙顶茶。

那曲高寒草原

那曲是青藏公路的必经之路，也是西藏对外开放的重要旅游地之一，每年8月这里会举行历史悠久的赛马节。

2005 年，那曲高寒草原被《中国国家地理》评为"中国最美的六大草原"之一。

那曲草原以辽阔、高寒著称。在草原的黄金季节，这里风和日丽，气候温和，草长莺飞，一片生机勃勃。而在蓝天白云的衬托下，赛马等活动构成一幅自成风格的图画，让人感受到来自自然的魅力。

那曲草原被称作未开发的"处女地"，但却与荒凉、贫瘠、荒草丛生完全脱离。它自然天成，以最原始天然的面貌秀着自己的独特，在此一方。它不谙世事，远离世俗的繁华，有着让人忌妒的淡然恬静。

这里充满生机，却没有任何的张扬。它地形平坦，大大小小的湖泊成了装饰，加上点缀的野花，蓝天白云的配合，自由翱翔的雄鹰，给游人展现了一幅大自然不加修饰的画卷。

那曲高寒草原

这里还集结了藏羚羊、牦牛等珍稀动物，为平静的藏北草原增添了无限生机。

藏北人以其热情好客、豪放大方受到游客的称赞。藏族是特别有歌舞天赋的民族，在那曲，他们有着丰富多彩的活动：献哈达是他们最崇高的礼节，每当婚喜、节庆、迎送宾客时都有献哈达的习惯，每个去那曲的人都能享受厚待，在欢声笑语中虔诚地接受藏族同胞的欢迎。

据说磕头也是其中的一种礼节，一般用于朝拜佛像、佛塔和佛堂等比较庄严肃穆的佛事活动。如果旅游时正好赶上藏历年，那么您一定会感受到不同的过年的气氛。在那个重要的日子，他们会早早起床换上新装，摆上许多节日的食品，欢声笑语不断。

赛马节是将藏北草原上的牧民汇集起来的盛大节日。每逢盛夏，这里气候温和，草丰水美，各地便开始举行盛大的集会。在蓝天白云下，看着牧民骑着壮马飞驰的飒爽风姿，听着充满力量的吆喝声，让许多游客摩拳擦掌，跃跃欲试。而晚上便会是另一番愉快的场景。伴着明月，生起篝火，大家席地而坐，讲述着动人的故事。歌舞飞扬，好不热闹。

经过一路奔波踏上这片人间仙境，可以一饱口福，尝一下有特色的藏餐、藏菜，比如各类灌肠、青稞酒和酥油茶、牛羊手抓肉、凉拌牦牛舌、包子、糌粑、各种糕点以及甜茶、奶茶酸奶、烤肠、风干肉等。如果有一天你踏上这里，一定记得要犒劳一下自己辛苦的胃。

这里土特产品主要有牦牛、藏北绵羊、酥油、干肉、毛绒、虫草、贝母、雪莲花、瑞香狼盖等。至于其中奥妙，只有游人自己慢慢去体会了。

那曲河边的断桥据说已经断了五十多年了。据说五十年前，这里有个叫作长门的剑客，练得绝世好剑。他的妻子名叫青荇。在桥对面的悬崖上，二人过着只羡鸳鸯不羡仙的幸福生活。后来，这里来了一个采花贼，看到在桥边看风景的青荇，心生歹意，把她掳走了。以长门的武功，任何人都不可能夺走青荇。但是当长门赶到桥边时，采花贼将桥斩断了。虽然条条大路通罗马，却只有一桥通悬崖，长门就这样与妻子青荇分开了。

这座断桥下，埋葬着两个人消失的幸福。从此，再也没有人修葺它，也再没有人走到悬崖的另一侧。

旅游小贴士

怎么去：可先乘飞机到达拉萨，拉萨至那曲有各种班车，如桑塔纳、金杯面包、中巴车，每天早晨至下午随时都发车。

观光：游客可以领略藏北草原的自然风光、节日气氛和民族风情。

美食：各类灌肠、青稞酒、糌粑和酥油茶、牛羊手抓肉、凉拌牦牛舌、包子各种糕点，以及甜茶、奶茶、酸奶、烤肠、风干肉、夏普青（肉浆）等。

购物：那曲县名土特产品主要有藏北绵羊、酥油、干肉、牦牛、毛绒、贝母、虫草、雪莲花、瑞香狼盖等，以及各种民族手工艺品。

祁连山草原

据说，迄今为止，游牧在这里的匈奴人的直系后裔——尧熬尔人仍然称祁连山为"腾格里达坂"，也就是"天之山"。

清人梁份所著的地理名著《秦边纪略》中记载："其草之茂为塞外绝无，内地仅有。"祁连山草原山清水秀，奇峰云雾，风景一时无两，在2005年被选为"中国最美的六大草原"之一。

祁连山草原美得没有任何瑕疵，无论从哪个角度观看都堪称完美。它还以一种特立独行的气候在各个草原美景中彰显不同。这里云淡风轻，巍巍雪山，漫漫草原，向来往的游人书写着一种自然的情怀。

祁连山草原

看到这片草原，不少人定会想起一句耳熟能详的诗："天苍苍，野茫茫，风吹草低见牛羊。"走在其中，感觉辽远得没有边际，却不会感到苍凉。

夏季，当许多草原都换上绿装，变成一片绿色的海洋，这里便会漫山遍野地开满金色的哈日嘎纳花，恰似一条金色的绸缎蒙在上面，一片梦幻的金黄映入眼帘。

漫步其中，像在一片金色的海中漫游，淡淡的花香环绕。仰望蓝天白云，低头俯视金色的草原，一幅美丽异常的画卷便这样形成，让人不肯错过镜头的记录。

到了盛夏，这里便会是一片绿色的海洋，郁郁葱葱，让人很快忘却炎热带来的浮躁。这片林区孕育着云杉、圆柏、杨树等许多树木，夏日的它们都争先生长，似乎这是一场属于园林的赛跑。郁郁葱葱中，偶见一些野生动物奔忙的身影，接受着凉风的轻抚，很是有趣。

祁连山草原的夏季有着"祁连六月雪"的奇异景观。在本是夏日的祁连，便会多了冬天的风采，纷纷扬扬地飘起雪花，很是潇洒，堪称奇观。而冬日的祁连山草原更是雪花飘舞，松柏银装素裹，很是浪漫。

不过，美丽辽阔的祁连山大草原依然有着时令分明的景色。在盛夏，万顷油菜花在阳光的照耀下光彩夺目，集关注于身。远远望去，随着微风的轻抚，似以曼妙的身姿跳着最动人的舞蹈。让人沉浸其中，不能自拔。

传说，一个叫巴彦巴图的人和他的黄骠马来到这里稍做休息。他和他的伙伴们都是被清军俘虏的准噶尔厄鲁特蒙古人。而今，只有他一个人带着清军准备毁灭准噶尔的机密逃了出来。

他知道这里不能久留，只是稍微处理了一下伤口，但他想让自己的马多休息一下。正在这时，只听马长嘶一声，循声看去，清军已经追了上来。他快速骑马逃跑，但是前方等着他的依旧是清军的军队。

他只能转往其他方向跑，而马不幸被箭射中，但它没有停下脚步，而是用它最后的力气载着主人跑上了山冈。它浑身颤抖着，全身已经被汗和血渗透了，一滴滴的血水就这样滴着。当巴彦巴图跳下马，它已经奄奄一息，倒在它的主人面前。巴彦巴图仰天长啸，双膝跪地，抱着自己的马痛哭流涕。而马的眼中也流出了眼泪，与主人做着最后的告别，慢慢离开了这个世界。

清军追了上来，巴彦巴图做了最后的抵抗。他放弃了清军的招降，抽出短剑刺进自己的胸膛，与他的马倒在了一起。他用手搂住马的脖子，一起留在了山冈上。

 旅游小贴士

怎么去：乘火车到西宁，再从西宁搭公车到祁连。也可从西宁开始包车前往祁连。

观光：这里有著名的大马营草原，地形平坦、水草丰美、蜚声中外的远东第一大牧场——山丹军马场就建在这里。还有水草丰美的夏日塔拉草原，广袤的草原像展开的千里碧毯，美不胜收。

美食：祁连的蘑菇非常有名，许多饭馆都有用这里的特产蘑菇做的菜。藏族、蒙古族、回族等都是熬奶茶的能手，香甜又有营养，可以多喝一些。这里的藏族食品中，有一种叫作"图子"的"曲拉点心"，甜香可口。

购物：这里有名为雪山草甸植物的蘑菇状蚕缀，还有珍贵的药材——高山雪莲，以及一种生长在风蚀的岩石下的雪山草。雪莲、蚕缀、雪山草合称为祁连山雪线上的"岁寒三友"。

伊犁草原

伊犁草原三面环山，西部开口则迎接湿润的气流，形成瑰丽的风景，成为荒漠区风景中一枝独秀的"湿岛"。

伊犁草原发源于 3 世纪的古洪积层运动，这片地处中山地草场，稍微倾斜的地势很有欧洲草原的风格。2005 年 10 月 23 日，"中国最美的地方"排行榜在京发布。评选的"中国最美的六大草原"中，伊犁草原位列其中。

伊犁草原的美是复杂的，它别有一番斗志，别有一番情趣。坐落在这样的地方，它迎接着荒漠的挑战，也迎接着天山的挑战。它以自己的自然的美和从容的美吸引着世人的目光。

如果蒙眼走在广阔无垠的草原上，游人一定会与草原上的石人不期而遇，那一刻一定会怀疑自己是否来到了巨人国。

在景色极佳的伊犁草原上，屹立着许多石雕像。历经千百年的风雨，它们坚强地挺立着，被赠与"草原石人"的雅称。据说他们大都由整块岩石雕凿而成，极其生动逼真，有的除了头部、脸部等外，居然还能清楚地看到服装和配饰，雕刻得十分精致，让人不得不惊叹这些技术的炉火纯青及古人极高的艺术造诣。

据史籍记载，突厥人曾长期活动于伊犁河谷，突厥人有在死后择吉日殡葬然后竖立死者石像的习俗。因此，散落在这里的草原石人，应该是古代突厥人的遗物。

伊犁的古岩画为伊犁的美增添了神秘色彩。从巩乃斯种羊场到伊犁铁矿绵延近百公里保留着一条罕见的岩画走廊。最大的岩画有十几米高，七米宽，这些古岩画上刻有近千只牛、羊及各种野兽的形象，极其生动。而猎人狩猎的场面也刻画得栩栩如生，让人身临其境。这些岩画大部分是由人凿刻的，有的还涂色，他们可谓"风雨不动安如山"，依然以其鲜艳的光泽立于伊犁，一代代书写着传奇。

伊犁草原

在广阔的草原上，散布着近万座土墩墓，它们三五成列，有的一群群，俨然友好的相邻，抑或是亲密无间的伙伴。土墩墓多呈锥形，高大壮观，走在伊犁这片草原上让人不得不为它分心。

这样的土墩墓尤以伊犁河的南岸分布最多，保存得也更为完好。这些土墩墓群不仅是草原上极具特色的景观，也同样是曾经居住在这片乐土中的民族的象征，他们以自己的方式留下了民族的印记。来到伊犁，草原土墩墓的美绝对是无法忽视的。

走进伊犁，不可不品尝的便是独特的草原美食了。哈萨克族的马肠子、手抓肉、烤全羊、羊肉串、奶茶、酥油、奶酪、马奶酒、纳仁、熏肉等，这一连串的名字就足以让人垂涎欲滴了。这些特色的美食是在其他地方无法真正品尝到的。

传说伊犁草原的名字与成吉思汗有着不解之缘。

据说，成吉思汗西征时，有一支蒙古军队从天山深处向伊犁进发，当时正好是春天，但是山里却下起了大雪。成吉思汗的军队在这样的天气中艰难前行，历尽辛苦终于翻过了大山。

突然，眼前的风景让战士们眼前一亮。一座山居然隔开了两个世界。这里风景秀美，流水潺潺，仿佛人间天堂。而雪已经停了，远远地看到了太阳，阳光洒在身上，十分温暖。让大家不禁感恩地呼喊"那拉提（有太阳），那拉提。"于是，这个地名便这样留了下来。

 旅游小贴士

怎么去：游客可先抵达乌鲁木齐，再乘飞机直达那拉提草原。

观光：伊犁草原广泛分布的草原土墩墓、神秘多彩的伊犁岩画与粗犷风趣的草原石人，堪称伊犁草原上的"三大文物奇观"。

美食：哈萨克族的奶茶、酥油、奶酪、马奶酒、纳仁、熏肉、马肠子、手抓肉、烤全羊、羊肉串等丰富的草原饮食，令人赞不绝口。

购物：伊宁主要的特产有伊犁特曲、苹果、鹿茸、雪莲、铜制沙玛瓦、沙木沙克小刀、伊宁的马鞍、哈萨克的手工刺绣、木雕（木碗、木勺、木花瓶等）、羊角鞭、锡伯族香袋（烟袋）、伊宁马鞍及各种富有民族特色的首饰，很具有装饰性和收藏价值，令许多游客都爱不释手。

巴音布鲁克草原

"巴音布鲁克"为蒙古语，意为"丰富的泉水"。和仅仅百里之外的那拉提草原相比，巴音布鲁克有着完全不同的风格，前者为河谷两岸山坡草原，顺着河流走势，从谷地绵延到山坡上，有山脉有河水；后者则是高山间开阔平地上大片大片的草场，幅员辽阔，地势平坦，水草丰美，更能让人体会到纯粹的草原的博大——面积 2.2 万平方公里。

从那拉提到巴音布鲁克，区区不到 100 公里的路程，集中了西天山最美丽的景色，有人援引"风景在路上"这句老话，认为这一路的风光之美甚至超过了巴音布鲁克草原本身。这也充分说明了在那拉提草原游览以后，再去巴音布鲁克草原是多么必要——单是路上的风景就值得前往。

巴音布鲁克草原

沿途会经过一个大坂，上面的白色敖包十分显眼，好似在提醒人们，你已经从哈萨克人的毡房门口，来到了同样拥有骏马的土尔扈特后裔们的蒙古包前。而高耸的天山冰川会在你临近草原时突然进入你的视线，遥远而又神圣。

巴音布鲁克草原的中心地带长约 30 公里，宽约 10 公里，其间分布着许多大小不等、相互连接的湖泊和湿地，里面栖息着成群的天鹅，这一带也就是著名的巴音布鲁克天鹅湖自然保护区，统称天鹅湖。湖面海拔 2,500 米以上，在广袤草原上视野十分开阔，可以看到远处雪峰隐隐的轮廓。

从巴音布鲁克镇进入景区至天鹅湖接待中心观景点，约六十公里，有柏油路相通，下柏油路后沿一小段草原便道便到了。从这里可以徒步或租马前往近处观赏天鹅——为保护野生动物，越野车禁止前往天鹅栖息地附近。

有天鹅的季节是在 4—9 月份，他们的家族包括大天鹅、小天鹅、疣鼻天鹅等。其中，5—6 月份为天鹅雏鸟孵化出来的时节，湖区天鹅数量较多。但能否看到天鹅，看到多少，要看你的运气。除了季节的原因，当地人告诉我们，因为城里人身上有化妆品的气味，天鹅远远地就嗅到了，所以躲开了；而当地的牧民前去，天鹅则不会那么戒备，有时候当地人身上涂点酥油，即使从天鹅近旁走过，也不会让它们受惊——不知道是否有道理。

为了方便人们观赏天鹅的美姿，草原上建立了瞭望塔，供游人登高观赏。在进入天鹅湖接待中心观景点之前，有一个岔路口通往这个瞭望塔，远远地就可以看到它，塔上备有望远镜，供游客上塔观赏。

流淌在尤尔都斯盆地中的还有开都河，传说就是西游记中的通天河。开都河源头一带，河道曲折，蜿蜒在草原湿地上，形成著名的九曲十八弯，虽然没有黄河上游唐克一带规模那么宏大，但也别有风致。草原上的日落时分，正是欣赏九曲十八弯的最佳时机。

从观景点继续往前去九曲十八弯，仍有一段是柏油路，但柏油路过去以后那一段路况很差，一般越野车才能通过，天气晴好时，小车勉强通过，遇到下雨小车便无法通行——虽然这段路仅有不到二十公里。

驱车走在巴音布鲁克草原上，熟悉情况的司机告诉人们，在草原上有一种奇怪现象——蘑菇圈。一片野草长成一个很规则的圆圈，遇到下雨，就会在这个圈子的外围生出一圈蘑菇来，可以食用，味道鲜美。有时候几个蘑菇圈还会像奥运五环标志那样连在一起。最显眼的蘑菇圈就在瞭望塔附近，可惜当天是大晴天，我们看不到蘑菇，但在司机的指点下还是看到了几片长成圆圈状的草。也许因为巴音布鲁克草原的水分充足，才会有蘑菇成圈地出现吧。

🏍 旅游小贴士

简介：巴音布鲁克草原上暂时没有接待能力，住宿只能到巴音镇去。小镇修建了不少崭新的宾馆，一般都是带标准间的宾馆，在这里找到一个不错的住处是很容易的。但宾馆似乎都没有明码标价，价格变化因素除了旅游季节的不同，还要看当天客流情况，来的客人人数多少，是否请宾馆帮忙联系租车，是否在宾馆用餐等等。

巴音镇上的宾馆绝大多数都有餐厅，街头也有很多家餐馆，清真餐厅居多。镇上也有一些汉族餐厅，价格比较公道。

到达：可先到伊犁自治州首府伊宁市，再乘车到那拉提草原后包车到巴音布鲁克草原。

周边景点：那拉提草原

甘南草原

我曾经怀疑自己的前世是草原上那个赶着羊群的红衣牧女。每年炎夏，当我在钢筋水泥的城市森林感觉闷热烦躁，总会在梦中来到那片辽阔的甘南草原——绿波荡漾，鲜花如海，恍如我的前世故乡。

那一年，甘南草原是夏河带给我的意外惊喜。在拉卜楞寺盘桓两日，剩下一个无所事事的下午，于是留给了甘南草原和八角城。甘南草原距夏河县城仅20公里，汽车驶出夏河不久，公路两旁逐渐出现一片碧草茫茫。这里是一处典型的高原草地，群山环绕，圆形的小山坡在草原上划出一道道优美的弧线，央曲河和央拉河在草原上蜿蜒流淌，细小的河道纵横交错，俨然一幅美丽的彩色油画。本来天公并不作美，整个上午都阴沉着脸，我也并未拥有过多奢求。在汽车驶入甘南草原的时候，头顶的厚厚云层却在一瞬间突然散开，一道灿烂的光线投射到大地，给草原带来强烈的梦幻色彩。这一刻，白云堆絮，远山含黛，草原犹如镶上一道金边。牧草很深，被疾风吹得猎猎作响；仰望蓝天，云朵离我那么近。我静静躺在这片梦幻的草原上，天地如此之大，自己如此渺小，思绪纷飞，随白云飘到更远的远方。

次日，从夏河出发去朗木寺。这是一段异常美妙的旅程，汽车行驶在辽阔的桑科草原，天空蓝得很不真实，大朵白云如棉花糖般飘在视野前方；原野上散布着星星点点的羊群，不时还能看到草地上冒出几只伸头缩脑的小旱獭和花花兔，转眼就消失得无影无踪；一个个小山包在远方绵延起伏，阳光在上面投射出温柔的阴影。

不时在公路上遇见转场的牧人，他们骑在高头大马上，厚厚的毛巾把头部裹得严严实实，前方是几百头老老实实的肥羊，撅着肥硕的屁股缓缓移动。我们在路边的一家牧民小屋前停下，门口玩耍的小男孩流着长长的鼻涕，面对陌生的面孔，他绽放出羞涩的笑容，并用简单的手势邀请我们进去喝茶。回到车上，窗外一幕幕景物急速后退，老旧的磁带一遍遍放着一对藏族男女的低吟浅唱，那么朴实，那么深情，恍惚中再一次不知身在何处。

甘南草原

如果把桑科草原比喻为这段行程上流淌的绿色诗篇，那么尕海就是一粒晶莹璀璨的高原明珠。尕海海拔3，480米，是甘南草原上的第一大淡水湖。尕海的周边区域还是青藏高原东部的一块重要湿地，每年春末夏初，这里碧水连天，芳草萋萋，成群鸟类从南方飞来安家产卵，是国家一级保护动物黑颈鹤的重要栖息地和繁殖地。阳光是高原湖泊的美化剂——老天对我极为眷顾，当我到达尕海的时候，碧空如洗，高天流云。远远望去，湖面上果然有很多鸟儿，有的浮游水面，拍击嬉戏；有的展翅腾飞，翱翔天空。我沿着大片湿地缓缓走向湖岸，原野上开满星星点点的蓝色龙胆花，是那么含蓄的美丽。阳光忽明忽暗，时而照亮湖面上一片水草，时而又洒满整个水面，碧波粼粼。我驻足尕海湖旁，久久不舍离去，直到司机的喇叭声声急催。

从朗木寺继续前行，下一站是位于甘南自治州西南部的玛曲草原。黄河从巴颜喀拉山发源，在这1万多平方公里的茫茫草原上，自西南入境，从西北出境，一波三折注入广袤平坦的甘南草原。它在玛曲县突然拐了一个433公里的大弯，形成黄河九曲中的第一大曲。每年七月中旬，整个玛曲原野成为一片无边无际的鲜花海洋，那灿烂的金莲花啊，犹如夏夜繁星在草原上闪耀；八月则是龙胆花的世界，那些幽蓝美丽的花朵无疑是高原上的蓝色精灵。除了洁白的羊群，披着长毛的牦牛也是这片草原的天然主人。

夕阳西下，牛羊暮归，原野笼罩一片金色的寂静。广袤无垠的甘南草原，犹如一个缥缈的梦，提醒我关于诗意的栖居生活。

🚗 旅游小贴士

简介：甘南草原海拔平均在5,000米左右，气温比较凉爽，昼夜温差很大，即使在夏季也应带上保暖的长袖外套，冬季更应防寒防冻。

甘南草原最美的季节在农历5月底至6月初的时候，漫山遍野的野花和牛羊让人心醉。

从夏河到朗木寺有两条路，班车通常经合作到朗木寺；而包车则可以走穿越桑科草原的路线（出发前务必跟包车司机讲好要看桑科草原和尕海），这是条新修的柏油路，路况很不错，沿途在草原中穿行。包车最好选择能坐六人的小面的，价格几百元，几个人分摊下来跟班车价格差不多。

桑科草原面积很大，不要轻信那些说带你做所谓"牧民家访"的包车司机，他们通常会把你带去距夏河很近的类似度假村的地方（车程大约只有十几分钟），骑骑马，喝喝酥油茶，司机从中收取回扣。其实，如果你的下一站是朗木寺，而且选择包车前往，根本用不着花这个时间和冤枉钱，包车到朗木寺就可以经过美丽的桑科草原。

到达：213国道纵贯甘南地区，兰州汽车南站有直达夏河、朗木寺、玛曲等甘南市镇的班车。

周边景点：拉卜楞寺、朗木寺、九曲黄河第一湾

第三十章　森林游

阿尔山

不知从什么时候起，阿尔山，这座偏远的边防小城竟然一夜成名了。

一些先驱者探路之后发布了大量秋景灿烂的照片，电视台开播了专题节目，旅行社登出了旅游专列，不过几年光景，一批批星级饭店建起来了，一批批摄影记者电视专题栏目组访问来了，成为国家自由式滑雪基地，开始筹建博物馆，拉起了国际旅游节的大旗。阿尔山声名鹊起了。这，并不仅仅是它昙花一现的幸运，它的确拥有安享这种追捧的资本。

坐落在大兴安岭绿色森林的怀抱中，锡林郭勒、呼伦贝尔、科尔沁、蒙古国四大草原环绕周边，一条哈拉哈河穿流而过，天池、峡谷、石峰、深潭、湖泊、矿泉、火山岩分布其中，大自然中各项资源宝地几乎被它一一占尽。杜鹃花开的时候香飘万里，盛夏季节探寻峡谷深潭的清冽，秋天森林换上油画般绚烂的彩衣，冬季白雪飘飞的日子有温泉水暖暖相拥。这是怎样尽得自然恩宠的阿尔山啊，这是充满山水灵气的桃源圣地阿尔山。

一座国家森林公园将阿尔山最经典的美景囊括在内。虽然仅仅是窥到了广阔大兴安岭林场的区区一角，但你总算是踏入了森林的怀抱。

天池是一颗神女的眼泪，从空中俯瞰而去，这滴晶莹的眼泪就是阿尔山森林中璀璨的明珠。这是一座神奇的天池，久旱不涸，久雨不溢；没有河流注入，也无任何河道泄出；水质清澈，却从未发现有鱼儿生存；深不可测，据说与地心相通。火山爆发后火山口积水汇成的高位湖泊，凭空脱离开了土地的滋养，于是便凝生出了更纯洁神圣的气质。湖边的野草在风中摇曳，可湖水却看不到一丝漪澜，一旁的白桦树林里闪过红色衣衫的身影，游客一拨一拨地来来去去，冷冽的天池水波澜不惊。

哈拉哈河上游的峡谷中分布着卧牛潭、虎石潭和悦心潭，湍急的河水奔流而下，河床中奇形怪状的岩石丝毫不能阻挡水流的去向，喷珠溅玉而去。卧牛潭前大大小小的卧牛石如牛群安然休憩水中，虎石潭前虎群戏水嬉闹，一静一动中，你走到了峡谷的尽头，河面加宽，豁然开朗，两岸密密分布着针阔混交林，空气中流淌着仙灵般清新的触觉。这里有夏日冰川，这里有九曲回肠，溯流而上寻潭的峡谷之路是一场开辟处女地的探索之旅。

阿尔山

石塘林就是一座天然的火山熔岩博物馆，亿万年前的火山运动翻江倒海，沧海桑田，喷发出的熔岩流充满了山间盆地和沟谷，形成了如今一片长达20余公里的石塘地貌。在这些沟沟壑壑、绳索状、涟漪波状多气孔的火山岩石层中，却生长出了高大挺拔的落叶松和妩媚动人的杜鹃花。就在这岩间采一朵不知名的野花，别在发梢，别在耳边，一旁竟有清亮的水潭，俯身而看，顾影自怜。捡一块火山岩，坑洼丑陋的面貌代表的却是数不清的岁月悠悠，抚摸叹息间，沧海桑田。

杜鹃花是蒙古人圣洁的母亲花，而阿尔山最好的杜鹃花都生长在杜鹃湖畔。这一片波光粼粼水天一色的圣湖也是拜火山所赐，但相比天池的清高冷峻，杜鹃湖要多了一些人间烟火。有野鸟成群的飞来掠过，有成群的柳根鱼竞相觅食，有湖边花树的倒影，有荷叶田田清香四溢。最美的相约在杜鹃花开的季节，四周怒放的花朵将这湾湖水也映彻得如霞似火，这样的浓烈，这样的深情，鸟儿鱼儿都已醉了，人呢，孰能不醉。

森林中央有兴安林场，已经废弃的小火车如今成为游客争相拍照留念的老古董，林场的实际功能在退化了，成为供游客休息停留的中转站。一家家的农家饭店生意火红，新鲜的蘑菇、木耳、蕨菜，不用任何复杂的烹调手段，都能新鲜滋润。鹿肉、兔肉、狍子肉、炸小鱼，粗犷中透着鲜活。所有的美食都是拜这片森林所赐，这就是真正的山珍野味。

离开喧闹的人群，顺着林间小路走向森林的深处，脚下踩着厚厚的针叶地毯，弯下身去总能在树根旁找到小蘑菇的身影。有什么飞快地闪过，轻轻地跑开，原来竟是脱缰的马儿在这里随意地放养。森林之中如此寂静，仰头看去，高大的树枝已经遮掩了大片天空，采几朵娇艳的野花，坐在砍伐后的树墩上尽情地发呆，思绪魂游天外。可是你也不能走得再远了，失去了方向感，没有遮住头脸的面罩帽子，森林深处的蚊虫势力会让你惨不忍睹的。

还是回阿尔山市内吧，这其实只是一座小镇，很袖珍的区域可以用双脚丈量。抬眼就看得见山峦看得见绿树，空气中充斥着还是来自山林的气息。这也是一座建设得很美丽的小镇，红顶子的西式小房屋，不宽阔却整洁的街道，老式样的火车站，还有，那骑着高头大马穿行而过的女巡警。这真是一座神奇变幻充满风情的小城。

夜幕降临的时候，你还有未完成的使命。阿尔山还是一处著名的温泉疗养地，蒙古语阿尔山的意思就是圣水。这里分布着大小 42 口泉眼，各类矿泉所含物质不同，疗效也各有区分。在星光闪烁的夜晚泡一场露天温泉，这是不是才算浪漫的真正含义。

有人说，阿尔山是一场魔戒之旅，红色的玫瑰峰，澈蓝的哈拉哈河，金黄的油菜花田，它的色彩变幻无穷，它的美景走不完也拍不遍。你想找到魔戒的闪光点吗，就在前往天池的登高阶梯上，不知道是否有人肯停住脚步，回头望一望身后的风景。在远天明明灭灭的云层之下，碧绿的森林环绕着红色屋顶的小城，这一刻，变幻无穷的阿尔山露出了它本色从容的面貌，登高临下，回首一瞥，只有这一个刹那的机缘，便是这场森林之旅的完美定格。

🚗 旅游小贴士

简介：游览森林公园一天时间足够，中午可以在兴安林场吃饭，有很新鲜的当地特产农家饭。

阿尔山市内住宿的宾馆很多，有的宾馆可以免费或者优惠泡温泉，可事先打探清楚。

即使是夏天也要穿长衣长裤，林场中蚊虫非常多，尤其不要穿凉鞋，必备一些防蚊虫叮咬的药。

不要随便往林场深处走，容易迷失方向，而且林中有些有毒性的虫子，容易造成生命危险。

到达：海拉尔和乌兰浩特有开往阿尔山的班车，到达阿尔山后，游览国家森林公园需要包车前往。

周边景点：成吉思汗庙、呼伦贝尔草原

莫尔道嘎森林公园

"南有西双版纳，北有莫尔道嘎"。莫尔道嘎林业局的一本宣传画册开启了这片森林惊艳夺目的色彩空间。威风凛凛的樟子松，挺拔俊秀的白桦树林，秋色渲染而过的红霞似火，冬季大雪飘飞的琼枝玉叶。大自然的妙笔生花胜过任何艺术形式的夸张矫作。可是，真的来了莫尔道嘎，森林的美，会那么轻易地让你得偿心愿一览无余吗？

莫尔道嘎是一座地地道道的小镇，没有任何为旅游市场开拓的空间，它没有阿尔山那样的炒作资源，也就少了喧闹浮华的躁动。镇中心就看到一家稍大规模的旅社，普普通通的四人间，没有淋浴设施，可是还竟然客满。没找到房间，却意外地邂逅了两位也是刚刚到达的游客，约好了第二日同行森林公园。来自上海的女子手里捧着一碗蓝莓，邀我一尝，不能洗，一洗就破皮了，不知她还从哪里搞来了半碗白糖，蓝莓戳破了的汁液点染在白糖表面，留下紫红色印记。纯野生的蓝莓，也叫作都柿，莫尔道嘎的特产。

　　在当地人好心的帮助下，得以入住一家新开张的小旅馆。天色暗下来的时候，小镇街边两侧遍布出售山货特产的地摊，黑木耳、黄花菜、猴头蘑，干枯的色调中夹杂着都柿的蓝和野玫瑰的芳香，它们都是这片森林的产物啊。这一晚入梦的，是那本摄影画册中最傲风霜的一片红叶。

莫尔道嘎森林公园

　　越野车载着希望向森林而去了，102公里长路，漫长的战线，似乎却又只是游走在森林的边缘。

　　樟子松又叫美人松，其实总觉得那均高25米枝叶粗犷的树身实在有点对不起这般柔美的称谓，还是说森林美人的审美角度就是巾帼不让须眉？这一片可单独成林的大面积樟子松啊，在大兴安岭实属罕见。树盖沉沉，浓荫如染，走入松林中间，抬眼似乎已难望穿天际。脚踩厚厚的落叶地毯，呼吸中是少有人烟的清野气。

清晨的薄雾还弥漫林间，若隐若现，"鹿角松""姊妹松""夫妻松"，拟人化的爱称给冷峻的森林平添了故事化的情绪。可是，终于也不能走得太深了，已经看到了因雷击而干枯死掉的树干，生生死死，树木、野草、野花、野菌、昆虫、鸟类，它们在大自然的秘境中扮演着各自称职的角色，戏可能很精彩，但人类，却只能无奈地退场了。

"红豆生南国，春来发几枝"，都道是南国红豆，却不知北国也有相思地。红豆坡因数百顷山坡上长满兴安红豆而得名。褐茎绿叶，白花红果，走近身还有淡淡的清香缭绕，摘一颗含入口中，一点酸一点涩一点甘甜，这就是相思的味道吧。彪悍的樟子松唤作美人，北国苦寒之地却有相思委婉，强烈的反差与刻意的摊派，硬是把森林冲天的阳刚气淡化出了几分阴柔许许。

路过一块写着"听涛"的巨石，顾名思义这里能听到深林松涛的声音。可是那样的天籁之音岂可轻易示人？走入林中，听得见自己的脚步声，林外呼啸而过的车鸣，三两游人细碎的交谈，还有耐不住寂寞向深林中高呼呐喊的回音声声，可什么才是树林的涛声？没有静下心来的坦然自若，如何能参透大自然的禅机。这是一片大兴安岭保存最好也是最大的天然落叶松原始林，多少年了，外面的世界沧海桑田，它们在这里一季复一季的新陈代谢，生生不息。山风浩瀚，林海滔滔，那可能并不是可以用耳朵听到的一种声音，而是当你读懂了它们的寂寞与守候，从心底焕生出的一份清澈的共鸣。同行的女子说她听到了松涛声，也许吧，她是个有缘人。

苍狼、白鹿，多气魄豪迈的名字，多优美动人的传说。相传蒙古部落在受到突厥部落侵略时，有一对男女逃到额尔古纳山中，丈夫叫勃儿贴赤那（意为苍狼），妻子叫豁埃马阑勒（意为白鹿）。他们来到激流河边渔猎为生，繁衍子孙，死后便化作两个小岛。如今苍狼岛建起了天然猎场，白鹿岛盖起了度假村别墅，成为森林公园中最热闹的游客聚集地。

白鹿岛的漂流是一场重头戏，只是刚刚拿到救生衣，森林的天却是说变就变，顷刻之间，豆大的雨滴就劈头盖脸地砸下来了，天色瞬间乌云盖顶。可怜刚刚出发的漂流艇，在那没有任何遮挡的皮艇之上，只能硬生生接受这场老天的厚赐。留下的人一部分退缩了，准备就以一顿丰盛的野味会餐结束森林之旅，可是不甘心哪，那荡漾在原始森林深处的激流河啊，漂泊在纯天然的山水画境中，这已经是这场森林之旅最能亲密接触森林之魂的方式了，怎能轻易错过？

还好，我们的运气如此骄人，老天似乎听见了苦难的呼声，区区十几分钟便雨收云散，天色放晴了。喜滋滋地登上皮艇，顺着激流河荡舟而去。这可真是一场超自由的漂流啊，以往的漂流经验多是有人给掌舵给划桨，游客们只是安坐其间观风景就好了。可这一次，却是完全自行掌控，不由得也佩服这公园管理人员，可是不近的路程啊，可也是九转十八弯的水路，他们可真放心游客们的安全，万一出现意外怕真是叫天不应叫地不灵了。

当然，水是那么浅，清澈见底，水势也是那么缓，悠悠荡荡，激流河上并没有激流。三人一艇，看尽山水苍茫。这个季节还有点早，四周的山林还是一片夏日的苍翠，层层叠叠深深浅浅，全部是单调的绿。少了色彩的点染，可也有河水清凉可嬉戏，行到浅滩，脱掉鞋袜便趟入水中，这才是率性而为的惬意之旅。路过小岛，可推舟上岸，躺在沙滩椅上晒一晒日光，看后面飘过的皮艇经过，招手致意。原来这样随意的漂流才能真正感受漂流之乐，不受他人制约，一切自我掌握。也许人生无法奢望每一天都这样度过，但至少在旅行的空隙，我们完完全全地做一回真实的自己吧。

水路悠长，青山相伴，橘红色小舟飘飘荡荡，穿越森林而去。也许莫尔道嘎深邃的森林秘境留给我们享用的空间实在太小，我们的视线始终在它周边游荡飘忽，无法深入其中。也许我们在这里所看到的景色之美比不得阿尔山的绚丽，漂流之险赛不过猛洞河的激流，可是心灵的收获仍然是丰满眷恋的。在小心翼翼登上高高的防火塔，一览这片森林河水岛屿全貌的时候，我知道，我们有了这场森林之旅最完美的留影。

当我回到了小镇，当我两次三番地碰到曾一同搭车的路人，小镇就只有这么大，人也就只有这么多。当人们还是以一种新鲜的目光注视着旅游者，很真诚地问他们这里好玩吗？这里好不好啊？仅有的那几家旅饭店全部客满了，然而似乎还没有更多要大兴土木的预兆，蓝莓还是如此贱卖，一元车还是到处招手即停。人们仍然以一种宽和平淡的心态对待着日益汹涌的旅游市场的冲击。山雨欲来风满楼，可是莫尔道嘎似乎在以一种天真无邪的烂漫之姿不变应万变。这时候我觉得它是最美的。原始森林要的就是一份原始天然的面貌，森林边的小镇也该顺应正常的发展步调。不要被五星级酒店的辉煌打乱了朴素的格调，不要让歌舞喧闹的嘈杂动乱了清宁的氛围，只有那一本林业局的风光画册就已经足够了。

旅游小贴士

简介：去森林公园必须包车，可在莫尔道嘎镇上找小面包车前往，时间基本大半天就足够。

白鹿岛度假村有餐厅，但价格贵而且人多的时候根本忙不过来，建议自带午饭。

去白鹿岛路上还有一个安格林场，也可以在那里用餐，人少，而且吃饭就不用再买林场门票了。

漂流时间路线完全由自己把握，水不深也不急，没有很大危险，但建议结伴而行。

要拍森林公园全貌，可登上路边的防火塔，最好能登上顶层，美景一览无余。

镇上也有一家星级宾馆龙岩山庄，人们通称为山庄，位于文化宫旁边，旺季房间很紧张。

到达：可先乘飞机或火车到达海拉尔，海拉尔有开往莫尔道嘎的长途班车。

周边景点：室韦、呼伦贝尔草原

天山雪岭云杉林

据说，天山的雪岭云杉是在4000多万年前，由青藏高原迁徙而来，演变成大西北独有而又最为壮观的林木。

《新疆风物志》评价雪岭云杉："没有它，天山不绿、河水不清、牛羊不肥。"有资料显示，20世纪末，专家们对中国大自然景观进行选秀，一致认为天山雪岭云杉组成的林地，是全中国最漂亮、最美丽的森林。

如此神奇的美让这么多人为之折服，只有身临其境才能体会了。

在天山的云杉林中，雪岭云杉堪与天山云杉平分秋色。雪岭云杉相对于天山云杉更具特殊性，它是天山林海中特有的一个树种，其他地方无迹可寻。在幽远的天山深处，苍劲挺拔的身躯形成了一道坚固的城墙，有着风雨不动安如山的坚毅。

雪岭云杉是一种长寿的树木，有万年的生命历史，被称为天山上的活化石。在长久的生命足迹中，它一直以它的坚毅表明生命的态度。即使有一天，它的生命走近终结，枝干不再光鲜夺目，它依然挺立着身躯，像军人一样，要散尽最后一点生命力。而已经失去生命的天山雪岭云杉，根底还留有生机，在丛林的深处，常能见到依偎在干枯的枝干身边呼吸的幼苗，它们就这样开始了新的生命，这样的对于生命的执着让我们既钦佩又汗颜。

关山雪岭云杉林

雪岭云杉，一个唯美的名字，它四季苍翠如新，不向季节妥协。它尽忠职守，一年年，一天天，以同样的身躯和态度认真对待生命。它们从不喧嚷，就这样默默地成为众多场景中的背景。每逢严冬，当凛冽的寒风、刺骨的冰雪让人只想留在屋里，它却以它的胸怀接纳着它们，让它们成为自己春夏生命的动力。在一片冰天雪地里，它们是孤独的，也是威武的，可敬的。林则徐被贬新疆穿越天山时，触景生情："今值冬令，浓碧嫣红不可得见，而沿山松树，重叠千层，不可计数。雪后山白松苍，天然画景。"

雪岭云杉林的美不是孤立的，哈萨克牧民的风情让孤独的云杉林渗透着浓郁的人情味。在适宜居住的地段，哈萨克牧人的毡房总是格外醒目。漂亮的刺绣，垫子等都体现着他们特有的民族风情。他们就在云杉的庇佑下，以自己的虔诚守护着自己的家园。他们有着云杉的坚强，他们热爱自己的土地。这样平静的生活，把静谧的雪岭云杉林衬托得越发纯净。

传说在天山当地，有两个世代敌对的部落，一个青年与另一个部落的姑娘相爱却无法相见。于是两人躲进山上一个深洞相会，为了不被别人发现，他们在洞口旁种下了两棵小云杉树，这两棵情侣云杉树皮鲜红。伊犁库尔德宁的当地人认为，这两棵云杉与众不同，是爱情的"信物树"。于是，天山雪岭云杉成了爱情的象征。

还有传说，美丽的云杉成了神的化身。传说西王母在天山天池里梳洗，得了天地灵气，越发年轻漂亮。伴侍王母娘娘的玉女明白了其中原因，便悄悄到天池畅游，被西王母发现，要受处罚，一头美发被王母娘娘点化成了云杉。天池西岸边长满高岭云杉，有诗这么说"半松翠绿半松白，千松万松成一松"，那片杉林不会就是神仙留下的一缕头发吧。

🏍 旅游小贴士

怎么去：位于伊犁地区巩留县东南60公里，距伊宁市176公里，在天山支脉那拉提山的北坡西天。

观光：景区的主要景观有恰西谷口瀑布、吉尔格郎神泉、燕子桥、十三同胞树、石门垂柳、云杉王等。

美食：伊犁的饮食具有浓郁的民族风味。风味小吃有：奶茶、抓饭、粉汤、风味包子、纳仁、辣罐和血肠、馕、拉面、啤沃、熏肉、马肠子、凉粉、马奶子、面肺子、布尔哈雪克炖鱼等。

购物：当地的特产有伊宁马鞍、沙木沙克小刀、伊犁名酒、伊犁马肠子、伊犁红苹果、蟠桃、鹿茸、鹿血酒等，以及各种民族风味浓郁的首饰、耳饰、发饰、项饰和服饰。

长白山红松阔叶混交林

著名生态学家李文华对长白山红松阔叶混交林有着鲜明贴切的概括"吉林长白山红松阔叶混交林是我国以至远东温带地区最具代表性的森林类型。它以丰富的物种、多样的森林类型、复杂的群落结构以及绚丽的景观而著称于世。"而中国林业科学研究院资深专家郑海水则称赞说："这个森林的原始性、壮观性、神奇性都值得赞美。针阔混交林已经罕见，原始的针阔混交林更难见到。"如此盛誉，到此一游何乐而不为呢。

1958 年，黑龙江省在红树林最集中的小兴安岭建立了丰林自然保护区。随后的若干年，这里的红树林得到了很好的保护，并向游人开放。2005 年，《中国国家地理》杂志主办了一个"中国最美的地方"评选活动，评选出了"中国最美的十大森林"，长白山红松阔叶混交林位列其中。

红松，集原始美与现代美于身，有着令人欣羡的超凡脱俗。它像是降落凡间的仙子，以她的美惊艳世界却以最低调的姿态享受着生命。将所有的盛誉看作过眼烟云。

长白山红松阔叶混交林不仅以其脱俗的美丽震撼着世人，还以自己的力量回报着社会。它的美远远超过一种景观，它更是一种精神，一个启迪。长白山红松阔叶混交林山地土壤肥沃，孕育着众多的植被，在阳光的照射下，层次分明，它带给长白山景区的是一件华丽的外衣，同时也带给我们深刻的内涵。

长白山红松阔叶混交林一年的风景随四季的不同而变幻，让人欣喜。

每逢春季，山花遍野，百鸟齐鸣，仿佛一个人间仙境。到处有着绚烂夺目的风景，让人只能对大自然的创造能力深感佩服。盛夏时节，树木茂盛，阳光斑驳，在层次分明的林园里，有着生命的动感。深秋之至，风光别有一番风味，浪漫的红色伴着秋天的萧瑟将山林渲染得唯美至极，是不可多得的美景。隆冬的到来会让红松林换一身银装素裹，分外惹眼，站在漫天的雪色中间，没有冷酷，只觉一种亲切袭来。

红松王风景区有"绿色宝库"的美称，这里古木林立，山花灿烂，有着不同寻常的热闹。红松王树龄至少一千年左右，胸径130厘米，根径160厘米，树高30余米，这棵树躲过了火山数次喷发而幸存。置身红松王风景区，游人可能会觉得两个人抱不过的树是多么的渺小。

红松王周围伴生着一棵红松和一棵沙松。传说，两棵树名为"哼哈二将"，是当年玉皇大帝为保护红松王亲点的两名大将，在他们的保护下，红松王得以在劫难中安然无恙。红松王是一棵吉祥树，象征着吉祥如意、长命百岁。它也是游人的必览项目，你可以在这里为自己的亲朋好友祈福。

长白山红松阔叶混交林

资料显示，堪称"长白山红色第一游"的东北抗日联军，一、二、三号密营旧址就坐落在红松王风景区内。当年著名的东北抗日联军领袖的部下驻扎于此。这里有"密营"旧址、"忆苦思甜水井"、抗日联军练兵场等大量的史实场景，真实地再现了当年抗日联军艰苦的生活环境。走过有着神圣意义的遗址，不由为旅游平添一分收获。

旅游小贴士

怎么去：游客可以先乘火车到安图或敦化，也可以乘火车经通化抵达"白河站"，白河即是二道白河，然后再到长白山北景区。也可以先乘飞机到达长白山机场，此处距离二道白河镇车程约1小时。

观光：景区有三个奇观，第一奇观是"红松王"；第二大景观是堪称"长白山红色第一游"的东北抗日联军一、二、三号密营旧址；第三大奇观是：红楼玉石山，《红楼梦》中贾宝玉的名字就源于此山。

美食：长白山区的饮食特色以东北风味和朝鲜风味为主，东北风味主要是炖菜和凉拌菜。这里有丰富的山珍资源，以山珍为原料制成的菜肴味道鲜美，是到长白山不可不尝的美味。游客可品尝"山珍宴"，一饱口福。

购物：长白山特产的奇珍异果在这里也是随处可见，如榛蘑、越橘、蕨菜、黑木耳、山葡萄、山里红、猴头蘑、野生草莓、红树莓、山榛子、蓝靛果，还有灵芝、人参、不老草、红景天、天麻等珍贵中草药。刺五加、黄芪、当归、五味子、党参、牛蒡等中药更是数不胜数。还有当地的手工艺品：松花湖浪木根雕、松花湖奇石、树皮画、吉林彩绘雕刻葫芦、黄柏木刻象棋、泥玩具、吉林手工彩绘木雕等，都是很不错的馈赠亲朋的小礼物，有一定的收藏价值和观赏价值。

尖峰岭热带雨林

尖峰岭主峰海拔1412米，林区最低海拔仅200米，因其复杂多变的地形，繁多的动植物种类，被誉为"热带北缘的天然物种基因库"，是科学考察、山地探险、军事野营的胜地。

尖峰岭森林公园建于1976年，动植物资源十分丰富，蝴蝶品种甚至超过了号称"蝴蝶王国"的台湾。2005年10月23日，这里被评选为"中国最美的十大森林"之一。

尖峰岭享有"世界顶尖级的旅游资源""中国唯一山海相连的国家森林公园""中国保存最完好的原始热带雨林"的盛誉。

尖峰岭热带雨林

踏入尖峰岭热带雨林，一切烦躁不安都被沉淀，清新的空气、如天籁般的鸟鸣、秀美的景色都让人不可抗拒。登高、走岩，各种自然的美景混合，让人开怀怡情。游玩热带雨林，一定会带走一种幸福，放下一身疲惫。

这里的森林覆盖率高达96%。偌大的公园以树为盖、地为庐，置身其中，看着参天大树、轻薄的云雾，听着潺潺的流水，清脆的鸟鸣，仿佛与自然融为一体。这样的寂静，伴着大自然的音律把夏的炎热遮盖得一无所有。取而代之的是凉凉的风温柔的抚摸，清新的空气带走一切浮躁。这样的一个避暑胜地，求之不得。

因其特殊的海拔差异，这里动植物物种繁多，有着"热带北缘的天然物种基因库"的美称。目前已发现拥有维管植物2800多种，动物4300多种，令人叹为观止的巨树也随处可见。无论旅游考察，它都一定可以给您带来惊喜。

轻烟飘起时，将这里称为仙境一点也不为过。在尖峰岭雨林中，林中常常因其特殊的温差轻烟围绕，有着烟雨蒙蒙的美，似脱离了人间，雨林与轻烟交融，岂是一个美字了得。

而山里很壮观的是一木成林。只要足够宽阔，树木的气根便会扎入泥土展示旺盛的生命力，从而占下一片家园。而要想在云雾缭绕间看到一木成林的景象，只能是可遇而不可求了。

尖峰岭地区是海南黎族聚居的地方。踏入尖峰岭，能感受到浓郁的民族风情，如若能赶上黎族"三月三"等节庆活动，就能看到具有浓郁黎族色彩的舞蹈、精彩的传统体育竞赛，还能听到对歌。

进入这个富有民族特色的地方，黎族居民低矮的房子绝对会让人大吃一惊，但是各种奥秘还需要游客自己去探访了。很值得一提的是，黎族人民崇拜牛，崇尚黑色。牛是勤劳的象征，勤劳的黎族人崇尚的正是这种精神。另外，心灵手巧的黎族人会借助简单的工具编织美丽的锦布，他们还擅长用鼻子吹奏鼻萧和跳欢快的竹竿舞。如果有兴趣，跟着节奏跳竹竿舞会是很好的选择。黎族充满民族特色的服饰也定会让人眼前一亮。

尖峰岭上有一棵鹿树，它身上有一个美丽的传说。传说在很久很久以前，在尖峰岭的悬崖峭壁上生长着一棵千年灵芝。这棵神奇的千年灵芝功用不可小觑，它可以使人延年益寿。王母娘娘寿辰将至，太上老君准备把灵芝作为贺礼，便派了一只神鹿守护灵芝。

有一天，黎村发生了瘟疫，人民苦不堪言，神鹿悲天悯人，把这棵神奇的千年灵芝采了下来，献给了黎族的父老乡亲。黎村人在灵芝的救助下恢复了健康。神鹿也因为这样触怒了上天，被打入凡尘，化成了一棵美丽的鹿树。据描述，它就像一只鹿，至今仍站在尖峰岭的一个小山坡上翘首仰望，举步欲行。

> ### 🚗 旅游小贴士
>
> 　　**怎么去**：从海口出发，海口省内长途西站有至尖峰岭的班车，4个半小时；从三亚出发，首先从三亚汽车总站或西站乘坐至黄流镇的省汽大巴，约一个半小时。
>
> 　　**观光**：热带海洋世界、假日海滩、琼台书院、东郊椰林、天涯海角、落笔洞等都不可错过。
>
> 　　**美食**：风味美食很多，有农家菜、野菜、白切文昌鸡、红扒东山羊、加积鸭、椰子奶鸡和乐蟹、黎族竹筒饭等。
>
> 　　**购物**：野灵芝、沉香、卷柏都是当地特产。

白马雪山高山杜鹃林

　　白马雪山的名字来源于雪山的形状，据说因其形状类似马，因此取名白马雪山。

　　1983年建立的白马雪山自然保护区，面积有1880平方公里。2005年评选出的"中国最美十大森林"，白马雪山无悬念上位。该雪山海拔5430米，高出附近的河谷3500米，形成明显的垂直景观带。各个高度的地段分布着不同的景观，3200~4000米多以各种常绿杜鹃为主。高山杜鹃林不仅是一种重要的矮曲林类型，而且也是最娇艳的一种森林类型，这样的双重性让其更加受到重视。

白马雪山高山杜鹃林

　　白马雪山高山杜鹃林美得令人窒息的，为世人所惊叹。

　　白马雪山高山杜鹃林与其他的森林有着共性，春季或春夏之交是杜鹃花的盛开季节，美丽的景色、奇特的花朵都让人赞叹不已，心向往之。而此地的杜鹃科植物种类丰富，有密枝杜鹃、金背杜鹃、银背杜鹃、韦化杜鹃、小叶杜鹃等200余种，像一个杜鹃花的王国。杜鹃花盛开时节，美不胜收，那样的山景演绎的是种无法抵抗的美。

杜鹃生长的地方在海拔 2600~4200 米的崇山峻岭，这个让许多植物望而却步的居所，高山杜鹃却生活得如鱼得水，以它特有的坚毅一年年地开放着。它们结伴生长，集体开放，在春夏之交形成一片片醉人的"花海"奇观。

每逢杜鹃盛开时节，漫山遍野的杜鹃，各种品种，各种不同的美，各种不同的情态就这样浑然体。静静闭上眼睛，听着风吹杜鹃的声响，那样的安静，那样的轻柔，像低声的耳语，炫耀着它们彼此的亲密。放眼望去，不给人任何挑剔的空间，这样的完美无懈可击。而云雾缭绕的清晨，杜鹃又仿佛是仙子，在云雾中，时而含羞，时而雀跃。

走在其中，不免惊叹，这俨然是一个杜鹃的天堂。它们生命的绚烂在这一刻展露无遗，壮美却不惨烈。

谁也无法拒绝金丝猴的聪颖与可爱，只想与它亲近一点，再亲近一点。而白马雪山复杂的垂直带为许多动物的生存提供了优越的条件。而这里也是著名珍稀动物滇金丝猴的乐园。它们与猕猴、小熊猫、豹猫、林麝、苍鹰、金雕、藏马鸡、环颈雉等相处融洽，在这个乐园中，时不时总是与游人有着偶遇。

这里不仅林美，还有着让人难以拒绝的风味特产，天麻、虫草、雪莲、牦牛肉干等都是让人赞不绝口的特产。漫步于杜鹃花的天堂，与金丝猴偶然有一次邂逅，嘴里咀嚼着风味特产，神仙生活也不过如此吧。来此一游，不品尝美食绝对会是一大遗憾。无论如何，千万不要错过。

三清山那大片大片的高山杜鹃林，格外夺目，看过的人无不为之惊叹。她有着一个的美丽传说。

相传，在山麓曾经有一对恋人，他们彼此相爱，生活很幸福。但是却因为无法抵抗恶势力，屡屡受到迫害，最终无奈，双双殉情。他们的鲜血滴落的山坡上，感动了天地，原地长出了一朵朵艳红的杜鹃。随着时间的推移，杜鹃花慢慢成了杜鹃林，以其独特的美感动着世人。

他们以这样的方式证明自己对于爱情的忠贞和坚持。如此一来，杜鹃花象征着完美的爱情，象征着恋人彼此对于感情的忠贞不渝，也让人在欣赏美景的同时，得到心灵的感悟，珍惜来之不易的幸福。

旅游小贴士

怎么去：白马雪山位于云南德钦县内，游客可先至云南德钦，再包车前往。

观光：白马雪山的杜鹃科植物种类丰富，有密枝杜鹃、金背杜鹃、银背杜鹃、韦化杜鹃、小叶杜鹃等，姹紫嫣红，美得令人窒息。

美食：当地饮食以藏餐为主，藏民家的酥油茶、青稞酒、手抓羊肉、烤牦牛肉，还有奶渣都很美味。

购物：天麻、虫草、雪莲、牦牛肉干等。

波密岗乡林芝云杉林

　　1984 年波密岗乡林芝云杉林被划为以保护丰产针叶林为主的森林生态系统自然保护区。2005 年评选出的"中国最美的十大森林"，林芝云杉林位列其中。

　　尽管林区内植被分明，分布着高山松、云杉、冷杉、漆树、槭树、沙棘等高产林和经济植物，但波密岗乡林芝云杉林可以当之无愧地称作云杉的海洋，这里到处都是云杉的身影。此外，林区内拥有极其丰富的动物资源，豹、麝、羚牛、黑熊、盘羊、猕猴、雪鸡、鹦鹉、费氏黄麂等都在这里陪伴着云杉。

　　踏入林区，目睹它的壮美让人感觉到自己的渺小，身处其中，一切得失都显得微不足道。这片云杉林的海洋一年四季以不同的面貌迎接着各地游客，真正让人感觉到"一年有四季，四季不重天"的特色。

　　春季，当郊游的人们摩肩接踵时，波密岗乡林芝云杉林早已为游人准备好了盛装。偶见白雪，林海滔滔，一望无际，只能在天的尽头看到林的尽头。姹紫嫣红的桃花一簇簇，彼此依偎，似含羞的少女躲藏在林区间。远远望去，相互呼应，将云杉林衬托得更加苍翠。

　　这里杜鹃花也不甘示弱，以浓郁的清香夺人心魄。只是看到云杉，所有的花都成了修饰。春季的云杉就这样挺立着，安静得像位恬静的少女，在这里所有的喧闹都显得无足轻重，浮躁变得恬静。能让花甘为衬托，就这样的折服力让云杉成为主角。

波密的夏季注定是属于雨的，小雨就这样以持续的姿态挑衅着夏的炎热。细小的雨滴形成云雾，远远望去，一片林海似乎系着轻罗。云杉就这样安静地吮吸着甘露，给自己注入生命之源。

波密岗多林芝云杉林

在细雨下的乏味休息时，一定不能放过观看美景的好时机：阳光普照大地，云杉会以更加苍翠的身躯来展示自己的美。经过雨水滋润的云杉，在一片清新中哼着歌。这时候，可以在雨水忙里偷闲时品尝一下有名的各种蘑菇，看看云杉林送给客人的礼物。

秋季本是收获的季节，在各地农忙的时候，云杉林也不会轻易放过表现的机会。林间果树果实五颜六色，不仅奉献美味，还把原本就很美丽的波密也装点得美丽至极。走在林间，享受着秋季的清爽，品尝着云杉林奉献的鲜果，被自由新鲜的空气包围着，会感觉幸福就这样荡漾开来。走在秋季的云杉林，总会由衷地感受到一种热闹，一种收获的快感，让人酣畅淋漓。

当大雪不期而至，冬季就这样来到了云杉林的身边。纷纷扬扬的雪花飞舞在高大的云杉林间，远观是无限的唯美浪漫，近观则有无限情趣，还可以观察到雪花的形状。看着云杉林如何以大雪为自己做好衣裳。

银装素裹的云杉林有着意想不到的韵味，很难想象在这样一个冬季，它依然如顽皮的孩童，充满生机，有着永远看不到尽头的美丽。

当地百姓中有这样的传说：在偌大的云杉林中，云杉林腹心地带是不能涉足的，那里住着神女，如果进入腹心地带，不小心被神女发现，就会被神女抓住藏起来，然后再也回不了家。腹心地带于是成了一个禁地。

但这实际上是在警示云杉林面积和密度太大，不注意就会迷失方向，为了安全应该谨慎前行。但是，这样的理由与云杉林的美丽比起来显然还过于单薄，这样的传说依然不能阻止游人的脚步。

旅游大百科

游遍中国

🚙 旅游小贴士

怎么去：可先飞至成都，经 318 国道线前往林芝，或乘飞机到拉萨，再乘坐班车到林芝。

观光：3、4 月为桃花盛开的季节，四周高耸的雪山包围着波密小村庄，大片的桃花、油菜花、青稞把田野染得红、黄、绿一片，美丽醉人，如梦似幻。

美食：当地的特色菜肴波密鱼、易贡香椿、蕨菜、贼耳根、松茸、羊肚菌、土鸡、藏猪肉等。当您到藏族群众家做客，会受到主人的盛情款待。献哈达，敬切玛、青稞酒、酥油茶之后，还可以吃上手抓牛肉、酸奶、糌粑等民族饮食。

购物：当地有丰富的中药材如天麻、三七、五味子、七叶一枝花、灵芝、虫草、贝母、雪莲、草乌等。还有野芭蕉、野香蕉、野菠萝、野柠檬、野柑橘、木耳、蘑菇、竹笋、花椒、八角马蛋果、破布子、油瓜、臧瓜等。

轮台胡杨林

1997 年，沙漠胡杨林这个占地 45 平方公里的公园正式建成。随着石油的开采，这里渐渐成了石油工人们的栖息之地。口耳相传，终于在几年后成了众多游人向往的胜地。毫无疑问，在 2005 年选出的"中国最美的十大森林"中，胡杨林位列其中。

轮台胡杨林因为受到风沙和干旱的影响，有着奇特的造型，被称为"第三纪活化石"。据调查，全世界的胡杨绝大部分生长在中国，而中国百分之九十以上的胡杨林又生长在新疆塔里木河流域。因此，塔里木河流域可以说是胡杨的家园，而胡杨也是大漠深处的希望。

它不仅以其美景征服人，更以光辉的精神魅力让人折服。

因极其顽强的生命力，惊人的抗干旱、抵御风沙的能力，胡杨林被冠以"沙漠英雄树"的美称。胡杨林是塔里木河流域典型的植被，是大自然献给塔克拉玛干沙漠的大礼，它带给大漠希望。胡杨林迎着朝霞，送着晚霞，保持着一贯的神秘感，让人不禁想一探究竟。

在胡杨林中坐落着一个森林公园。在公园中湖水清澈，胡杨倒映在水中安静休闲。在静静的胡杨林中，静坐旁边，呼吸着新鲜的空气，让人神清气爽。在湖里生活着许多白天鹅，自由地嬉戏玩耍，别有一种乐趣。有些游人很有闲情逸致，在湖边垂钓。湖是很多鱼的家，说不定幸运的人还能在这个湖里看到鲤鱼跳龙门呢。

轮台胡杨林

"清水出芙蓉，天然去雕饰。"胡杨林的美正是这样的，它不经雕琢，却以独特的美吸引着广大的游客。

胡杨林是以塔克拉玛干沙漠为背景的。在浩瀚的沙漠中才彰显出胡杨特有的美。塔克拉玛干沙漠是世界第二大沙漠。苍穹的塔克拉玛干看不到边际。只能在极远的地方，模糊地看到一条黄线与天际接轨，结合得不着痕迹。在广袤的沙漠中，会感觉到我们计较的得失是多么的渺小。它总能让人看到前进的力量，它的博大也影响着胡杨，让胡杨，也让你读懂生命的真正含义。

有人称塔里木河为"母亲河"，它是沙漠中的一抹绿色，给人生的希望，在金黄的沙漠中唱着绿色的颂歌。在沙漠中，塔里木河以它的身躯蜿蜒在一片金黄中。胡杨林就乖乖地顺着塔里木河伸展开来。这样的搭配有着天然的默契。

塔里木河，在过去的 2000 多年中创造了令人叹为观止的绿洲文明；丝绸之路、楼兰古城、尼亚遗址、龟兹文化……

胡杨林一带的沙漠公路是一条希望之路，也是目前世界上最长的沙漠公路，它以自身的绿陪伴着荒漠、戈壁、胡杨林，这样的荒凉，让人体会到另一种美。位于塔克拉玛干沙漠中的塔里木油田也是沙漠中的人造景观，它被经济学者称为中国西部的能源经济动脉。

胡杨是一种古老的树种，也称为"胡桐"，它的生存年纪距今已有 6500 万年历史，《后汉书·西域传》和《水经注》所载的塔里木盆地的"胡桐"，佐证了胡杨数以万年的漫长生命。传说中的胡杨树，不死一千年，死而不倒一千年，倒而不朽一千年，朽而不散一千年。

这就是胡杨的美——坚毅挺拔、屹立千年。胡杨被维吾尔人称为"托克拉克"。意为"最美丽的树"。当你看到秋天的胡杨的时候，你才能体会，什么是世界上唯一能与香山红叶媲美的枝冠，你才会知道，维吾尔人称胡杨为"最美丽的树"的另一番深刻内涵。

历尽数千年的风剥雨蚀，轮台胡杨林依然展现出无穷的生命力。古老的胡杨铁干峥嵘，虬枝相绕，树冠相连，遮天蔽地，让人不得不惊叹生命的顽强和绚烂。

旅游小贴士

怎么去：乘飞机到达乌鲁木齐，再从乌鲁木齐出乘火车抵达轮台县。

观光：塔里木胡杨林国家森林公园集塔里木河自然景观、胡杨景观、沙漠景观为一体，是世界上最古老、面积最大、保存最完整、最原始的胡杨林保护区。

美食：馕是新疆主要面食之一，品种很多，有肉馕、油馕、窝窝馕、芝麻馕、片馕、希尔曼馕等。拌面，俗称拉条子，一种直接用手拉制成的小麦面制品。新疆烤羊肉串，色泽焦黄油亮，不腻不膻，肉嫩可口。还有烤包子、烤全羊、抓饭等。

购物："轮南白杏"、香梨、葡萄、石榴、核桃、苹果、李、桃等果品都很有名。还有新疆朵巴，是维吾尔族男女老少都喜欢戴的花帽，深受游客喜爱。

西双版纳热带雨林

西双版纳热带雨林总面积达 2420.2 平方公里，据调查，这片热带雨林是世界上唯一保存完好、连片大面积的热带森林，物种非常丰富，在世界上备受瞩目。1987 年公布的 206 种国家保护动物中，西双版纳就有 41 种。

西双版纳热带雨林是我国第一个热带雨林国家公园，建于 1958 年。1986 年被国务院批准为国家级自然保护区，1993 年被联合国教科文组织选中为联合国生物圈网络成员。

这片集中了世界眼光的乐土是五千多种热带动植物的家，这样的数字让人瞠目结舌。大自然让它的绘画天赋在西双版纳尽情挥洒，"独木成林""花中之王""空中花园"等美景让任何艺术家都俯首称臣，也吸引着许多游客不远万里来一睹这幅美丽的画卷。

除了一片葱郁外，游走在其间，浓郁的民族风情绝对会让你热情澎湃。

西双版纳热带雨林

在许多景点还名不见经传时，这里已经享有"植物王国""动物王国""药物王国"的"三国"盛誉。

数据显示，西双版纳热带雨林内高等植物有 3500 多种。区内用材树种、竹子和编织藤类、油料植物、芳香植物、鞣料植物等名字更是难以罗列。

在这片有着原始韵味的雨林中，栖息着 539 种陆栖脊椎动物，鸟类 429 种，两栖动物 47 种，爬行动物 68 种，鱼类 100 种。此外，还有中草药植物 920 多种，新引进国外药用植物 20 多种。

试问在这样有说服力的数字面前，谁又能质疑它的"三国"地位？

"不看望天树，白到版纳来"。那么若是不能亲眼目睹一下不是太遗憾了吗。之所以说望天树是雨林巨人，是其让人叹为观止的高度，一般可达六七十米，最高的更达八十多米。抬头观望间，不得不惊叹生命的微小，看着天空，看着望天树，似乎能看见生命延伸的力量，能感受到谁与争锋的霸气。

提及望天树，那被称为世界第一高、中国第一条空中走廊的望天树空中走廊则就不能不提了。走在走廊中，似乎游走在云端，沁人心脾，渐入仙境。

西双版纳的野象谷，是野象活动最为集中、频繁的地方。在这里，游客不仅可以观看独具一格的雨林景观，也能与极具表演天赋的野象来个亲密接触，绝对值得一去。

来西双版纳不得不品傣味菜，傣味菜最具代表性的有：酸笋煮鱼（鸡）、香茅草烤鱼、香竹饭、"南秘"（"南秘"是一种用各种调料调好的"蘸水"，酸酸辣辣，用来蘸黄瓜之类）等。

而布朗族则有"不吃烤肉，不算尝过肉香"的说法。有烤山鼠肉、斑鸠肉、鱼肉、猪肉、牛肉，还有卵石鲜鱼汤、螃蟹松、螃蟹肉剁生、油炸花蜘蛛、蝉酱、包烧鲜鱼，酸味菜（酸肉，酸鱼、酸笋）等。怎样，是不是已经迫不及待要来一试了呢？

传说在很久以前，佛祖释迦牟尼来到傣家人居住的森林，被美丽的大森林吸引，于是驻足讲经，引来人和动物的关注。

这时候倾盆大雨从天而降，一颗由美丽的孔雀衔来的种子在佛祖美妙的讲经声中不断长高，并伸出状如伞盖的树冠为大家遮风挡雨，后来傣家人把它称为"埋干仲"，即今天的望天树。傣家人纷纷献上茶水。佛祖把喝剩下的茶水洒在这片讲经的土地上，刹那间，森林的边缘就有了一条茶水之河，傣家人把这条河称为"南腊"，意为茶水之河。

有感于这片森林的美丽和傣家人的纯洁善良，佛祖口吐莲花，赐这片土地为阿莲雅，即后来《贝叶经》上所记载的"神奇美丽的大森林"的意思。

🚗 旅游小贴士

怎么去：可乘飞机先到达昆明，再从昆明出发到西双版纳，在景洪乘车到勐腊客运站，直接在车站购买到望天树景区车票在补蚌码头的"望天树售票厅"下。

观光：这里是当今我国高纬度、高海拔地带保存最完整的热带雨林，具有全球绝无仅有的植物垂直分布"倒置"现象，被誉为地球的一大自然奇观。

美食：当地居民以傣族为主，傣味菜以糯米、酸味及烘烤肉类、水产食品为主，具有独特的民族风味。如"南秘"、布朗族菜、哈尼族菜、烤肉、青苔、酸笋煮鱼（鸡）、香茅草烤鱼、香竹饭等。

购物：当地有傣族通巴与花包、民族服装等民族织锦，十分有特色。还有做工精美的木质工艺品，木版画木雕、根雕、黑陶；还有钗、耳环、项圈、手镯、臂环、胸饰、脚镯、戒指、腰带等蝴蝶装饰制品。

荔波喀斯特森林

根据各资料证明：荔波喀斯特森林是目前我国乃至世界上罕见的中亚热带喀斯特原生性较强的残存森林。

林区物种资源十分丰富，鸟类有 139 种，占到了贵州鸟类总数的 25%，其中 15 种还是国家级保护鸟类。2005 年 10 月 23 日，由《中国国家地理》主办选出的"中国最美的十大森林"中，喀斯特森林榜上有名。

荔波茂兰喀斯特森林是一处极为珍贵的风景资源，它有着极强的喀斯特原生性，却又超脱于喀斯特一般风景的固定模式，摒弃了那种荒芜的特色，取而代之的是自己的自然美景与溶洞、森林的完美结合。其主要地貌形态有漏斗、洼地、盆地，槽谷等。

漏斗森林为森林密集覆盖的喀斯特峰丛地区，远远望去，似乎一个绿色的旋涡，让人不禁想靠近。据说，漏斗底至锥峰顶一般高差 150~300 米，人迹罕至，这里，森林可以独享一份清静，保持自己最最原始的韵味。在这里，树木根系在岩石缝隙中彰显生命的力量，藤萝则在峭壁上篆刻着自己生命的印记。一切都显得清静休闲。

洼地森林为森林广泛覆盖的喀斯特锥峰洼地，农田屋舍经常在这里占据着一席之地。田园以独有的清新自然成为洼地森林的装饰，让人无比的亲切。在外地的边缘地带，泉水潺潺，鸟鸣幽幽，生命的宁静悠远也不过如此。如此的美景大概也是陶渊明归隐田园的动因之一吧。平坦开阔的盆地森林喀斯特峰林盆地四周陪伴着孤峰密林。在这片盆地森林中，开阔平坦的地形，让人有奔跑的冲动，而俊秀挺拔的山峰又让人产生几分敬畏。走在其中，上下通体的绿茫茫，让人身处一片绿海。

喀斯特槽谷被森林浓密的覆盖。山谷中充斥着巨石，而巨石上又被铺天盖地的藤萝附着。谷地中间宽窄不一，展示个性，两岸山峰也是高低不一，完美地配合着谷底，两物一搭一和，极有"夫唱妇随"之势。透过森林，阳光斑驳，照在忽明忽

荔波喀斯特森林

暗的小路上，一股神秘宁静就这样蒸腾起来。

森林临近卧龙潭，一些历史传说让这个地带充满了神秘色彩。

相传在很久以前，英俊的瑶族少年阿盘与美丽的水族少女阿玛坠入爱河，他们从卧龙潭出发，进山对歌，流连忘返，两人依偎在大石之上，通宵达旦。歌声似天籁，周围的树木也为之动情。当旭日东升，阳光照向森林，树木维持着各种情态，便成了现在的景点"醉林"。阿盘与阿玛相爱后，天天进山唱歌诉衷情，这引起了当地一个恶霸土司的忌妒。原来，恶霸土司对心有所属的阿玛垂涎已久，想要纳她为妾，但是阿玛从未屈服，而且和没钱没地位的阿盘相恋，让他怒火中烧，于是派出家丁上山对他们进行追捕。

阿盘和阿玛被逼到悬崖边，无路可退。两人发誓同生共死，绝不屈服。于是，他们唱着情歌跳下悬崖。就在这时，天公动怒，电闪雷鸣，山涧出现一大一小两个湖泊，中有水道相连，似乎两个人牵着手。一对鸳鸯交颈漫游，好不浪漫。后人为纪念这对忠贞恋人，称此湖为"鸳鸯湖"。这两个湖面终年平静如镜，让人神清气爽，心境如一。游人荡漾在湖上才能打破湖面的平静，一丝丝涟漪荡起，似乎诉说着美好的爱情故事。又因小湖极易迷路，故称"水上迷宫"。人游湖中，品味着这种神奇的爱情胜地，流连而忘返。

旅游小贴士

　　怎么去：游客可先乘坐飞机到贵阳，再乘大巴到荔波。或乘火车到荔波，在麻尾站下，再乘中巴到达景区。

　　观光：主要景观有青龙洞、金狮洞、子窟、沙漠洞、野兰谷、拉滩瀑布、黄扬沟、板寨、黎明关、瑶寨民族风情、白鹇山、旺牌山等。

　　美食：荔波特色美食有腌酸肉、干锅斑鸠、酸汤芝麻剑、布依族的五色花饭、鱼包韭菜、姑娘茶、枫叶黑糯饭等。

　　购物：荔波有许多特色产品，如荔波卜柚，色泽金黄，皮薄汁多，酸甜适中。荔波腌酸肉，皮脆肉鲜，味清香，酸度适中，食之不腻。还有银饰、水族马尾绣、布依族土花布、凉席、木槌酥、竹、芒、藤编等，深受游客喜爱。

兴安落叶松林

　　兴安落叶松林按海拔的不同，分为杜鹃——兴安落叶松林和藓类——兴安落叶松林。一直以来，它以壮美和奉献精神感动着世人。

　　大兴安岭地区隶属我国最北端，冬季长达 7 个月以上，日照时间非常短，夏季只有 2 个月，这样独特的气候造就了独特的自然景观。

　　2005 年，大兴安岭兴安落叶松林当选"中国最美的森林"之一。

　　兴安落叶松的身影遍布巍巍的兴安岭森林。兴安落叶松细如针的枝叶有着难以想象的坚毅。远远望去，绿色层林尽染。它抗寒拒热，时刻保持着顽强的斗志抵抗着大自然的种种刁难。它生长在永冻层的土壤或沼泽土壤上，却以雷打不动的身躯向自然发出挑战。它四季以不同的状态展示着落叶松林的美。

　　春天的兴安岭落叶松像是苏醒的婴儿，开始了新的生命。兴安岭一到春季，勃勃生机让人不能抗拒。满山的杜鹃花相互争艳，争相唱着春日的赞歌。而此时的落叶松也揉揉惺忪的睡眼，爆出勃勃生机，它针一样的叶子像迫不及待地想看到世

兴安落叶松林

界，从枝杈上钻出来。嫩嫩的颜色与杜鹃构成一幅美好的春景。

每逢夏季，树木也便开始进入一年四季中的旺季，落叶松在阳光雨露的滋润下快速成长，一夜不见绝对会给您惊喜，叶子也由嫩嫩的绿色变得苍翠。

兴安岭林中总是云雾缭绕，就在这样的朦胧中，落叶松以其苍翠欲滴的身躯在其中若隐若现，惹得群芳妒。清新无比的空气，了无热意的凉爽都让夏日岭上行无比惬意，伴着随处飘荡的树香，它足以当作避暑胜地。

秋天的兴安岭与各地有着一样的云淡天高。这时候，落叶松的叶子由翠绿变成黄色，成熟的松塔落在地上，只要有土的地方，它就会扎根驻营，让这里成为自己的栖息之所，慢慢地长大迎接风雪。

兴安岭落叶林在秋天给自己换上外装，远远望去，层林尽染，不一样的黄色、红色有着极美的层次感，仿佛画家费尽心思的描绘，极自然地铺陈在大地上。

四季中，冬季无疑是最冰冷，也是最富有诗意的。冬季的兴安岭落叶林一片银装素裹，让空气突然间变得安静。万物在玩耍了一年之后，开始屈服于冬雪，任它修饰搭配。皑皑的白雪就这样成了冬季兴安岭落叶林的设计师。

落叶松以其挺拔的枝干装点着兴安岭，而美丽的雾凇则让落叶松的身影更加秀美。这样的冰雪美景会让人产生错觉，诗句里的仙境怎么会降临人间。

　　蒙古族是居住在兴安岭的民族之一，有着对鹿的图腾崇拜。传说很久以前，蒙古部落在与其他部落的战争中战败，仅剩两男两女，他们逃到现在的大兴安岭中过着平静的生活。

　　在长久的生活中，他们的后代越来越多，为了和平共处，生活有秩序地，他们分为许多部落，各部落有自己的首领和生活方式。但是随着人数的不断增加，狭窄的峡谷容不下那么多人，只能向草原迁徙。各个部落迁徙方向和地段不一。众多迁徙的部落中，有一个部落的首领名叫勃儿帖赤那（意为苍狼），他的妻子名叫豁埃马阑勒（意为白鹿），他们率领部落的人迁到斡难河源头不儿罕山居住。

　　这是流传的苍狼白鹿的神话传说。它反映了蒙古族对于鹿的图腾崇拜。鹿是森林里的动物，它善于奔跑，充满活力，温驯优雅。传说蒙古的萨满认为鹿是神物，能够显灵驱邪，萨满法师的帽子都用铁皮制成鹿角装饰，其经常用的青铜镜和法鼓也刻画着鹿的形象。

旅游小贴士

　　怎么去：可先乘飞机或火车抵达哈尔滨，从哈尔滨乘火车至加格达奇，再从加格达奇转乘列车抵达漠河乡，再过2个多小时即可到达洛古河村。

　　观光：这里的植被有明显的垂直分带现象，独具魅力。

　　美食：在漠河，有各种各样的风味美食，如鳕鱼炖豆腐、油炸糕、烤狗鱼、白肉血肠、风干香肠、鸡肉炖蘑菇等。

　　购物：红松果仁采用百年红松之果实，果仁完整，奶白亮色，香甜可口，是保健营养佳品。可制作糕点、饮料、化妆品、松仁糖及松仁小肚、松仁玉米等菜肴。

蜀南竹海

　　蜀南竹海原名为万岭箐，有资料对其做过生动描述，北宋著名诗人黄庭坚曾经到此游玩，被竹海的美所震撼，大赞："壮哉，竹波万里，峨眉姐妹耳！"以扫帚为笔，在黄伞石上书"万岭箐"三字，因而得名。许多电影和电视剧都在这里取景，像周润发和章子怡主演的《卧虎藏龙》就曾在这里取景。

竹海以雄、险、幽、峻、秀著名，天皇寺、天宝寨、仙寓洞、青龙湖、七彩飞瀑、古战场、观云亭、翡翠长廊、茶化山、花溪十三桥等景观被称为"竹海十佳"。游览竹海便会发现，竹海空气清新至极，是动植物的乐园，绝对会带给游人意想不到的收获和感受。

仙寓洞因自然景观和人文景观极佳被誉为"竹海明珠"。仙寓洞上竹林葱郁，洞下是竹海大峡谷，奇险无比，每当缥缈的烟波弥漫，仙寓洞也就和游人玩起了捉迷藏。天朗气清时青绿入眼，一望无垠，数十里美景尽收眼底，甚是爽哉。

翡翠长廊路面是由传说中"色如渥丹、灿若明霞"的天然红色砂石铺成。盛夏时节，翠竹遮空，把炎热挡于外面，绝对是个清凉的世界。而透过来的倔强的阳光投在地面上，形成斑驳的光点，随着风的摇曳而不断移动，好是一个动感十足。这样的长廊自然是游人休憩的好地方，将疲劳一扫而光。

七彩飞瀑又名落魂台，它以独特的壮美给幽深的竹海注入灵气。山间存在着数十条悬泉飞瀑，而七彩飞瀑却是独领风骚。在山谷中分四级泻下悬崖，落差近200米，实在壮观。瀑布两侧分别为钟山和鼓山。

据说夜深人静时，水声会与钟鼓声齐唱赞歌。音韵幽幽，在宁静的夜晚更是一种滋味。是否如此，当然还需要游客去亲身体会了。

仙女湖湖水清澈碧绿，如玉般晶莹。当阳光淡淡地洒在湖水上，远远望去，仙女湖金碧辉煌，让其他的美景黯然失色。而烟雨蒙蒙之时，绿山、碧水、翠竹，更是构成了一幅天然无瑕的仙境图，即使仙子下凡肯定也会流连忘返。

泛舟湖心，涟漪一圈圈地接近船舶，像是顽皮的孩童，在想抓住它时已经远去。夏秋时节，弹琴蛙便成了常客，让它的歌声成为仙女湖的背景音乐，惬意的格调给秀丽的竹海增添了魅力。

天宝寨，又名天宝洞，位于竹海南缘仙寓洞东侧的悬崖峭壁中。天宝寨原是一个长约1500米，高约20米，宽约10米的天然岩腔。上面是悬崖绝壁，下面是千仞削壁，地势险峻，陡不可攀。

奇特的地形造就了壮丽的景色。天气晴朗时，红色砂石在阳光的照射下金碧辉

蜀南竹海

煌，熠熠夺目：雨雾天气时，云雾缥缈，山色空蒙。古寨依悬崖天然洞穴地势而建，从西入寨要途经十三道寨门，真可谓天险固堡，一夫当关，万夫莫开。站在天宝寨，居高临下，你都不敢想象自己是怎么上来的。

在蜀南云海的资料记载中，有这样一个美丽的传说。相传，蜀南竹海所在的"万岭山"原是女娲娘娘补天时遗落的赤石。天宫中有个金鸾仙子，不想看到万岭山荒芜，就私自下凡想给此山编翠织绿。岂料触犯天条被抓，好心却让自己深陷苦难。看守金鸾的南极天官的女儿瑶箐仙子得知金鸾被抓的原委，敬佩之情油然而生。于是，私自拿走父亲的放行牌想助金鸾逃走。

无奈两人均被抓获。金鸾仙子被打入天牢，瑶箐仙子则被贬凡间，要她在万岭山编织绿波，将绿波接上九天，才可以返回天庭与父亲团聚。但南极天官却十分不舍，将自己的七星蚊帚送给爱女。众仙姑也纷纷送上各种翡翠玉器给瑶箐做织翠编绿的种子，织女还送了一条可以化云变雨的白丝绢。

瑶箐在荒山中播撒翡翠，挥蚊帚，抛白丝绢，终于感动天地，嫩笋破土而出，一排排的竹林就这样生长起来。曾经荒芜的万岭山，便是现在的蜀南竹海，竹海里的江河，则是瑶箐仙子遗落的那条白丝绢。

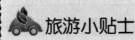
神农架

"五一"前夕，几个风光摄影的发烧友商量去哪儿采风。不知是谁提议去神农架，立刻得到了大伙儿的一致赞同。起初的动因似乎很简单——风光摄影当然要去名山大川喽。当我们风尘仆仆回到北京，举行看片会的时候，看着一幕一幕闪过的画面，大伙儿都不约而同的感叹，真是不虚此行啊！

"五一"前夕，正是高山杜鹃绽放的最后美丽时节。这天我们由鸭子口保护区收费站前往神农顶。开始时溪流在脚下欢唱，山间云雾缭绕，山脚下繁花似锦，一行人哼着小曲，怡然自得的样子。渐渐地海拔升高了，欢快的小溪变成了奔腾的激流，山峰也陡峭起来。一丛绽放的高山杜鹃扑入眼帘，大伙儿赶忙抓起照相机，连滚带爬跳下车，激动地朝着杜鹃疯狂地按动快门。虽然，已经过了高山杜鹃的盛开期，但是在郁郁葱葱之中还是散落着一丛又一丛的粉红色杜鹃。停下来抚摸一下溪流，吸一口带着花香的空气，人立刻陶醉了。

我们对神农顶的高山峡谷和可能出现的云海奇观充满期待。可不巧的是，越接近山顶，雾气越大，到了风景垭一带就已经是浓雾弥漫了，整个世界白茫茫混沌一片，惨兮兮景色皆无。神农顶更是云深不知处了。不过，好在天公有眼，第二天我们在燕子垭和天门垭迎来了春光明媚、云影变幻的大好光景。

事情往往是这样，当你对它充满期待的时候，它总是犹抱琵琶半遮面，可又总是在你不经意的时候对你露出灿烂的笑容。在神农顶遭遇大雾之后，我们返回到鸭子口，然后向红坪方向行进。公路沿着野马河谷一路蜿蜒下行，两侧群峰竞秀，忽然在右侧豁然中开，一道大峡谷从公路脚下向远方延伸开去，从南面一直伴随我们奔腾而来的野马河，与从北断过来的溪流汇合到一起，然后沿大峡谷奔流东去……壮绝！察看地图并无有关这个峡谷的名称记载，询问路边施工的民工是何所在，答曰田家山。原来距此不远的一处小村庄唤作田家山，后来我们就称它为田家山大峡谷。

红坪一带群峰竞秀，沟谷溪流交错，有十里画廊的美称。山路蜿蜒，景色变幻，不经意间就会发现，溪流又唱着欢快的歌儿回到了脚下，山坡上绿草茵茵，溪流畔山花烂漫，草甸上牛羊悠然。停下脚步闲散其间，恍如另一世界。后来在燕子垭往松柏方向，这样的美景经常出现，每次我们都忍不住停下来，在草甸上尽情地撒欢儿。

走进神农架山区就等于进入了天然画廊，高山、幽谷、溪流、飞瀑、云海、草甸，还有草甸上的放牧小屋和悠然的牛羊……处处美景令人目不暇接。我们可不能被美景迷惑了双眼，而忘记了还有可爱的金丝猴和神秘的野人传说。

神农架山区是金丝猴重点保护区之一。在金猴岭附近有一座金丝猴繁育保护中心可以参观。据说这一带有野生金丝猴出没，但是已经难得一遇了。除了金丝猴外，在这里还有机会观赏到白熊、白獐等珍稀动物。

野人传说是神农架最神秘的事情了。在奇峰怪石林立的板壁岩，传说野人经常

神农架

在此出没，多次发现野人的毛发和脚印等迹象。当然能够遇见野人只是一个美丽的幻想，因为中国科学院组织的科考队在神农架考察了几十年还从来没有捕获到野人活体。虽然没有见到野人的任何迹象，野人的话题却是我们最热闹的题材，每当有人远离大伙儿的视线或者到了集合时间还不露面，大伙儿就一齐高喊：快回来，可别让野人给招亲招了去啊。

其实，神农架地区还有许多独特的民俗，据说流传于山区的打丧鼓歌谣，经整理后成为长诗《黑暗传》，从而结束了汉族语系没有史诗的历史。当然要拍摄有深度的民俗题材，需要更加深入山区村镇，浮光掠影式的游览就无能为力了。我期待着有机会再次重返神农架。

旅游小贴士

简介：游览神农架的主要景点需要3—4天时间。

山区里有块云彩就是雨，应该准备雨衣，木鱼有雨衣出售。山区早晚温差大，要多准备些干燥保暖衣物。

到达：进入神农架林区有南北两条主要通道，南面由宜昌进入木鱼，北面由十堰进入松柏。宜昌至木鱼的距离240公里，路况良好。十堰至松柏的距离210公里。大多数游客从木鱼进入神农架，并以木鱼为游览中心。从宜昌有长途车到木鱼，木鱼有长途车经过红坪到松柏，松柏有长途车到十堰和房县。

周边景点：长江三峡、武当山

额济纳胡杨林

苍天仍然是有眼的，在最荒芜贫瘠恶劣的自然环境中也会赏给它们一些恩赐，而这样的恩赐往往会是绝世的美丽，比如额济纳，比如额济纳的胡杨。

万世不荒胡杨魂，即使死亡，也无法毁灭不朽的灵魂，那么生存，又能奈之若何?! 绝色的胡杨驾驭着整个额济纳的秋天，那需要一天天的细数光阴来等待最美丽一刻的秋天，也是一天一天转眼凋零枯萎的秋天。时光在这里终于得到前所未有珍惜的待遇。于是我们每日披星戴月地出发，不看尽夕阳不回还。

长途大巴一路的景色都是单调得发烫的戈壁茫茫，边防站的一碗羊肉面终于带来了西北的味道。下午4点，昏昏沉沉，近了，近了，终于看到了些黄绿夹杂的颜色，给干枯的双眼带来一点滋润。车厢里扬起一阵小骚动，是返家的额旗人对于故园的向往，也是我们这样陌生的访客接近了梦想的目的地。

似乎没有那么惊艳，似乎没有想象中那么壮美和灿烂。在扔下背包迫不及待地去赶夕阳的路上，我意识到终究还是来得早了，一路上的胡杨还是青黄不接。二道桥的桥头车水马龙，最壮观的不是胡杨树，是一排齐刷刷的三脚架不约而同地在此

额济纳胡杨林

摆开架势。这里来的不是驴友就是色友。

二道桥仍然是美的，因为有水，听说仅仅就是为了迎接胡杨节才开闸的难得一见的珍贵水源。有水的地方就有倒影，映着夕阳无限好，镜中月水中花总是要比现实增色几分。这样一个黄昏的散步是异常惬意的，只是千里之行，来之不易。绕过一排篱笆墙，咫尺之遥，周围却豁然宁静下来。终于看到几棵早熟的胡杨，在夕阳渐弱了的光线散射下透露出金子般的光芒，这才是我要找寻的，是我期待了很久的单单属于额济纳的胡杨的颜色。

生命的美是多姿多样的，犹如情感的世界，痛的、伤的、心碎的，一样至真至美。胡杨树是值得怜悯的，三百个日日夜夜以来人们无视它的存在，灰漆漆的沙漠烟尘中它们披着同色的披风。然而它们终究还是幸运的，秋天里一夜成名，在最灿烂的年华中相遇知音，人生之幸，莫过如此。

噼里啪啦的水声，有牧民骑了马趟水而过，披着夕阳余晖，搅碎金黄的倒影，此情此景，可堪入画。一旁早有守株待兔的大炮果断地一击得中，兴奋地向同伴炫耀战果。沙滩上已经没有一块净土，人们都在向着一个方向，翘首以盼，夕阳西下。不经意间，回首，落日的另一边，却是一痕碧水清波，静守寂寞，没有一丝涟漪，蜿蜒着，绕过湿地，绕过胡杨树的倒影，接向遥远的天边。美，无语凝噎。

夕阳拉长了胡杨萧索的树影，交织变幻中，给枯燥的沙地涂上几笔重彩。那些寂寞了太久的灵魂在尽情地欢歌着、舞蹈着，怀抱恋恋不舍地余情未了在夕阳最后的余晖下定格为一张张剪影，迟迟不肯落幕。

二道桥过后还有三道桥、四道桥，一直到七道桥，可是全都没有水源，只有走向林子深处，在灌木丛掩映交织中，兴许能找到几份意想不到的惊艳。再往前，八道桥外便已是茫茫沙漠，巴丹吉林吹来的风，就这样蔓延到了达镇以东23公里。

额济纳有颗骄傲的"神树"，据传已有600年的历史，年龄长了，新陈代谢也跟着慢了，它的子孙们都已披上黄农，神树却是依然通身翠绿。附近居延海的支流流过，岸边排排胡杨延伸远方。对岸却是秃秃的戈壁滩，红柳丛生，只有两棵树相依偎，一黄一绿，我叫它金碧。走进密密的胡杨林，色彩的层次宛如秋天的油画，抬望眼，一片金色的摇曳镶嵌在碧蓝的天空，炫目，心醉。远处的小山坡上耸立着传说中的敖包，五彩的飘带述说着这片土地寂寞的精彩。

"至少，还有凋零可以"，喜欢别人写过的诗句，而在这里，至少，还有死亡可以。烈日当头之际，怪树林中一片白惨惨的胡杨尸体，东倒西歪、千奇百怪，似乎有鬼哭狼嚎，四面楚歌。不知道这里是人间的地狱，还是胡杨的天堂。一片荒芜之间突然有新郎新娘走入视野，一袭白纱侧倚在枯死的胡杨老树旁，艳丽的妆容笑颜如花。一曲凄凉的死亡恸哭与一张喜庆的新生欢颜走入了极致的统一，额济纳的怪树林变作了婚纱外景地，有些不可思议，却又似乎合情合理。

等待这一天的日落，等过漫长的午时光阴，在额族的日子里似乎只争朝夕。下午的太阳炙烤大地，浓烈的强光似乎将蓝天也烤成了焦灰色，只好躲进蒙古包，啃着大块的手把羊肉。这仿佛就是清水煮成的羊肉啊，却带着一股野性的醇香，香到骨子里的味道。酒足饭饱躺在蒙古毯子上面的那一刻，我想，即使没有胡杨，额济纳也仍然是美好的。

当然，我们是为了胡杨而来，带回的也多是胡杨的姿态万千，然而在这些或是金黄摇曳或是日落剪影的照片上，我们找不回感动的因子。西山的红叶很壮美，钓鱼台的银杏也很灿烂，如果仅仅是这样，额济纳的胡杨也许拔不了头筹，可是，还有谁能在一望无际的大漠戈壁上点燃一个童话般绚烂的秋天，给守着风沙度日的人们一丝生之美好的希望呢？又有谁能在世世代代交替祖祖辈辈相传的土地上以不死之身不灭之魂永久地相随和守望呢？还能够有谁，这般绝色的胡杨值得我们千里迢迢地前往朝拜，朝拜一块苍凉而又神圣的土地，朝拜一个豪放而又壮烈的民族。

旅游小贴士

简介：除了胡杨，看点还有黑城、五塔、大同城、红城、怪树林、破城子、居延海，推荐黑城看日出，怪树林看日落，都需要包车游览。

胡杨节期间住宿非常紧张，当地宾馆很少，需要提前预订，如没有订上，可入住民居。

当地的西瓜和哈密瓜非常甜，也便宜，杏皮水就烤肉也是一大享受。

到达：可从银川坐长途汽车到达阿拉善左旗，然后再乘长途车到达额济纳。或者从酒泉乘坐长途汽车直接到达额济纳。

周边景点：巴丹吉林沙漠

普达措国家森林公园

在普达措还叫作属都湖和碧塔海的时候，我已然被那个杜鹃醉鱼的浪漫传说深深吸引。端午前后的那些夜晚，丛丛杜鹃在碧塔海湖畔静静绽放，各色花朵吐露芬芳，嬉戏于岸边浅滩的游鱼竞相前来吞食。这些贪食的鱼儿啊，它们哪知杜鹃花瓣含有微毒，于是纷纷醉倒，漂浮在平静碧蓝的湖面——是怎样绚烂的美丽花丛，让鱼儿也情不自禁醉在其中？

2006 年，普达措成为中国第一个国家公园。它占地总面积 1,313 平方公里，目前开发的主要景点包括属都湖、碧塔海和弥里塘高原牧场，占整个森林公园总面积的 3‰。几次去云南，因种种原因都和它擦肩而过。这一回，我特地给这片向往已久的香格里拉预留了一整天。

前往普达措那天，正值国庆假期。在青年旅馆门口随便找了一辆微面，一小时左右便顺利来到景区大门。售票大厅人潮汹涌，到处是身穿红色羽绒大衣头戴黄色小帽的旅游团成员。学习九寨，赶超九寨，大约是中国绝大部分已开发景区的宏伟愿景，普达措也没有例外。

普达措国家森林公园

　　好在很快排队上了观光车。景区内山路蜿蜒，山间云雾缭绕，满眼翠绿，金黄色的树叶夹杂其间，像是一个巨大的天然氧吧。很快到达第一个景点属都湖，我走上栈道，大口呼吸香格里拉的清新空气。属都湖四周青山郁郁，原始森林遮天蔽日。尽管天空有些阴霾，没有蓝天和白云，清晨的属都湖依然非常美丽。时值初秋，草甸上的绿草尚未完全枯黄，盛放着大片蓝色龙胆花，长长的栈道在草场上划出一道优美弧线。栈道两旁往往就是需几人环抱的参天巨树，松树上挂满毛茸茸的松萝，沿湖行走非常轻松惬意。对岸青山在清澈的湖面默默投下倒影，湖中点缀着铺满萋萋芳草的迷人小草滩，湖畔小野花寂寞开放，虽然没有阳光照耀，色彩仍然斑斓多姿。

　　走完属都湖景点的栈道，重新上车继续前行。弥里塘是一个高山牧场，与属都湖相隔6公里左右，行车十多分钟即可到达。跳下观光车，大片丰美草场展现在我的眼前：袅袅炊烟从远处的小木屋缓缓升起，三三两两的牛马悠闲地晃荡吃草，俨然一幅田园牧歌的恬静画面。我顿时把随车导游让大家在此停留五分钟的话语抛诸脑后。

　　随车导游显然危言耸听，我很容易就搭到下一班观光车，被径直拉到弥里塘游客服务中心。游逛了一圈，发现此处饭食甚贵，我和同伴干脆走到附近的草甸，完成了一顿虽然简单却很惬意的草地野餐。中午时分，偌大一片弥里塘草场，几乎没有别的游人，当然也没有容易走的路。我们时而涉过小溪，时而跨过小桥，一不小心裤腿就被刺人的灌木挂住。天空时阴时晴，偶尔洒下一束阳光，瞬间照亮山坡和马匹，在你啧啧惊艳的时候，甚至尚未来得及拿出相机，美丽的光线就转瞬即逝。在这里，脱离了景区观光车的束缚，我觉得这才是真正的国家公园。

在弥里塘草场盘桓多时，我们终于恋恋不舍地离去，观光车把我们带到普达措国家森林公园的最后一个景点——碧塔海。如果把属都湖比作香格里拉高原湖泊中的小家碧玉，碧塔海无疑就是端庄的大家闺秀。属都湖美得袖珍，美得精致，而碧塔海美得大气，美得开朗。杜鹃花期已过，我深深凝望湖畔郁郁葱葱的杜鹃丛林，那曾经让我憧憬多年的杜鹃醉鱼的传说只能继续深埋心底。天色重又变得阴沉，湖水黝黑如墨，群峰尽映其中，我没能看到碧蓝入镜的水面，唯有湖边的温柔水草让人心醉。试想春来的时候，鲜花开满湖畔草甸，会是怎样一幅绝美的画面？

著名的湖心岛位于碧塔海的湖中央，因其丰富植被和珍稀物种被誉为天然植物标本库。最为称奇的是，岛上还供奉着藏传佛教的莲花生大师、文殊菩萨和观世音菩萨，早在八百年前，这里就被圣僧们视为观音圣地和普达圣境。游人可以乘坐游船经由湖心岛穿越碧塔海，也可以沿着长约4.5公里的栈道慢慢体验湖光山色。我没有上岛，远远望去，湖心岛上森林郁郁葱葱，仿佛真有一番神秘莫测的意味。

碧塔海湖面水波粼粼，栈道旁的水草娉婷，随风摇曳，婀娜多姿。面对这片宁静美景，我的脑海中不禁飘出那首悠扬的旋律：绿草苍苍，白雾茫茫，有位佳人，在水一方，我愿逆流而上，依偎在她身旁……

🏍️ **旅游小贴士**

简介：通常上午游客较多。想要避开人潮，可以包车先去白水台游玩，返程途中再去普达措，这样景区内要清静许多，且中午之后天色容易亮开。

除了经营烧烤的摊点外，景区内没有饭馆，在弥里塘有一个游客服务中心提供自助中餐。

普达措的门票是通票，只要有门票，任何观光车都可以乘坐。所以你完全可以慢慢游玩，随时可以搭到下一站的班车。

如果不想花 190 元去国家公园，还可以经当地人说的南线只去碧塔海一处，门票只需 30 元，但路途稍远。可以在汽车客运站乘坐香格里拉发往白水台的班车，在双桥下车，然后从马鹿塘骑马或徒步进入碧塔海景区，到湖边约 6 公里路程。这里是碧塔海开放较早的旅游线路，以前游人多由此进入碧塔海。如果是包车前往白水台景区，也可顺路在此停车游览。到达香格里拉县城只有一班直达普达措的班车，上午发车；另一种省心的办法是包车往返，县城很多微面揽这条线路的生意。

周边景点：松赞林寺、纳帕海、白水台

小溪

小溪，一个很明朗、澄澈的词汇。

这个冬日与沈从文乘船返乡时给三三写信的日子一样寒冷，但并不凄清、寂寥。我随着一位去王村赶场的妇人和她一大一小的两个女儿，登上了小溪乡的码头。高高的码头建在酉水的一处山湾里，如果不是这一天一班的船扰了这儿的清幽，我想这里只会是橹歌和水鸭霸占的天堂。上车前，妇人嘱咐我："到了门票站，你莫作声。"并让四岁的小女儿坐在我腿上，我就这样坐在那辆每个缝隙都塞满货物和人的、大汗淋漓的车上，车在傍晚前进入了大山深处、有着绿色梦境的小溪乡，而我腿上坐着穿红棉袄叫苗苗的小丫头拥着我，在她的梦里睡得正香甜。

小溪的夜只是夜。乡下的夜，安宁又温暖。我腿上搭着小棉被，坐在越烧越旺的炭盆前，桌边围着妇人全家和一砂锅青蒜腊肉还有一只无辜眼神的白猫咪。味道强悍的辣椒逼迫我吃下了两大碗饭。这是储存对付潮湿阴冷吊脚楼的脂肪和明早徒步黄心夜合的体能。夜深了，独自就着昏灯在透风的木板屋里，读着沈从文给那个温和美丽脸儿，黑脸人儿，在另一处悬念着他的三三的专利读物。"全是吊脚楼！这里可惜写不出声音，多好听的声音！这时有摇橹人唱歌声音，有水声，有吊脚楼人语声……还有我喊你的声音，你听不到，你听不到，我的人。"我裹在被子里，在信纸上也这样写下。

清晨山中的一切皆是静美的，悄然的，所以吊脚楼也醒得很晚。在永顺上中学的妇人的大女儿，为我从隔壁家端来了早点，一碗酸辣子肉沫米线。吸溜到饱后，才发觉自己被这味觉刺激得慵懒了起来。接着陆续听到门外不长的街上传来卸门椒板的声音，鸡鸣犬吠地热闹起来了，炭盆烧旺了，第一锅包子冒热气了。

我在敞开的木门里，闻到了湿湿空气中的葱郁味道，便出发上路，准备去拥抱抚摸那棵叫黄心夜合的树。黄心夜合离小溪乡政府这块比较集中的人家有些远，倒是顺着溪水浪花的指引，在无人无车的公路上行走也不觉得寂寞。青翠的林子像是赖在大地的被窝里不愿醒来，打着一串串呵欠。枝头跳跃着正在开嗓的早起鸟儿，不知它们有没有找到食吃呢？而我不管它们听不听得懂，就放心地对着它们轻吟起来。

铁索桥到了，这是苗苗的姐姐告诉我去往黄心夜合的路。修得很平整的石阶滴着水，树叶滴着水，倒挂的松针滴着水，还未变蝴蝶的茧滴着水，孑遗蕨类滴着水，甚至是领雀嘴鹎忽而闪过的暗绿身影也滴着水。在无人的山谷与大地亲密接触我毫不设防，大地是滋养世间生灵万物的睡榻，我只有心无杂念地投入这霸道又温柔的怀抱才觉得踏实、安稳，那是心安理得的吸气呼气，匀速的心跳，轻快的脚步。爽朗着，愉悦着，不一会儿黄心夜合便占据了我的视线。我抱了抱这棵 1，500 年树龄的参天古木，据说树上会开一种淡黄花心的花，夜晚合上，只是我没有那么幸运赶上这花开时节，也不能通过一个人的力量把它合围。我们相逢只是那棵树龄中万分之一的短暂一瞬，我来看那棵树是想请它为我展示扭曲的节理，苍老的年轮，以及大树冠下吹来有如醍醐灌顶般的沙沙声响。而那大树只是任由无望的藤条缠着它的树干，盘着它的树根，它自己只是笔直向上地一贯深沉不予理会。

我在一阵时而缠绵、时而暴虐的雨中，默默离开了那棵曾经也稚嫩、柔弱过的树。湿漉漉地狼狈回到了我暂时的吊脚楼，那里有等待我的苗苗、她的两个姐姐、口齿不清的叫玉蓉的小丫头、沙发上趴着的几个孩子、一碗很硬的饭、辣椒、魔芋、鸡蛋，还有一只馋嘴的猫。理发店大镜子上面挂着的钟，并不因一个看风景的外乡人闯入而放慢了摆动的速度。我在镜子里瑟瑟发抖的样子，让那妇人的侄女停下了正在为客人剪头发的手，她跑去里屋翻出一件那妇人的衣服，叫我把潮大衣脱掉晾上并换上干的。我犹豫着推辞了她的好意，只因我怕那抹红有可能会让我失去在林间让鸟儿安心听我说些任何人都不明白的话儿的机会。

在吊脚楼人家娶新妇的炮仗声中，我沿着石径向另一条杉树王路线进山了。回眺叮咚清溪边的吊脚楼，升起来的轻袅炊烟让这些木楼子浮了起来，像是上了云端，那是有了新妇的人家。接下来我的孤单又只有树、溪、光、鸟、石、虫、鱼、影能看得到了，我要诉说，午后活跃的鸟儿成了我最好的对象。我花了两分钟让小红屁股的啄木鸟不再做伐木工的苦差事，花了五分钟让一群壮实的鹌安静下来听我倾诉，又花了七分钟安抚那小机灵鬼儿似的棕脸鹟莺不淘气不乱蹦并任由我摆布，接着又花了好一阵子和与我同性的水鸲彼此问候，后来她的邻居俏皮燕尾又招呼我过去坐坐。鸟儿们都说愿意让我在这里多陪陪它们，并且要求等待太阳落到山那头，它们准备去睡安稳觉时再让我回去。不知是否因我的可耻偷窥，才引得它们提出这变本加厉的补偿来的。

一路上急着向我展现美好容貌的还有：曲径通幽、小桥流水、银练叠瀑、清溪翠石、石阶栈道，以及伫立在最高处的杉树王。别看杉树王与黄心夜合同龄，却远没有后者壮美、智慧、旷达、内敛的气质。杉树王是这片山林的长者，相对矮小很多的王却甘愿拜黄心夜合为前辈、为统领、为王、为神。过了一会儿，也许是鸟儿们不喜欢这位杉树王列队巡游时的俯视眼神，就都像约好了一样纷纷飞离了我，到下面清浅的溪边开始今日最后的黄昏大合唱了。鸟儿是生来爱幻想又敏感脆弱的小家伙。洞察着周围暗下来的松涛越来越鬼魅的声音，我仿佛是获悉了鸟儿发出的暗示，便匆匆沿着另一条平缓的栈道，回到了有着匀速安宁生活的人群中间。

两天吊脚楼临水的吱呀作响的木床，终于睡得我的腰不适了起来，酸疼得起床都很难弯曲了，那种像折了的痛连声招呼没打就再次袭来了。一位医生朋友告诉我，北冻皮，南冻骨，我用身体印证后确信无疑。在微雨中，我告别了围绕赶场、背货生活的一家人，挤在小面的上告别了朴实厚道的妇人和她老公，告别了"今天杀年猪，就不走吧"，告别了微雨的凌晨为我照亮的那束手电光。在薄雾中的曙光码头，准时登上了每日仅此一趟回王村的班船，我在船上想着前面还有里耶、洗车河、不二门温泉在路上等待着与我邂逅，我的腰也许在泡过那个温泉后就会恢复过来。

旅游小贴士

简介：这是一条需徒步 1—2 天的路线。小溪比较有意思的两条线路就是杉树王和黄心夜合了，其中黄心夜合距离乡政府要远一些，可沿着公路向下走七八公里，由铁索桥那里上去就可以了；杉树王一线由乡政府处向上走 10 分钟，在公路尽头的木屋老宅那里顺着石阶，向着山里最清最绿的地方走可到。

小溪没有正规的餐馆，只有一些卖早点的小铺子，住在客栈里可以和热情的主人一起搭餐。建议多准备些方便面、火腿肠、水果等食物来小溪，这里人喜欢吃辣，多带些零食能帮着自己调节口味。

山中比较阴冷潮湿，年平均气温在十几摄氏度，无论是夏季还是冬日，建议多加件衣服。这里年相对湿度很大，衣服很容易受潮，如果不怕麻烦的话，还是多背几件可换洗的衣服吧。

到达：在芙蓉镇码头搭乘每天下午去往小溪的班船，大约两三个小时可到小溪自然保护区的码头，然后换乘小面的几十分钟后到达小溪乡。

周边景点：芙蓉镇、里耶、洗车河、不二门

五指山热带雨林

午后，前往五指山的班车开动了。随着山中云雾层层叠叠，分分合合，随着倦倦的蒸腾暑气被山区突起的弧形山峰遮蔽住，随着急转的盘山弯路的增多，随着窗外骄躁的热风被习习凉风所取代，我不知道我脑海中的印象兴隆是正在被格式化，还是无意识地正在刷新。我只知道身体掠过的窗外这片宛若苍山之上拥有壮美旖旎云彩的地方，就叫作五指山市了。

从五指山市到达五指山自然保护区山下的水满乡，还需再换乘四十分钟左右的中巴车才能到达，我只得安坐下来静静等待。在汽车站对面的老爸茶馆中，在高高悬挂着毛主席头像的桌子下面，我挑了一张老式吊扇下的桌子坐下来，对一个矮矮瘦瘦的小妹说，麻烦给我一杯原味奶茶。端起杯底沉淀着极厚一层炼乳的奶茶，我听到调羹在杯中叮叮当当地把甜蜜和苦涩均匀搅拌到了一起的声音。在呷了一口这浓郁的奶气茶香后，抬头环顾四周的其他茶客，这才发现原来老爸茶馆是男性的天堂，这里是绝少会有女性涉足的天地。

最后一班开往水满乡的班车载着我在进山的公路上穿行。一条水，几片云，还有那高高低低的槟榔树、椰子树，我被这景色迷住了，恍惚不知身在何处。四十分钟后，五指山下有着几排小房子的水满乡终于到了。

斜阳时分，山居的乡人已在忙碌今天的晚餐了。于是，欣然受邀来到司机李大哥家住下，进门迎接我的是一个走路蹒跚的小阿弟，还有后面跟着的一个利索又结实的妇人。冲去一身的疲惫和汗水后，发现楼下炖着的鸡汤已是香气四溢了。鸡汤配上南瓜叶，满满一碗鸡肉和米酒，五指山的第一夜，我接受了来自山里人家最诚挚的邀约与祝福。

五指山热带雨林

第二日，在吃过南瓜和南瓜花炖出的一碗美味小排骨后，李大哥便开车送我到达了能深入五指山腹地的一条原始又狭长的登山小道上。李大哥告诉我这条路没有其他岔路，只要一直走到头，来回六小时应该没问题。我知道独自一人上山下山的路途肯定艰苦又漫长，因此水、食物、药品、电池、雨具和心情我都提前预备好了。

刚踏上那条羊肠小路没多久，我便被热带特有的浓郁气息从头到脚皆裹挟住了。粗大的根茎仿佛从地心有魔力般地伸展而出，浓密的绿色系遮天蔽日迷住了我的眼睛，黄色的大蝴蝶和凄迷等待的锹甲在我以为的微观世界里舞动身姿，一只黑头青身的长蛇也在离我不远处屏息凝神地注视着一切。那么接下来呢，继续向前的路途遭遇到的会是蚂蟥的突袭吗？我心怦怦地跳着看着脚下不知是蛇还是树根的枝蔓，心中还未从对蛇的本能恐惧中完全解脱出来。于是我加快步伐，随着流速提升的血液，恐惧也悄然跟着不断攀爬腾高。我陷入了这片逆林密径、荆棘丛生的大地。这里是闷热潮湿的世界，这里有着蛇虫蠕动的漆黑幽冥，这里有我望不到的天空，而我只有手脚并用、攀着土地上纵横交错的根茎，努力将自己带向山巅天空底那片有着清凉舒爽的蔚蓝色下。

一小时过去了，两小时过去了，逝去的分分秒秒仿佛带领我穿越了长久的幽暗岁月。脚下山脉的走势已渐渐将我湿漉漉的身体抬高，蝴蝶天使般的薄翼在我眼前蹁迁出宛如肖邦的琴谱，林隙间已隐约可见水满乡上空升腾的炊烟。此时无论是青蛇，还是毒蚊，或是蚂蟥都已无法阻挡我对登顶时刹那自由、刹那清澈、刹那高远的向往。在一小片干燥的空地上，听鸟儿在雨林间腾挪飞越不知在为谁歌唱？瞬间我便被轻风中飘散的澄澈的绿所侵蚀了，我的内心迎来了片刻的清新舒爽。而此时天边的浓云，正在以不可思议的速度仿佛藤蔓般爬升聚拢，霎时残暴的大雨便如柱般向我泼来，我撑开伞急忙向层层叠叠的阴云企盼它快些消散。然而五分钟后，十分钟后，半小时后，天空显然是没有听到我这个正在山中行走的异乡人的奢望，但只因为山在那里，所以湿透的心情仍无法离弃对于那座山巅的思念。山中无助的独行者仍在雨水、汗水、泥泞中丈量山的距离，我知道山就在并不遥远的地方等待我的到来，并将把我紧紧拥在怀里。

湿滑的天梯我攀过了，直上九十度的密林我走过了，寄生着蛙、蟹、蜗牛、毛虫的倾倒大树我跨过了，雨林深处骇人的静谧我路过了，我不停歇地行走直到最后一刻。山巅之上，正午的温暖吹散了阴冷的浮云，天空下显现的山脉、大地、白云、青松还有我的身体都仿佛延伸去了无尽的远方。雨林之上，我遥望的尽头是我藏着深深思念的大陆。

旅游小贴士

简介：水满乡距离热带雨林的登山小道仍有几公里路程，到达水满乡后可包车或乘摩的前往。

一般去往五指山的游客都会住在水满乡，那里条件设施最齐全的宾馆是水满苑，还有一些家庭旅社，有些条件设施较好，房间也很干净。

建议一早就上山，一般到下午山上就开始起雾了，这时上山就较危险了，因此一定要把上、下山的时间预留充分。山路均为原始的羊肠小路，狭窄时只容一人通过，且在将要到达山顶时还需借助湿滑的树根及天梯攀爬而上，因此要做好在几个小时均在雨林中行走的准备。

山中多雨，需要备雨具或防雨衣。如果在雨季上山，要把绑腿准备好，防备蚂蟥的白酒、强力驱蚊药、香烟等也需要随身携带。另外山中常有蛇出没，最好带上云南白药、绷带、手杖等。

五指山热带雨林的生物极具多样性，如鸟类、蛇类、蛙类、蝶类等，只要你留心观察周围树丛间的动静，相信你的五指山之行就不会变得非常疲惫不堪。

到达：从三亚乘坐至五指山市的普通客车，在快到达五指山市时，可向售票员说明是去五指山旅游，因此就无须进入市区，直接在去往水满乡的路口等候过路的班车就可以了。

周边景点：七仙岭、吊罗山

第三十一章　春季游

毕节百里杜鹃

　　杜鹃花，这位"花中西施"，千百年来怒放于山野，妆点于园林，常被文人墨客们所歌咏。杨万里曾有"何须名苑看春色，一路山花不负侬。日日锦江呈锦样，清溪倒照映山红"之句，白居易也有"闲折二枝持在手，细看不似人间有。花中此物似西施，芙蓉芍药皆嫫母"的赞美。因而杜鹃成了春日里人们赏花的主要内容。

　　暮春3月下旬~4月末，是到百里杜鹃林来看杜鹃花的好时节。此时，杜鹃花漫山遍野，千姿百态，铺山盖岭，五彩缤纷。若不是亲眼所见，很难想象百里杜鹃林的烂漫与辉煌。而进入了这里，就走进了花的世界，步入了大自然的梦里，也宛若来到了童话的世界。

　　百里杜鹃林的杜鹃品种很多，有美容、大白花、银叶、皱皮、锈叶、迷人等40多个品种，花色也多样，有鲜红、粉红、紫色、金黄、淡黄、雪白、淡白、淡绿等。最为难得的是，这里的杜鹃有一树不同花的品种，即一棵树上开出不同颜色的花朵，最多的达7种，成了世上难见的奇观，被称为"世界级的国宝精品"。

　　每年繁花盛开时，百里杜鹃各花区自成风格，各领风骚，争奇斗艳，相映生辉，构成了异彩纷呈的百里杜鹃花海。近看，大杜鹃树枝苍劲，小杜鹃俏丽多姿，各色花朵红的如红缨，银白的似粉球，鹅黄的如团扇，淡黄的似玉盘，美不胜收，令人陶醉。远看，有的山一片鲜红，艳若朝霞，姹紫嫣红；有的山一片雪白，银装素裹，绚丽夺目；有的山百花齐放，繁花似锦。若登高远眺，群山逶迤，山间各色杜鹃花花团锦簇，似云霞灿烂、千姿百态。

很多人说：对于未到过百里杜鹃的人来说，它是一个奇迹，到过百里杜鹃的，它是许多奇迹。因为这里的杜鹃给人想象的空间实在是太大，它温婉却又狂野，朴素却又华丽，端庄却又泼辣，典雅却又豪放……此刻，它不仅仅是一片花海，更像一只只色彩斑斓的蝴蝶在一个美丽女子的跟前翩翩起舞，又恰似一匹华丽的锦缎为这个女子增添了几抹炫目的色彩，美得极致，美得妖娆。

毕节百里杜鹃

在百里杜鹃林内，还居住着汉、苗、彝、布依、仡佬等多种民族，因而民族风情丰富多彩，独特的民族文化和习俗定会让你大开眼界。杜鹃花开季节，附近少数民族的青年男女会到花丛中款款对歌，自定终身。如果遇到各种民族的节日，场面更是十分热闹。届时，盛装与花树相辉映，笙笛鼓锣声齐鸣，一群群男女青年绕着花树吹响芦笙，翩翩起舞，欢腾的场面一直要持续数日。

在杜鹃花开的日子，到百里杜鹃听有关杜鹃花的传说，体验少数民族的风情，在杜鹃花海里徜徉，心情变得愉快起来，眼前的杜鹃花海如同是大地的物华，仙女的彩衣所托，天上的锦云所幻。如不是，为何会朵朵花儿这么妖媚烂漫？枝枝丫丫密密生情？

四季最佳游玩攻略

百里杜鹃林的景点非常多，如果要欣赏最美的杜鹃花，可以到下面的这几个景点去。

戛木景区：有保存完好的原生马樱杜鹃林带，这里杜鹃花有着花大、树大、色艳特点。花开时节，杜鹃红艳如火，霞展满天，由于海拔较高，在雨雪、凌冻和冰霜塑造下的杜鹃花的树干、树枝轮廓分明，线条曲折多变，造型奇美，可谓树绝花奇。

百花坪：杜鹃花品种繁多，传说每年花开时期，天上的仙女都偷偷下凡赏花，与花丛中的姑娘小伙对歌跳舞。因此，这里就每年成为彝族的插花节、苗族跳坡节的理想场所。

锦鸡箐：这里的杜鹃树大林密，交织丛生着粉红色的迷人杜鹃和鹅黄色的露珠杜鹃、大白杜鹃及深红色的马缨杜鹃，非常漂亮。在这里还能见到美丽的锦鸡。若遇上，就是你一生的幸运。

金坡岭：这里的杜鹃花特别漂亮，有的一片鲜红，艳若朝霞，姹紫嫣红，有的一片雪白，银装索裹，绚丽夺目，有的百花齐放，繁花似锦。每当晚霞映照时，火红一片，故称为"金坡岭"，

数花峰：是观花的最佳景点，也最能展现百里杜鹃的规模、气势、到了这里，你不妨数一数远处有多少个花峰，有多少种花？

落英台：杜鹃花谢后，花瓣会飘落到步道上，落英缤纷，装点大地，着实漂亮。故叫落英台。

> 🏍 **旅游小贴士**
>
> 怎么去：前往百里杜鹃，可以先乘坐火车或者飞机到达贵阳。从贵阳到黔西县城约120公里，行车3个半小时。黔西县至景区金坡乡还有27公里，每天从县城车站有发到该区的班车。
>
> 最佳时间：每年3月下旬~4月末
>
> 周边景点：百花坪、锦鸡箐、览胜峰、数花峰

北京平谷

平谷是中国著名的大桃之乡，22 万亩大桃堪称世界最大的桃园、中国最大的桃乡、首都最大的果区。每年 4 月中旬左右，正是平谷桃花盛开之时。此刻，数百里桃花争奇斗艳，云蒸霞蔚，绵延百里，画意天成。

远远看去，青山秀水与绚丽的桃花美景交相辉映，人与自然和谐共生，成了春日里一道明媚的风景线。置身花海中，你仿佛可以感觉到桃花的呼吸，它正在吸纳

北京平谷

着天地之灵气，吐露着芬芳。行走其中，拾起一朵飘落的桃花，颜色以花蕊处向外逐渐变淡，些许深红、些许粉红、些许白色，自然而不留痕迹，正应了杜子美的那句"桃花一簇开无主，可爱深红变浅红"的诗了。

在平谷看桃花，最佳的地点要数桃花海、小金山与百里桃花观赏走廊了。

熟悉平谷的人都知道，"桃花海"既是形容词又是地名，是平地赏花的最佳地点。它在平谷大华山镇小峪子村，桃花的面积有万亩，用"一望无际"来形容其壮

观场面再恰当不过了。置身于桃林，徜徉于花海，极目搜寻，入眼的不光是满枝粉红的桃花，还有那微风拂落的一地花瓣。骑着自行车，穿越桃花海，更是浪漫。

小金山是一个孤峰耸立于万亩花海中的小岛，前后左右簇拥着万亩桃林，山峰海拔不高，几分钟就可以登顶，峰顶建有观景亭，可以看到成片成片的花海。从小金山顶上放眼望去，直至远山脚下，皆是热闹的花海，微风吹来，枝动摇曳不已，簇簇花朵如浪花般层层荡开，就像是浮在花海上，若隐若现。一片片或浓或淡的红雾，水润润的，如霞、如烟、如雾、如雨，就像是一幅巨大的油彩画。

在平谷的山水之间，到处都是桃花的踪迹，是梦想的天堂，顺着那些山涧、山路，顺着一路的桃花，来一次桃花走廊的穿越，这便是在桃花走廊中最有意思的事情。你还可沿着花海信步前行，经过的山峰奇美俊秀，山村绿树掩映，让你感觉到看桃花已成为春日里面最美的事情。而徜徉在桃花海里，如果遇到拍婚纱照的情侣可别惊讶，以自然的花海做外景拍摄出来的作品远比摄影棚作品来得亲切、唯美；如果你被"桃花运"撞了一下腰，也千万不要激动，因为这便是桃花给你带来的"好运气"。

四季最佳游玩攻略

1. 游玩中不容错过的风景

桃花海、小金山这些地方的桃花虽然漂亮，但要收门票。其实，从官庄路口向北走不远路边到处是桃园，也有不少旅游点，路边看那里风景好的就可以停车进去转悠，跟果农聊聊天，他们很热情的。果农顶着大太阳在桃园里摘花，他们叫疏花，让花朵少点，不要浪费营养，等接桃子了还要疏果，这样一路疏下来，最后结的桃子至少半斤到一斤一个。

到大华山镇后，就可以右转南下，不要非顺着大路开，看见道路平整的小路也可以进去转悠。村前村后的多年的老桃树很多，比景区新种的桃树要好，而且现在树上没有桃子，你到处乱钻村民也不会紧张。在中午，建议随便选一家农家院，吃点正宗的农家饭菜。

2. 最实用的摄影攻略

如果是摄影发烧友，肯定会背着相机到这里拍个够。不过，在拍摄桃花的时候，最好在有阳光的上午 9~10 点拍摄，选择花卉，选择既有花蕾含苞待放，又有

春季游

部分盛开的状态为最佳。找主题的时候，不要急于求成，要注意观察，从大面积桃花中寻求个性，最主要是看枝干、外形有哪些特征，通过构思有选择地拍摄，并在构图、用光上使之完美。

此外，比较爱美的 MM，建议穿上素色一点的衣服，那样在粉色的桃花海中才能比较显眼。如果方便的话，可以多带上几套衣服，换着拍，在桃花海中拍个够。

🚗 旅游小贴士

怎么去：在北京市内乘东直门——平谷的 918 路公交车，在官庄路口下车，过马路向北走，换乘奔小峪子方向的 20 路小公共，就可以直达平谷桃花的中心区——桃花海。要是去周边多个赏花点观赏桃花，最好在当地包个车前往。

最佳时间：每年 4 月中旬

周边景点：桃花海、小金山、百里桃花观赏走廊

云南罗平

云南曲靖市的罗平县气候和地貌奇特，主要表现为贵州的天气、广西的山水，每年早春二月，当我国的北方还是漫天风雪、水瘦山寒时，这里已是满山碧绿、繁花似锦。可能因为地理的原因，从 20 世纪 40 年代起，愈来愈多农民种起粗生粗长、利润高、易耕种又可以榨油的油菜花。

经过多年的耕耘，整个罗平一到春天，30 多万亩就会变成黄金花海，此时，依山而种的油菜花田，一层层一垄垄，在阳光的照射下条条金光与层层山峦交相辉映。驻足在这里的人，无不感叹罗平是"金玉满堂"之乡。

罗平油菜花的海洋，恐怕是世界上最奇特的大海了，当汽车转入 324 国道旁的湾子湖时，如波似浪的油菜花便铺天盖地扑面而来，流光溢彩的金黄把人的眼睛顿时都染成了金黄色。那一马平川的油菜花，染黄了山冈，染黄了沟壑，染黄了河

溪，染黄了原野，染黄了村庄，染黄了大地，把整个罗平都染成了黄色的世界、黄色的海洋。

春风吹来，金色的花海潮起潮落，荡漾着清香，吹奏着牧歌。罗平城在花海中沉浮，成为一座大海中的岛屿。当你站在白腊山上俯视这座县城的时候，油菜花漫山遍野铺天盖地，秀峰、村舍、道路、河流，皆融汇入油菜花海，蔚为壮观。

花海的尽头与地平线浑然一体，漫无边际地铺展开来，很有规模，充满了霸气，那片油菜花海简直成了这方水土上的主体，而那村庄、农舍、山冈、树木、道路、河流……倒成了油菜花海的点缀，附于花海之上。走入花海，在春日暖阳的照射下，盛开的油菜花，金黄金黄的，一朵朵、一枝枝、一簇簇，开得那样热烈、那样灿烂、那样绚丽与那样多姿多彩。

云南罗平

在油菜花田里，随处都可以看见一对对拍摄婚纱照的新婚夫妇，他们在齐胸高的油菜花海中飞奔、穿越、追逐、舞动、跳跃。因而这里飘逸着欢声、笑语、浪漫的情怀，洋溢着温馨、幸福、美满的气息。

罗平的牛街乡是观赏油菜花、拍摄油菜花的最佳地点之一，它位于一条狭长的山谷中。由于山沟多起伏，因而多数花田都依据山势上下错落，层层叠叠，或大或小，或长或短，密密麻麻地覆盖着大地。而在金黄色的花海中，又渗有点点的绿树、小溪、农舍，不时还有悠悠的牛车从中经过……形成了一幅鲜活灵动、色彩斑斓的天然水彩画图，不仅引来了无数的游人，也成了摄影爱好者的天堂。

金鸡峰也是一个看油菜花的好地方，每到花开季节，眼前尽是无垠的油菜花汪洋，举目四望，几十细小的锥状小山包在花海之中拔起，犹如一个个小岛。一阵春风微微吹起，成千上万的点点黄花轻轻摇曳，掀起一阵阵金黄色的波浪。而此刻，你会深深惊叹造物主的奇妙——油菜花只不过是普通的粗生植物，但结集起来却带给人一片鲜艳耀眼的世界，一次在春天实现梦想的机会！

四季最佳游玩攻略

1. 看油菜花的最佳地点

在罗平看油菜花，主要以金鸡、牛街以及从由县城沿大水井去多伊河风景村的途中这几个地方为最佳的观看地点。

金鸡在罗平县城东北方向，这里的田地较平坦，稍远处孤峰拔起，有很壮阔的感觉，一般介绍罗平花海的照片都在这里拍摄，是一个"摄狼"集中的地方。

城北的牛街乡有很多的梯田，这些梯田不仅种油菜花，有的还种小麦蔬菜等，各种色块交织，也别有一番韵味。

此外，由县城沿大水井去多伊河风景村的途中也是一个观看油菜花的好地方，这里的地形起伏较大，花田随地形梯田种植，富于变化，视觉效果很强。

2. 罗平赏花交通全攻略

如果想去金鸡峰看油菜花，最好在罗平县城客运站乘罗平至板桥镇的公交，中途在金鸡下即可。从罗平县城客运站出发至金鸡峰大约10分钟的车程。

如果想去九龙镇的千丘田看油菜花：可在罗平县城松毛山花园坐车，那里有许多的小面的，打这种小面的前往九龙镇乡的千丘田很方便。行程20分钟左右，票价4元/人。

如果想去十万大山观景台看油菜花：可在罗平县城客运站乘车，那里有直达十万大山的车，行程约20分钟。下车后，在山峰上有观景台，路旁有指示牌，沿着指示牌爬上山峰就可以观景了。

怎么去：油菜花节期间，昆明每天都有开往罗平的旅游专列。从昆明至罗平的普通火车也特别多，主要有 7425、K363、6082 次等。此外，你也可以从昆明乘坐到罗平的班车，车次很多，几乎每小时一班。

最佳时间：每年 2 月下旬至 4 月上旬，黄金时段为 3 月；罗平油菜花旅游节 2 月 3 日～3 月中旬举行。

周边景点：金鸡、由县城沿大水井去多伊河风景村的途中、牛街乡

安徽砀山

4 月，明明是在一片初萌绿色的春天里，但一到砀山，就像来到玉洁冰清的冬天。此时，一棵棵梨树繁花竞放，缀满了雪白花朵，犹如走进雪的世界。

阳光下，千顷梨花晶莹似美玉，月光里，万顷白雪朦胧如河汉。倘若雨疏风轻，梨枝缓摆，颤巍巍粘露欲湿，飘落的花瓣，款款飞如蝴蝶。那细雨如花针，如牛毛，洒在梨花上，让那白色的花瓣更显得晶莹透亮，仿佛是高雅的妇人，曳斜在树枝上。漫步于梨园小径，近赏冰肌玉骨的梨花，丝丝缕缕的花香，仿佛一曲洞萧悠悠游来，令人恍然不知身在何处。

砀山著名的梨园为砀山果园场和砀山园艺场，这两个场分别跻身于世界十大果园场的行列。两场中间隔着一条黄河故道，遥相呼应，延绵数十里，处处有花，处处有景。走在花海中，公路两旁簇拥着千百树梨花，煞是壮观。这梨花一堆堆，一丛丛，似雪映寒江，在阳光下流光溢香。座座村庄点缀其间，若隐若现，实乃瑶池仙境。

登上坝头俯瞰，看到的便是一派雪过天晴的壮景，此时，千万的梨树银装素裹，很有"惊涛拍岸、卷起千堆雪"的意境；那参差不齐的梨树似起伏的波浪，汹涌澎湃涌向天边，就像一只鳌伸出头去寻找海一样，因而这里被称为"鳌头观海"。

在良梨故圃，可以看到很多铁干虬枝、乌鳞片片的梨树。这里的梨树，都是百岁高龄，枝杈并不顺直，却刚挺遒劲，就那么肆意而稳实地印在树上，粗糙斑驳的表皮果然如苍龙乌鳞。团团簇簇的梨花披在乌黑的树枝上，尤显洁白娇嫩，在这一段时间内，梨树返老还童，横空出世，像银色的华盖，熠熠生辉，又似乌龙披雪，洒漫天寒香。

这些梨树，远离了黄河的咆哮，在萋萋芳草的滋养中，在夹岸梨花的簇拥下，在时光的研磨中，升华为衣袂飘然的梨花仙子，隐逸在这纯净的世外梨园里，独守着一方如诗如画的静谧。在这个梨园，有一株梨树王最吸引游人的眼球，它年龄已经有180多岁，一株就占地0.3亩，年产梨近4000斤。雪白的花开在苍老乌黑的枝头，似一幅天工巧匠的美景。

安徽砀山

在梨园，还有不能不提到的一景。梨树下，有很多的果农在朵朵梨花上"抚摸"，这些人便是授粉人。砀山酥梨白花不育，必须通过授粉才结果，所授灰黑的花粉，是从黄梨树花上采集干制而成的。梨花花期很短，授粉也要在这短短几天完成，不计其数的树，每树不计其数的花，但在三四天内每朵花都要授到粉，工程非常浩大，但景观非常壮美，那程度丝毫不会逊色于万顷花海，也增添了一幅美景。

四季最佳游玩攻略

1. 看砀山梨花的最佳地点

在砀山看梨花，3 个地方不可不看。一是侯楼分场，该分场有梨树 80 亩，树龄大都在百年以上，那一棵棵老梨树，玉树虬枝，着一树白花，献一腔热情，风采不减当年；二是果园场七队的观赏点，该景点紧靠黄河故道大堤，站在大堤之上，俯瞰千亩大梨园，仿佛是凌驾于祥云瑞气之上；三是八队的观赏点，这个景点的特色是桃梨各半，渠溏相连，登高远眺，眼前的景象是片片红霞沉雪海，朵朵彩云绣白缎。

2. 把握住梨花开花的时期

梨花的花期很短，总共只有 7 天左右，而盛开的时间不超过 3 日。因气温的高低也会影响梨花的盛开，所以在去之前，一定要询问好花期，不然就只能看到残败的梨花了。

在梨花观赏活动的期间，这里还有演出，如梨苑武术表演，沙滩斗羊斗鸡比赛，古装大戏，狮子舞和五彩缤纷的焰火晚会。很有节日的气氛。如果错过了这一天，也看不到如此有意思的民俗风情。

3. 摄友最想知道的那些事

由于梨花是冰清玉洁的白色，因而爱美的 MM 要到这里拍出令自己满意的相片，建议穿颜色比较艳丽的衣服，才能与梨树的白色成为鲜明的对比，也更能拍出"花美人娇"的片子。不过在取景时，应该注意人物不可离相机太远，以免出现拍出的照片场景很美而人物很小，连"她在丛中笑"都看不清楚。

此外，如果是拍摄千树万树梨花开的大场景，则可以寻找一个较高的取景点，能够俯瞰到花海起伏的全景，拍出的照片就会气势恢宏。如果是想拍摄娇艳欲滴的梨花，则可选取较完美的花枝和花朵拍特写照片。选择一枝花上既有盛开的花朵，又有含苞欲放的花蕾拍摄特写照片更好。

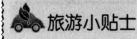 **旅游小贴士**

怎么去： 可以先到达砀山县城，然后转乘砀山县城前往良梨镇的直达公车。

最佳时间： 4 月 1 日~10 日

周边景点： 果园场、园艺场

武汉珞珈山

　　武汉大学有"中国最美的大学"之称，历来是赏樱花的首选去处。每年3月，樱花开得妖艳，4月，樱花飘落得凄美，因此此处成了南方人赏樱的极佳之地。

　　每至春日，樱花怒放，似披挂的淡淡的粉红色纱衣，又像一片片云彩缭绕在珞珈山际。它是3月里的精灵，是一种单纯的美，接近花海，那一片纯净的颜色更是不加装饰，中间夹杂着几分傲骨与冰凉，冷眼旁观，与世无争，弥漫在珞珈山间，羞涩了春的妖娆。

武汉珞珈山

　　走在樱花大道上，只见花枝浓密，抬头见花不见天。雪白的樱花如朵朵轻飞的云，有种"花非花，雾非雾"的朦胧。站在高处俯视，一片如霞的樱花衬着嫩绿的树木，形成一条浮动的花海，让人有纵身跳入的冲动。当夕阳疲倦的撒下一地昏黄，樱花被浸染半缕金黄，不攀富贵，不入市井，她傲立在枝头，似琼枝玉树，淡月笼纱。此刻的樱花大道上，满是游人，搀老父老母的，携宠子爱女的，带娇妻的，挽情人的……淹没、沸腾了半座珞珈山。

有人说，在武汉大学，看樱花飞舞动人的一景，更是看飞扬的青春。

放眼望去，武汉大学樱花道两旁的樱花树枝干壮实、排列整齐，落花时节，樱花的花瓣散落于草地上，那白的花，绿的草，亭亭的樱枝，晶莹透亮，凝霞敷锦，落英缤纷，令人心旷神怡。

草地上，人群散坐于此，自在悠闲。有风吹来的时候，漫天花雨，天空变成了无数红白的小点，淡红的樱花晃晃悠悠，飘到了发梢上、衣衫上、心坎里，美得让人心醉。让人觉得，空中飞舞的似乎不是花瓣，而是有着短暂生命的精灵，他们带着叹息，在起飞之时诞生，落地之时结束。

在武汉大学看樱花可以往天上看，也可以往平地上看，平地上看樱花，一片一片的，花枝浓密，抬头只见樱花不见天，是个晶莹透亮的世界；往天上看樱花，可以沿樱花大道盘旋而上，从这里往下看，那樱花如朵朵的轻飞的云。此外，你也可以在学生们的宿舍顶去看樱花，而倚着栏杆看花，那景色，让人浮想联翩。而此刻，你或许会羡慕武大的学子们，因为他们在求学的过程中，每年都能与樱花为伴，见到那不夹杂一丝杂质的美丽。

四季最佳游玩攻略

1. 看樱花最佳的地方

在武大看樱花，樱花大道恐怕是最受人瞩目的。它位于武大樱园的半山腰上，全长约 500 米，从"国立武汉大学"的牌坊进入武汉大学校园，走过长长的学府路，再沿坡走到一碧参天的法国梧桐林荫道尽端就是樱花大道了，它从樱园石开始，在孔雀绿的屋檐下延伸开来，经过樱花城堡、情人坡、理学院、露天电影院、九一二操场、标本楼、最后到新闻传播学院楼结束。

2. 观看樱花的小攻略

珞珈山最佳旅游季节是每年的 3~4 月初，但樱花的花期仅为一周，每到落花时节，落英缤纷的樱花又为大地铺上了一层浅浅的"花毯"。

到武汉大学看樱花是需要收门票的，但在早上 8 时前进入武汉大学校园是免费的，而且，在天快亮时看盛开的樱花，看到的是不一样的景象，更能体会到她的纯洁。

旅游小贴士

　　怎么去：在汉口火车站、汉口新华路长途汽车站乘坐市内公汽608、519路到珞珈山（武汉大学）站下车即到。

　　最佳时间：每年3月中下旬

　　周边景点：行政楼东侧、樱园宿舍前、鲲鹏广场

阿坝金川

　　金川县位于川西北高原，阿坝藏族羌族自治州西南部，是一个浪漫而且神秘的王国。在这个梦一样的国度，谜一样的王朝，万亩高大的梨树林布满了整个秀美的藏寨，依偎在美丽的河谷之间。

　　春寒犹存的3月，便是金川县梨花盛开的时节，上万亩梨花会在一周盛开。周末，踏青赏花的人们络绎不绝。在春日的金光下，漫山遍野的梨花像婀娜多姿的藏家女在高声歌唱。此时的金川，就是一个银装素裹的世界。远看，梨花丛有一株、几株、甚至上百株挤在一起，每一个枝丫都是迷人的一景。

　　那些梨花，似傲人的仙子，似在说悄悄话的情人，它们散着醉人的清香，向人们展示丰腴的体态，笑得娇媚，却又显得冰清玉洁。而此时的大渡河，失去了往日的咆哮，犹如一条动人的彩绸蜿蜒在河谷中；两岸的千年古碉如高大勇猛的嘉绒藏汉屹立在大渡河畔，与那白得无一丝瑕疵的梨花构成了一幅美丽的山水画卷。

　　在金川看梨花的人们，把它卓越的风光分为三绝，一绝是山顶的雪花与河谷的梨花竞相争艳。山顶是雪的世界，河谷便是梨花的洁白，落日将天边的云彩烧得一片火红，那景色美到极致。此刻遮天蔽日的梨花，被高原的远古与现实过滤后，去芜杂、抚喧嚣，宁静复纯净，绝美身影倒映江中。二绝是山花乱飞，梨花闹春。当雪域高原还在冬的怀抱里酣睡时，大金川两岸的梨花已同时竞放，规模大，气势恢

宏，成为阿坝高原最亮丽的一道风景。三绝是雾里看花闻花香，梨园中飘着薄雾，圣洁梨花披洒着柔幔的轻纱，缥缥缈缈的雾，朦朦胧胧的花，身处在纯洁世界，闻着梨花淡淡的清香，尽情放纵自己的思想，让思绪随风飘逸。

梨花盛开之时，也是藏家儿女喜爱的季节。这时候，心仪的男女相约于梨林，欣赏梨花的美景。在洁白的梨花树下，青年男女谈情说爱，暗定终身，他们坚信，自己的爱情就是这洁白无瑕的梨花，忠贞不贰，永远的纯洁，不留污点。

顺大金川河下行到河西，就来到大金川梨花的又一处最佳观景点，漫山遍野的梨花在轻风中微笑，仿佛正伸出热情的双手，欢迎各位远道而来的客人。花的世界，花的海洋，在巨大的山影与天幕间铺洒开来，蔚为壮观。

阿坝金川

由于金川是藏族聚集的地方，那富有藏族特色的建筑也很有看头。蔚蓝的天空下，是高耸的石碉，它们与天相接，直指苍穹，与壮观的梨园辉映相交，融为一体，蔚为壮观。美丽的嘉绒姑娘，眼波顾盼，在锅庄聚会上、在梨花树林中、在大渡河对岸，向你微笑……面对着大自然这样神奇的造化，面对着万亩梨花归眼底的图画，自己会恨不得变成一只蝴蝶，永远徜徉其间。

四季最佳游玩攻略

在金川看梨花，庆宁、喀尔、沙尔、安宁等地的梨花比较集中，花色艳丽，比较适合摄影。而且有许多农家乐，可提供食宿，晚上还有热闹非凡的锅庄晚会。只是这里的农家乐不能容纳过多的客流量，因此，必须要先定好住宿的地方。实在没有住宿的地方。只能返回县城，而锅庄晚会就会错过。

在金川看赏梨花，可以到指定的农家认养一棵梨树，等到秋天收获的时候，可以再次前往金川领到属于自己的果实，顺便也可以一观红叶的美景。

大金川流域还有比较特别的一景——牛皮船，这是古"东女国"时期流传下来的古老水上交通工具，有水上交通工具活化石之称，距今已有1000多年的历史，它用牛皮缝制而成，一般可以坐两到三人。坐着牛皮船漂荡在蓝天白云下，非常悠闲，如果有闲情雅致，可以去坐坐。

🚙 旅游小贴士

怎么去：成都有到金川的班车，途经汶川和马尔康。金川县城到各个景区均有通路，个别的路段不通的可步行或骑马到达，县城还有到各个景区的出租车。

最佳时间：3月中旬

周边景点：庆宁、安宁、咯尔、沙尔

清远薰衣草世界

清远的薰衣草世界门面不大，乍一看，没什么特别之处，你若无特别关注，很容易错过了这温馨浪漫的地方。这里是全国第一家的"薰衣草世界"，能让你亲睹风靡世界香草女王的美丽风韵，在薰衣草森林里沐浴芬芳多情的熏陶，同时也可以一亲数十种薰衣草世界风貌图世界著名的香草的芳泽！

清远的薰衣草世界，据说是一位来自台湾的浪漫老农民创造的，规模非常大，仅次于法国的普罗旺斯与日本的北海道。每个季节，薰衣草世界都有不同品种的薰衣草开放，但开得最多、花朵最漂亮的便是每年的3月，此时，整个园子便是一片紫色或五彩缤纷的梦幻花海，浪漫到极致。

　　一踏入美佳薰衣草世界，映入眼帘的是一排普通的砖房、木屋，紫色浪漫的薰衣草，就像羞涩的怀春少女，躲在闺房里。走在路上，一缕缕特殊的花香扑鼻而来，沁入你的心脾。慢慢地，一小株一小株的薰衣草，紫的、白的，长在路旁，就像走进邻居家的后花园。渐渐地，空气中的香气开始浓郁，转了一个弯，突然眼前一片空旷，一片紫色海洋将视野占据得满满当当。

清远薰衣草

　　薰衣草的品种非常多，有来自地中海沿岸的甜蜜薰衣草、齿叶薰衣草，有一年四季开紫色花的羽叶薰衣草、四季薰衣草。其中羽叶薰衣草更是不分季节地绽放着它那紫色的花朵，在风中摇曳，跳着淡雅的舞姿。在园内，还有上百万株来自欧洲的波斯菊、千日红、日日春等，在紫色的花田里，显得和谐，而且能缓解人的视觉疲劳。

　　沿着或宽或窄或大或小的小石路穿行，漫步在紫色花海之中，仿佛是在紫色的海洋中畅游。轻轻地捏一束薰衣草，放在鼻子上嗅一嗅，那种香气，那种感觉，用任何语言、任何词汇来形容都显得苍白、无力、没有色彩，没有情感。在这紫色的花海中，偶尔点缀着其他的花，如五彩缤纷的长春花、千日红、夏堇、玫瑰，就好像大海中一座小岛，让你的眼睛稍做休憩。那些五颜六色的花，在一片紫色的花海中仿佛亭亭玉立的少女，她们有着杨柳细腰般的身材，穿着粉绿的衣裙，头上开着不同颜色的鲜花，有红色、粉色、紫红色、奶白色、浅黄色……在微风吹拂下，婀娜多姿，非常吸引人的眼球。

在薰衣草的世界中，有很多的小木屋，提供香草茶。累了，你可以要一壶清甜的香草茶，倚在小木楼的窗边，一边品茶一边赏花，让身体和心灵都沉浸在淡淡的花香之中，没有烦恼，只有一片宁静。

四季最佳游玩攻略

1. 亲手 DIY 香草产品

在薰衣草世界，你可以当场 DIY 香草蜡烛与香草饮食、香草茶等。而这里用薰衣草做的饼干、柠檬香茅薰衣草茶，味道都不错，值得尝尝。如果你精力充足，也可以采摘泡茶、沐浴、做菜，让你能一一感受薰衣草的魅力。

在这里，还有薰衣草的种子，你可以买点回家栽种，一定能让你的家里也充斥着薰衣草带来的浪漫。

2. 拍摄薰衣草的最佳 Tips

要在薰衣草世界拍出漂亮的片子，最好的方式就是沿着田间小路深入到花丛中去，只有人面花朵相辉映才能拍出好的片子。

由于薰衣草的颜色比较深，因而建议带一些白色或者浅色的衣服，那样拍出来的效果会更好。方便的话，可以多带几套衣服换着穿。那样就能多照出一些照片，如果是情侣，在这里拍摄一些照片，绝对赚了。

🚗 旅游小贴士

怎么去：在清远乘至三坑车在薰衣草世界下车，也可以在清远新站（清远客运站）乘清新温矿泉车，在薰衣草世界下车；此外，广州汽车站客运站有广州到清新温矿泉车，你可以乘坐，在薰衣草世界下车。

最佳时间：每年3月份

周边景点：看薰衣草、亲手制作薰衣草蜡烛、制作香草茶

扬州琼花

烟花三月下扬州，为的就是看扬州的琼花，"不赏琼花开，枉来扬州城"，也是历来不变的说法。

琼花是扬州的市花，无论是在风光旖旎的瘦西湖畔、平山堂上，还是在瓜洲古渡的闸区、寻常百姓的房前屋后，到处是仙姿绰约的琼花，但最美的还是瘦西湖的琼花。每到琼花盛开的季节，中外游客纷至沓来，在扬州这块古老的土地上流连忘返。

琼花其树高达丈许，是植物中稀有的，枝条广展，树冠呈球形，树姿优美，树

扬州琼花

形潇洒别致。每到春夏之交，朵朵洁白的琼花缀满枝丫，好似隆冬瑞雪覆盖，流光溢彩，璀璨晶莹，香味清馨，令人为之神往。盛开的琼花，其花大如玉盆，由八朵五瓣大花围成一周，环绕着中间那颗白色的珍珠似的小花，簇拥着一团蝴蝶似的花

蕊，微风吹拂之下，轻轻摇曳，宛若蝴蝶戏珠；又似八仙起舞，仙姿绰约，引人入胜；无风之时，又似八位仙子围着圆桌，品茗聚谈。故美其名曰"聚八仙"。

琼花虽独具风姿雅韵，但由于历史上几经曲折，又曾几番销声匿迹，芳踪难觅，还有人因为不认识琼花而遭受冷落，甚至在 19 世纪被引种到国外以后，也只是在植物园中悄然开放，鲜为外人知晓与欣赏。因而，现在在扬州的琼花更为珍贵。

琼花的美，是一种独具风韵的美，它不以花色鲜艳迷人，不以浓香醉人。每到春夏之交，自然界一片姹紫嫣红，琼花却花开洁白如玉，风姿绰约，格外清秀淡雅；而每当秋风萧瑟，群芳落英缤纷，凋零衰败之际，琼花展示的却是绿叶红果的迷人秋色。其叶、其果，红绿相映，分外鲜艳，经久不凋，给萧瑟的秋色点染了艳丽的色彩和欢快的气氛。

琼花的美，更在于它传说中的仙风傲骨。隋朝时，炀帝听说琼花盛名，专门修建大运河，乘龙舟到扬州赏花。一天，风和日丽，琼花盛开，芳香四溢。等到隋炀帝在宫女官员簇拥下前去赏花时，突然卷起一阵狂风，吹得人难于睁眼，风停以后，花坠芯落，地上一片雪白，树上不见一片琼花。隋炀帝大怒，命武士马上将琼花树砍去，隋炀帝死后第二年，琼花老根上又长新枝。后来有人将琼花从扬州移植到杭州，来年它就憔悴无花，只得又将琼花送回扬州，以后又年年开花不败。

所以，扬州的琼花已不仅仅是自然界的一种名花，而是已被人格化了的有情之物，也成了美好事物的象征。也许如此，琼花才博得历代文人骚客的赞叹，才能扬名于世。

四季最佳游玩攻略

琼花一般在四五月份开花，但是花期很短，一般 10 天，最多也就 15 天，而且受天气和气候的影响相当大，所以想看琼花的话，就要关注这方面的信息。到了秋天，琼花中间的小花全结了果，红色的，就像一颗颗的玛瑙一样。如果秋天气温回升的高，琼花还可以花开二度，只是花朵比第一次开花稍微小一点，到时候就既能看到花，又能看到果了，很漂亮的。

在扬州看琼花，可以到大明寺、瘦西湖、琼花观等地。在大明寺平远楼大院南隅有一株康熙年间大明寺住持道宏禅师手植的琼花，有 300 年之久，却依然茎叶繁茂，是省级保护之名贵花木。

琼花观因为琼花而出名，在这里，有几棵上百年的琼花树，至今还枝繁茂盛，每到春季，琼花开得很旺，吸引了很多人。在这里，还有数棵两米多高的琼花树，树龄虽说不上很长，但绿树枝头含苞待放的琼花已是芳姿初显。花开时节绿叶映掩之中，数朵洁白晶莹的琼花已经盛开，若含羞闺中的少女推开了蛰伏了一冬的心窗，点亮轻盈的春色。

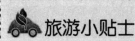 **旅游小贴士**

怎么去： 在扬州市内乘坐 4、5、6、17、27、29、37、55、61、62 路公交在瘦西湖站下可到。

最佳时间： 每年的 4 月底~5 月上旬

周边景点： 大明寺、瘦西湖、平山堂、琼花观

常德桃花源

东晋著名诗人陶渊明写了一首《桃花源记》，里面虚构了一个与世隔绝的桃花源。然而，在当今社会，也有一个桃花源，它就在湖南桃园县。

桃花源南临沅江，北倚武陵群峰，境内古树参天，修竹婷婷，寿藤缠绕，花草芬芳，有石阶曲径、亭台牌坊装点，宛若仙境。每年的 3 月左右，这里桃花盛开，造就了一幅"芳草鲜美，落英缤纷"的优美画卷。

桃花源始建于晋代，到唐宋时发展到鼎盛阶段，在元代时毁于战乱，但明清以后又开始复兴。历代以来，孟浩然、李白、韩愈、苏轼等大文豪都曾到过这里并留下墨宝。现在的桃花源，有桃仙岭、桃源山、桃花山、秦人村等景点。此外，这里还有沅江风景线、战国彩菱城遗址、热市温泉等可供游览。此外，沅江自西向东流向洞庭湖，流经桃花源风景区将近 70 公里，因而这一带的沅江既有三峡之险，又有富春江之秀，更为桃花源增添了不少美景。

　　寻找桃花源，可以从桃花山开始。在这里，可以看见一个牌坊，过了牌坊，赏桃花山，便可以见到桃花溪。这里，恐怕是整个桃花源最浪漫的地方了。在溪的右侧，是一片桃林，每到花开时节，这里桃花盖头，千树万树，如织就的云锦，令人陶醉，就宛如《桃花源记》中的描述："忽逢桃花林，夹岸数百步，中无杂树，芳草鲜美，落英缤纷。"

　　由于陶渊明生前酷爱菊花，与菊相伴"采菊东篱下，悠然见南山"，为了纪念他，桃花源开辟了菊花圃。春天，这里虽然一片寂静，但在秋后，这里遍地黄花，恰与春天的桃红遥相呼应。

常德桃花源

　　秦人村是整个桃花源的核心景区，有高古苍寒的秦古道、天下一绝的竹廊、祭祖的奉先祠、敬神的傩坛、桑竹垂荫的秦人居、高踞红树云端的玄亭……一眼望去，这里土地平旷，屋合俨然，有良田美池，茂林修竹；在田头，可以看到翻田的老人，拉着犁的老牛；在旁边，还有水车咿呀地唱歌。再看看那秦人宅瓦楞上的阳光，似乎也有了古铜般的颜色，诉说着它的古老。

　　在秦人村的"方竹亭"，可以看到一个奇特的自然景象，那便是这里生长的竹子都是方形的。不过，这竹看起来是圆的，摸时却有棱有角，是真正的方形，堪称天下一绝。可能是它们仰慕陶渊明的人品，因而长成了方形。

　　"秦人竹廊"既有古老的美，又有现代的风，很值得细细去品味。在竹篱茅舍边，星星点点散落着擂茶桌儿，桌上摆起十多个碟子，装咸瓜子、香锅巴、酸腌菜、热红薯等小吃，像众星拱月般托起热气腾腾的擂茶。而在这里坐坐，偶尔喝上一口擂茶，夹一筷子小吃，与友人闲聊一两句，或者吟几句《桃花源记》中的诗句，仿佛你也成了武陵渔人。

四季最佳游玩攻略

1. 擂茶不可不尝

到了桃花源，千万不要忘记品尝这里的擂茶。桃花源人喝"擂茶"的风俗起于东汉时期，历史非常悠久。擂茶的原料主要有生姜、生米、生茶叶等，另加芝麻和盐，制作时将米炒熟，把上述各种原料按既定的比例调配好，加水泡胀后盛在一个陶制的擂钵内，用当地产的一种中药材树制作的木擂捣成糊状的"擂茶脚子"，先用少许冷水化开，接着冲上沸水即成。这种茶，甜、咸、辣兼有，色、香、味俱全。当地人喝擂茶，除了要求趁热外，还要备些炸黄豆、绿豆、花生、萝卜干等，边喝边吃。

2. 建议在这里住上一两天

桃花源素有三十五洞天，四十六福地之称，有近百个景点，一时半晌看不完，因此，你最好在这里住上一两天，慢慢地攀山路、观山色、听泉声、闻乌啼，心旷神怡，悠然自得，真会有人在仙境不知归的感觉呢！

3. 顺带游玩夷望溪

夷望溪在桃花源西边，离这里30余公里，这里碧水平若明镜，碧波涟漪，两岸群山起伏，青松翠竹郁郁葱葱。如果遇到泄洪闸站开，飞泻而下的河水激起巨大的浪花，高达50余米，漫天水雾通过阳光折射，五彩缤纷，蔚为壮观。从夷望溪进入沅水，游客还可观赏到桃花源的"外八景"，潼舫洲夕照、浔阴古寺钟磬、梅溪烟雨帘幕、漳江阁琼楼玉宇等。

> ### 旅游小贴士
>
> 怎么去：从常德市走鼎城区桥南上319国道，过了桃源然后继续往上走，但是在桃源圆盘那里记得不要绕到桃花源高速入口上面去了，一直走319国道就能到桃花源了。
>
> 最佳时间：四月初，三月28号开园，但是如果年后天气不是很好就不会这么早开桃花的。
>
> 周边景点：花岩溪国家森林公园、桃仙岭景区、桃源山景区、插角山、五溪湖、神公寨、湖南桃源金山寺和桃园结义等。

杭州西溪湿地

杭州西溪湿地的"大红大紫"源于电影《非诚勿扰》的倾情宣传，而在这部电影播出后，西溪湿地也打破了它的平静，成了很多人到杭州必游的景点。

西溪湿地是一个生态资源丰富、自然景观质朴、文化积淀深厚的地方，曾与西湖、西泠并称杭州"三西"，也是目前国内第一个也是唯一的集城市湿地、农耕湿地、文化湿地于一体的国家湿地公园。

西溪的景色特点以天然质朴为美，人们将其提炼为四个字："冷、野、淡、雅"。冷，就是幽寂、冷静，好似都市里的一帖宁静剂；野，就是天然、野趣，宛如红尘中的原始净土；淡，就是淡泊、清远，能使人领悟回归杭州西溪国家湿地公园自然的哲理；雅，就是文雅、高雅，寻常处可感受到浓郁的文化气息。

水是西溪的灵魂，园区约70%的面积为河港、池塘、湖漾、沼泽等水域，正所谓"一曲溪流一曲烟"，整个园区六条河流纵横交汇，其间分布着众多的港汊和鱼鳞状鱼塘，形成了西溪独特的湿地景致。

西溪湿地水多，有很多大大小小的鱼塘，所以自然也有很多桥。河流是自然，桥梁则是文化。西溪原来有很多古桥，比如问云桥、得仙桥、盈春桥等，每一座桥

杭州西溪湿地

都有一段传说。虽然，不少桥在漫长的岁月中已经消失，然而，现在的西溪湿地里，还有很多三孔条石平桥。它的特点是桥面平直，没有桥栏杆，或栏杆很低。据说这种桥大多是清朝道光年间一位叫张大仙的石匠造的。这样造桥省钱，没有坡，没有栏，也方便了当地农民挑担过桥，免得碰撞。

西溪湿地还是鸟的天堂，这里发现的鸟类有白鹭、杜鹃、黄鹂、喜鹊等120多种。在观鸟厅观鸟，可以用望远镜细细欣赏鸟类飞翔或栖息，又可以不打扰鸟类生活，让人可以深刻体会人与自然的和谐。乘船从码头出发，会经过一个名为"鸭子湾"的湾口，这里有很多的鸟类在此栖息，但以野鸭子为多，船经过这里，便常常可以见到鸟儿在湾里或悠闲划水、或忙碌捕食，充满着浓浓的野趣与勃勃的生机。

春天到西溪踏青，一直是杭州人的传统。这时候的西溪湿地，水绿如蓝，花开似火，到处生机勃勃，无论在草滩上漫步，还是驾舟荡漾在碧波上，都会让人神清气爽。到了中午，你可以在水边觅一处花丛，以蓝天为顶，绿草为毯，百花为屏，虫鸟为伴，摊开准备好的野餐布，拿出家中带来的各式美味，吃上一顿风味独特的花下野餐。

饭后，你可以租一条小船，在水面缓缓游荡。此刻，窗外慢慢移动的，有废弃的石屋、葱郁的树木、随风摇曳的野花与飘摇的芦苇。船行在水面上犹如在深巷中穿行，前不着店后不着村，河面波澜不惊，安静得让人心荒，只感觉到岁月的绵长。

四季最佳游玩攻略

1. 来一次"渔夫之旅"

到西溪，你可以乘船体验虾笼、地笼、丝网、撒网等多种渔事活动，到时候，你可以收获鱼、虾、甲鱼、螃蟹、黄鳝等河鲜然后找一处地方把自己亲手捕获的河鲜加工。不用说，这一顿你一定能吃得很多。

2. 乘船在西溪上游荡一天

水是西溪的灵魂，因而到西溪就要与水亲密接触，一叶小舟，两只划桨，三四只白鹭，五六个客，七曲八折溪，九声笛箫，离桃花源仅十步之遥……而西溪就是你最深的梦境，和陶渊明的隐居无关；和陆放翁的诗词碑画无关。

在船上，有美味的菜还有清爽的茶。而在良辰美景，在杯光闪烁间，吃饭变成了一件很愉快的事情，让你的视觉与味觉一同得到了满足。吃饭后，来上几杯清茶，真的很让人享受。

3. 寻找《非诚勿扰》中的场景

冯小刚在西溪湿地选择了三处景点拍摄：一处是秋雪庵附近的芦苇荡，一处是深潭口，还有一处就是文化创意园的别墅。影片中，葛优坐在船上一边惬意的品着香茗，一边被船外景色所陶醉的神情，配上对座身穿蓝印花布衫的售楼小姐讲解西溪历史，那场面很让人难忘。到了西溪，别忘了去寻找《非诚勿扰》中的经典场景。

🚗 旅游小贴士

怎么去：可以从杭州市区的黄龙旅游集散中心乘观光巴士5号线直达西溪湿地公园；或者从灵隐乘游13线直达西溪湿地公园；还可以乘公交310路石马—骆家庄线途经周家村下车到达。

最佳时间：每年3~4月

周边景点：烟水渔庄、秋雪庵、西溪水阁、梅竹山庄、深潭口、西溪梅墅、西溪草堂、泊庵

山东菏泽

菏泽因牡丹而名扬四海，这里的牡丹花大、色艳、形美、香浓，是牡丹观赏中的上品。

每年4月中下旬前后，走进菏泽的任何牡丹园，就可以看见满园的牡丹花开得艳丽，有的洁白如玉，有的红如朝霞，有的晶黄透明，有的蓝洁淡雅。牡丹形态各异，有的粉媚妖艳勾人眼球，有的粉紫双株合抱一处，有的低头遮面秋波暗送，有的含苞欲放羞羞怯怯，有的昂首挺胸枝头怒放，如此国色天香，招人喜爱。近处看、远处望，都是一幅幅"淡妆浓抹总相宜"的画，叫人留恋，让人驻足，她的高贵与典雅让人不敢也不忍用手抚摸或嗅一下。

山东菏泽

在菏泽的牡丹花中，红色花系最为多，还有深浅之分，如"一品朱衣"，猩红欲流，芳冠百花；"春红娇艳"，朝霞藏日，光彩陆离；"红绣球"，深浅相间，胭脂染成；黄色花系的有"姚黄""金玉交章"，但都端庄典雅，姿貌绝伦；蓝色花系虽不如红色品种多，但却也姐妹成群。"蓝宝石""蓝花魁""紫蓝葵""吊枝蓝""冷光蓝""蓝田玉"等都是牡丹之中的上品。其中的"蓝田玉"就是清代曹州花农赵玉田精心培育而成的，它花蕾圆大，花开时呈浅粉蓝色，花朵直上，蓝光闪闪，非常惹人喜爱；粉色花系也是牡丹园里一大分支，"粉彩球""粉容面""粉翠球""赛斗珠""翠娥娇""青龙卧粉池"等都是牡丹花中名品。再如"赵粉"，稍弯曲的枝干，粗壮的花梗，黄绿色的叶面，圆尖型的花蕾，侧开、大型的花朵，细腻整齐的花瓣，发出阵阵清香，分外诱人。

若问观赏过山东菏泽牡丹的人，花团锦簇中给你深刻印象的是什么品种？游人一定会答：黑牡丹。虽只是偶尔得见，虽说它还不是完全的黑色，是紫绛色，却使众人留下脚步，她黑紫如缎，光洁润泽，大如圆盘，花瓣层层叠叠，堪称奇品。用手触摸，感觉它是那么的柔软、光滑，像摸着一块绸缎似的。深深地嗅一下，香郁浓浓，沁人心脾。黑牡丹虽然稀少名贵，它却没有刻意炫耀与众不同的美丽，它朴素、尊贵又清高着，在色彩绚丽的牡丹园中，孤傲地耸立其间。展现它独特的美丽与自尊。

牡丹是一种高贵的花，在落花时节，它的花瓣铺落一地，就如开在枝头那样的娇艳鲜嫩，让自己时刻保持着那种令人折服的风骨。一阵清风徐来，如绸似锦的盛期牡丹忽然整朵整朵地坠落，铺散一地绚丽的花瓣。那花瓣落地时依然鲜艳夺目，让人叹息，随后便是赞扬，最后，钦佩于它那壮丽的青春。所以说，牡丹没有花谢花败之时，要么烁于枝头，要么归于泥土，在离别时，也要以完整的美的姿态呈现于众人的眼前，给人以灵魂的震撼，这可能是它为什么被称为花中之王的理由吧!!!

四季最佳游玩攻略

菏泽赏牡丹，有三个好去处，一是曹州牡丹园，建于 1982 年，面积 1200 亩，是目前世界上品种最多、面积最大的牡丹园，二是曹州百花园（有"品种园"之称），面积 100 亩，种植牡丹 12 万多株，560 个品种，以传统稀有珍贵品种多、花色齐全、分布合理、便于观赏而驰名，同时培育出赛雪塔、春红娇艳、银红球、百园粉等牡丹新品数十种，都具有很高的观赏价值，还种植芍药 6 万余株，270 多个品种；三是古今牡丹园，该园主要栽培牡丹，并种有多种花灌木，尤以松柏编制造型为其特色。

牡丹爱凉爽环境，怕高温闷热，因而也决定了什么时候拍摄牡丹才是最好的时间。如晴好的天气里，早晨花朵精神抖擞、欣欣向荣；中午便没有了精神，甚至"垂头丧气"；所以尽量选择凉爽的时间段拍摄。温度低的阴雨天则全天都较适宜拍摄。

菏泽的牡丹一般在4月中旬盛开，若是晴天，不妨去早点，一来有露水润育花朵，二来易寻找逆光造型机会，能更好表现出花朵的质感与美丽。晴天的傍晚也是拍摄好时机，此时光线柔和，暖意融融，逆光拍出的花儿很诱人。当然，花期刚过也能拍出残花败朵的魅力来。

旅游小贴士

怎么去：可以先乘火车或者汽车到达菏泽市内，然后乘坐市内公交或者出租车前往各个景区。

最佳时间：4月中旬~5月上旬

周边景点：曹州牡丹园、曹州百花园、古今牡丹园

陕西汉中

汉中是地球上同纬度生态最好的地方，这片被巍峨秦岭和苍莽巴山环绕的盆地，被长江两大支流汉江与嘉陵江滋养的秀土，虽然位于中国西部，但却拥有与江南同样的秀色，尤其是这里的百万亩油菜花田、50万亩的茶园，每到春季，沿江两岸百里金黄，蜂飞蝶舞，令人心旷神怡。

汉中，可以说是油菜花的故乡，油菜花的天堂，而你在整个中国甚至是整个世界，都难找到比汉中更为壮观的油菜花田了。在2009年中国最美油菜花海全国评选中，汉中从近百个城市当中脱颖而出，得票最高，一举夺得"中国最美油菜花海"称号。

每到三四月的花开时节，汉中百万亩的油菜花同时怒放，天地之间，浮光跃金

直把汉中装缀成一只巨大的山水盆景，造就了中国最秀美的山水风光。

在油菜花的时节，随便找一个地方登高远眺，但见漫山遍野的油菜花铺天盖地，以旺盛的生机点缀着山野的美丽，秀峰、村舍、道路、河流，皆融汇入油菜花海，蔚为壮观。徜徉在湖泊之中，只觉春风习习，油菜花清香荡漾，金黄的光泽在水中跳跃，丰收牧歌响彻耳畔，使人的心情、思绪、梦想都变得金黄灿烂。置身油菜花的海洋，更忍不住去亲吻这散发着浓郁芳香的花瓣，尽情感受这金色的花海、金色的世界，真真切切、完完全全地享受春天。

油菜花开的季节，到汉中去赏油菜花，已经成为西安关中地区以及省外人们旅游的一条热线。在这里，你可以张开双臂，肆意地拥抱风里的芳香，让这个春天变得惬意起来。而在清亮的小河，翠绿的树木间，那一片片油菜花开得放肆，让人不由赞叹这里农民的智慧。

陕西汉中

油菜花开的季节，也是汉中春茶抽枝的时候，茶芽呈椭圆形，叶底碧绿，轻轻贴近它，一股淡淡的清香沁人心脾。那么多的茶叶，一簇堆在另一簇上面，不留一点儿缝隙。那珍珠般晶莹的露水在叶片上滚动，似乎每一片茶叶上都有一个新生命在颤动。远远望去，茶园泛着生机勃勃的绿，绿得让人心跳，绿得使人心醉。一处处洼地、一道道山梁的茶园像大海起伏的碧波，像湖水漾起的涟漪，滚动着、荡漾着，它与油菜花金黄相间，形成了一幅视觉极佳的画面。

每年油菜花开的时节，汉中南郑县都要举行盛大的油菜花节，不仅可以赏花，还有采茶、制茶、赛歌会等活动。届时，西安关中地区以及省外人们都聚集到汉中，参加这一盛会，既饱眼福，又饱了口福。

四季最佳游玩攻略

1. 赏花最佳的自驾游线

如果从西安前往汉中，可以走西汉高速，先到南郑协税镇张坪村菜花节主会场，到这里欣赏花海，看民俗表演、听陕南民歌大赛，在经过团堆村、桂花村、红寺湖、南湖，最后到达黎坪。这条路线到处都有油菜花，风光非常迷人。

此外，你也可以从西汉高速到洋县蔡伦墓，再去城郊朱梨园景区，可以赏几万亩梨花、参加洋县梨花节活动，看完了梨花，再到城固橘园赏橘花，最后到南郑菜花节主会场。这条线路可以尽情领略汉中平原花海美景，还可以游览汉中精品旅游景点，同时还可以品尝到汉中地道风味小吃。

南郑县是汉中油菜花节的主会场，你可以从这里出发，经过阳春桥、柳园村、凤凰村、农丰村、立丰村、但家沟村、合同岩村、高台镇，最后到达汉中。这条线路位于浅山、丘陵地区，油菜花种植面积大，油菜花海景观层次强，是花海观光、摄影的理想场所。

此外，你可以从南郑南湖出发，经过青树镇、汉山顶、歇马乡，最后到达大河坎。该线路以大汉山为核心，可以观赏方圆近百公里的油菜花海景观，同时大汉山农家乐也非常有特色。

🏍 **旅游小贴士**

怎么去：可以在西安城西或城南客运站乘坐汽车前往汉中，城西发车比较频繁，一般15~20分钟内一班车，城南一般是人坐满就走，票价在83.5元左右，时间差不多4个半小时。最好在当地包个车前往。

最佳时间：每年三四月份

周边景点：南郑县

河南洛阳

　　牡丹是中国传统名花，在很多地方都种植，但以洛阳的牡丹为最。自唐代以来，洛阳的牡丹就闻名天下，宋人欧阳曾赋诗句"洛阳地脉花最宜，牡丹尤为天下奇"来称赞洛阳牡丹。据有关史料记载，宋代的洛阳牡丹有100多个品种，而且有不少名贵品种，其中的"姚黄""魏紫"被誉为牡丹的"王"和"后"，尤为人们所喜爱。

　　每逢清明、谷雨，洛阳市内各公园里的牡丹竞放，"姚黄"金光灿灿，"魏紫"光彩灼灼，"洛阳红"喷红吐艳，"烟绒紫"墨里含金，"二乔"红白斗艳，"豆

河南洛阳

绿"美如碧玉……数百亩的牡丹花争相斗艳，形成花的海洋，赤、橙、黄、绿、青、蓝、紫万斑争荣。此时，蜜蜂闻着花香在花丛中嬉戏，而蝴蝶也与牡丹比美，加上春天的微风，就像进入了仙境一般。

　　传说，唐朝的女皇武则天在一个隆冬大雪纷飞的日子饮酒作诗，她乘酒兴醉笔

写下诏书"明朝游上苑，火速报春知，花须连夜发，莫待晓风吹"。百花慑于此命，一夜之间绽开齐放，唯有牡丹抗旨不开。武则天勃然大怒，遂将牡丹贬至洛阳。但是牡丹一到洛阳就昂首怒放。此举激怒了武后，她下令烧死牡丹，枝干被烧焦，人们都以为它活不了了，但到第二年春，牡丹反而开得更盛。

不过，洛阳这个地方很奇怪，牡丹在这里长得好好的，但到了外地就慢慢退化了，存活是肯定的，但花朵没有在洛阳生长时大了；而外地的牡丹本来一般化，到了洛阳就变得很旺盛。其实，牡丹在洛阳长得好，与洛阳人爱牡丹有关系，也与这里的天气有关系。洛阳的气候基本与我国"二十四节气"同步，四季分明，很符合牡丹的生长周期，"立春"时节，牡丹的幼芽开始膨大，并逐渐绽裂，而这时洛阳的平均气温已回升到0℃以上，适宜牡丹发芽。"谷雨"时节，洛阳气温稳定在17℃左右，牡丹自然进入开花期。洛阳冬季没有东北寒冷，夏季没有南方湿热，有利于牡丹的冬眠、越夏。

正因为洛阳很适合牡丹的生长，因而这里培育了很多品种，有530多个，颜色也很多，有红、白、粉、黄、紫、蓝、绿、黑及复色9大色系，五彩缤纷，万紫千红。

每年4月1日~5月10日是举办洛阳花会的时候，届时中外游人云集洛阳，花海人潮，热闹非凡，而那盛大的场面，处处都可以感受得到。花丛前，游客争相留影，驻足细赏；亭阁里、走廊边，尽是画牡丹的画家、卖牡丹的少女；闹市中，摆台奏乐，洛阳名家高歌豫剧颂牡丹；此外，还有牡丹诗会、牡丹音乐晚会、牡丹灯会、牡丹插花、牡丹新品鉴赏会、牡丹画赏会……道两旁，家家彩灯高挂，宫灯遍及全城，俨然"火树银花不夜天"。各式各样的灯，在山头、地面、水中、高低相衬，波光倒影。真是灯在景中，景在灯中，穿梭其中的唐装美女，仿佛让人回到唐朝的宫廷盛会。

四季最佳游玩攻略

1. 洛阳赏牡丹的最佳季节

洛阳牡丹花会一般从4月10日开始，到了4月5日就可以进入花期了。正常开放的牡丹花期为4月9日左右，中期牡丹开放的时间为4月14~20日；晚开的牡丹可以开放至五一前后。为了避开旅游高峰，你可以稍微提前几天前往。

2. 洛阳观看牡丹的主要景点

王城公园：园内有多个精品牡丹观赏区配以大型雕塑——牡丹仙子和群雕——武后赏花，花期可延长至5月8日左右。乘101、102、103路电车，9、54路公交车可达。

西苑公园：建在隋代皇家苑林"西苑"的旧址上，牡丹花种植的面积比较大，品种也比较多，花期可延长至4月30日前后。园内有牡丹观赏区、园林名苑景区以及多个珍贵植物园区。乘2、8、54、60路公交车可达。

洛阳牡丹园：牡丹观赏面积180亩，晚开品种数占总数的40%，牡丹盛花期可延长至5月20日前后。乘83路公交车可达。

牡丹公园：由牡丹园和牡丹山组成的观赏区，有牡丹品种约200个品种。乘8、60路公交车可达。

市花卉博览中心：举办的牡丹精品展，汇集了200多个品种，分8个色系。乘101、102路电车，9路公交车可达。

3. 各主要景点牡丹花期预测

王城公园、牡丹公园、西苑公园牡丹初花期预测在4月6日前后，盛花期在4月12日前后，其中王城公园晚开品种盛花期在4月15日至20日。

神州牡丹园、中国国花园的牡丹初花期预测在4月7日至8日，盛花期在4月13日前后，晚开品种盛花期在4月17日至23日。

国家牡丹园、洛阳牡丹园牡丹的初花期预测在4月9日前后，盛花期在4月15日前后，晚开品种盛花期在4月18日至23日，其中国家牡丹园采取大田搭建塑料大棚催花的乌龙捧胜、大红莲、状元红、洛阳红等品种已有30株开花。

国际牡丹园牡丹初花期预测在4月11日前后，盛花期在4月16日前后，晚开品种盛花期在4月23日至28日。

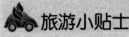 **旅游小贴士**

怎么去：可以乘坐飞机、火车或者汽车到达洛阳，然后在洛阳市内乘坐公交或者出租前往各个分景点景区。

最佳时间：4月

周边景点：洛阳牡丹园、西苑公园牡丹园、王城公园牡丹园、牡丹公园、国色牡丹园、神州牡丹园、中国国花园

台湾日月潭

很多人一提到樱花，就会想起日本——那个遍地樱花的国度。其实，樱花原来生长在中国，后才从中国传到日本，因而在我国有很多的赏樱地。每年2~4月，从南到北，樱花潮席卷而过，如同微风吹过，朵朵粉色花瓣缓缓落下，实在是浪漫两字的最好诠释，中国台湾日月潭的绯寒樱更是吸引了众多人的目光。

日月潭环湖区的九族文化村，种植了超过3000棵的绯寒樱，也就是台湾山樱树，每逢花开季节，绵延粉黛，花团锦簇，红遍整个山头煞是好看，此刻，走在园区的任何一角落都能欣赏到樱花的花姿，随处都能感受到那股浪漫至极的气氛。由于九族内的樱花树种植的面积水广，排列水密，因此形成一条一条美丽的"樱木花道"景观，堪称是日月潭风景区内甚至是台湾最壮观美丽的樱花花海景观。

白天漫步在浪漫的樱花步道，只见樱花满树红花撩人，很有春的甜蜜温柔气息，更具浪漫的意涵。在樱花园，还有欧洲宫廷巴洛克式的"水沙连欧洲花园"，绯红的樱花加上欧式的庭园造景，别有一种独特的风味。如果嫌走路累，就可以坐在火车上畅览欧式花园景色，享受如画般的惬意。在日月潭赏樱的最特别之处是，可以搭上日月潭缆车，从高处欣赏整个九族的美丽，此刻，一块块的桃红樱花与春天的绿树相间，浪漫至极。

樱花盛开的季节也是台湾的樱花盛事——"日月潭九族樱花祭"举办的季节。举办樱花祭时，壮丽缤纷的樱花花海，结合日月潭数百棵山樱花和九族文化村内3000多棵重瓣绯寒樱，不仅在白天可欣赏樱花的千娇百媚，夜晚更有光雕樱花的绚烂华丽。

如诗如画的樱花湖畔是九族樱花祭最具情调的地方，深绿的湖水伴映着桃红欲滴的樱花，湖畔的镜花水月搭配原住民天籁的美音，令人流连忘返。当然，在九族文化村最特别的是夜樱。夜色降临，这里的樱花树摇身一变，成为灿烂的光雕精灵，樱花结合视觉与声光科技在天然的舞台演出，让人仿佛进入了梦幻瑰丽的琉璃幻境。除了赏夜樱，在樱花湖中还有空灵的音乐、静止的水、梦幻的倒影，在古典交响乐在夜空与樱花共舞的幻境中，《夜樱剧场》的表演绝对让你大开眼界。

在日月潭的九族文化村内，除了观赏樱花，还可以领略台湾地区少数民族的文化。在这里，可以看到仿造少数民族实屋打造的建筑，还有一些台湾少数民族的手工艺品与表演，而喜欢刺激的年轻人，不妨在欢乐世界体验机动游戏的痛快刺激，如台湾地区最高、速度最快自由落体 UFO、悬吊式云霄飞车"马雅探险"、加勒比海探险等，都能让你感受无穷的乐趣，也能让你在漫飞的樱花中体会关于樱花浪漫的传说。

四季最佳游玩攻略

在日月潭有一个孔雀园，里面除了有 200 多只孔雀外，还有长尾鸡，白冠鸡等台湾珍禽，公园免费参观。在这里，最常见的是蓝孔雀，尾部的羽毛华丽而又光泽，它们悠闲地散步，觅食，而且优雅、闲适，安静地向你展开羽毛，让你炫目痴迷，真正地领略到为何孔雀会成为印度王权高贵的象征。

在日月潭，从大竹湖步道可就近观赏日月涌泉壮观美景，这里是注入日月潭潭水主要来源，取万大溪溪水，自武界坝拦截溪水，由过水隧道流至日月潭，因武界地区地势较高于日月潭，故产生涌泉现象。不过这一现象只有在日月潭丰水时才能看到。

🚗 旅游小贴士

怎么去：可以先到达台北，然后乘坐台北到日月潭的班车前往景区。台北西站每日 9 时、10 时、15 时，16 时发车直达日月潭。

最佳时间：二三月

周边景点：九族文化村、樱木花道、樱花祭

佛山西樵山

佛山西樵山最美丽的季节是春季，春季最美丽的就是杜鹃花。三四月间的西樵山，漫山遍野都是火红的野生杜鹃，小径溪水边，悬崖绝壁上，偶然抬头，只见映山红含笑迎风，灿若朝霞。

西樵山上的杜鹃花，一种是人工种植的，另一种是野生的映山红。人工种植的杜鹃花沿登山道路两旁而种，从东湖堤坝一直到碧云峰，形成了十里花廊。等到野生杜鹃花一开，西樵山就到了山花烂漫的季节。只见千姿百态的杜鹃花迎风怒放，满眼都是鲜红、粉红和素白的杜鹃花，一簇簇、一丛丛，艳丽夺目，枝枝香蕉，叶叶覆盖，染得西樵山春光明媚。

西樵山杜鹃花盛开之际，也正是西樵山杜鹃鸟高歌之时，置身花丛中，一边赏花一边听鸟鸣。几场春雨过后，西樵山漫山遍野的杜鹃开得非常热烈，仿佛是山在燃烧。毋庸置疑，这花儿一定是杜鹃鸟啼出的鲜血。

那些开在高峰之巅和崖壁的杜鹃花，凌空含笑，更显得风韵绰约，把山林装扮得喜气洋洋。密密的骨朵儿聚成椭圆的花冠，鲜红的花瓣如红色玛瑙，迎风玉立，娇艳欲滴。在樵园景区，还有由三株杜鹃花种在一起的，形成了一个杜鹃花丛，这三株杜鹃花颜色各异，竞相怒放，成了一个大大的花篮，吸引了无数的游人。

以前，西樵山的杜鹃花只是长在山崖，游客只能远远地欣赏漫山遍野、灿若红霞的美景。为了让人们能跟杜鹃花亲密地接触，从 2005 年开始，旅游部门先后投资上百万元，建成了杜鹃长廊。

西樵山十里杜鹃花廊分为三段，第一条长廊由西樵山登山大道一直到碧云宾馆，路两旁全是如火如荼的杜鹃花；第二条长廊在碧玉洞景区，由景区步行下山，两旁的悬崖绝壁开满了野生的杜鹃花；第三条长廊是樵园景区小径，林荫路一侧全是一丛丛、一簇簇的杜鹃花，徜徉在花的海洋之中，你会觉得如醉如痴，有一种置身在心上人面前的感觉，产生一种想要拥抱的冲动。

佛山西樵山

四季最佳游玩攻略

佛山的西樵山在春天就是一个花的海洋。

二三月间，淡红的碧桃、深红的降桃、粉红的寸桃、晶莹如雪的白桃，竞相怒放，漫山遍野，灿若红云，娇似彩霞，而在这个时候，还有油菜花盛开，那金花色的花朵开得漫山遍野，交织在绿色的原野，无数蜜蜂在枝头飞舞，翅翼间流出了美妙的旋律，淡淡的花香扑鼻而来。

在佛山的西樵山，有一种花为玉堂春，值得一看。玉堂春又名紫玉兰，在杜鹃花开的时候它也会开花，花有紫色和白色两种。而西樵山玉堂春开得格外耀眼和繁盛，一树繁花。花繁而大，晶莹雪白，冰清玉洁，幽雅飘逸，清香远溢，花姿优雅，如一只只白蝴蝶落在枝头。微风吹来，一股幽远的芬芳沁人心牌，令人心旷神怡。

🚗 旅游小贴士

怎么去：前往西樵山的黄大仙圣境园和黑岩景区，可从西樵官山城区乘24路公共汽车前往；此外，广州客运站、流花车站、窖口车站有直通车到西樵；自驾车可从广佛高速到南海南庄路口下车，直达西樵。

最佳时间：三四月

周边景点：西樵山登山大道——碧云宾馆、樵园景区、碧玉洞景区步行下山

山东肥城

每到春天，肥城便桃花怒放、争奇斗艳。一望无际的锦绣，漫山遍野的霞光，成了旅游者的理想之地。这里的桃花没有诱人的芳香，却牵住了无数宾客的心，没有绿叶的衬托，却开得从容、大方，它就是美丽、幸福、幻想、欢畅的代名词。

清早，肥城的晨曦仿佛给山野披上了瑰丽的朝霞，山丘上弥漫着轻纱一般的薄雾，树上点缀着一簇簇粉红色的桃花，火辣辣、香艳艳的，宛如一个披上了粉纱衣的柔情少女，娇媚地站立，向人们发出颦颦微笑。朵朵红霞落地，树树花团锦簇，点染得春光分外明媚，团团簇簇向人们蜂拥而来。

桃林里，仙气氤氲，芳香阵阵。桃花，有的含苞待放，有的欲开又止，有的笑逐颜开，有的簇簇相拥，有的独朵绽红，有的交相辉映，有的疏朗有致。看桃树，或枝壮干虬，或蜿蜒婀娜，人可齐比；或枝干棕红，似关公横刀；或满身瓷白，如苍龙欲飞。

从远处看，山野里的桃花绵延似花的海洋，微风吹来，枝动摇曳不已，簇簇花朵如浪花般层层荡开，就像是浮在花海上，若隐若现。一片片或浓或淡的红雾，水润润的，如霞，如烟，如雾，如雨，就像是一幅巨大的油彩画。叶子还未生出新绿，条条枝上却缀满了火烧云般的花朵。枝头绽放的朵朵桃花，如少女红润的脸颊，纯洁、高雅。

走在道上，仿佛置身于桃花的海洋里了，大片大片的粉红，一簇簇、一片片的桃花，汇成了深浅不一、红白相间的河。那些花，或三五一簇，或单枝傲立，大小枝头皆有鲜花压枝，交汇成一个争相闹春、万紫千红的世界。细细看来，有的花瓣展开，白如霜雪；有的形同碗状，色泽粉红；有的初吐花蕊，宛若串串珍珠。花瓣有七片的，有九片的，还有十一片的。那鲜艳的颜色，若少女的唇；而那黄色的花蕊，犹如碰响春心的丝丝琴弦。花朵小而亮，浅浅的粉色，像玉、像雪，宛如梅花，是那样的晶莹剔透。

山东肥城

　　春风吹来，桃树万花满枝头，像是从天外蜂拥而至，璀璨无比，清香扑鼻，红红火火地涌动着春天的生命。而赏花的人潮涌入花海，人海掀起花潮，花潮滚进谷底，又卷上山顶，点亮了肥城的春天。

四季最佳游玩攻略

　　桃源景区集旅游观光、民俗风情于一体，其中有桃乡民俗馆、桃源湖、桃花塔、曲径通幽、趣味桥、观景阁等景点。徜徉其中，花香四溢，物我两忘。如果你有兴趣，还可以认领一棵桃树，挂上自己的名字，还可以与家人一起，为桃树翻土、施肥、浇水，体验桃农生活。

　　中央行景区是十万亩桃园的中央，是肥桃的主要发源地。由于水质、土质等条件特别好，中央行里产的肥桃品质最好。看桃花也是比较好的地方，这里曾被中共中央、国务院授予"农业合作化建设先进集体"荣誉称号。

　　晚上可以住宿在农家庄园，那些房子用地方传统民居石头房子加以改造而成，每个房间都以各种桃的名称加以命名，具有浓郁的桃乡特色。傍晚，当夕阳西下，彩霞染红了半边天、半边"海"。晚上，皓月当空，这里又成为赏月的好去处，可真正是"花前月下"。

旅游小贴士

怎么去：肥城所属的泰安市交通方便，有火车直达。到了泰安，再乘汽车便可到达肥城。也可坐火车到达聊城，再转汽车到肥城。从肥城到达桃园有直接的汽车；此外，济南长途汽车总站有发往肥城的客运班车，到达后根据指示牌前往景区。

最佳时间：4月1日~20日

周边景点：桃花源温泉度假村、牛山国家森林公园、范蠡西施陶山景区、泰山

大理茶花

在大理"风花雪月"四景中，以"花"最为形神兼备，而在苍山洱海之间的各色花中，又以茶花最负盛名。

茶花在大理有着极为深厚的文化底蕴和群众基础，早在南诏国和大理国时期，王公大臣们就把茶花作为国花种养在御花园中。到了明代，又有"大理茶花甲天下"的美誉。从古至今赞誉大理山茶花的文人墨客，数不胜数。17世纪，英国人从大理引进了大理山茶花，种在白金汉宫的后花园。由于花形硕大、色彩鲜艳、香气袭人、气质高雅，故在整个欧洲引起轰动，被迅速传播。紧接着，美洲、亚洲许多国家也纷纷从大理引进。

走在大理古城，随处都可以见到上百年的古茶树，随便走进一个家庭，几乎家家户户的院落里都可以看到茶花树。粗略估计，在大理州境内，茶花树至少有5万株，百年以上的古茶树200多株。等到茶花开的时候，百朵千朵茶花竞放，红红硕硕缀满枝头，古城、古巷、古院、古花坛、古茶树，古色古香的氛围，确实令人心醉神迷，流连忘返。

而大理的苍山茶花也特别多，每到春季，茶花开始开放，整个山沟便成了山茶

大理茶花

花的世界。那一株株挂满红艳艳花朵的茶花树，成林成片，叶绿花红，可爱极了。

大理有一种名贵的茶花，名为"十八学士"。我们可能已经从金庸的小说《天龙八部》中听到过"十八学士"，传说这种花是天下的极品，一株上共开18朵花，朵朵颜色不同，红的就是全红，紫的便是全紫，绝无半分混杂。而且这18朵花形状朵朵不同，各有各的妙处，开时齐开，谢时齐谢。实际上，"十八学士"指的是花瓣轮数而非花色数，相邻两角花瓣排列20轮左右，多为18轮，故称它为"十八学士"。它树型优美，花朵结构奇特，由70~130多片花瓣组成六角塔形花冠，层次分明，排列有序，十分美观，常见的花色有朱红、绯红、粉红、全白诸色，非常漂亮。

当然，在大理，除了可以看到"十八学士"这种著名的茶花外，还有其他的珍贵品种，其中最为名贵的如花瓣如菊、层出不穷的"童子面"，高不盈尺的"恨天高"，花色紫而黑的"紫袍"，艳如牡丹的"牡丹茶"，红白相间的"大花玛瑙"，九心十八瓣的"狮子头"，等等。

茶花对于大理人来说，不仅是一种供观赏的植物，还是富贵之花、圣洁之花，故大理白族群众用一种绣着山茶花的"裹被"来背养孩子。可以这样说，差不多每一个大理人都是在茶花丛中长大的，从小就知道茶花。你可以仔细观察，在大理白族民居彩画中普遍采用茶花，建筑物上雕饰的也多是茶花，以显示自己住处的富丽堂皇；大理白族的民族服饰上，茶花更是不可或缺的装饰，总是要绣上那么几朵才显得正宗；过年过节，特别是过春节，不管价钱如何，大理人总是要买一些名贵的茶花来欣赏、来装点。

可以这样说，在大理，无处没有茶花，到处都有茶花的影子。正如中国花卉协会会长江泽慧在本届茶花博览会开幕式上致辞时所说的那样：大理各族人民赏茶花、爱茶花、懂茶花，令人赞叹！大理的茶花，不仅开在苍山洱海的山水之间，更开在大理各族人民美好的心灵里！千百年来，古老的茶花，一春一开，一季一凋，总是开出白族人的心灵世界的芬芬芳芳，总是开出白族人们生活的幸福美好。

四季最佳游玩攻略

到大理除了看茶花，崇圣寺三塔的倒影也不可错过，它是大理最经典的摄影地，如果要拍摄它，可以到倒影塔公园去。这里池水碧绿如玉，清澈见底，浪不惊，平如镜，随着观赏的角度不同，倒影形态也随之各异。每当冬季，整座苍山银装素裹，三塔倒影更加迷人。此外，你也可以骑车去东边的田地里照，从苍山上向下拍也不错。

旅游小贴士

怎么去：前往大理，可以先到达昆明，然后从这里乘坐飞机、火车或者汽车前往大理。大理下关火车站旁有8路车直达大理古城，也有到崇圣寺［三塔］的专线。

最佳时间：每年二三月

周边景点：云南山茶物种园、大理张家花园精品茶花园、冠宇国际茶花文化园

第三十二章　夏季游

香格里拉杜鹃花

　　每年五六月间，当你走进香格里拉，映入眼帘的，便是七彩斑斓的杜鹃花。这时香格里拉的杜鹃花海，像一幅幅巨大的原始生态画卷，展现在你的眼前。

香格里拉杜鹃花

在香格里拉的平地仰望，漫山遍野的杜鹃花，高矮一致，枝叶相依。万绿丛中，山有多高，花开得就有多高。远看，犹如一抹抹红云，一团团红雾；近看，又如一团团胭脂，一簇簇蜡花。站在高高的山上，居高鸟瞰，杜鹃花一山连一山、一岭接一岭、一层盖一层、一片又一片，那一望无际的花海，满山怒放的花潮让人看的喘不过气来。

香格里拉的山风多，风里看杜鹃花潮更是别有韵味。在微风的吹拂下，花儿随风轻轻地摇着，似天上的彩云在飞舞，又像藏女的花裙在飘落；当大风吹来，杜鹃所荡起的花浪、缴起的花潮、汇成的花海，排山倒海般的卷过去，万马奔腾般的压过来。

香格里拉有一个湖名为碧塔海，在湖里，生长着众多天生的高山细鳞鱼、叶须鱼、重唇鱼。白天，湖里的鱼儿怕黄鸭和大雁吃掉它们，一个个都深潜在水里。晚上，当繁星落满湖面的时候，借着闪亮的光辉，鱼儿纷纷出来觅食。

生长在碧塔海边的杜鹃花，微微有点香甜的味道，是鱼儿理想的食品，鱼儿特别喜欢吃。由于花含微毒容易昏醉，鱼儿吃多了后就像喝醉了酒，随着湖水荡起的轻轻波纹，在水面上飘飘悠悠地翻动，形成了独具特色的"杜鹃醉鱼"。这一奇特的自然景象，又给香格里拉的杜鹃花蒙上了一层神秘的色彩。

5月，在杜鹃花盛开的季节，是香格里拉每年一次的赛马会，是藏族同胞春天里的一次盛大集会。赛马会到了，草甸子上一片绿色，杜鹃花铺天盖地，在枝头上微笑，看着赛马会上的有情人。大地在马蹄声中醒来，平日宁静的草原此时变得热闹起来，上千顶各色帐篷似星斗落地般散开来，一座座颇为壮观的帐篷城平地而起，人欢马嘶、歌起曲落，漫山的杜鹃花宽容的包围着每一个人。置身于内，心境落满了康巴民族的豪情，也夹杂着杜鹃花的柔情。

夜晚，藏族同胞在草原上燃起篝火，一起围火跳锅庄舞，用藏刀大块割下烤得焦黄的羊肉，满嘴留香的大嚼，大碗的喝着清香的青稞酒和原生态的葡萄酒，粗犷的歌声肆意地回荡在草原之夜……

四季最佳游玩攻略

云南香格里拉哈巴雪山的杜鹃是以多取胜，从山顶到山脚竟然分布着 200 多个品种的杜鹃花，占整个云南的七成还多；碧沽天池的杜鹃花以大朵的黄杜鹃、白杜鹃和红杜鹃居多，在离湖稍远的山坡上，还有大片呈紫红和粉红色的樱草杜鹃。樱草杜鹃树干奇小，随地衍生，感觉更符合"花海"这个称谓。

 旅游小贴士

怎么去：昆明、成都、拉萨等地有飞机前往香格里拉，你也可以从昆明、大理或者丽江乘坐汽车前往香格里拉，但从丽江乘车前往最为方便。

最佳时间：每年5~6月

周边景点：碧塔海、哈巴雪山、碧沽天池、梅里雪山、松赞林寺、纳帕海、碧壤峡谷

伊犁薰衣草

很多人都知道，世界有两个著名的薰衣草产地，一是法国的普罗旺斯，二是日本北海道的富良野。这两个地方都太远，因而很多人对这浪漫的环境望而兴叹，只能在电视上或者网络上过把瘾。其实，在新疆伊犁就有一片上万亩的薰衣草产地。每到六七月，这些薰衣草竞相绽放，让整个伊犁河谷成了一片紫色的海洋。

据说，薰衣草是一种很有个性的植物，对生存条件要求很严格，要有充足的阳光，因而很难种植，而伊犁被誉为"塞外江南"，这里三面环山，日照充分，气候湿润，昼夜温差大，造就了沃野千里，草肥水甘的环境，具有与地中海相似的地理、气候条件，更重要的是，它与普罗旺斯、北海道富良野都在北纬42°~44°、海拔600~800米之间的一条线上，非常适合薰衣草的生长。在1964年，3个品种的法国普罗旺斯薰衣草被引进伊犁河谷。在经历了40多年的岁月变幻和时光流转后，远行的薰衣草在塞外扎根落户了，现在伊犁薰衣草种植面积已达2万多亩。

每年六七月间，伊犁的薰衣草田园开花了，花香十里，整个伊犁河谷都变成了薰衣草的世界。此刻，薰衣草田是伊犁河谷芬芳的几何图案，是原野上紫蓝色花朵编织的毡毯，修复着原野的空旷和苍凉。薰衣草的花色蓝中带紫，介乎蓝色与紫色

之间的微妙颜色，是画家的笔难于描摹的天赐般的颜色，这是一种宁静的归宿性的颜色。因而，每到薰衣草开花季节，背包族们总在网上相约：让我们去伊犁看薰衣草吧，卸下内心的负担，得到一个芬芳而蓝色的拥抱。

微风吹拂，紫蓝色的花海随风起伏，仿佛大地上延展的梦境，方圆数里，都笼罩在薰衣草的馥郁芬芳里。而薰衣草的味道闻似幽幽淡淡，然而极有穿透力，仿佛能渗进血液，渗透灵魂。更绝妙的是，站在一大片花田里边，嗅到的香依然还是淡远温和，不像其他花香，急急地要把人熏倒。

伊犁薰衣草

薰衣草盛开的时节，也是伊犁河谷周边各种花绽放的时刻，黄色的油菜花，红色的土豆花，雪青的欧薄荷花，与蓝色的薰衣草织成了一片彩色花田，有如上帝遗忘在大地上的一件外衣。当阳光的颜色开始剥落的时候，飘在记忆中的东西弥漫出来。信步花间，衣角就会留有一种冷香，幽远得像回忆初恋，如同隔着千山万水的思念。这个时候租一辆自行车，在蓝天白云和香风中，沿着田边缓缓骑过，你就沉浸在了薰衣草的世界，浪漫在心间淡淡地荡漾开来。

四季最佳游玩攻略

1. 伊犁看薰衣草的最佳季节与地点

薰衣草的花期较短，一般是在 6 月上中旬开放，在 6 月 20 号前后就已经收割完毕。因而，要赶在 6 月上中旬的时候到伊犁来。

薰衣草主要分布在从霍尔果斯口到伊宁的路上，也就是新疆伊犁河谷农四师的 65 团场、70 团场、71 团场、73 团场和 67 团场、68 团场和霍城县三宫乡，其中 65 团场和三宫乡是国家命名的"中国薰衣草之乡"，有上万亩的薰衣草田。由于薰衣草并不是非常集中，坐在车上也能不断欣赏到大片的薰衣草，要摄影可以让车停在某个田头。

要到薰衣草花丛中拍照，宜着白色或橙色等暖色、纯天然材质服装，宽大到随风起舞最好；忌蓝色绿色等冷色，除非摁拍照留念的时候只剩一张小黄脸。

2. 不可不知的 Tips

到伊犁看薰衣草，建议包车，因为薰衣草的种植比较分散，不包车的话就有可能找不到自己最心仪的那片花田。包车有两种方式，一种是全包，就是除司机的吃住归包车者外其余都在包车费用里；一种是净包，就是油费、过路费、司机吃住都由包车者承担。建议采取净包方式，这样避免司机为省油不愿去你想去的地方，但是要防止司机乱带路的情况，所以做好功课，熟悉路况和景点分布。

出发前一定要订好合同。不管是正式的还是手写的，都要签订一份合同，把时间、线路详细写明，特别是别忘了备注。建议在备注中注明由于天气、交通等情况变化，包车者有权调整行程等，有了合同你就有了依据，在发生纠纷时你也可以投诉。

此外，在行程安排上一定要按照自己的意愿，不要心软而听信司机，否则就可能会成为司机走亲访友的跟随者了，如果司机提出带副驾驶员（吃住归其自己），要慎重考虑，如果同意的话，应在合同中写明承担的费用。

 旅游小贴士

怎么去：前往伊犁看薰衣草，可以先乘坐火车或者飞机到达乌鲁木齐，然后在乌鲁木齐的碾子沟车站坐汽车前往伊犁，大约 10 小时可以到达，这里也有火车到达伊犁。到达伊犁后，可以包车前往景区。

最佳时间：6 月底~7 月初

周边景点：65团场、70团场、71团场、73团场和67团场、68团场和霍城县三宫乡

青海西宁

想到郁金香，很多人除了想起荷兰外，还想起了中国夏都——西宁。那一片片如彩缎般覆盖在夏都土地上、流泻出无限妩媚的郁金香花海给西宁人一种梦幻般的美，而那超越短暂花期、形成巨大的生命力给西宁带来无限精彩的郁金香节，更让西宁人甚至全国人心中充满着期待，盼望在每年的5月到西宁去看郁金香。

郁金香是高原之花，它与西宁有着很深厚的渊源。西宁地处青海东部，夏无酷暑，冬无严寒，号称"中国夏都"，这种气候非常适宜郁金香的生长特性，因而郁

青海西宁

金香在这里生长并不能给人带来悬念。在2000多年前，生长在这里的郁金香由青藏高原传到了地中海沿岸和中亚细亚。到了16世纪时，才由一位驻土耳其的奥地

利使者将其带入欧洲。后来，由于历史变迁，郁金香在西宁难觅踪迹。1989年，我国从荷兰引种，郁金香花回归故里。如今，郁金香已经成为西宁的城市名片，每到5月，满城的郁金香就会向夏都人民展示出高原春天的神奇。

每年5月，当和煦的微风吹拂着高原古城，当柳条慢慢抽出翠芽摇曳在风中，当郁金香破土而出在阳光下争奇斗艳，这一切的一切都向我们昭示：夏都伴随着绚烂的郁金香迎来了春天。顿时，满城姹紫嫣红，古城变得妩媚动人，醉了无数河湟儿女的心。

此刻，无论在公园还是在市内主干道上，随处可见郁金香的身影。竞相绽放的郁金香以红、黄、白、紫为主色调，有的花冠状似酒杯，有的花形如飞鸟，有的多瓣叠抱，有的单瓣挺立，无论是色彩和花形都处处展现出世界名花的迷人风姿。放眼望去，大片大片色彩绚丽的郁金香结成五彩的花带，一块接着一块，一色连着一色，纵横交错，如织锦般铺在林间、草地、小湖旁。那如酒杯状的郁金香花朵，又大又艳，金黄、粉红、深蓝、银白……以浓郁的异国情调迎接着四方游客。

从2002年起，西宁在每年"五一"期间都会举办郁金香节。每年郁金香节期间，数百万株的郁金香把西宁装扮得灿烂夺目，满目尽是郁金香的世界。其温馨的花香沁人心脾，让人感到舒适无比。

在郁金香节期间，西宁还将举行文艺演出、歌会以及其他多种多样的文艺活动，各民族的人们盛装出席，共贺花节。如果你想在节日期间购买一些当地的土特产，还可参加同时举行的商品博览会，在饱览美丽鲜花的同时，也可以满载而归。

5月的西宁，除了随处可见的郁金香，也是丁香花盛开的季节。在和煦的阳光和蔚蓝的天空下，白色的丁香盛开在西宁的大街小巷，特别是在各所高校的校园里。如果说郁金香是优雅、活泼的女孩，嬉闹、艳丽、盛姿、悦众、明媚，那么丁香则是多愁善感的少妇，娴静、淡雅、哀婉、惆怅、疏朗，以它美而不艳的花朵，浓郁的芳香，使观赏它的人为之深深沉醉，也把西宁装扮得光艳夺目。

四季最佳游玩攻略

1. 西宁郁金香节什么时候举办

西宁的郁金香节一般在5月1~7日举办，花卉集中看点主要在人民公园、南山公园、文化公园、植物园、鲁青公园、新宁广场、中心广场、城南新区人民广场、朝阳广场、新宁路、滨河路、昆仑大道、宁大路等处。

2. 郁金香摄影技巧

郁金香花多在清晨日出后开放，傍晚闭合。因此，要拍摄盛开的郁金香应在天气晴朗的上午进行，若阴雨天或下午拍摄，只能拍到闭合的花朵或花蕾。

在郁金香花展中，有时会把花栽种在大树周围，因而你可选择离树较近的花朵，利用树皮作背景进行拍摄，娇艳的花朵与苍劲的树皮相互映衬，效果很好。也可用人工背景，但要注意背景颜色不要过于鲜艳，也不要与所拍摄的花朵颜色相近，以免影响主题的表现。此外，使用三脚架和快门线，都能增加相机的稳定性，使作品具有较高的清晰度，还应尽量避免在风力较大的天气拍摄，以防花朵摇摆不定，影响作品的清晰度。

西宁气候干燥，为增强抵抗力应加强蔬菜、水果的摄入，切忌无节制地食用羊肉。当地名吃一定要品，但量不可太大。建议带上金施尔康、善存片等合成维生素。

此外，西宁市内的少数民族众多，受宗教影响，风俗习惯有所不同，游览时(特别是进寺庙)，请尊重当地习俗和有关旅游注意事项，做到入乡随俗。

🏍 旅游小贴士

怎么去： 西宁是青海的省会，无论是乘飞机还是火车都非常方便。从国内各省会城市出发，可坐火车或飞机直达西宁，也可坐火车从兰州中转。

最佳时间： 每年5月

周边景点： 西宁市区新宁广场、文化公园、九眼泉、朝阳公园、中心广场等

西藏色季拉山

色季拉山位于西藏林芝城东北40公里处，藏语就是"杜鹃花盛开的山"。的

确，色季拉山就是一个杜鹃花的世界，在海拔 2900~5300 米范围内，也就是面积达 1000 多平方公里内，就有 25 个之多的杜鹃品种。

从 4 月份开始，色季拉山的杜鹃花就依次开放，尤其是进入 6 月份，无论是东坡还是西坡，整座山上的杜鹃花全部绽放，黄色、紫色，千姿百态，就像画家遗留的色调，那里的山脉被染得五彩缤纷，形成花的海，气势极为浩瀚壮观。远远望去，色季拉山山上山下到处是迎风招展的花海。那花海，让人目不暇接，站在其中，前后左右到处都是怒放的花朵，高高矮矮的一片片姹紫嫣红。

在那五颜六色的杜鹃花中，红杜鹃最吸引人们的眼球，她像一团团火焰在山中蔓延，又像是一朵朵云霞在山间飘荡；她热情奔放，亲切自然，在这高原雪域的 6 月，点缀在巍峨的雪峰和蜿蜒迂回的小溪，就像少女脸上的胭脂。除了红色的杜鹃花外，其他的也不甘示弱，纷纷展示出自己最佳的状态，那单色的是清纯，杂色的是艺术，含苞的是羞涩，怒放的是张扬。微风吹过，裹着阵阵花香，那山坡上迎风怒放的杜鹃花像在窃窃私语，又像是在向人们招手致意。

西藏色季拉山

在色季拉山的河边，杜鹃沿着河岸也开得如火如荼，花影在河水中摇曳，流光溢彩。林中的杜鹃，已经不是灌丛，而是高大如乔木，如果你走进林中，不需抬头看花，仅是地上落英缤纷的花瓣已营造出迷人的意境了。

其实，关于色季拉山美丽的杜鹃，有一段浪漫的传说。

在藏王松赞干布时期，色季拉山脚下有一位名叫嘎罗的年轻猎人。一天，他上山打猎时，不幸迷路了，在大森林里转了三天三夜还是没能走出困境，疲劳和饥饿使他昏了过去。就在这时，东海龙王的二女儿途经森林，看到昏迷的嘎罗，便降下云头，将他救起，给他喂水喂饭，还把他送出森林。嘎罗对善良的仙女一见钟情，出森林后即向仙女求婚，仙女见小伙英俊潇洒，便含羞答应了。当时，仙女是奉龙王之命向人间撒播甘露，因耽误了时间，被龙王罚跪 8 天，以闭门思过。因天上一日为地上一年，仙女便与嘎罗相约 8 年后在色季拉山顶相见。为了将美丽的仙女接回家，嘎罗回家后，便栽植起杜鹃花来，一直从家门口栽到色季拉山顶，一栽就是 8 个年头。8 年后，小伙与姑娘两个有情人终成眷属，而色季拉山一带就遍布了杜鹃花，它的美丽见证了忠贞的爱情。

而在壮丽的高原地带，听着如此感人的传说，欣赏这细腻的景致，会让你不由自主地萌生很多感动。漫山遍野的杜鹃花，让我们觉得这才是杜鹃花的天堂，是真正的自然艺术品。

四季最佳游玩攻略

1. 观赏杜鹃花的最佳时间

杜鹃花的花期虽然不满一个月，但色季拉山的杜鹃花从每年的 4 月中旬开始到 6 月底顺着山地海拔高度依次相继开放，花期还是比较长的，尤其是 6 月中旬到下旬，此刻到色季拉山来是最好的。不过，由于近来的天气变化比较大，因而杜鹃花盛花期有点变化，如果要去，就要注意景区的信息。此外，色季拉山口是一致公认的川藏沿途杜鹃花最佳观赏点之一。

2. 热闹的杜鹃花旅游节

每年 6 月，林芝地区会在色季拉山举办一年一度的林芝地区杜鹃花旅游节；届时，有精品的旅游景点、线路、旅游商品向旅行商和游客推介，有全地区丰富的物质交流、诚挚的经贸洽谈和招商引资，有各民族歌舞、体育活动和民间民俗向游客展示。

3. 在色季拉山观赏南迦巴瓦峰

色季拉山是观赏南迦巴瓦峰的最佳地点。南迦巴瓦峰是中国最美山峰排行榜的第一名，海拔 7782 米，被称之为"云中的天堂"。但是，由于南迦巴瓦处于藏东南水汽丰沛的地区，终年为云雾遮掩，难露真容，藏族人将南迦巴瓦称为通天之路，说只有真诚与善良的人才能见到她。到了色季拉山观赏杜鹃，别忘记了看看雪山，如果你幸运的话，就能看到它的真面目。

> **旅游小贴士**
>
> 怎么去：到色季拉山，必须先乘飞机或火车到达拉萨。从拉萨到林芝，每天都有好几趟客车前往。可以在拉萨长途客运站乘车，行车时间约 10 小时，票价 120 元。也可在第二军区招待所门口坐吉普车，每人 200 元，行车时间约 7 小时。到了林芝后，包车前往景区即可。
>
> 最佳时间：4 月中旬~6 月底，尤其是 6 月份
>
> 周边景点：巨柏林、古桑树王、鲁朗林海、布久喇嘛林寺、尼洋河

青海门源

在北方，提起油菜花，稍有点儿旅游经验的人都会想起青海省门源县，这里是北方小油菜生产基地，加上青海湖的壮观，让这里成了高原上的天堂。

到了 7 月前后，南方的油菜早已扬花结籽收获入仓，而海拔 3200 多米的门源一带，油菜花却正开得喧嚣。浓艳的黄花，紧围着青海湖大半圈湖岸，足有百万亩，在高原深蓝的天空下，繁花金黄一片，镶嵌在湛蓝的青海湖岸上，无际无边。

门源的油菜花色彩非常丰富，随着时间的变化，油菜花也不断变化，仿佛就是一幅流动的画。7 月初，油菜花并不是最盛的时候，远远望去，田野抹上了一片翠绿，其间点点滴滴地透出了一丝丝的淡黄，成为一种精力旺盛、生机勃勃的浪漫宣言。7 月中旬，整个门源一片的金黄，在高原深蓝的天空下，油菜花镶嵌浩门河两岸，浓艳的黄花，北依祁连山，南邻大坂山，西起永安城，东到玉隆滩，绵延近百

公里，繁花一片，无际无边，宛如金黄的大海。

由于门源的田地多向着盆地中间的浩门河方向倾斜，所以站在河岸上向两边看，铺天盖地的都是金黄色，浩门河在中间流淌，这种景色就像镶了两道金边的银丝带蜿蜒飘舞，与祁连山遥相辉映。在高原上常见的蓝天白云衬托下，一望无际的金黄显得异常斑斓，令人慨叹，加上蓝、黄、绿、白、红等大色块的简单构图，给人丰富的遐想。

门源的油菜花与云南罗平、江西婺源那些地方勾勒出的画面有所不同，完全表现出了北方地区油菜花在蓝天、白云和雪山下铺天盖地的霸气，因而你体会到的便是一种广阔的胸襟，有着北方人那种独有的豪爽，让你的痛快淋漓尽致地表现出来。

油菜花丛中，藏家的白色帐篷星星点点的落在这金黄的颜色中，年轻的媳妇和憨嫩的姑娘翩翩飞落到泉池小溪边上，洗刷着汗渍、泥土浸透的衣装，晾晒在绿茵草滩、马莲墩上。老人、顽童们牵着自家饲养的牛与羊，悠闲地在田埂、路旁的草地上，默默品味着油菜花沁人心脾的芳香。那动人的场面也成了油菜花中不可缺少的一景。

随着油菜花的盛开，野生花卉绿绒蒿、杜鹃、大蓟、金露梅、银露梅、刺玫花等数十种红的、白的、黄的、紫的花朵，以五颜六色、五彩缤纷的秀姿，从苏吉滩草原绽放到皇城牧场，从大坂山麓绽放到岗什卡冰峰、冷龙岭山脚下，同金黄一片的油菜田、碧绿的青稞地交织在一起无声欢唱，给门源川涂上了一层富丽堂皇的色彩，也永远留在了人的心里

四季最佳游玩攻略

每年的7月初开始，青海就进入了油菜花盛开的季节，7月5~25日，油菜花会依次绽放，但最佳花期是7月10日~7月底。

不管你从什么地方来，都可以先到达油菜花海，徜徉在百里油菜花海里，沐浴花海的清香。然后你可以到银色世界，去体验岗什卡雪峰的神秘，最后至祁连山最美的草原——皇城金牧场，在广袤的草原上探访浩门马的历史。

到门源，油菜花在路上就可以看见，如果想看，直接沿着公路往青石嘴方向走好了，路的两边就是大片大片的油菜花，你完全可以沿田间道路走去，远处还有些

雪山做衬托，非常壮观。其中的大坂山隧道海拔近4000米，并建有大坂山观景台，可以俯瞰门源绵延百里的油菜花。再远处是终年积雪不化的雪山，隶属祁连山脉，很壮观。

青海门源

　　青石嘴是眺望油菜花海的最佳地点，它距门源20公里，门源汽车站旁边有很多出租车排队等客，单程一个人5元，可坐4人，所以包车就是20元，往返40元，可和司机谈好沿途停留拍照。此外，这里还有一个名为圆山的观景台，花海中唯一的一个圆形小山丘，是观花的最佳位置，门票30元/人。

🏍 旅游小贴士

　　怎么去：可在西宁火车站对面的长途汽车站乘车前往，西宁至门源的长途车从早上7：45至下午4：30每小时一班。也可从西宁乘坐西宁至甘肃张掖的长途班车，在距门源县城20公里的青石嘴下车，下车后即可包乘车拍摄、游览。

　　最佳时间：每年7月

　　周边景点：西宁到青海湖的路上，浩门河、日月山、鸟岛、海心山、金银滩草原、西海郡故城

新疆江布拉克

江布拉克，乃哈萨克语，意为圣水之源。它汇集了天山的灵气，并融入诸多美丽的传说，加上相映的远山近水、交融的林海雪峰，就是一派圣洁的田园风光。由于这里的独特位置，因而风光绚丽多姿，这里冬无严寒，夏无酷暑，一草一木，一山一水都写满了绿色与美丽，充满着神奇和诱惑。

整个江布拉克景区包括宽沟景区和羊洼滩，主景区有 7 个水潭组成一片湖泊群，其中 3 个在低处，其余镶嵌在绿草成茵的山坡上，远远望去就像北斗七星。由

新疆江布拉克

此向西不远处是高山草原江布拉克，这里水草茂盛，山花遍野，满目葱翠。离江布拉克草原不远处，有一个名为赛尔台的峡谷，谷内有一个山洞，能发出"嗡嗡"的气流声，奇怪的是你却感觉不到有风，很难让人解释这个现象，加之周围散布在草丛中的小木屋，让人感觉到一种神秘色彩，就像是很早以前有人隐居在这里似的，因而这里成了探险的好去处。

在整个江布拉克景区，"奇台魔鬼城"恐怕是最吸引人目光的，它是将军戈壁深处隐藏的一座神秘莫测的古老城郭。这座城的面积大约80平方公里，每当夜间风起时，城内就会发出凄惨阴森的声音，听起来好像神话中魔鬼的叫声。其实这个城是典型的雅丹地貌，是由三叠系的各色沉积岩、侏罗系的各色沉积岩和白垩系的各色沉积岩组成的，经过雨水的冲刷和风力的切割，天长日久就形成了这样绚丽多彩、姿态万千的自然景观。在这个魔鬼城内，有许多惟妙惟肖的岩石造型，如阿拉伯的清真寺，柬埔寨的吴哥窟，西藏的布达拉宫等，有的还像农妇晚归、和尚念经、八戒睡觉、熊猫打站、鲤鱼出水、猴子守山，这些似人似物的造型，全都栩栩如生，给人以辽阔的想象空间。

六七月是江布拉克风景最好的时候，远远看去，江布拉克漫山遍野的绿，从黄绿色、浅绿再到翠绿色的大麦田，像是被精心裁剪过的绿毯，给人以视觉的享受。走近了，就会发现绿草丛中生长着没膝的党生花、贝母花和一种叫不上名的小黄花漫山遍野，争奇斗艳，沁人心脾的花香令人陶醉。因为有天山雪水的滋润，江布拉克的泥土终年都是湿漉漉的，这样的土地上结出什么样的华丽色彩都应在情理之中。

不过，到过江布拉克的人都非常惊奇于它的绿，也让人念念不忘。在这里，主要有两种绿色调，一种坚硬中带着倔犟，像是穷人家的孩子，脸上带着菜色，却一样长大。因为缺水，植被都是这种营养不良的绿，这种颜色恰与戈壁滩上砂岩乱石相匹配，即便再绿也无损戈壁滩大漠孤烟、长河落日的旷达。另一种绿自然是富态及柔软的，像富家的娇惯小姐，脆生生的，似乎一用力就能掐出水来。这种如江南明山秀水的绿正是江布拉克草原特有的。

到了江布拉克，沿山脚平原而上是一片片麦田，7月就开始黄灿灿、沉甸甸的，将戈壁滩上的绿和草原上的绿阻隔开来。麦田一望无垠，像是在百草裙上镶了道金边，让辽阔的江布拉克草原更加华丽。微风之下，金边上的麦穗轻曳，再抹上落日的余晖，堪比任何意象派绘画大师笔下的油画。如果走到背阴的山坡，可以发现这里碧草萋萋，夹杂了无数白色的、黄色的、紫色的小花，这种绿是阴柔的，感受久了皮肤上会生出一阵清凉，如山顶雪峰送来的风。而这种绿，衔接了东西方绘画，顿时能抚平浮躁的心灵，也给人永恒的绿色记忆。

四季最佳游玩攻略

到了江布拉克，一定要到恐龙馆区看看，这里虽然只有一块长约 2 米的恐龙臀部化石，但还是有很多人参观，在这里幻想着。在如此的美景中，想象恐龙的生活确实是一件乐事。

穿过恐龙馆，便是硅化木园，在长约 6 公里，宽近 2 公里范围内，硅化木数量可达千株，面积之大、数量之多，堪称亚洲第一，其中最大的一株长 26 米，直径 2.8 米以上，为亚洲之最。

这些木，年代已经有上亿万年，但硅化木依旧色彩秀丽，青似碧玉，红如玛瑙，树杈清晰可见，有的形如参天巨木，裸露的粗大根系就像强有力的鹰爪牢牢地固定在石头上，很神奇。而在这里参观，仿佛能穿越时空隧道，与亿万年前的景色交错。

> **旅游小贴士**
>
> **怎么去：** 乘坐飞机或者火车到达乌鲁木齐后，打车前往乌鲁木齐的北郊车站，车站里有大巴车直达奇台，大概要 4 个小时才能到；在车站门口还有一排红旗轿车，称为"专线车"，平时 70 元，节日期间 80 元，2 个小时多一点到达，非常方便快捷。而从奇台到江布拉克，可以包车前往。
>
> **最佳时间：** 每年 6、7 月
>
> **周边景点：** 魔鬼城、江布拉克草原、恐龙沟、硅化木园

云南普者黑

普者黑是典型的喀斯特地貌，它具备了秀、奇、古、纯、幽的特点，有着幽静秀丽的高原湖泊群，苍翠叠嶂的孤峰群，鬼斧神工的溶洞群及险恶的峡谷，还有壮观的瀑布，仙境般的云海，罕见的古代文化遗址和绚丽多彩的民族风情。

　　重要的是，普者黑的水域丰富，有 40 里的水上旅游航线，让人可乘小木船在这里观光游览。在波光粼粼、碧水汪汪的湖泊中行船，湖边雄伟缥缈，诡异出奇的峰林令人陶醉；放眼望去，远山如黛，碧水连天，山峦青翠，山林野趣，浑然天成。这里的水很静，因而能使一个个孤峰秀影活脱脱倒映在水中，就是在那月秀风清之夜，在这明亮如镜的湖面上，也能把这秀峰倒影看得一清二楚。只有在微风掠过水面之时，抑或拨浆荡舟之际，方能暂时破碎了那孤山岛影，待风过舟去，那水中靓影又依然娉婷如旧了。

云南普者黑

　　普者黑的湖多，山也多，而且每座山都是古木茂密，鸟语花香，更是峰峰有奇洞，洞洞藏秀水，洞中有洞，洞中有河潭，洞中有泉水，还有树、有石、有岛，自然界的一切景观似乎都浓缩在这些溶洞中，如仙人洞、火把洞、月亮洞等。而这些溶洞，石笋丛生，石柱林立，幽雅奇特，千姿百态，形形色色，是构成普者黑"仙境"的重要部分。

　　夏季，是普者黑最有魅力的时候，此刻，近万亩的荷花洒满万顷水面，如姗姗走来的爱神，恍如别有锦天的荷花仙子降临人间。宽厚的荷叶伫立湖中婀娜多姿，衬托出荷花的娇媚与清香。那些荷花，有白、红、粉红色，开得很艳，有的还将开未开，亭亭地立在池塘中的碧叶间，很干净。漫步荷塘边，望着满塘的荷花，被满塘的碧水、满塘的碧叶映衬着，绘成了一幅美奂绝伦的画面，令人心旷神怡，陶醉其中。荷花散发出清新淡雅的芬芳，引来花蝶飞舞，嬉戏其间，令人赏心悦目。而那调皮的蜻蜓，扇动着翅膀，从那朵花飞到另一朵花，与荷花快乐地嬉戏着。

普者黑还是彝族的分支——撒尼人居住的地方，而仙人洞彝族文化生态村便是撒尼人最集中的地方。在这里，你可以领略撒尼人传统的"花房""情人房"等民俗风情，能看到古老的撒尼舞蹈以及汉代石虎、甲马、木雕、石刻、刺绣等，加上热情的撒尼人，让人由里到外痛快，更难以忘怀。

四季最佳游玩攻略

在普者黑有四种玩法：泼、赏、抹、喝。泼，就是宽阔的水面上乘上柳叶小舟尽情地与水亲近、与人亲近，尽情地泼水祝福，在普者黑，几乎天天过泼水节，他们说这些水是吉祥水、幸福水、欢乐水，可以让你寻找自己的快乐，释放你的一切。所以，游览普者黑须乘船。在上船前，就要准备好水枪、塑料盆等"水战"武器，穿好救生衣，把手机、相机等怕水物品寄存或用塑料袋密封好。船在前行中，遇到其他船上和你一样的"好战分子"，就可以开战了，但要注意安全，遇到老人、小孩或者是挂免战牌的船只，就要手下留情了。

由于普者黑住的是彝族人，因而可以参加他们盛大的节日——"火把节"。火把节每年农历六月二十四。节日的晚上，荷花飘着清香，当地人举着火把围在一起载歌载舞，把节日气氛推向高潮。节间有丰富多彩的斗鸡、斗牛、斗马、摔跤等极富民族特色的节目。游人平时也可以邀请村子里的几支文艺队进行篝火晚会大联欢。

由于普者黑现在已经是一个旅游比较发达的景区，因而可以住在景区内，如可住在丘北县城或普者黑度假村，当然度假村的房费要比县城略高。此外，在景区内还有一些家庭小饭店和小旅馆，虽简陋但干净，清晨还可听鸡鸣犬吠，比较田园。

旅游小贴士

怎么去：昆明南窑汽车客运站或火车站广场、昆明汽车客运西站有到丘北的班车，有白班座位车和夜班卧铺车，遇节假日会有所上浮。丘北县城至普者黑景区有13公里，所以到了县城还得转乘到普者黑的班车，不过往返班车很多，交通也很方便。

最佳时间：每年6、7月

周边景点：湖泊、山峰、荷花、撒尼人村落

内蒙古阿尔山

提起一望无垠的大草原，广袤无边的大森林，惊险刺激的冰雪，汩汩流淌的温泉，也很快想起锡林郭勒、香格里拉……然而，在内蒙古深处，有这样一个神奇的地方：著名的四大草原在这里交会，巍巍的大兴安岭在这里驻足，全国首屈一指的冰雪资源在这里厚积，世界最大的温泉群在这里流淌了几个世纪……它就是位于中蒙边界的内蒙古阿尔山市。

阿尔山是座草原怀抱中的城市。到了夏季，从阿尔山出发向东北行进，一路便能体会走入大兴安岭、驰入草原怀抱的美好感觉。这里，花红、树绿、天蓝、水清，甚至看得见终年不化的积雪白冰。而阿尔山西侧是广袤的锡林郭勒大草原，这里草高过羊背，真正见得到"天苍苍野茫茫，风吹草低见牛羊"的美妙景色；南面是科尔沁草原，这里有较大的河流如归流河、洮儿河；北面是人迹罕至的内蒙古大草原，茫茫无际，与嘈杂、拥挤的城市形成极强烈的对比和反差。

在阿尔山，还能见到草原和林海相接，雪山和温泉共存的奇景。每年的5月，大兴安岭的冰雪还未融化，草原也还没有绿，但鲜艳的杜鹃花却开了漫山遍野，红红的花蕾上压满了皑皑的冰雪，形成了鲜明的对比，也点亮了阿尔山的春天。

除了草原、林海，阿尔山的其他风景也非常迷人，可谓是一步一景，景景生

内蒙古阿尔山

辉，十步一画，画画传情，其中天池、石塘林、松叶湖、玫瑰峰等景色都值得去看。在阿尔山的天池岭上，有一个椭圆形的天池，它就像一块碧玉，镶在林木苍翠的高山上，每到春夏之交，山中水汽郁结，云雾氤氲，山头薄雾缭绕，白云时而傍山升腾，时而翻滚而下，郁郁葱葱的松桦合围池畔，溢绿摇翠，构成了独特的自然景观；三潭峡在阿尔山市东北 78 公里的哈拉哈河上游。河床由大小不等的岩石组成，湍急的哈拉哈河从河谷穿过，珠飞玉卷，气势磅礴。春夏之际，在峡谷两岸杜鹃花漫山遍野，走进这个峡谷，给人一种仙境之感；杜鹃湖因湖畔开满杜鹃花而得名，当残雪消融、春回大地之时，湖边杜鹃花灿然怒放，花树相间，红绿分明，湖面如霞似火，湖中野凫成群，灰鹤、天鹅栖息，成群的柳根鱼竞相觅食，组成一幅动态的美景。

此外，由火山岩形成的石塘林、火山堰塞成湖的松叶湖等景区，点缀着阿尔山这块宝地。大自然的奇妙杰作，加上蒙古包、牧民旅社里飘出的四弦胡、马头琴声，简直把游人带入一个童话般的境界之中……

四季最佳游玩攻略

阿尔山是一个泡温泉的好地方，这里温泉的泉眼多而且密，被集中在一起建了座温泉博物馆。温泉一共 48 个泉眼，31 眼在室内，其余在室外。每个泉眼功用各不相同，可以对应人体各个部位，有的喝，有的洗，有的泡。泉眼非常接近，相隔一两米，但温度和矿物质含量却大不相同。门票分两种：98 元的只能泡温泉，需要带泳衣，因为男女共享一个池子。168 元的是洗浴搓澡足疗一条龙服务，还带些小景致，可选择性游览，男女浴池分开，比较方便。

阿尔山的风光很美，而且景点很多，建议多花一点时间到这里游览，另外，建议包一个车，那样才能玩得痛快。

第一天，可以到飞仙岭、口岸去，这条线没有什么风光，只是转转，初步认识阿尔山。口岸是对外蒙古的，可以去见识一下。

第二天，可以到阿尔山的东线去。这条线是阿尔山最美的线路，5 月的杜鹃湖非常漂亮，不开花的时候也还不错；三潭峡很美；天池有大小天池之分，景色也比较壮观；石塘林的植物及火山遗迹都值得认真游玩。

不过走这条线，一般司机仅去 4 个景区，所以想多去一些地方的话，要提前跟司机说好。这条路的路途真的很长，跟司机砍价不要过狠，宁可多给些钱，也不要让司机不高兴一直催你，否则会影响到行程质量或心情。

第三天，可以到好森沟森林公园，去这里建议包越野车，因为这里是碎石路，路况很差，小车是进不去的，也会有危险。

由于阿尔山的景点比较分散，因而很多人选择包车旅游，但这里的黑车比较多，也不会期待回头客和口碑，所以如果是自己包车的时候一定要说清楚，去哪儿，几个景区，大概几点钟回，随时停车等，不然很可能司机告诉你哪儿哪儿修路不能去，或是根本不去。然后一定不要先付钱，否则真把你丢在景区。

此外，阿尔山是典型的风景好、食物不好的地方，这里的菜是东北风味，量大、口味重，而且价格贵，不习惯的话就要自己多带点干粮了。此外，阿尔山一些景区也根本没有什么可以吃的，需要带好干粮，不然就只能饿肚子了。

内蒙古月亮湖

在内蒙古阿拉善的腾格里达沙漠中，分布着数百个存留数千万年的原生态湖泊。湛蓝天空下，大漠浩瀚、苍凉、雄浑，千里起伏连绵的沙丘如同凝固的波浪一样高低错落，柔美的线条显现出它的非凡韵致。然而，站在腾格里达沙漠的高处沙丘，你会惊奇地发现一个奇异的原生态湖泊，它酷似中国地图，芦苇的分布则将"全国各省区"一一标明，这个就是月亮湖。

月亮湖面积4.5平方公里，湖岸草坪如毯，湖水碧波荡漾，环境非常优美。湖的周围生长着花棒、柠条、沙拐枣、梭梭等各种灌木，林草、沙峰、湖水相映成趣，成了现代都市人休闲、探险的理想目的地。

令人惊奇的是，月亮湖一半是淡水湖，一半是咸水湖。无论什么情况下，水会交融，但这里二水互不相容，恰似泾渭分明，分成楚河汉界，以手指在不同的水域汲取证实，果然别有滋味在舌头，半水苦涩难忍，半水清冽甘甜。由于水质不同，从高处鸟瞰月亮湖，一半呈黑蓝色，一半呈碧蓝色。但不管怎样，月亮湖总是在尽情地舒展着它的幽蓝，这是一种让人心动、心驰、心醉的蓝，蓝得让人心颤，它深邃静美，像史诗一样震撼。金黄、极目无际的黄沙簇拥着一湖碧蓝，捧月一般，使得这湖变得无比的尊贵。

月亮湖的湖水含硒、氧化铁等10余种矿物质微量元素，且极具净化能力，湖水存留千百万年却毫不混浊，虽然年降水量仅有220毫米，但湖水不但没有减少，

内蒙古月亮湖

反而有所增加，这也是一件怪事。而月亮湖还有一种宝贝——黑泥，挖开海岸线上薄薄的表层，便可露出千万年的黑沙泥，它富含十几种微量元素，与国际保健机构推荐的药浴配方极其相似，品质优于"死海"中的黑泥，可谓是腾格里达沙漠独一无二的纯生态资源。

月亮湖水面辽阔，能让鸟栖息的湖滩到处都是，因而在这里成了鸟类的乐园。每年夏秋季节，鸟类就会到这里来，如珍稀的黄白鸭、麻鸭等，就连那天使般美丽和公主般高贵的天鹅也对月亮湖的宁静情有独钟！它们纷纷来此搭建后宫，尽享天伦！此时，划着小船分开芦苇，就可以看见月亮湖群鸭戏水，鸥鸟盘旋上空，时而掠过水面，翅膀扫起一串涟漪。苇丛里不时飞出水鸟欢快地鸣叫，偶尔几条鱼儿腾越，水花四起。月亮湖和谐出祥和万千。

入夜的月亮湖静寂而绚丽，五彩缤纷的地灯和路灯、廊灯把整个景区装饰成天国乐园。马头琴响起来了，篝火点燃了，伴着悠扬的蒙古长调，原本相识或素昧平生的人拉起手翩翩起舞，纵情歌唱，陶醉在大漠的怀抱中。

四季最佳游玩攻略

月亮湖现在已经建设成了一个旅游区，它的一面扎设了蒙古包，近湖的一面，是斜坡式别墅群，外观典雅，设计精巧，造型别致，如果是与情侣来这里，可以住一住蒙古包或者别墅。不过十一黄金周或者是旅游旺季，这里的游客非常多，所有床位爆满，如果要住的话，就一定要预订。

在月亮湖，可以游泳，而在大漠中游泳，感觉非常棒，但仅限于夏天，建议女士带好泳衣。需要提醒的是，月亮湖的水即使是在夏季也特别凉，如果体质不好的话，千万不要逞强。

旅游小贴士

怎么去：前往内蒙古月亮湖，可以先乘坐飞机或者火车到达宁夏银川，再从银川的汽车西站乘坐汽车前往阿拉善左旗。到了这里，租车前往月亮湖。由于车子是在沙漠中行走，建议租越野车，并且是有经验的司机带领前往。

最佳时间：夏季

周边景点：月亮湖、腾格里达沙漠、观鸟

青海湖鸟岛

青海湖的鸟岛有着独特的地理条件和自然环境。这里地势平坦，气候温和，三面绕水，环境幽静，水草茂盛，鱼类繁多。那些独具慧眼的鸟儿们，根据自己的习性和爱好，在这里选择不同的地形地貌和生态环境，构筑自己的家园。

鸟岛的鸟，大都是候鸟。每到春天，当印度洋上的暖流涌来时，侨居南亚诸岛的鸟禽向北迁徙。到达目的地后，来不及洗去羽毛上的征尘，也顾不上安闲地歇息，便忙忙碌碌地衔草运枝，建造新居。这时候的鸟岛，全岛布满鸟巢，熙熙攘攘的情景蔚为壮观。进入这里，简直到了一片欢腾的世界、繁忙的世界、喧闹的世界。

据鸟类专家推测，鸟岛上栖息的候鸟有10万多只。其中，以斑头雁、鱼鸥、棕头鸥、鸬鹚、天鹅居多，它们从早到晚不停地起飞落下，落下又飞起。天上地下，岛上岛下，全是鸟儿们的身影。

　　每年的5~6月份后，便是候鸟产卵的季节。这时，岛上的鸟蛋一窝连一窝，密密麻麻数也数不清，所以，人们又把这里也称为蛋岛。等到幼鸟出来、羽毛丰满，能远走高飞时，双亲才带着它们到处去游荡、觅食。而此时，也是到青海湖鸟岛观鸟的最好季节。到了这里，你可以看到有的鸟儿到附近的高山平湖去消夏，有的鸟儿到清澈的幽静的山溪去栖息，有的鸟儿到环湖周围的河汊里去嬉戏。

　　到了九十月间，幼鸟们都长大了，翅膀也练得硬了。这时，西伯利亚的寒流又渐渐南侵，岛上的鸟儿们又纷纷离开自己的故乡，向南移居，到印度、尼泊尔、孟加拉国、泰国、新加坡等南亚诸地避寒，而鸟岛又恢复了以往的寂静。

　　五六月份到青海湖，除了看鸟，还有一种风景也美到极致。只见湖边的草地也开满了野花，湖畔田野上还有成片成片盛开的油菜花，与蓝天白云、烟波浩渺的青海湖相映衬，就像一卷灿烂而朴实的风情画铺在青藏高原之上。

青海湖鸟岛

　　由于青海湖地势平坦，这里种植的油菜花多用拖拉机播种，一垄一垄的在大地上蜿蜒起伏，直到天边，线条简单而不失自然美丽，那种块状结合的构图给人以丰富的遐想。如果从远处看，蓝、黄、绿、白、红几种颜色的完美结合，更让青海湖充满了无穷的诱惑。

四季最佳游玩攻略

1. 观鸟最佳攻略

在青海湖，除了鸟岛是最佳的观鸟之地以外，处于黑马河镇与湖区之间的沼泽地也是很好的观鸟点。黑马河镇在 109 国道 2176 千米处，距西宁 210 千米，从该镇的两头都可以进入沼泽地，许多黑颈鹤、长嘴百灵常栖息于此。而青海湖的鸟类很多，如须浮鸥、赤颈鸭、斑头雁、黑颈鹤、赤麻鸭、绿翅鸭、灰雁、绿头鸭、白翅浮鸥、凤头潜鸭等。

2. 观鸟的时候也可以看看油菜花

到青海湖观鸟的时候，油菜花也盛开了。在青海湖，看油菜花的最佳地点是从西宁去青海湖的路上，这里的油菜花层次感丰富。而日月山以西地区，油菜花平铺在青海湖岸，一望无际，也极为壮观。此外，青海湖南岸的江西沟与 151 景区之间有原兰州军区农场的几万亩油菜；151 景区与青海湖渔场之间的油菜花也很多。而环湖北岸的油菜花则遍处都是。

3. 不可不知的 Tips

青海湖的天气变化不定。一天当中可让你经历春、夏、秋、冬也并不奇怪。所以，即使在五六月份前往，早上温度只有几度也不足为奇，因此要多带些衣服，以防感冒。

🏍 **旅游小贴士**

　　怎么去：前往青海湖，可以先乘坐火车或者汽车到达青海省。从西宁长途汽车站坐汽车到离鸟岛约 50 公里的黑马河，然后租当地的小面包前往；每天早上 7 点 45 分，西宁火车站南边的长途汽车站会有去青海湖西边鸟岛的中巴；如果想在青海湖多待一阵子，建议包车前往。

　　最佳时间：每年 5~6 月，以 5 月为佳

　　周边景点：鸟岛、海心山、黑马河、海西山等处

漠河北极村

漠河北极村是一个我国最北部的边陲小村，素有"北极村""不夜城"之称，是全国观赏北极光和白夜胜景的最佳之处。每年夏至前后，这里有 20 小时可以看到太阳，这便是人们常说的极昼现象，幸运时还会看到异彩纷呈、绚丽多姿的北极光。

漠河北极村

所谓极昼，是地球沿着倾斜地轴自转所造成的结果。也就是说，地球自转时，地轴与垂线成一个约 23.5° 的倾斜角。因而地球在围绕着太阳公转的轨道上，有 6 个月的时间，南极和北极的其中一极总是朝向太阳，另一极总是背向太阳。这时，便产生了极昼或极夜。

在极昼出现时，即使到了晚上 11 点，天空仍然如同白天一样。向北眺望，天空泛白，像傍晚，又像黎明，人们在室外可以下象棋、打球。而当夜幕降临到午夜后的 1~2 点时，天空稍微黑一会儿，又开始放亮。此时，晚霞与朝晖在北方的天宇上交相辉映，其白夜之景十分壮观，因此游人称漠河为"不夜城"。

漠河极昼的出现的时间大约在夏至前后的 9 天中，此时，漠河多是万里晴空的天气，是体验极昼的最佳时期。而在极昼出现的时候，可能会产生北极光。

当极光出现时，人们看到的光线有条状的、带状的、伞状的、扇状的、片状的、葫芦状的、梭状的、圆柱状的等等。除了形状各异，北极光的颜色更是五彩缤纷，赤、橙、黄、绿、青、蓝、紫，各色相间，色彩分明。由初升到消逝，神奇莫测，绚丽多姿……正因为如此，因而每到夏至前后，有很多人到这里来等待极光。

每年夏至节期间，漠河的人民会举办夏至节篝火晚会，载歌载舞、通宵达旦。此时，漠河县平静的小镇盛况空前。广场文艺晚会演出结束后，人们意犹未尽，在这极昼之夜仍自发地聚集在广场上翩翩起舞，青年人围着篝火跳起了优美的交谊舞，充满了青春活力，老年人也扭起了东北大秧歌，他们随着欢快的鼓点，尽情地扭着、跳着。午夜时分，还会吃夜餐，像年夜饭一样热闹，佳肴味美，醇酒飘香，欢歌笑语，此起彼伏，整个夜晚都充满了欢乐和浪漫的气氛，人们都在享受这个白夜带来的欢乐。

四季最佳游玩攻略

北极村的最大特点就是随意一个地方，都可以说是中国最北端：中国最北之家、最北的邮局、最北的小学、最北的乡政府，甚至还有最北的厕所。中国最北之家据说是经专家通过经纬度测定验证最北的一户人家，是北极村的地标性建筑。来这里的人，临走前都不忘在中国最北端的邮局里买张明信片，盖上最北端的邮戳，留作纪念。

不过去漠河旅游，建议多带点衣服，因为这里即使是盛夏，到了午夜气温却只有 10℃ 左右，如果晚上想体验极夜或者极昼，那就会冻得直打哆嗦。

🚗 旅游小贴士

　　怎么去：可从哈尔滨东站乘坐火车在漠河下，也可以从齐齐哈尔出发，乘火车，中途停靠漠河（西林吉站）。从西林吉站有班车直达北极村，也可包车前往北极村。

　　最佳时间：夏至前后

　　周边景点：北极哨所、最北之家、北极地磁台、洛古河、胭脂沟

夏季游

新疆将军戈壁

　　出新疆奇台县城向北行几十千米，便是一望无际的将军戈壁，它曾经是个人迹罕至的万古荒原，开阔的沙地上生长着红柳、梭梭和芨芨草，红黑色的石滩在阳光照射下，暑气蒸腾，还经常会出现虚无渺茫的海市蜃楼。

　　走进将军戈壁，你会发现，这里的天空蓝得让你心醉，空气新鲜得让你不忍呼吸；这里有烈焰腾空般的火烧山，有红毡铺地的红柳，有绿意如春的梭梭林……徜徉其间，没有枯燥、单调和荒凉，有的只是惊奇、激动和不舍。

新疆将军戈壁

　　而将军戈壁最让人赏心悦目的是如梦如幻的海市蜃楼。在夏日的中午，海市蜃楼出现得最为频繁。远远望去，只见一泓春水微波荡漾，沙丘小树点缀其间，幻化成亭台楼阁，虚无缥缈，偶见身影闪动，如闲云野鹤，好不诱人。

除了海市蜃楼，将军戈壁遍地都是古迹，到处都是胜境，不仅包括风化而天成的砾质戈壁，同时还广布沙漠、泥沙、盐漠、盐沼等干燥气候条件下形成的特殊地貌景观。这里分布着 5 亿年前到 7000 万年前的数百种古生物化石，种类之多，相延时间之长，在我国乃至世界都是罕见的，被专家称为"史前博物馆"，它向世人揭示了地球怎样从荒蛮步入文明的艰辛过程。

另外，将军戈壁还有亚洲最大的硅化木群，以石树沟的硅化木群较为壮观。当你来到石树沟，首先映入眼帘的是小山丘鳞次栉比的"碉堡"群。走到近处一看，才发现那一座座"碉堡"竟是残存的石树墩，那些小山包，将石树残墩烘托得非常壮观。这里的硅化木各个粗壮完好，有的石树在沙丘之间搭起一座独木桥，引得游人纷纷登桥留影。而这硅化木群，与轰动中国的恐龙沟、被称为化石之库的石钱滩、魔鬼城并称将军戈壁"四大奇迹"。

看完了美景，也要听一听将军戈壁传奇的故事。从过去到现在，将军戈壁一直就有着众说纷纭的传说，其中说得最多的是关于唐朝年间的。据说，唐初一名大将军率 500 名士兵与西突厥决战于这一戈壁地带，突厥人全部被歼灭后，唐军也迷失了方向，陷入了无水的绝境而无法自拔。万般无奈之际，突然发现前方一汪碧水，波光粼粼，湖边杨柳摇曳，屋舍连片，将军和士兵不约而同地向着有水的前方狂奔，但人进水退，永远无法接近，最后湖水隐去了，前方仍是一片赤焰的戈壁。众将士正在懊悔，突然左前方又出现了湖水屋舍，湖水引诱将士们再度狂奔，最终因缺水全军尽丧于此。后人在将军捐躯处修了一座庙以纪念他，取名"将军庙"，将这一带的戈壁荒滩也称为将军戈壁。

历史因久远而变得模糊不清，《奇台县志》里没有关于将军戈壁这一名字的记录，而《奇台县乡土志》却有关于将军庙的记载。如今，将军庙已坍塌，只剩一处残垣断壁，但它却作为地名而被流传下来，吸引着众多人来此考证。

四季最佳游玩攻略

在许多人的心目中，看海市蜃楼不过是一种传说，真正见过海市蜃楼的实如凤毛麟角。但是，在将军戈壁经常能见到海市蜃楼，尤其在将军庙一带。

只要是晴日，海市蜃楼几乎每天都可以看到。看海市蜃楼最佳的时间，是夏日的中午。海市蜃楼开始的时候，远远望去，一片白雾缭绕，底部像一泓明净的湖水，那些沙丘小树被幻化成亭台楼阁，虚无缥缈，偶尔可以看到其间身影闪动，真有闲云野鹤之感。

不过这美景只能远看，一旦走到跟前，一派美景顿成沙漠。初到将军戈壁的人常被这种幻景所迷惑，因追蜃景而迷路的事常有发生，所以自己要多注意，而且不要一个人单独行动。

旅游小贴士

怎么去：乘火车或汽车至奇台县后，在县城客运站包车前往将军戈壁即可。

最佳时间：每年夏季，此时可以看到海市蜃楼

周边景点：石钱滩、北塔山硅化木

河北白洋淀

白洋淀就是荷花的天堂，每到夏天，站在白洋淀举目四望，只见水天泽国簇簇荷花逐波荡漾，各种荷花竞相开放，小到案头的碗莲，大到能负重几十斤的南美王莲，红、黄、白、粉、绿不同的花色，单层、双层、多层的花形……她们风情万种，仪态万千。此时的白洋淀荷红苇绿，从粗犷的汉子变成了妩媚的少女。

7月，站在白洋淀，举目望去，层层叠叠的荷花一眼望不到边，刚出水面的荷花在重叠的荷叶之间或举或藏，或开或闭，或躺或卧，浑然天成，充满野趣。到了8月，白洋淀荷花全部盛开，红白相间，亭亭玉立，分外纤妍。9月的夜晚，淀风习习，蛙鼓阵阵，万亩荷塘翠叶叠盖，荷花清影缥缈可见，每一缕风，都捎来了荷花的清香。

到白洋淀看荷花，荷花大观园不可不去。白洋淀的荷花大观园荟萃了我国南北各地300余种荷花，景色雅而奇，成为我国目前面积最大、品种最齐全的荷花展示基地。在荷花大观园中有十里环园路，湖面上有赏荷桥，湖中有万米船航道可供游

人赏百顷荷花塘，让游人能从每一个角度欣赏到荷花的万种风情。

在荷花大观园荷塘的小道上，首先看到的是碧绿的荷叶。这里的荷叶出水一人多高，充盈湛绿的姿态就像一位位身披绿纱的仙子，陪伴着美丽的荷花。在层层的叶子中间，点缀着那纯洁、端庄、恬静的美丽使者——荷花。洁白无瑕的碧玉荷花，仿佛是雕刻的艺术品，她生长的晶莹，富有生机。那刚露尖尖角的粉荷、含苞欲放的黄荷、纵情盛开的红荷，不蔓不枝，香远益清，叫人目不暇接，美不胜收。

河北白洋淀

每年的农历七月七日，是放荷灯的日子。这天，也正是传说中的牛郎织女鹊桥相会的日子，善良的白洋淀人点起荷灯为这对情侣照明。一到晚上，白洋淀内大小36个水庄的男女老少就近拥到村边，拿出早已备好的荷灯点燃起来，放到水中。码头上，彩灯高悬，锣鼓喧天，人头攒动，就是水乡各个村庄的群众，也拥向村头淀边。人们或是在淀边，或是划船到淀里把荷灯点燃，让荷灯随着流水漂走。

荷灯点燃的那一刻，空中，群星闪烁；淀面，波光粼粼，荷灯漂荡。荷灯与天上星光相互辉映，整个白洋淀是灯光的世界。岸上锣鼓声、欢笑声、歌舞声汇成一片。所有的人都怀着一颗虔诚的心，把他们的心愿和祝福寄托在荷灯之中。

此时此刻的白洋淀，是灯的世界。老年企盼长寿，青年男女寄托自己的情思，孩子们把憧憬和希望寄托在小小荷灯上。这样的情景，无论是你站在远处陈望，还是在近处参与，都会使你感到徜徉在欢乐幸福的灯的河流之中。

四季最佳游玩攻略

每年的 5 月到 10 月为白洋淀旅游旺季，但是在每年七八月份的荷花最为美艳。而且这个时候的温度比较适宜，虽然旅游费用要略高，但绝对值得。而最好的观荷地点便是荷花大观园与白洋淀文化苑，其中白洋淀文化苑的睡莲最为出色。

白洋淀的异域风情园还是很有看头的，这里有泰国人妖的表演，高空走钢丝，人鳄嬉戏等节目，质量都比较高，而且可以与传说中的泰国人妖亲密接触。

不过，在门口可能有人会给你一张券，说拿这张券可以免费领取一份礼品。其实这里面有一点"欺骗"的性质。这个领取礼品的地方是一个寺庙，会让你捐一些功德钱，当然，看到你像有钱人，就会给你护身符什么的，再让你继续捐钱。至于要不要，这可就是仁者见仁智者见智了。

《嘎子·印象》是一个大型的武打搞笑版情景剧，全过程大约 40 分钟，有除汉奸、端岗楼、打伏击等故事，其中的主要人物便是小兵张嘎、罗金宝等电影中的人物，当然还有现代武打、高空威亚、实景烟火等现在电视电影经常用到的技术，其夸张搞笑的剧情更是让人捧腹大笑，虽然门票有点贵，但绝对值得。

🚗 旅游小贴士

怎么去：前往白洋淀，可以先到保定，然后在这里的长途汽车站乘车前往安新县城，往返班车每 20 分钟一趟，另有个体班车从保定老城根发车，每 5 分钟一趟。到达安新县城后，租一个三轮车到达白洋淀码头，然后坐船进入白洋淀。

最佳时间：每年 7~9 月

周边景点：荷花大观园、白洋淀文化苑、异域风情园等

浙江楠溪江

绵延 300 里的楠溪江，逶迤曲折，有 36 湾、72 滩，以"水秀、岩奇、瀑多、村古、滩林美"而闻名遐迩，是我国国家级风景区当中唯一以田园山水风光见长的景区。那文化与山水的相互交融，人类生活与自然环境无限默契，它犹如一件巨大的艺术瑰宝，天生丽质，至真至美……

古往今来，楠溪江的山水激发了无数文人雅士的情思。晋代书法家王羲之、唐朝诗人孟浩然、宋文学家苏东坡等历代文人，无不慕名挥毫，吟咏不辍。"水是青罗带，山如碧玉簪"的楠溪江，以其迷人的山川，迷人的溪流，迷人的村落，迷人的风情，吸引着众多海内外游客纷至沓来。

浙江楠溪江

到楠溪江，最有意思的便是泛舟楠溪江上，你可以远眺绵绵青山，近看郁郁滩林，俯赏碧蓝江水，饱览溪光山色，令人心旷神怡。而这里的流水常年不枯，河流迂回柔曲，缓急有度，使流速的快慢与河曲的回环，构成时间与空间上的巧妙结合，给人以舒心的韵律感。

在楠溪江及各支流上游，还有凝灰岩和流纹岩，形成了奇峰耸立、峭壁拔地的景观。其峥嵘嵯峨的气势，与柔美亲切的楠溪江水景形成强烈的对照，成就了楠溪江一种刚性之美。在楠溪江众多的岩石中，以石桅岩最为著称，它三面环溪，一峰拔地，势如船桅，十分壮观。再如大箬岩的十二峰，姿态各异，参差笔立，大有破天争空之势，观此景，会使人心神为之一振。至于其他耸峙于山谷间如"天柱峰""棒槌岩"之类的奇峰异石，为数就更多了。

除了奇峰异石众多外，岩洞悬壁也是楠溪江山石奇观的又一特色。在接天连地的悬崖峭壁上，镶嵌着许多大小不等、形态各异的洞穴。如小箬岩洞，悬嵌在近200米高的崖壁间，上有百余米，下有数十米，一条栈道，缘壁而入，令人叹为观止。

在楠溪江沿岸，还有很多的村落，至今仍保持着比较完整的历史风貌和许多文化遗迹。在这里，你既可以看到新石器时代遗址，也可以看到大量明清时代的建筑，形成了古朴自然、协调优美的石头建筑艺术。其中以保留了宋代耕读文化的岩头村、苍坡村、芙蓉村等古村落最让人流连忘返。绵延数十千米的滩林如同绿色屏障，遮隐了两岸的村落、田园、荒丘，形成以清流碧潭为中心的河滩、草地、远山、近水等层次丰富的景观，也让人不由羡慕生活在这里的人。

四季最佳游玩攻略

到楠溪江游玩，如果对住宿没有过多要求的游客最好选择住在大楠溪（岩头中心）景区所在的岩头镇上。再以岩头为中心，乘车前往其他景区游览各景点，这里与各个景点距离不远，且交通方便。岩头镇上晚上还有大排档，可以吃吃当地的野菜、聊聊"天南地北"，这也不失为楠溪游的"夜生活"的一种乐趣。

需要注意的是，景区住宿房间数量有限，黄金周期间最好提前预订，不然的话就有露宿街头的可能。

旅游小贴士

　　怎么去：温州是到楠溪江旅游的交通要塞，游客均可依各人情况乘火车或飞机到达温州，再转车至楠溪江。此外，杭州长途客运南站有直达到永嘉的班车，班次较少，分别为 10：00，16：00。

　　最佳时间：每年 5~7 月为佳

　　周边景点：陶公洞、十二峰、百丈瀑、崖下库、楠溪江漂流等

呼和诺尔大草原

　　呼和诺尔草原在呼伦贝尔市陈巴尔虎旗，距海拉尔区约 45 公里，是呼伦贝尔草原的一部分，也是当地最具代表性的草原民俗旅游点，可以说是整个呼伦贝尔大草原秀丽风光的缩影。

　　走进呼和诺尔草原，清新的空气让整个人都变得亢奋。放眼望去，坦荡无垠的草原环抱着波光潋滟的呼和诺尔湖，辽阔壮丽的草原上，随处可见成群的牛羊、奔驰的骏马和牧民的身影。夏天，草原上盛开着烂漫的鲜花，洁白的蒙古包如星星一样，点缀在这片绿洲里，牧羊人骑着高大的骏马，嘹亮的歌声婉转悠扬……

　　在呼和诺尔草原游览，最引人注目的还是呼和诺尔湖。呼和诺尔湖蒙古语中“呼和诺”，意为“青色的湖”。它由莫尔格勒河曲折注入，再向南流入海拉尔河，所以呼和诺尔湖水是一池“活水”。湖面上碧波荡漾，野鸭成群。湖面四周绿草如茵，湖水清澈洁净，犹如一颗闪亮的明珠。在湖西岸的山冈上，有一座高大的蒙古包群，如同圣洁的白莲花开放在绿野上。

　　到呼和诺尔草原旅游，最大的乐事是穿着蒙古袍，骑着高大的骏马，驰骋在绿色的原野上，或是坐着双峰驼、乘着勒勒车漫游。当然也可以划着小船在呼和诺尔湖中垂钓，或是在那达慕大会上观看赛马、蒙古式摔跤、参加篝火晚会等。

　　那达慕大会每年都在 7 月末 8 月初举办，内容主要有摔跤、赛马、射箭、赛布

鲁、套马、下蒙古棋等民族传统项目，当然，其中的赛马是最吸引人的活动。蒙古族人是在马背上长大的，对马有着特殊的感情。赛马不仅需要平日把马驯得十分熟练、十分得心应手，而且要有娴熟、高超的骑术和顽强勇猛的精神。比赛时，骑手们身着蒙古袍，足蹬高筒蒙古靴，头扎彩巾，腰束彩带，生气勃勃，英姿飒爽。开始比赛了，数十匹马站在起跑线上，令枪一响，马匹就如同离弦的箭，你追我赶，向前飞奔。赛场顿时沸腾起来。第一匹马冲到终点，人们立刻唱起优美的赞歌。

到了日落时分，如果登上呼和诺尔草原最高处向下望，就可以看见号称"天下第一曲"的莫日格勒河。它在草原上拐了1000多个弯，蜿蜒柔美的河水，在夕阳中泛着波光，这时，绿色的草原也被这柔和的色调所笼罩，美得安详宁静，美得无与伦比。

呼和诺尔大草原

四季最佳游玩攻略

呼和诺尔草原的暮色非常漂亮，太阳的余晖给绿色的草原镀上了一层金色，和着天边的云彩、湖水成了一幅美轮美奂的画面。其次，呼和诺尔草原上的日出也特别壮观。如果你是一名摄影爱好者，可选择这两个时段进行拍摄。

旅游小贴士

　　怎么去：在北京、哈尔滨，沈阳、包头等地区有列车直达呼伦贝尔。到达呼伦贝尔市后，可在呼和诺尔车站乘车直接到达陈巴尔虎旗的呼和诺尔草原。在7、8、9月旅游旺季的时候，从北京发往呼伦贝尔的航班有2~3趟，行程约2.5小时。

　　最佳时间：每年7~9月

　　周边景点：呼和诺尔草原、金帐汗蒙古部落、呼伦湖等

龙脊梯田

　　梯田到处可以看见，但是像龙脊梯田这样大规模的集中实属罕见。到达龙胜，你就可以发现，从流水湍急的河谷，到白云缭绕的山巅，从万木葱茏的林边到石壁陡崖前，凡有泥土的地方，都开辟了梯田，让每位看见这一景色的游客，心灵也都会被深深地震撼！

　　龙脊梯田分布在海拔300~1100米之间，从山脚盘绕到山顶，小山如螺，大山似塔，层层叠叠，高低错落。从高处望去，只见梯田如练似带，把一座座山峰环绕成一只只巨大的螺蛳，有的像巨扇一样半摺半开，斜叠成一个个狭长的扇；有的则像天镜被分割，然后有层次地镶嵌成多种图形的碎块。而蜿蜒在跌宕有致梯田里的小路，飘忽成一根根细绳，而袅袅地萦绕在它上空的龙脊壮族山歌，缥缈成一缕缕云烟跌入每一个人的心里。

　　龙脊梯田的线条也特别美，它一条条、一根根、或平行或交叉，蜿蜒如春螺、披岚似云塔，动人心魂；它行云流水，潇洒柔畅，其规模磅礴壮观，气势恢宏，有"梯田世界之冠"的美誉。最有趣的是，在这浩瀚如海的梯田世界里，最大的一块田不过一亩，大多数是只能种一二行禾的碎田块，因此有"蓑衣盖过田"的说法。

　　龙脊梯田一年四季的景色各异。春天，田里装满了水，如串串银练山间挂；夏

季，禾苗一片绿色，似排排绿浪从天而泻；金秋，稻穗沉甸，像座座金塔顶玉宇；隆冬，瑞雪兆丰年，若环环白玉砌云端，这种景象可以称得上是人间一大奇观。然而，梯田最美的时节在农历四月十五后的半个月，这时候，梯田开始放水，那水盈盈的世界折射出的光芒很吸引人。如果在日出或者日落的时候观看龙脊梯田，只见水田里反射出漫天的光辉，与远处的云霞互相辉映。

龙脊梯田

龙脊的梯田，包括平安北壮梯田和金坑红瑶梯田两个景区。两处梯田既有大刀阔斧的砍削，又有丝丝入扣的精雕细琢；既显得气势磅礴，又含着清秀的艺术情调。由于山行各异，呈现两种互不雷同的诗域画境，两者一南一北如双壁辉映，分别构成北壮和红瑶两个文化空间，可谓组合巧妙，相互辉映。

在龙胜梯田的周边，有很多的村寨，居住着壮、瑶人民。这里有瑰丽多姿的民族文化，有被梯田拥在怀里、被水光映照、被云影拂弄、被空灵成天上宫阙的吊角木楼，有似梯田一般延绵不绝、饮唱不熄的山歌，有别具一格的民族服饰，有奇特的风俗，有酿香的水酒……这所有的一切，都和高山、森林、云海、梯田一起，构成龙脊梯田深厚的文化内涵，也成为旅者难以忘怀的风景。

四季最佳游玩攻略

1. 徒步是看龙脊梯田的最好方式

在龙脊梯田旅游，徒步旅行深受驴友的喜欢。如果选择徒步，建议在村寨中找景点的时候，岔路相对多一定要记住沿着石板路走，实在不知道就问在路边劳作的农民们，他们会很热情地指路。如果是一个路痴，可以找一个村民带路，到时候酌情给一些钱就可以了。

2. 摄影小贴士

平安七星伴月景点拍出来的照片很漂亮，是摄影发烧友的好去处，在这里可以拍到很多很美的照片。此外，可以去大寨村、中六村看看，这里的梯田景色也不错。

如果错过了夏季的梯田，可以在冬季去看看，龙脊的雪景也很棒，但是下雪的时间不定，看运气了。

3. 不可不知的 Tips

由于龙脊梯田近年来旅游的人特别多，所以当地的商业气息很浓，最好是在进行任何行动之前先谈好价钱，以免发生不必要的纠葛，此外，这里有的寨子中有表演，如果去看的话，一定要问清楚是不是收费。

🚗 旅游小贴士

怎么去： 龙脊梯田常规来说有 2 个入口，一个是平安村，一个是大寨村。游客可先到桂林再前往龙胜。桂林汽车总站每隔 40 分钟就有一班发往龙胜的豪华大巴；龙胜县城每天有数班开往平安村及金坑大寨的面包车。背包客一般是先游平安梯田，然后乘返回龙胜的面包车在双河口站下车，等待开往金坑大寨的面包车。

最佳时间： 每年农历四月十五以后的半个月

周边景点： 平安北壮梯田，金坑红瑶梯田

乌尔禾魔鬼城

　　乌尔禾魔鬼城在蒙古语中称为"苏木哈克"，在哈萨克语中称为"沙依坦克尔西"，其意皆为魔鬼。之所以叫魔鬼城，不仅因为它特殊的地貌如魔鬼般狰狞，而且源于狂风刮过此地时发出的声音有如鬼哭狼嚎般令人毛骨悚然。

　　魔鬼城的形成，大约在1亿年前。在当时的白垩纪时，这里曾是一个巨大的湖泊，水中栖息着剑龙、翼龙等远古动物。后来，经过两次大的地壳变动，湖泊变成了间夹着砂岩和泥板的际地瀚海，地学上称它为"戈壁台地"。又经历了千年地质

乌尔禾魔鬼城

的转变，城堡经历黄色、红色、黑色等多彩的变换，变成今天的魔鬼城。在阳光的照耀下，乌尔禾更显出气势的恢宏堂皇。20世纪60年代，地质工作者在这里发掘出一具完整的翼龙化石，使乌尔禾魔鬼城更加名闻天下。

　　乌尔禾魔鬼城平常一片死寂，一旦风起，霎时间，便风沙弥漫，天昏地暗，狂风在犬牙交错的岩石空隙中肆意穿越，发出震撼人心的怪叫声，如千车疾驰、万马

嘶鸣，似狗吠狼嚎，令身临其境之人毛骨悚然，魔鬼城简直就变成了一座阴森、凄惨的鬼城，难怪这里的人们谈"城"色变。但是，魔鬼城里一座座艺术"泥塑"都是风沙造就的，历经光阴的千年蚀刻和地质的沧桑变化，它们变得越发多姿多彩。

在没有狂风的状态下，魔鬼城就像是一个颓废的古城：纵横交错的风蚀沟谷是街道，石柱和石墩是沿街而建的楼群。仔细观察，沟壑蜿蜒间，红色的土包层层叠叠，形态多变，有的龇牙咧嘴，状如怪兽；有的危台高耸，形似古堡，或似亭台楼阁，檐顶宛然；有的像宏伟宫殿，傲然挺立；还有的山丘像一峰昂首跋涉的骆驼，峰顶巨石像猴儿戴帽；有的像耸入云霄的摩天大楼或像平地突起的压形牌坊，有的好似尖顶教堂或似圆顶庙寺……经过亿万年岁月，大自然的"手"雕刻出千奇百怪、栩栩如生的各种形态，而只要你能想到，这里就能看到整个世界！

乌尔禾魔鬼城是可怕的、怪诞的，笼罩着苍凉与孤独，千万年来耸立于荒漠之中，粗野而暴力，但偏偏就是这种美征服了世人，曾被许多电影选为外景地。比较知名的有《七剑》《卧虎藏龙》《天地英雄》《冰山下的来客》等。而许多摄影家一踏进乌尔禾魔鬼城，就被那些千奇百怪、张牙舞爪的地貌所撼动，梦幻般的迷宫世界与色彩金黄的城堡成了他们最好的摄影主题。

四季最佳游玩攻略

乌尔禾魔鬼城地处风口，四季多风。据统计，每年大小风要刮到 300 多次，占年度天数的 86.5%。7~8 级以上大风每年不少于 40 次。每当大风刮起，黄沙遮天蔽日，风在"城"里回旋，击荡"楼阁"，凄厉呼啸，如同鬼哭狼嚎，仿佛无数魔鬼到此聚会，闻者无不毛骨悚然。如果你认为自己胆子大，在这个世界上还没有什么能吓到你，可以在这个时候前往，不过一定要做好相关的食宿安排，不可冒险，一定要有向导，才能进入魔鬼城。建议包车去啊，不然晚上想走也没"门"。

旅游小贴士

怎么去：可以先坐火车或飞机到乌鲁木齐，然后再从克拉玛依驻乌鲁木齐办事处乘班车前往，车程约 10 小时，然后再从克拉玛依市坐车到乌尔禾，再从乌尔禾包车前往魔鬼城。

最佳时间：每年 8 月

周边景点：黑油山公园、一号井、白杨河大峡谷

赛里木湖

　　赛里木湖位于新疆的天山山脉中，它就像一颗璀璨的蓝宝石高悬于西天山之间的断陷盆地中。这个新疆海拔最高、面积最大的高山冷水湖，湖水除周围一些小河注入外，主要靠地下水补给。由于所处位置较高，蒸发量较小，因而湖水略带咸味，属微咸湖。

　　赛里木湖是淡水湖还是咸水湖，与我们没有多大关系，但它的美景却是任何一个人都不可忽视的。隆冬季节，赛里木湖瑞雪飞舞，银装素裹，雪涌水凝，那葱翠的苍松与洁白的雪被交相辉映，构成一派北国林海雪原的壮阔景色；春夏季节，湖畔广阔的草地上，牧草如茵、黄花遍地、牛羊如云、牧歌悠悠、毡房点点，构成一幅充满诗情画意的古丝路画卷，可以使人们充分领略回归自然的浪漫情怀与塞外独特的民族文化。

　　虽然，赛里木湖的冬天别有一番风情，但以夏季的赛里木湖最为诗意。5 月下旬，赛里木湖的积雪融化，雪水汇入了蓝色的湖泊中，也渗入了湖边的土地里。于是，群草吐苞，百花争妍，漫山遍野的亚高山草甸鲜花怒放。其中尤数盛开黄色花朵的野罂粟、金莲花、萎陵菜等金黄色鲜花最为惹眼，整个赛里木湖变幻成一个金黄色的世界。在满地金黄中还点缀着紫、红、蓝、白等五彩斑斓的各种鲜花，赛里木湖成了花的海洋。而此时，赛里木湖的气候最为宜人，是游客前来观光旅游的最

佳季节，也是每年黄金旅游拉开序幕的季节。

除了湖边的美景，赛里木湖湖水的颜色也很吸引人的眼光。赛里木湖的透明度达10米以上，为我国湖泊透明度之冠。不仅如此，赛里木湖还是我国有名的变色湖之一。赛里木湖的湖水本来呈蓝色，但由于水底地形的影响，加之波浪湖流及天空状况的变幻，湖水色彩斑斓，且随时改变着自己的颜色，蓝、紫、青、绿、橙、黄、红、灰、白等各种色彩一应俱全，湖光山色浑然一体，构成了一幅偌大的绝美水墨画。

赛里木湖旁边的草原还是新疆最大的夏牧场之一。一望无际的绿色原野上，承载着数十万头洁白如珍珠的羊只，构成了赛里木湖十景中最富草原情趣的"绿色珍珠"动景。在六七月份，远远望去，便可以看到辽阔的草原上，毡房点点，炊烟袅袅，奶茶飘香，千万只洁白的绵羊在草场上涌动，犹如蓝天上的朵朵白云，与牧马、牧民构成了一幅静谧、温馨、粗犷深远、如诗如画的牧场风物画。

赛里木湖

四季最佳游玩攻略

每年7月底8月初，当地的蒙古族和哈萨克族的牧民都要在赛里木湖周边的草地上举行赛里木湖那达慕大会。而此时是到赛里木湖观光旅游的好时机。

节日期间，草原百里方圆的蒙古族、哈萨克族牧民相约而来，载歌载舞举行传统的体育比赛及集市贸易活动。内容有摔跤、赛马、刁羊、姑娘追等少数民族传统娱乐和物资交流活动，各种比赛、表演精彩纷呈，气氛非常热烈。可充分领略到蒙古族和哈萨克族的草原民族风情。

 旅游小贴士

　　怎么去：从乌鲁木齐到伊宁市的班车会经过赛里木湖；此外，博乐市和伊宁市都有专线旅游车到达该湖。

　　最佳时间：5月下旬~7月

　　周边景点：草原、湖水、花海、那达慕大会

巴音布鲁克

　　巴音布鲁克草原位于和静县西北，天山南麓，由大小珠勒图斯两个高位山间盆地和山区丘陵草场组成，是中国仅次于鄂尔多斯草原的第二大草原，也是天山南麓最肥美的夏牧场。这里雪峰环抱，地势跌宕，水草美，风光诱人，著名的"天鹅湖"、中国唯一的天鹅自然保护区就在此地。

　　仲夏时节是巴音布鲁克最美的季节，此刻，草原上鲜花盛开，争奇斗艳，羊群像白云游荡，雪莲花般的座座蒙古包坐落其间，组成了一幅美丽的草原画卷。站在草原的制高点，放眼望去，只见冰岭雪山、蓝天白云、松涛林海，奔腾的巩乃斯河，星罗棋布的蒙古包，漫山遍野的绿草山花，撒满山冈的羊群，无不让人心旷神怡。

　　在巴音布鲁克草原中，还有一个天鹅湖。它是全国第一个天鹅自然保护区，由众多相互串联的小湖组成的大面积沼泽地，水草丰茂，气候湿爽，风光旖旎。在这里，栖息着我国最大的野生天鹅种群，还有其他的如雪豹、黑鹳、金雕、白肩雕等珍贵物种，构成了天鹅湖和谐的生态环境。

　　清晨，当远处的蒙古包升起袅袅炊烟，太阳渐渐升起时，雪山的倒影渐渐清晰

起来，野鸭、百灵、云雀也动起来了，它们在湖面上掀起了热闹的"鸟语大合唱"。而此刻，是天鹅休息的时候。众所周知，天鹅是一种优雅的鸟类，永远扬着高傲的长脖，即使是休息也时刻保持着自己的高贵。只见这些天鹅有的将颈插于翅下，或卧于地面，或单腿立于草丛，或漂浮于水面。

傍晚是天鹅觅食的高峰期。这时，天鹅们都在湖里跳起了精美绝伦的"水中芭蕾"。它们时而倒立，身体几乎垂直地伸入水中；时而捕捉漂浮的草茎，脖颈来回转动；时而蹲入草丛，搜寻细嫩的小草叶。天鹅颀长的脖颈使它拥有优雅的体态，觅食时，它的脖颈可任意弯曲扭动，画出一道道柔滑的弧线，让人久久沉迷于这优雅的世界。

巴音布鲁克

如果在农历六月初四至初六到巴音布鲁克，可以参加"那达慕"。这是巴音布鲁克草原上一年一度的盛会。可以观赏赛马、摔跤、歌舞等表演，在物资交流会上购买颇具民族色彩的纪念品。那达慕大会的第一天是蒙古族的"塔格楞节"，在塔格楞山上，一早便有身穿袈裟、手执法器的喇嘛端坐在蒙古包外，诵经祭佛。蒙古族及藏族的信众则身着盛装，在香烟缭绕中，围着草原上最大的敖包走动诵经，悬挂经幡，礼佛祭神，互相祝福。之后，便是草原上的比赛活动，有赛马、摔跤等活动。

四季最佳游玩攻略

夏季，除了是到巴音布鲁克看最美的草原的时候，也是观赏天鹅的时候。每年4月前后，大天鹅、小天鹅、疣鼻天鹅、雁鸥等珍禽鸟类陆续从南方飞回到这里繁衍生息，并开始配对产卵。到了六七月份，是看天鹅的最佳时候，此时，阳光下，天鹅、湖水、山峰、云影融成一片极为壮观的景致。不过看天鹅，建议到观鸟台去看，到这里看天鹅，不会打扰天鹅，可以看到天鹅最为原生态的飞翔、捕食情节。需要注意的是，天鹅在傍晚才开始出来觅食。

另外，草原上气温较低，要注意防寒，即使在夏季的七、八、九月，夜间休息时都须盖厚棉被。

 旅游小贴士

怎么去：可以从伊宁、库车乘坐长途汽车到达巴音布鲁克；此外，和静县有班车前往草原。如果是租车，400~500元一天

最佳时间：每年六七月

周边景点：天鹅湖

尼洋河

尼洋河藏人叫它尼洋曲，是雅鲁藏布江五大支流之一，发源于米拉山西侧的错木梁拉，由西向东流经工布江达县，在林芝县的昔嘎村汇入雅鲁藏布江。在这一路上，它就像是一个调皮的小孩，随着自己的意愿流淌着，呈现给旅游者无限的美景。

尼洋河源头是高山牧场，在这里，它只是涓涓细流，漫不经心地经过沙石、浅滩，让人也不愿意看它一眼。不知什么时候，它突然会聚成颇有规模的一股激流，狭窄的河道和石砾让它焦躁不已地喧叫起来，泛着踢腾起来的白浪，像鲁莽的少年

朝前直冲，瞬间，它越流越急，它想冲破各种阻力和障碍，走到自己想要去的地方。

在河流下淌的过程中，拐过一个急弯，就可以看见一块巨石像一枚带纽的四方印章，有一幢别墅大小，蠢立在尼洋河激流中心。本来就不宽敞的通途被这样的阻碍，让尼洋河就像是一个发脾气的小孩。湍急的水流直冲巨石，摔出巨大的轰鸣声，仿佛在怒吼。而巨石在翻腾着激荡着的水流冲击下，岿然显示着它"中流砥柱"的气度，在搏击中展露出深沉力量的水与石，互不示弱，宣泄着自然的力量，令观者无不热血沸腾。

尼洋河

经过了"中流砥柱"，尼洋河依旧不改自己调皮的形象，它拨弄着自己雪白的浪头，跳跃着、玩耍着；忽而，它变得秀雅文静，柔缓地放慢了脚步，如同出了闺房的大家闺秀；待转到一处宽阔平川时，它又变成了一个洋洋洒洒的公子哥儿，放荡不羁；再过一会儿，尼洋河奢侈地把河道一分为二，绕过一座座青山，流过一个个村落，在流淌中越来越开阔；快到林芝地区八一镇的时候，它就像一个成熟的少年，敛去了自己所有的光华，泛着碧玉般的柔光，滋润着沿途丰美富饶的高原江南的秀丽，让人瞬间就融化在这颜色中。

昔嘎村是尼洋河与雅鲁藏布江交汇处。此时，尼洋河水清澈而湍急，雅鲁藏布江水混浊而缓慢，尼洋河水汇入后逆流而上，一清一浊，对比鲜明。交汇处不规则的沙岛滩涂上被翠绿的草甸覆盖，草甸上牛羊鸣叫，在百年老柳的阴凉下悠闲地吃着青草，构成了一幅让人难以忘怀的田园美景。

四季最佳游玩攻略

游览尼洋河，如果想细细观看尼洋河的美景，建议跟团游览，如果自己能包车的话就更不错了。此外，乘汽车从拉萨前往八一镇的途中也可以看到迷人的尼洋河。

其中的"中流砥柱"是必看的景点，关于它的来源，还有一个传说很早很早以前，尼洋河一带常常发生水患，当地传说是河妖作怪，于是当地的一位神女为了镇住河妖，把她的修炼宝座施放入河中央，镇住河妖保住了一方平安，而这个宝座便是现在的中流砥柱。

🚗 旅游小贴士

怎么去：可先乘飞机到拉萨，再乘坐班车到林芝八一镇，班车的首发时间为上午8：00。从八一镇出发向南行约40公里，便可以近距离接触尼洋河。

最佳时间：夏季5~7月

周边景点：中流砥柱、原生态村落、高山牧场

茶卡盐湖

打开地图，在青海境内你会发现一个神秘的蓝色圆点，那就是茶卡盐湖。这个盐湖位于青海柴达木盆地东部，集秀丽、壮美于一体，在青藏高原众多的盐湖家族中，它气象万千，独具特色。

茶卡为蒙古语，意为"盐海"，它是柴达木盆地四大盐湖中最小的一个，这个盐湖的形成，离不开自然灾害与地壳运动。青藏高原从前是海洋的一部分，经过长期的地壳运动，这块地面抬起变成了世界上最大的高原，结果海水留在了一些低洼

地带形成了许多盐湖和池塘，茶卡盐湖就是其中一个，因为每年雨水都会将更多的盐从周围的山上带下，从这一方面讲，也可以说明茶卡湖内的盐几乎是无穷无尽的。而茶卡盐极易开采，人们只要挖开表面盐层，就可以从下面捞取天然的结晶盐，开采过的卤水几年后又重新结晶成盐层，真是取之不尽，用之不竭。

走进茶卡盐湖，就进入了一片纯白的世界，身居此地，既可观赏盐湖风光，又可参观机械化采盐作业。由于茶卡盐湖的盐是天然结晶盐，晶大质纯，盐味醇香，是理想的食用盐。因其盐晶中含有矿物质，使盐晶呈青黑色，故称"青盐"。

茶卡盐湖的盐除了有实用的价值，也很有观赏价值，而盐类形状更是十分奇特，有的像璀璨夺目的珍珠，有的像盛开的花朵，有的像水晶，有的像宝石，因此就有了珍珠盐、玻璃盐、钟乳盐、珊瑚盐、水晶盐、雪花盐、蘑菇盐等许多美丽动人的名称。

茶卡盐湖

而在茶卡盐湖，除了可以看见晶莹雪白的盐外，还有采盐风光、盐湖日出、盐花奇观等，这些风景构成了一幅绚丽的画卷。除此之外，在这里还可以观看采盐船采盐时喷水吐盐的壮观场景；欣赏盐湖日出、晚霞的绚丽画卷；透过清盈的湖水，观赏形状各异、正在生长的栩栩如生的朵朵盐花，探求湖底世界的神秘；还能领略到涨潮后湖面上留下的滚滚盐涛奇观。而走在盐湖上，眼前是望不到尽头的盐湖，湖水在夕阳下波光闪闪，色彩斑驳却是淡淡的，一处淡淡的绿，一处粉粉的红，另一处是黄、灰……蓦然一道金光灿灿的长线条浮现在湖面。远处湖中的采盐船，让沉寂的盐湖增添别样的风光，而不同走向的群山雪峰，又是不同的景观。这里湖光山色风光旖旎，景色绝美。

如果你足够幸运的话，白天可以看到盐湖上形成的海市蜃楼，这些由阳光经水汽折射形成的奇观，上面有房屋、牛群，甚至还有羊群在湖面上"游泳"，成了这个地方让人久久难以忘怀的一景。

四季最佳游玩攻略

游览茶卡盐湖，建议跟旅行团前往，这种旅行线路是跟青海湖连在一起的，青海交通旅行社目前开发了这两个盐水湖二日游的路线，夜宿其中一个景点，600 元/人，包括住宿及门票。不过这种旅行线路并不是天天都有，只有达到一定人数，才会开设这一旅行线路。

另外，茶卡盐湖的日出跟日落比较漂亮。在湖边，还有雪白的蒙古包，晚上可以住宿在这里。当然，可以喝到正宗的酥油茶、吃到鲜嫩的手抓羊肉，听到最为淳朴的牧歌。

🚗 旅游小贴士

怎么去：前往茶卡盐湖，可以早上从西宁出发，中午就可到达茶卡盐湖。也可乘坐去茶卡、乌兰、德令哈等各个班次的长途汽车前往。

最佳时间：每年 5 月

周边景点：各种形状的盐、采盐船、供人采盐的景观等

泸沽湖

泸沽湖古称鲁窟海子，是岩溶作用影响的高原断陷湖泊，被当地的摩梭人奉为"母亲湖"，也被人们誉为"蓬莱仙境"。

整个湖泊状若马蹄，湖心簇拥诸多岛屿，湖泊四周群峰怀抱，它犹如一块明珠镶嵌在群山怀抱之中。虽然泸沽湖一年有 3 个月以上的积雪期，但森林资源丰富，山清水秀，空气清新。加上那如诗如画的旖旎风光，亘古独存的母系氏族遗风民俗，基督教中的"诺亚方舟"，喇嘛教的朝钟暮鼓，是那样的惹人瞩目，使众多游客的目光投向这块神秘的土地。

泸沽湖

在泸沽湖的西北面，雄伟壮丽的格姆山巍然矗立，被纳日人称之为"格姆女神"的化身；湖的东南面，与草海连接，这里牧草丰盛，牛羊肥美，浅海处茂密的芦苇随风荡漾，簇簇的花草迎风招展。每到冬季，天鹅、黑颈鹤等珍稀候鸟数以万计栖息于此，平添一种生气，一种景致；在泸沽湖四周茂密的原始森林里，生活着豹、獐、鹿、岩羊、小熊猫、短尾猴、斑羚羊等珍稀动物，给人几分畏惧，几分野趣；湖畔，阡陌纵横，田园万顷，居住在这里的人日出而作，日落而息，木楞房舍，炊烟袅袅，牧歌阵阵，渔火点点，阿哥阿妹，结伴相随，好一派景象万千的农家农园，令游人魂不守舍。

而泸沽湖不仅山清水秀，而且岛美滩多。由于泸沽湖四周青山环抱，因而湖岸曲折多湾，共有 17 个沙滩、14 个海湾，湖中散布 5 个全岛、3 个半岛、1 个海堤连岛，远看就像一只只绿色的船，漂浮在湖面。最小的里格岛北面坡下土地平坦，居住着 8 户人家，全是木楞房，木房沿岛而筑，大门面对湖水，景色迷人。

泸沽湖畔居住的摩梭人，婚姻独特，风俗独特，家家之主皆为女性，其家庭成员血缘，均为母系血统，成为世界上的最后一个女儿国，无论是成丁礼、阿肖婚、母系家庭、丧葬，都是绝无仅有的；这里的每个礼仪，每种风俗，都是一个个优美动人的故事，一支支悠扬动听的牧歌，无不充满几分神秘，几分浪漫，几分诗情，几分画意，从而给人以遐想与思忆。

泸沽湖既是女儿国，又是歌舞的王国，一经踏上这片热土，游人无不为那远远近近、悠悠扬扬的"阿哈巴拉"所动容，无不为那如巨龙滚动的甲搓所诱惑。看吧，那远方漂来的猪槽船，载着阿妹，向你招手，向你放喉："呵，朋友，来了就莫走，阿妹陪你到月落西山头……"

四季最佳游玩攻略

1. 泸沽湖旅游住哪里

泸沽湖现在有两个村子提供住宿，一个是在大洛水。大洛水开发得较早，所以客栈较多，价格也相对便宜，但是设施不是很好；另一个小村子就是现在世上仅存的女儿国村——里格村。村中的村民全是摩梭人，保持着完整的母系社会的生活方式，村子里面的客栈都很不错，特别是里格半岛上面的临湖客栈。由于里格半岛本身不大，所以能建房的地方很少，房价虽然高点，但住在岛上，吃在岛上，每天一早太阳就照到房间露台或者窗台上。感觉非常惬意，绝对值得。

2. 不可不知的 Tips

泸沽湖景区景色虽然美，但景点比较分散，沿途路况比较差，旅途艰苦，须具备良好的心理素质和身体素质，并做好吃苦的心理准备，基本上都是石子路，而且悬崖山路比较多。如果想看湖周围景点像草海、温泉、神女峰等只能包车。

泸沽湖湖水的水温比较低，在夏季也足以把人冻僵，而且湖岸地形复杂，因此千万不要贸然到湖里游泳，以免发生意外。此外，还应该多备一些现金，并换好零钱。如果想吃烤乳猪，必须提前预订，让人家烤3个小时，烤3个小时的最好吃。

旅游小贴士

怎么去：可先坐车到丽江，可以乘丽江直达宁蒗的班车，票价 36 元左右，然后在宁蒗转乘至泸沽湖的班车，行程约 3 小时；也可在西昌乘车到盐源县，再从盐源县转车到泸沽湖。

最佳时间：每年 5~8 月

周边景点：摩梭村落、扎美寺、永宁温泉、阿夏幽谷风景区、格姆女神山、落水村等

吐鲁番火焰山

火焰山，虽然没有升腾的火焰，但是这里荒山秃岭，寸草不生。每当盛夏，七月流火，红日当头，地气蒸腾，云烟缭绕，赭红色的山体形如飞腾的火龙，令人敬而生畏。独特的地貌已经令人称奇，再加上《西游记》里孙悟空三借芭蕉扇的故事，更使得火焰山闻名天下。

这个神奇的山体位于吐鲁番盆地的苍茫荒漠之中，古书称之为"赤石山"，维吾尔语称"克孜勒塔格"，意为红山。它由红色砂岩构成，东起鄯善县兰干流沙河，西至吐鲁番桃儿沟，全长 98 公里，南北宽 9 公里，宛如一条赤色巨龙，呈东西走向横卧于吐鲁番盆地中。

关于火焰山的来源，在维吾尔族民间流传着一个这样的传说：古时候，天山深处有一条恶龙，经常吃童男童女。当地最高统治者沙托克布喀拉汗为除害安民，特派一位叫哈拉和卓的青年去降伏恶龙。哈拉和卓手执宝剑，与恶龙激战三天三夜，终于在今火焰山的位置腰斩伤了恶龙，恶龙带伤逃走，鲜血染红了整座山，就变成了今天的火焰山。

其实，火焰山是天山东部博格达山坡前山带短小的褶皱，形成于喜马拉雅山运动期间。经历了漫长的地质岁月，跨越了侏罗纪、白垩纪和第三纪几个地质年代。

地壳的横向运动，使得这个山体留下了无数条褶皱带，在大自然的风蚀雨剥下，形成了火焰山起伏的山势和纵横的沟壑。加上热风的存在，故将火焰山岩石表面的红沙雕刻成缕缕细小的火苗，或者雕刻成借着风威熊熊燃烧的大火，也就成为人们今天所看到的景象。

《西游记》写道："西方路上有个斯哈哩国，乃日落之处，俗呼'天尽头'。这里有座火焰山，无春无秋，四季皆热，那火焰山有八百里火焰，四周寸草不生。若过得山，就是铜脑袋、铁身躯，也要化成汁哩！"虽然这种说法有些夸张，但高温和寸草不生对火焰山却不是凭空臆造的。火焰山是全国最热的地方，特别是盛夏，山体在烈日照射下，炽热气流滚滚上升，云烟缭绕，赭红色的山体看似烈火在燃烧。此时，火焰山的最高气温可达 47.8℃，地表最高温度在 70℃ 以上，在沙窝里可烤熟鸡蛋。

吐鲁番火焰山

为什么火焰山夏季如此酷热呢？原来火焰山深居内陆，湿润气流难以进入，因而云雨稀少，气候十分干燥。由于大气层稀薄，太阳辐射被大气削弱的少，到达地面热量多，而地面又无水分供蒸发，热量支出少，地温就升得很高，高热的地面又把能量源源不断地传给大气。再加上火焰山地处闭塞低洼的吐鲁番盆地中部，一方面阳光辐射积聚的热量不易散失，另一方面沿着群山下沉的气流送来的阵阵热风，造成了焚风效应，以上种种原因使这里成为名副其实的"火渊"。

虽然火焰山的表面寸草不生，但是由于地壳运动断裂与河水切割，山的山腹中尚留下许多沟谷，如葡萄沟、桃儿沟、木头沟、吐峪沟、连木沁沟、苏伯沟等。在这些沟谷中，绿荫蔽日，风景秀丽，流水潺潺，瓜果飘香，成为"沙漠中的一块绿洲"，令人啧啧称奇。

四季最佳游玩攻略

1. 到火焰山旅游需要带些什么

火焰山的平均气温较内地低，昼夜温差大，因此，夏季旅游时仍需带外套或羊毛衫，由于白天的火焰山，紫外线非常强，建议应准备充足有效的防晒用品。同时应配备清热、防暑的药物或冲剂。如夏桑菊冲剂、十滴水等

到火焰山去旅游，要经常行走、爬山或亲自骑马、骑骆驼，所以，一双舒适的鞋显得尤为重要。建议你最好在出发前准备一双舒适、合脚、便于行走的鞋，最好是平底鞋。

新疆素有"瓜果之乡"之称，到新疆吃水果是一大乐事，但千万不要在吃完水果后喝热茶，以免造成腹泻。

新疆是少数民族地区，宗教色彩浓厚，信仰伊斯兰教的民族是不吃猪肉的，这是他们在生活中最大的禁忌，绝对不可冒犯。因此，旅游者应注意不要在清真餐厅携带有猪肉的食品或者公开谈论有关猪肉的话题，切记尊重穆斯林的习俗，以免造成不必要的误会。

由于新疆地理位置位于东六时区，故新疆与内地大多城市有 2 小时时差，作息时间相应推后 2 小时，旅游期间活动安排通常在 9：00~20：00 之间。

🔥 **旅游小贴士**

怎么去：在吐鲁番汽车站坐班车到火焰山景区，约半小时可到，也可乘当地人称为"毛驴的士"的驴车，事先讲好价，约 1 小时即到。

最佳时间：六七月

周边景点：火焰山、桃儿沟、葡萄沟、《西游记》人物雕像

第三十三章　秋季游

长江三峡

　　长江三峡是瞿塘峡、巫峡和西陵峡三段峡谷的总称，它西起重庆奉节的白帝城，东到湖北宜昌的南津关，是长江上最为奇秀壮丽的山水画廊。

　　整个长江三峡，群峰重峦叠嶂，峭壁对峙，烟笼雾锁；这里的江水，汹涌奔腾，惊涛裂岸，百折不回；这里的奇石，嶙峋峥嵘，千姿百态，似人若物；这里的溶洞，奇形怪状，空旷深邃，神秘莫测……三峡的一山一水，一景一物，无不如诗如画，并伴随着许多美丽的神话和动人的传说，令人心驰神往。等到秋季，漫山遍野的树叶渐渐变红，把整个三峡装扮得美若仙境。

　　长江三峡的瞿塘峡是最为雄伟险峻的地段，它西起奉节县的白帝城，东至巫山县的大溪镇，全长 8 公里，是峡谷入口处，两面隔江对峙的绝壁，组成了一道天造地设的大门，这就是夔门，自古以来就有"天下雄"的美称。有诗称之"众水会涪万，瞿塘争一门"。江水至此，水急涛吼，蔚为大观。清代诗人何明礼有一首诗写得至为贴切："夔门通一线，怪石插流横。峰与天关接，舟从地窟行"。

　　西陵峡西起香溪口，东至南津关，全长 76 公里，是以宜昌市的西陵山而得名的，历史上以其航道曲折、怪石林立、滩多水急、行舟惊险而闻名。新中国成立后，葛洲坝水利工程建成后，这里的水势已趋于平缓，但绮丽景观如旧。西陵峡还有 3 个最，首先它是三峡中最长的一个峡；其次它是自然风光最为优美的一个峡，最后它是三峡的最险处，因为在青滩北岸有一座"白骨塔"，以堆积死难船工的尸骨而得名。

巫峡西起重庆市巫山县城东面的大宁河口，东迄湖北省巴东县官渡口，绵延 40 余公里，包括金蓝银甲峡和铁棺峡，是长江横切巫山主脉背斜而形成的。巫峡又名大峡，以幽深秀丽著称，整个峡区奇峰突兀，怪石嶙峋，峭壁屏列，绵延不断，是三峡中最可观的一段。乘船行走在这里，只见奇峰嵯峨连绵，烟云氤氲缭绕，景色清幽至极，宛如一条迂回曲折的美不胜收的画廊，充满诗情画意。

长江三峡

在长江三峡这一段峡谷中，还有众多的自然奇景与人文古迹，如白帝城、丰都鬼城、神女峰、张飞庙等，它们与这里的山水风光交相辉映，名扬四海。其中的古栈道遗迹恐怕是最容易产生遐想的景点。它是在岩壁上依次排列的无数石孔，石孔一般距水面 30 米左右，深约一尺，孔距在四至六尺之间，多数地段为上下两排。古时，在石孔上插入根六寸木棍，然后在木棍之间铺上木板，这就是大宁河的栈道。人们就在木板上行走并运送物资。对游人来说，栈道很有神奇色彩，游人可以充分发挥自己的想象，对"栈道之谜"做出解释。

长江三峡上，还有三峡大坝和葛洲坝这两座现代奇观，它们集自然美景、古代遗址和现代奇迹于一身，也成了游览长江三峡必到的景点。其中的长江三峡，是世界上最大的混凝土浇大坝，建成后，坝前水位抬高 110 米，让有些景观呈现出崭新的面貌，还添加了小三峡、溶洞群、神农溪、格子河石林等景点，让长江三峡成了名副其实的仙境画廊，也成了一生中不可不游览的景点之一。

四季最佳游玩攻略

1. 最奢侈最享受的游法

乘豪华游轮游览长江三峡，可能是游览三峡最为浪漫的事情。而那有着精致的舱房、奢华舞会的游轮、迎风破浪的雄姿可能是很多人都为之向往的。

乘坐豪华游轮，你可以在船上尽情吃喝玩乐，或享受水天一色簇拥的悠闲时光，船上还会举办花样百出的各种活动，让旅途再也不会枯燥无聊。游轮停靠的地点也都是风景名胜，安排游客上岸游览，非常方便。不过，在乘坐游轮的时候，千万不要一直缩在房间里，那样你可会错过游轮旅行最具特色的部分。

长江的游轮大多在重庆和宜昌之间航行，上水宜昌开航，是 4 晚后抵达重庆；下水是重庆开航，是 3 晚后抵达宜昌，来回正好一个星期。一般 3 月份开始全年的航次，一直到 11 月结束。4、5、9、10 月为旺季，其他月份是淡季。冬季航次比较少，价格最低。

2. 游三峡的技巧

游览三峡，一定要选一个好天气，最好是雨后初晴，因为大晴天与大雨天都不太好。晴天的话，太阳很烈，三峡两边的群山一览无余，没有一点悬念；雨天，就到处灰蒙蒙的，景色出不来。此外，从秭归到巴东这一段，没有什么风景，因而你可以到舱里休息休息。

旅游小贴士

　　怎么去：游三峡，可乘车或飞机先至重庆、武汉、宜昌，然后乘船游览，在景区靠岸观光。这样做的好处是将交通、住宿、餐饮都交给游轮负责，免去奔波之苦和每到一地先找酒店的麻烦，使整个游程变得更轻松惬意，而且长江沿线各地均有三峡游轮停靠，非常方便。

　　最佳时间：4~5 月，9~10 月

　　周边景点：瞿塘峡、巫峡、西陵峡

内蒙古大青沟

　　在辽阔的科尔沁草原西部沙海里，有一条长达 24 公里的大沟。虽然旁边是沙漠，但沟内却树木葱郁，千万条淙淙泉水汇成长长的溪流，一派江南水乡的美景，这就是被称为科尔沁沙地绿色明珠的大漠奇观——大青沟国家级自然保护区。

　　大青沟是名副其实的沟，行走在沙海之中是看不到它的，只有走近了，你才会在惊讶中骤然发现它的存在。它就像一汪清泉，在刹那间就洗去了旅者满身的疲惫，也给人一个休憩的场所。

　　在大青沟内，分布着成"丫"形交汇的两条沟谷，即大青沟和小青沟。在两条沟谷内，由泉水汇集成两条溪流，常年不结冻，最后汇合后进入柳河流域。沟的两岸树草丛生，常绿树与落叶树并存，乔木与灌木掺杂，鲜花与绿草相间，溪流与明沙相依，景色非常美丽。

　　如此的美景，总是受人关注，因而，学术界一直在讨论大青沟的形成，也一直存在着争议。有人说它是大地震的断裂带，有人说它是远古的河床，还有人认为它是长白山原始植被的遗存。不过，不管是哪种说法，都只会让它更加神秘而丝毫影响不了它的美丽。

　　很多人都说，大青沟沟美，陡峭俊秀；水美，沟谷之内泉水潺潺，山水之间灵

内蒙古大青沟

光闪动；雾美，清晨团团云雾时远时近，或浓或淡，在云雾间，山水更增添了朦胧之美；花美，这里一年四季花开不断，粉白的杏花，名贵的大花芍兰，素有"北国梅花"之称的南蛇藤等应有尽有；树美，树木种类繁多，有的苍翠挺拔，有的形态怪异，英姿绰约，尤以枫林秋色而闻名。

金秋时节，大青沟被秋风洗去了青春的稚嫩，脱去绿衣换彩衣。站在沟边眺望，只见那峥嵘欲倾的沟壑，那深邃清幽的沟底，红、黄、紫、粉、绿，五彩缤纷，如同菊莉玛姑娘穿上盛装赶赴丰收的盛会一样华丽。经过夕阳染成的树影，经过轻霜涂抹的阔叶，有的丹红，红得像燃烧的火炬；有的金黄，黄得像深秋的白桦树；有的湛蓝，蓝得像晴空如洗的蓝天；有的黄绿参半，有的红中透着白，无数个七彩图交织在一起，大青沟变成了偌大的七彩长廊。

很多美丽的景点都有着传奇的故事，而大青沟也不例外。传说，很久以前，在这里生活着一位聪慧美丽的姑娘名叫菊莉玛。她为了忠贞爱情，保持纯洁，与企图占有她的恶魔尼古勒展开搏斗，不幸中箭身亡，恶魔未能占有活着的菊莉玛，便想观赏她死后的容颜。但这位美丽的女郎菊莉玛的灵魂愤怒之下一头扎进沙丘之中。顿时，沙崩地裂，轰鸣震响，菊莉玛的满腔春华，霎时冲出一条深沟，她的碧血滋润大地，化作葱翠欲滴的千枝万树；她的思亲泪水，化作万眼清泉，汇成沟底潺潺溪流；她俊俏的芳容，化成缕缕霞烟；她把聪慧善良化成天麻、党参、银耳、草乌、贯众、蕨菜等上千种药材，用以济世救人。难怪，人们来到这就心旷神怡，也难怪，人们告别这就藕断丝连。

在大青沟，除了赏如画的美景，你还可以随意租只皮划艇，用不着桨橹，舒适地躺在小艇上，与溪水一起漂流。置身于自然山水间，纷繁、喧闹不见了，忧愁、浮躁不见了，这时的你心旷神怡、清明透彻，千种心情都融于自然，归属自然。这是大自然给予人类的一种深厚的爱，这种爱没有时空界限，更不会因人而异。

四季最佳游玩攻略

1. 了解大青沟的神秘

大青沟非常神秘，很多事情也用科学解答不出来。有一种叫长更灯的怪鸟，这种鸟在别处都是在地下筑巢，唯独在大青沟是在树上筑巢；青蛙在大青沟不会鸣叫；大青沟没有乌鸦。如果到了大青沟，你一定要去验证一番。

大青沟的风景很好，游玩项目也很多，这里有漂流探险、大漠漂流游、草原赛马、民俗风情等项目。如果打算到这里玩 1 天，就可以游览景区的景点，再骑马、狩猎，也可以到天然的沙滩玩玩；如果打算到这里玩 2 天，可以玩漂流，还可以骑马，到沙漠探险，小青湖垂钓，最好进行草原篝火晚会，都非常有意思。

漂流是三岔口向南的河道，给人的感觉既安全又刺激，不容错过。漂流 20 元/2 小时，划船 10 元/小时。

骑马可以到大青沟第一骑马场骑，每人 45 元，可以一直走到沙漠，约 2 小时，可以几个人分担一位当地陪护的费用，如需专人牵马，每人另加 30 元。

🚗 **旅游小贴士**

　　怎么去： 乘开往齐齐哈尔的火车，在甘旗卡站下车，然后在这里的长途汽车站乘坐前往大青沟的汽车，每小时 1 班，1.5 小时的车程。

　　最佳时间： 每年 10 月，此时可以看红叶

　　周边景点： 大青沟、三岔口、小青湖

开封龙亭

　　菊花在开封也已经有 3000 多年的历史，因而开封有"菊城"之称。在唐代的时候，开封就有家家养菊的习惯；到了北宋，每年重阳佳节，不仅民间有花市、赛菊，而且在宫廷里面也争插菊花枝，挂菊花灯，开菊花会，饮菊花茶，饮菊花酒；明清时代，开封养菊、赏菊之风依然盛行，清代乾隆皇帝南巡来到开封禹王台赏菊时，就留下了"枫叶梧青落，霜花菊白堆"的著名诗句，并被刻在当今禹王台公园保存的"乾隆御碑"之上。正因为如此，开封的人们养菊、喜菊、爱菊，也懂菊，让开封成为一座真正拥有菊美、菊心、菊魂的城市。

　　在开封，一朵菊花开了，是一件再也平常不过的事，但千百万朵各种各样的菊花开了却是一件盛事，是一个隆重的节日。到时，千姿百态、万紫千红的菊花，喷芳吐艳，绚丽多姿，布满了开封的每一个角落，可谓街巷有花，家家种花，店铺摆花，连大学的校园也到处是菊花的身影。

开封龙亭

菊花盛开的时节走进开封，仿佛徜徉在菊花的海洋中一般，空气中弥漫着花香，整个城市被装扮成花团锦簇、灿若云霞。这时的菊花，经过一冬的孕育，一春的沐浴，一夏的积累，终于迸发出生命中所有的辉煌。她润泽了古都的金秋，弥补了春日的短暂，夏日的炎热，她那无可比拟的花期，美了古城，醉了游人。

开封的菊花品种很多，有高的，有矮的，有像玫瑰一样成束鲜艳地开放的，也有茎如藤状，由竹竿支撑着生长的，有红得像血的，有白得如雪的，还有黄得……这些菊花，有的是历代传下来的珍贵品种，当然也有工人们精心培育的新品种，如"层林尽染""洞庭秋色""黄山云雾""西湖柳月""葵花向阳""贵妃醉酒""嫦娥奔月""桃李争春"等。

从1983年开始，开封就会举行每年一度的菊花花会。一年一度的菊花会，更如同一帧精美的请柬，邀来海内外客商，使菊花走出"深闺"，成为"经贸唱戏"的主角。酷爱菊花的开封人，在种菊、赏菊、品菊的同时，还画菊、咏菊，将菊文化演绎得淋漓尽致。

花会期间，来自国内外的游客汇集开封，龙亭、铁塔、大相国寺、包公祠、禹王台五大展区展花40余万盆，200多个品种，菊花造型千姿百态，令人目不暇接。除赏菊、评花外，还举办盛大的开幕式、丰富多彩的活动，游古城，赏秋菊，以菊会友，谈贸易，搞交流。整个开封城，变成了菊的世界，人的海洋。此时的菊花，分外的娇艳欲滴，清香四溢，却又艳而不妖、俏而不弱、骨傲而气不傲的高雅气质，更让开封的秋天魅力十足。

四季最佳游玩攻略

1. 赏菊的最佳去处

开封菊花节，一般以龙亭公园为主会场，届时，这里就成了菊花和游人的海洋。公园内，有菊花球、菊花树、菊花孔雀、菊花瀑布等造型，还有八仙赏菊灯景点。而精品展廊，更是有各种造型的菊花，朵朵争奇斗艳、婀娜多姿。

大相国寺菊花的品种多样，有"国华月山""国华强大""春日剑山""叶公好龙""圣光华宝"等多个品种，珍贵的墨菊花"墨牡丹"更是稀世奇葩，粗壮的枝条配着绿叶，中间托着墨里透紫的花朵，犹如乌龙卧墨池之中。此外，在大相国寺还会推出菊王，如花朵最多的菊花、花朵最大的菊花、单株最高的菊花、造型最美的菊花、单株最小的菊花，因而到时候会有很多的爱花人带着自己的菊花到这里来参展。

此外，清明上河园与铁塔公园的菊花也很不错，如果有时间，也值得好好逛逛。

2. 开封小吃不可错过

鼓楼，一直都是开封人的中心夜市，而包公湖西司夜市也不错，这里的小吃分量十足，价钱公道。

不过，真正了解开封的吃客，不会固定在某个夜市，他们会视心情而定，喜欢在湖边吃就去西司，喜欢在古老的街区旁吃就去鼓楼。像许多开封本地人一样，吃麻辣羊蹄肯定要去鼓楼广场的白家，黄焖鱼当然还是鼓楼的老陈家，至于开封杏仁茶、开封炒凉粉，还有开封羊肉泡馍就无所谓了，西司可以，河大前门也可以，开封满大街都是。

> **旅游小贴士**
>
> 怎么去：可以乘坐汽车或者是火车前往开封，而开封市内的公交比较多，能到达各个赏菊的地点，出租车也比较方便。
>
> 最佳时间：每年10月
>
> 周边景点：龙亭公园、铁塔公园、大相国寺

新疆喀纳斯

深藏在阿尔泰山深处的喀纳斯，被称为人间的净土，这里冬天长达六七个月，春夏秋三季只能在短短的5个月内呈现。尽管如此，哈纳斯仍然是很多人向往的圣地。

当白雪还在大树下、石块边残留着冬天最后身影的时候，阳光下的山坡、草地上，无数的花草仿佛在积累了巨大的能量后，一夜之间迸发出一个繁花似锦、热烈

而多情的春天，为喀纳斯湖增添了几分生命的色彩；夏天，这里总是很容易见到彩虹，骤雨后，彩虹在绿色山岭间、草地和溪流上出没，与湖边图瓦族人的村落一起组成了一幅亮丽的风景。绿得让人心醉的喀纳斯湖，倒映出绿树的身影，让人恍若进入了童话故事中的场景。

秋天，是喀纳斯湖最美的时候。此时，喀纳斯金黄、殷红、墨绿等颜色各呈异彩，好似含羞待嫁的美人。喀纳斯湖就像一条蜿蜒的翠绿色玉带，或曲折地缠绕在山岭间，或随意地舒展在草地上。虽然还是秋天，但在喀纳斯已经看到了零星的白雪，与发黄的牧草在潭水的倒映下写出了秋的沉重。岸边，白桦、冷杉、云杉等仍然苍翠，纷纷挥洒着最热烈的生命激情。在原始森林的深处，花楸树红艳艳的果实，白桦高贵优雅的气质，白色的树干、金黄的树叶，加上四周的山岭黄中带红、红中染绿……各种色彩绽放得如此热烈。

如果在 8 月份来喀纳斯，便可以观看壮丽的日出。每当雨后的清晨，喀纳斯山区谷地往往会被浓厚的云雾遮盖，只露出一座座 2000 米以上的峰顶，这时，若登上"一览亭"观赏日出，只见头顶碧蓝的晴空中，斜挂着一轮巨大的朝日，远近雪峰，在朝阳下反射出红色而且圣洁的光芒。脚下的白色云海，浪涛般地随风翻滚，时而露出一块块一平如镜的绿色湖面，时而又露出一片片绿色的林海。迎面而来的云朵，反射着太阳的霞光，在天空变换着姿态，令人目不暇接。

在喀纳斯还经常能看到"佛光"。在上午九十点的时候，站在湖西的山谷，也就是与太阳的相对方向，便逐渐显现出一个半圆形的巨大的彩色光环，赤橙黄绿青蓝紫，七色具备，鲜艳夺目，下部则没于云雾中。太阳升到一定角度时，随着云雾的浓淡变化，光环色泽也时深时浅，时明时暗。这些山峰、亭子加上你的身影，在彩色光环环绕衬托之下，也变得梦幻起来。

喀纳斯湖畔，聚集着几个村落，村中的人都是图瓦人，过着与世隔绝的生活。秋天到此，站在任意一个位置，放眼所望四围的山岭上，都是热烈而明朗的秋色。无论是绵延不尽的灿烂金色，还是点缀其中鲜艳似火的红叶丹霞，都会释放着一种生命独有的暖意。而图瓦人，在碧蓝的天空下洋溢着无限温情，也营造着家园般的温馨。傍晚，那些欧式风情浓厚的房子内炊烟袅袅，放牧的牧人赶着牛羊慢慢归来，给喀纳斯添上了一丝暖意，也让无数人醉倒在这无限的风情中。

新疆喀纳斯

四季最佳游玩攻略

1. 不断变换颜色的湖水

喀纳斯的湖水并不是一如既往的碧绿，而是在不同的时候呈现出不同的颜色。5月的湖水，冰雪消融，湖水幽暗，呈青灰色；到了6月，喀纳斯湖湖水随周山的植物泛绿，呈浅绿或碧蓝色；7月以后为洪水期，上游白湖的白色湖水大量补给，由碧绿色变成微带蓝绿的乳白色；到了8月湖水受降雨的影响，呈现出墨绿色；进入九十月，湖水的补给明显减少，周围的植物色彩斑斓，一池翡翠色的湖水光彩夺目。

另外，在不同的天气、从不同的角度去看喀纳斯，颜色也会随之变换。

2. 关于湖怪的传说

据当地图瓦人民间传说，喀纳斯湖中有巨大的怪兽，能喷雾行云，常常吞食岸边的牛羊马匹。这类传说，从古到今绵延不断。近年来，有不少的游客和科学考察人员从山顶亲眼观察到巨型大鱼，成群结队、掀波作浪、长达数十米的黑色物体在湖中漫游，一时间把"湖怪"传得沸沸扬扬，神乎其神，又为美丽的喀纳斯湖增加了几分神秘的色彩。因而很多人到喀纳斯湖，除了拍摄喀纳斯美丽的秋景外，也是为了湖怪这一传说。

 旅游小贴士

　　怎么去：前往喀纳斯，可以乘坐飞机直接到达，机场离喀纳斯只有50公里，机场有车前往景区；可以从乌鲁木齐包车前往，旅程4天左右，而且可以乘坐15人；也可以从乌鲁木齐乘坐班车到布尔津，再搭车到喀纳斯。

　　最佳时间：秋季

　　周边景点：喀纳斯湖、图瓦人村落

甘牧八美

　　八美是一个很容易引起联想的地名，虽由藏语而来，却又在汉语里获得了美妙的含义。因此许多第一次来到八美的人，总要探究八美这一地名的由来和它的含义。

　　关于八美的来源，有很多的说法，有的说是因为它位于贡嘎女神命名的巴郎斯多牧场之下，代表的不过是个方位词而已；有的说是因为中国工农红军途经八美时，在这里种过8棵柳树，八美这一地名由此而来；还有的说，八美这个地名与当年文成公主的出嫁有关系，因为当年藏王松赞干布的大臣禄东赞在前往唐都长安为松赞干布求婚，机智而巧妙，完美地回答了唐王李世民提出的八道难题，而产生了"八美"。

　　不管八美这个名字是如何来的，但在这里，有真正的八景，分别是森林、海子、石林、菌子、草原、泉水、山峦、寺庙，这八景组成的自然风光呈现的是一派祥和宁静。连绵的高山，起伏的山脉，宽广的阶地，串珠式的平坝，深切的峡谷，高海拔的冰川……那所有的东西都令你难以忘怀。冰清玉洁的雅拉雪山就在眼前拔地而起，各种植物在春风的吹拂下，翠绿、五彩缤纷，在秋风吹拂下变得金黄、艳红；冰川雪水静静地流淌，蓝天白云朵朵，雪山四周五彩缤纷，绚丽璀璨。这里是

甘孜八美

人们心目中理想的净土，是传说中的香巴拉王国。

八美的雅拉雪山被称为"第二香巴拉"，也是康巴藏区的一座深山。从西面看雅拉雪山，如同燃烧的大火；在北方看雅拉雪山，如同贤淑的八美女子。晴天无云时，雅拉雪山横空出世、熠熠生辉，数百公里外亦能观其壮丽雄姿。景区内有冰川瀑布、七星五色海、温泉群、千佛山、巨型弥勒佛坐像等。雪线下是浩瀚的稀有红杉木原始森林，山腰处散落着各具特色的雅拉友措、垭拉措和镇朗措等湖，湖水呈五颜六色，岸边经幡飞舞，那场景，让人在瞬间变得赤诚。

除了雪山，这里的石林、寺庙被称为"天然盆景"的东谷天然盆景区，那种田园风光让人愿放下所有事情来此居住一生。

秋天的八美总是最美丽的，因为这是一个色彩斑斓的世界，松树依然油绿，桦树已经泛出了耀眼的金黄，细细的金黄色的桦树叶子在秋高气爽的晴空下显得特别疏朗，还有一种不知名的灌木则变成了纯粹的红色，绿、黄、红，这就是秋日八美的三原色。而高原的晴空下，是极其干净的明蓝色，那云朵和雅拉雪山上的雪一样白得无比纯净，这些不掺杂一点灰质的色彩共同构成了一个明朗的天地，让人流连忘返。

四季最佳游玩攻略

如果是喜爱摄影的人，在八美摄影要注意了。在这里摄影，得像打游击似的快速按动快门并迅速离开，要不然一会儿工夫，你保准会被藏族小孩团团围着，向你要这要那要钱。因为你拍照了，这是他们家的景色，就得付费，要不然你就上不了路，如果是开车，更要迅速离开，不然，你就寸步难行。

 旅游小贴士

怎么去：前往八美，可以先在四川成都乘坐汽车前往康定，在康定县城包车或在汽车站乘康定至塔公的班车，不过，班车来回不太方便，建议包车来回。

最佳时间：秋天

周边景点：雪山、草原、村庄、寺庙、泉水、石林

黟县塔川

塔川，背倚高耸云端的黄山西南余脉黄堆山，遥对碧波荡漾的十里奇墅湖，自然环境非常好。村子里，二三十栋粉墙黛瓦、飞檐翘角的民居依山而建，层层叠叠，错落有致，远远望去就好像是一座巨型宝塔，藏身在山谷之间，掩映在浓荫丛中。

在塔川的高庵与低庵两峰之间，一条清溪破土而出，依山潺潺流下，穿村中而过，直奔风景秀丽的奇墅湖。村庄因有"川"过而富有无穷灵气，清溪也因穿"塔"而更显活力，故名为塔川。

塔川离宏村很近，沿着宏泗公路走，不出2公里就来到了塔川。进入村子，首先映入眼帘的是数棵巨大古树，它们分别是樟、榧、枫等树，这里便是塔川第一景"五树参天"。历经数百年的参天古木，每株都是由数人合抱，斑驳的树身，仿佛在

向人们叙述着塔川那沧桑历史。由于塔川的自然环境比较奇特，使得村口这片古木形态各异，有的如利剑直插云霄；有的如花冠铺遮大地；有的又如千手巨佛，无数巨臂伸向天空，仿佛要捋摘天空中的星云。更奇特的是古树露出地面的粗壮树根，它们有的像巨掌，支撑起一柄柄遮天巨伞。

古木林中，虽然没有石凳、石椅，可地面上那纵横交错的树根却能供你小憩，沉静之中，定可感受到塔川村的古朴和谐，清新美丽。穿过古木林，依清溪沿石阶拾级而上便进入了塔川村。漫步于村中，既可以领略到山间村民古朴纯情的生活乐趣，又可以观赏到"溪绕前屋""竹山莺啼""塔川洞天"等绝妙景观。

黟县塔川

当然，塔川最美的是它的秋色，这里的红叶群是最令人神往的，也是最能"谋杀"摄影者爱好者胶卷的地方。塔川的红叶树是一种栀子树，经过霜降，树叶由绿变黄，由黄变红，中间呈七彩颜色，是摄影发烧友的最佳素材。更令人兴奋的是，这里的红叶红得很好，因而任意选取一个角度，都是一幅绝美的风景画。塔川的清晨最美，薄薄的雾气笼罩在树上，似有似无，农家的小屋若隐若现，红枫丛中忽露出飞檐翘角，粉墙黛瓦在金黄叶子的掩映下就如中国山水画般诗情画意。

当然，塔川秋色中最美的是从宏村到斜里的那段。溪水汇入奇墅湖，冲出一大片丰沃的泽地，阳光暖暖地照下来，遍地粉色小花，指甲盖大小，牛马悠闲地啃草，山上一路白茶花盛开，蓝色的浆果色调艳丽，矮枝桑树一蓬蓬地向着太阳，枝头顶着一簇绿叶，很是好看。而此刻，你恨不能化成山间的一棵树或者是一棵草，永远与这里的美景相依相偎。

四季最佳游玩攻略

塔川秋色观赏的最佳时间只有 1 个多月，10~11 月下旬，因而要把握好时间。由于塔川毕竟是深山中，天气早晚会比较凉快，想摄影没有后顾之忧，就多穿点衣服。

在塔川旅游，建议先到村里的大队长家里，他的家可以俯视整个塔川，是村中的居高点，也是村子里对外交流的主要场所，这里有全村唯一的一个商店。而且，你到这里后，大队长会帮你安排住宿的地方。住宿的地方一般是这里的居民家中，吃饭也是如此。

> **旅游小贴士**
>
> 怎么去：在黟县乘坐开往宏村的公交车，或者在黄山风景区南大门乘车前往宏村，再从宏村步行大约半小时就可抵达。
>
> 最佳时间：每年秋季 10~11 月下旬
>
> 周边景点：徽派民居、秋色、日出、日落

四川黄龙

黄龙是由众多雪峰和中国最东部的冰川组成的山谷，在这里，人们可以找到高山景观和各种不同的森林生态系统，以及壮观的石灰岩构造、瀑布和温泉。而它还有巨型的地表钙化坡谷，蜿蜒于天然林海和石山冰峰之间，宛若金色"巨龙"腾游天地，因而被称为"黄龙"。

黄龙的钙化景观是最吸引人的，这里的钙化景观不仅规模宏大、结构奇巧、色

彩丰艳、环境原始，而且类型繁多、齐全。钙化边石坝彩池、钙化滩、钙化黄龙地图扇、钙化湖、钙化塌陷坑以及钙化瀑布、钙化洞穴、钙化台、钙化盆景等一应俱全，是一座名副其实的天然钙化博物馆。

在黄龙所有的钙化景观中，钙化池无疑是最美的。这些池子，大的有一两亩，小的就像一个小的水滩，但它们形状各异，如蹄、如掌、如菱角、如宝莲，"谋杀"着摄影爱好者的胶卷。巨大的水流沿沟谷漫游，注入这些水池，层层跌落，然后穿林、越堤、滚滩，因而进入黄龙景区，处处都能看到钙化池。

四川黄龙

进入黄龙沟的第一池钙化群，掩映在一片葱郁的密林之中，穿过苍枝翠叶，20多个彩池参差错落，波光闪烁，层层跌落，组成了一道亮丽的景观。这些钙化池，有的埂低矮，池水漫溢，池岸洁白，水色碧蓝，在阳光照射下，五彩缤纷；有的如珠帘闪动，影影绰绰，姿态万千；有的如丝匹流泻，舒卷飘逸，熠熠生辉；有的湖中古木老藤丛生，如雄鹰展翅，似猛虎下山，惟妙惟肖，栩栩如生；有的池中生长着松、柏等树木，或高出水面，或淹于水中，婀娜多姿，妩媚动人，形似"水中盆景"。因为有这样特殊的环境，游人除在池边尽情欣赏倒影美景外，还常常以水为镜，对镜梳理打扮一番，或用照相机镜头把水中景物和自己的尊容拍摄下来，对影成双，别有一番情趣。

黄龙的钙化池虽多，但是装不下那么多的水，也装不尽黄龙的那一滩秀色，于是，泉水溢出来，一路流淌，在长达2.5公里的脊状坡地上，形成了气势磅礴的又一奇观——金沙铺地。远远望去，沿坡布满一层层乳黄色鳞状钙化体，在阳光下，整个沟谷金光闪闪，看上去恰似一条巨大的黄龙从雪山上飞腾而下，"龙腰龙背"上的鳞状隆起，则好像它的片片"龙甲"。

除了五彩池、金沙铺地等景观，黄龙还有洗身洞、盆景池、黄龙寺、石塔镇海、转花玉池等美轮美奂的景色。在黄龙内，你可以把相机镜头对准任何地方随便找一个地方站着旋转一周，入眼的风景都可以上摄影杂志。只是来之前一定要记得买张大一些的内存卡，不然你一定会后悔的！

四季最佳游玩攻略

由于黄龙的很多物资都是从外面运入的，因而景区内的吃的价格很贵，而且也不是很好吃，建议自己多带点填肚子的东西。如果要到这里待上一两天的话，倒是可以在饭店里面尝试一下。游览黄龙的时候，建议先坐索道上去，再步行下山，边走边看风景。

每年农历六月十五，相传为黄龙真人修道成仙日，因而都要举办盛大的庙会，地点在黄龙寺，方圆数百里的各族民众聚集在广场上，尽情歌舞，热闹非凡。

🚗 **旅游小贴士**

怎么去：从成都到黄龙非常方便，你可以在成都乘前往九寨沟的车，然后在川主寺下车，然后换乘当地车前往。也可以坐飞机到九黄机场，然后从机场乘车直接前往景区。

最佳时间：秋季

周边景点：五彩池、金沙铺地、洗身洞、盆景池、黄龙寺、石塔镇海、转花玉池

本溪红叶

本溪是一座闻名遐迩的煤铁之城，这里峰岭耸翠，重峦叠嶂，楼群在高岗低丘间鳞次栉比，街道于山岭之中纵横交错。山中有城，城中有山，构成独特的城市景观，也有本溪水洞、关门山等风景。不过，在本溪除了闻名世界的本溪水洞外，火红的枫叶也越来越成为这座城市的形象代表。

本溪的枫叶是本溪山区特有的季节景观，它的规模之大、数量之多，在全国实属罕见。得天独厚的本溪人不仅以家乡美丽的枫叶为自豪，也成了这座城市的代表，因而本溪有"枫叶之都"和"中国赏枫绝佳之地"的美誉。每年的枫叶盛会，更是吸引了众多的观赏者和摄影爱好者，也给本溪带来了喜庆和活力。

每年的9月下旬，轻霜慢慢浸透山野，本地遍布诸山峰的枫叶像在表演一幕幕变脸戏，它们借山魂、挟水韵，从台子、山坡、崖岩到沟壑、溪畔、路边，渐渐由绿变黄，由黄变红，由红变紫，犹如一夜寒风吹来，千树万树红花开，使秋日的山川、沟壑、路旁更显绚丽多彩，构成了一幅幅令人叹为观止的眩目"枫景"。这些枫叶，红得像燃烧的火焰，像漫天的彩绸，把满乡山山水水装扮得如盛装待嫁的新娘。

在枫叶遍地鲜红的时间，走进本溪，就如临仙境，如临红红的梦幻世界，自然天成的绮丽美景让初次来到本溪的人迷醉其中，流连忘返。而此时，你一定会想到晚唐诗人杜牧的《山行》："远上寒山石径斜，白云生处有人家；停车坐爱枫林晚，霜叶红于二月花。"

本溪的枫叶，并不是普通的五角枫，它种类繁多，从五角枫叶到十三角枫叶都有，因而造就了绚丽多姿、美不胜收的美景。它们如三月春花，开遍千山万岭；灿灿若明霞，染尽峰壑层林。

而此刻，不管站在本溪的什么地方，那高树上都有金风拂过，俏枝拽动，像红妆淑女，亭亭玉立，向人招手示意；溪涧中，流红溢彩，飘逸旖旎，似贵妃醉酒。

本溪红叶

而这些山体，在枫叶的映衬下，雄浑中透出几分骄矜；刚毅中露出几多柔情，怎一个美字了得！

四季最佳游玩攻略

到本溪看枫叶，关门山是不可不去的，它位于本溪满族自治县境内，素有"东北小黄山"之称，一每到9月枫叶红了的时候，漫山遍野的枫叶红了山，红了水，红了天。与著名的北京香山红叶比，规模更大、数量更多，是东北地区不可多得的植物季节性景观。

在关门山"里门"，还建成了一个大坝，堵截小汤河河水，一成为蓄水量丰富的水库。如果在红叶红了的季节，站在巍巍峨峨的大坝上，拍摄关门山红叶倒映在水库的美景也是一个非常不错的摄影主题。

🚗 **旅游小贴士**

怎么去：本溪的交通非常方便，可以乘坐火车或者汽车前往。本溪市各大客运汽车站有前往景区的大巴。

最佳时间：9月下旬~10月中旬

周边景点：关门山、老秃顶子国家级自然保护区、世界遗产五女山山城、"中华枫叶之路"、大雅河。

盘锦红海滩

位于辽河三角洲的盘锦市，有一处著名的国家级自然保护区——红海滩。这块在渤海之滨的湿地苇丛有 20 多平方公里，秋天一到，海边的植物慢慢变红，大片红色铺满整个海滩，异常壮观。

织就红海滩这一壮观景色的是一棵棵纤弱的碱蓬草。碱蓬草在每年 5 月份从这片泥性海滩上生长出来，到了七八月份长到约一尺高，颜色由碧绿转成红，9~11 月变成棕红色。这种草的生命力非常强，它不要人撒种，无须人耕耘，一簇簇，一蓬蓬，在盐碱卤渍里，年复一年地生生死死，死死生生。

碱蓬草不仅颜色热烈，很有观赏价值，且可以食用。这种植物是盘锦的"特产"，其他地方没有，非常适合于在盐碱地里生长，而盐碱地里不适合其他植物生存，所以碱蓬草便自由自在地生长起来，海水浸泡次数越多，其颜色就愈浓重。

在每年 9 月份后到盘锦，出盘锦朝西南行约 1 小时，爬上横亘的拦海大堤，红色的地毯从堤下一直铺至大海边，好像落下的红霞在海陆间燃烧，因此有"红地毯"的美誉。这片碱蓬草鲜艳的红色是盐碱浸润的结果，不需要人播种，无须人灌溉。只要有海的涤荡，碱的渗透，盐的浸润。

在秋天的时候到盘锦，不仅能欣赏到红海滩红如朝霞的美景，也是观鸟的最好时间。因为盘锦是保存完好的沼泽湿地，区内生态环境优美，因而有很多候鸟到这里栖息。粗略估计，在盘锦红海滩有 230 多种鸟。每年阳春三月，候鸟陆续南来，天空鸟阵如云，滩头水畔，莺歌燕舞，沼泽里的小鱼小虾小虫，构成了与鸟类相依存的生物链，因而成为我国丹顶鹤繁殖的最南端，也是迄今为止世界濒危动物黑嘴鸥最大的繁殖地。

盘锦红海滩

　　如果要近距离观鸟，可以联系一条渔船出海。随着船慢慢行走，只见红毯间夹着一行行芦苇，成千上万的水鸟在浅滩上觅食嬉戏。黑色的滩涂、红色的碱蓬、绿色的芦苇、黄色的稻田渐次排列，饱和的色彩与奇妙的构图令人惊叹。待到水声响起，芦苇丛中的鸟儿猛然受惊，一只只飞向天空，那场面，壮观、绮丽，与红色的海滩组成了一幅令人如痴如醉的景色。

四季最佳游玩攻略

　　看红海滩最好的时候是早晨，赶上晴天就最好了。此时，潮水退去，鲜红的碱蓬开始一点点从水里露出来，恰如红色地毯逐渐展开，分外妖艳。若是晚一点，泥水干了红草看上去灰蒙蒙的，没有潮水刚退去时那么鲜艳夺目。

　　月牙湾湿地公园是一处美丽的潮间地带，主要有苇海迷宫、水上娱乐、观看根雕展等旅游项目。可乘舟顺着蜿蜒的河道穿行，尽情领略大自然的秀美与宁静，感受返璞归真的真正内涵。月牙湾湿地公园月牙湾门票 10 元，手划船 10 元，快艇 30 元，电瓶车 30 元。

　　盘锦红海滩有一个名为"九曲廊桥"的景点。全长 680 米，自岸边逶迤而行，直伸入海中。在这个木制平台上，餐厅、游廊、酒吧、茶座错落其间，潮起潮落时，冲击出一派罕见的海上风光。在这里看红海滩，就像看到一幅巨大的猩红色地毯铺展在延绵百余华里的平阔海滩上，蔚为壮观。

中秋过后，当地有名的中华绒螯蟹开始肥的流油了，直到 12 月份都是吃蟹的最佳季节。海边村子的农贸市场上都有当天刚捞回的螃蟹，价格根据大小公母有所不同，大点的带蟹黄的母蟹一般在 40 元/斤左右。

 旅游小贴士

怎么去：前往盘锦，可以先从沈阳、鞍山等地乘坐汽车，从北京、上海、广州等地乘坐火车前往。到达盘锦后，有专线车前往红海滩。

最佳时间：9~11 月，但最佳的时间是 10 月份

周边景点：九曲桥、丹顶鹤、月牙湾湿地公园

香格里拉狼毒花

香格里拉的春天，一片碧绿，如毯的草原，红艳艳的杜鹃，不知名的山花把香格里拉装扮得如同一个梦幻的世界。而秋季的香格里拉，黄色调的风光为最多，显得格外的萧条。但香格里拉的秋天也是最精彩的瞬间，在中秋节前后的 20 多天时间里，高原上满目秋色，此时探访属都湖、小中甸、白茫雪地等地，都能让你相机快门发热、菲林锐减。

秋天的香格里拉草原之所以那么"红火"，那是拜狼毒花所赐。这种在春天开着黄花的植物，在中秋之后摇身一变，金黄的外衣变成了惹眼的桃红色，艳丽夺目。中秋节之后，香格里拉高原上遍地盛开的狼毒花由嫩黄色变成了深红色，从小中甸镇延伸向迪庆藏族自治州州府所在地建塘镇，连成 60 多公里撩人心魄的连绵花海。那大面积的红色铺天盖地而来，常会让一个初入此地的人看得目瞪口呆。

狼毒花，一种有毒的植物，牲口若是误吃了就会很快地死去。虽然它的出现和蔓延会导致草甸的退化，但是滇西北的秋天如果没有狼毒花，那会是什么景象？在香格里拉，正是这种长满了狼毒的草甸，让这里的秋天变得更加美丽。

傍晚，鲜艳的阳光从大片的狼毒花海反射向天空，把云朵染成了金黄色，牦牛

香格里拉狼毒花

在花海中慢悠悠地觅食，远山上白桦林也在秋风中变得金光灿灿，与火红的狼毒花相映成趣。辽阔的草原、静静的蓝天、悠闲吃草的牛羊，你会以为来到了梦中的天堂。此时，虽然有些透心的凉意，但当你看到树上那些熟透沉甸甸的果实，看到草原上缀满的火红花海，心里也变成了一片火海。

如果你已经错过了春天的香格里拉，那千万别再错过香格里拉的秋天，走吧，去香格里拉。

四季最佳游玩攻略

如果要到香格里拉看狼毒花，最好是沿国道214线，也就是小中甸——大中甸的柏油路走，这条路的两边到处都是狼毒花彤红的世界；此外，前往石卡雪山景区的路边也是百里的狼毒花铺就的红地毯；要拍牛羊畅游狼毒花花海的图片，最好到香格里拉——格咱途中13公里的路边，那里的狼毒花海最为彤红、牛羊群最多。

旅游小贴士

怎么去：昆明、成都、拉萨等地有飞机前往香格里拉，你也可以从昆明、大理或者丽江乘坐汽车前往香格里拉，但从丽江乘车前往最为方便。

最佳时间：中秋节过后 10 天左右

周边景点：属都湖、小中甸、白茫雪地

八道桥胡杨林

张艺谋的一部电影《英雄》，让深藏闺中的额济纳扬名，那漫天飞舞的黄叶和至纯至净的绚烂金黄曾令多少人心醉神迷，许多人不远千里追寻而来。这就是八道桥的胡杨林。

胡杨是一个神奇的树种，它的生长总是和凤凰与鲜血紧密相连；它是一个多变的树种，春夏为绿色，深秋为黄色，冬天为红色；它是一个坚强的树种，活着三千年不死、死后三千年不倒、倒后三千年不朽。而胡杨林还有一种非常奇特的现象，那就是一棵树上长着三种叶子，有柳树的叶子，杨树的叶子，还有榆树的叶子。

额济纳的胡杨林是现今世界上仅存的三大原始胡杨林之一，也是世界上存活面积最大的一片绿洲。每当金秋九十月，第一次秋霜过后，胡杨树碧绿的叶子由绿变黄，一眼望去，只见阳光下金色的树叶衬着湛蓝的天空于风中婆娑起舞，那强烈的反差，鲜明的影调，亮丽的色彩，足以令任何语言文字显得苍白无力。加上沙漠、骆驼与落日，成了摄影爱好者的家园，也成了无数旅游爱好者心中的圣地。

额济纳八道桥的胡杨林面积大，场面比较壮观，这在电影《英雄》中就见识到了，而等到真正走在金黄色树叶铺就的林间，看着穿着鲜艳民族服装的姑娘小伙翩翩起舞，一匹匹高大的骆驼悠闲地踱着步子，你就会被震撼。金色的阳光透过黄叶洒落下来，染黄了眼前的一切，时间也仿佛被染成了一片金黄，秋天的色彩在这里得到了最完美的诠释。

八道桥胡杨林

额济纳的胡杨林，还有着与水相依的美景。在黑水河与白水河汇成的额济纳河边，每隔两三公里分布着八道桥，桥边胡杨环抱，景色各异，行走其间，就像穿行于一条流光溢彩的金色海洋之中。不过在八道桥中，真正与水相伴的胡杨林是二道桥，阳光下，蓝天、白云与胡杨树的荒野倒映在水中，亦真亦幻。

四道桥的胡杨林有着浓郁的田园气息。这里的胡杨林巨大、苍劲的虬枝极力地向四方伸展，造型千姿百态。有的彼此相互依偎，有的枝丫斜伸，给人以生命的震撼。在碧蓝的天空下，红柳衬托着胡杨树，给人以强烈的视觉冲击。在胡杨林的深处，有村舍，羊群在其间自由地吃草，不时能听到鸡鸣犬吠之声。偶尔有羊群经过，又形成了胡杨林中的一景。

夕阳下的胡杨更是别有一番风景，它妩媚的风姿、倔犟的性格、多舛的命运激发人类太多的诗情与哲思，成为一种精神而被人们所膜拜，也成为人们心中坚定的信念。

四季最佳游玩攻咤

1. 包车游览比较方便

前往额济纳的各个景点，建议包车前往，一般来说小面或是北京吉普包一天约250~300元。如果想自己时间自由点，可以一个个景点跑。达来呼布镇到二道桥，八道桥，包车半天往返 50 元，单程 15 元。三轮摩托只能在有柏油路的地方跑，镇内 1 元/人，从镇上到二道桥一般是 2 元/人，到四道桥往返 15~20 元。如果远于四道桥最好包乘汽车。一般可以提前雇好车，镇上有面包车、吉普车和三轮摩托，可以负责定点接送，事先与司机约定好返回的时间。

2. 对摄影爱好者说的话

拍摄八道桥的胡杨林，强力推荐二道桥的日落，二道桥东边水景不多，拍到目光所及的部分就可以了，无须继续西行；二道桥西边是拍摄的天堂，有水有天有骆驼，有黄得耀眼的胡杨。拍完西边再回到二道桥过桥后往北走，过公路后下土坡继续拍，可以一直沿路深入到路的尽头。

旅游小贴士

怎么去：从甘肃省酒泉市前往额济纳的交通最方便，你可以乘坐飞机、火车前往酒泉市，然后在酒泉换乘至额济纳旗长途汽车，一般每天早上一班，胡杨节期间会有加班，最晚一班大约 12 点，约 6 小时到。

最佳时间：每年九十月

周边景点：二道桥、四道桥、八道桥等

四川米亚罗

米亚罗是我国最大的红叶景区，它位于四川省阿坝藏族、羌族自治州理县境内，风景区总面积达 3688 平方公里，比著名的北京香山红叶景区大 180 余倍，是我国目前为止所发现并开放的面积最大、景色最为壮观的一处红叶风景区。

米亚罗这个藏语名为"好耍的坝子"的地方，群山连绵，江河纵横，风光宜人。秋风乍起之时，沿杂谷脑河谷两岸密林中的枫树、槭树、桦树、鹅掌松、落叶松等渐次经霜，树叶被染成为绮丽的鲜红色和金黄色。这时候，万山红遍，层林尽染，3000 平方公里的红叶，如春花怒放，红涛泛波，金黄流丹，三千里红叶装饰着三千里江山，成为一大奇观。

秋天，如果置身于米亚罗，你就进入了一个浩瀚的红色世界，这里三千三百道沟，三千三百道梁，沟沟有红叶，加上没有消融的积雪，处处可以见到泉水，就构成了一个景色迤逦的地方，一个神奇的梦幻走廊。

四川米亚罗

踏着脚下轻吟着的红叶，感受着整座山林的壮歌，放眼望去，只见米亚罗万山红遍，层林尽染。不经意间，一只只小鸟在跳跃腾飞，让满树的红叶飘摇、落下，脚踩在地上，那"咯吱咯吱"的声音令人迷醉；远处，并不是纯粹的红色，而是由黄色、绿色、嫩黄组成的油画，也给你呈现出一个亮丽而鲜活的世界。

在米亚罗，居住着藏族和羌族人民，其淳朴的民族习俗及风情、古老雄伟的石寨古堡，还有羌族的羊皮褂、藏族的珊瑚腰带、藏羌极具特色的餐饮及民族建筑、华丽的服饰、浓烈欢快的锅庄舞蹈，构成一座巨大的藏羌民族文化风情走廊。如果有幸加入羌寨人家篝火活动，唱着浑厚豪放的山歌，跳起欢快、整齐的锅庄舞，品咂几口羌族咂酒，如果你有幸参加羌族"祭山会"，那么，你就在米亚罗度过美好秋天的一部分。

更重要的是，米亚罗没有商贾的炒作，没有名人的烘托，没有主人刻意的渲染。只是在金秋时节，叶子变红变黄的时候，游人接踵而来，在这里看红叶，在古尔沟里牵手泡温泉，或者和羌寨朋友肩并肩地舞，在账房与同胞心交心地饮。而此刻，一坡坡、一寨寨、一山山、一沟沟、一池池、一地地的红叶以及羌族风情都成了美好的回忆。

四季最佳游玩攻略

到米亚罗看红叶，千万不要错过了这里的温泉——古尔沟温泉。这个温泉的水温达 $40\sim60℃$，含有偏硅酸、锂、锌、硼等 20 多种对人体健康有益的微量元素，对风湿、胆结石、消化系统疾病和皮肤病均有一定疗效。

米亚罗离桃坪羌寨不远，这个被称为"东方古堡"的羌寨是世界上保存最完整的羌寨，其建筑被誉为建筑文化艺术"活化石"，这里至今还保留着羌族古老的建筑风格、饮食文化及古老的风俗习惯。羌寨的三座古碉楼经历过三次地震依然没有毁坏。在这里还可以体验丰富多彩的民俗风情。

🚙 旅游小贴士

怎么去：可以在成都西门车站或茶店子车站乘坐至米亚罗长途班车，约 6 小时。九寨沟到米亚罗没有班车，只能包车，约 $300\sim400$ 元，车程 10 小时左右，路况还可以。

最佳时间：10月中旬~11月上旬

周边景点：古尔沟温泉、米亚罗红叶、鹧鸪山雪景、毕棚沟

稻城亚丁

稻城亚丁以其独特的原始生态环境、雄、奇、秀、美的高品位自然风光而闻名中外。由于这里独特的地理位置，因而环境基本未受人类活动的干扰和破坏，原始风貌保存较完整，加之独特的自然景观，被誉为"最后的香格里拉"，在国内外享有较高的知名度。

稻城亚丁

　　在这块神秘的土地，随处可以见到丘状、冰蚀岩盆和断陷盆地，它们遍布于高原上，是中国最大的古冰体遗迹，留存着大地最古老的记忆和大自然最真实最纯粹的心灵。它被时光遗忘，千万年来，日升日落，默默守着自己。在这里，还可以见到众多的湖泊，那蓝得不夹杂一丝人间气息的颜色，让人就醉倒在它的风情中……她就像是"养在深闺人未识"的美丽村姑，她那奇绝的自然风光，古朴的民俗风情，神秘原始的人文景观，终于冲破时空的藩篱，焕发出青春情韵和迷人魅力，使钟情于她的摄影家们纷纷拜倒在她的石榴裙下，用一幅幅精美的画面，把她的音容风貌展现在我们面前。

　　说到稻城亚丁，就不得不说一下这里的三神山。它由三座雪峰组成，峰名相传为五世达赖所封；北峰仙乃日，意为观世音菩萨，海拔 6032 米；南峰央迈勇，意为文殊菩萨，海拔 5958 米；东峰夏诺多吉，意为金刚手菩萨，海拔 5958 米。这三座雪山峰峰形各异，但都洁白无瑕，一尘不染。山腰茫茫林海，飞泉瀑布于其间，山脚宽谷曲流，镶嵌着明镜般的湖泊。雪峰、冰川、森林、溪流、瀑布、草甸、湖泊有机组合，野生动物出没于其中，托出了一方静谧的净土。因而它被藏族人民视之为神山，参拜者络绎不绝。

　　稻城还有众多的寺庙，而且历史悠久。在全县 13 座寺庙中，雄登寺和贡嘎岭寺享有盛名。贡嘎岭寺建筑宏伟，存有五世达赖所赠"弥勒铜像"一尊，为罕见文物；雄登寺建于明初，藏有十万颂经书，供奉大小佛像数百尊，其中有九世班禅檀香木释迦牟尼佛像。境内藏族虽同出一源，但因居住分散，山川阻隔，又导致语言、服饰、风俗的差异。在浓郁的宗教氛围渲染下，平添了许多独特深邃的人文色彩。

亚丁村是稻城内最为梦幻的地方，这个村子被誉为"最后的香格里拉"。小村隐匿在雪山与森林之间，出现的时候总是显得很突然，仿佛在此之前根本不存在，当你的目光移到了那里，它就突然出现了。村子的四周是起伏着的苍凉群山，在蓝色天空映衬下，山峦的轮廓青黑晶亮。山谷的尽头，巍峨的仙乃日雪峰毫无保留地沐浴在阳光之下，简练而险峻，像寥寥几笔勾勒出的简笔画。村内的藏房，摆放都十分随意，但细看又觉得似乎都经过大师的精心设计，与是自然那样的协调和完美。藏寨的四周有细细的田垄，种的是青稞，无论什么季节，这些田垄都是村子不可或缺的组成部分，无论是夏天的油绿、秋天的金黄，甚至是收割后露出的泥土本色都极为忠实地装饰着亚丁村的美丽。在这个开阔地的边缘有一条清澈的小溪蜿蜒流过，明澈的溪水里倒映出雪山的远影，让人就像闯进了神仙居住的地方。

秋天是稻城一年中最有诗意的季节。这个时候的稻城是绚丽多彩的，稻城外的红草地与黄色的万亩杨树林让人置身于色彩的海洋，与蓝天白云交相辉映。在静静的傍河，在金色的杨树林，在一见倾心的红草滩……青杨树林只有两种颜色：金黄金黄的树，蔚蓝蔚蓝的天。无论在什么角度，取景框里永远是一幅绝美的图画，一幅就如天人精心勾勒的图画。

四季最佳游玩攻略

1. 稻城旅游的最佳时间

到稻城亚丁旅游，以每年 9~10 月最好。此时是稻城一年中最有诗意的季节，稻城外的红草地与黄色的万亩杨树林让人置身于色彩的海洋，与蓝天白云交相辉映。这个季节的夜晚和清晨观看神山如梦如幻。而这里的青杨树林只有两种颜色：金黄金黄的树，蔚蓝蔚蓝的天。无论在什么角度，取景框里永远是一幅绝美的图画，

而且，稻城的秋季晴朗天气较多，适于拍摄。但此时稻城气温大致在 5~20℃，

亚丁景区大致在 5℃左右，并且早晚温差大，所以一定要带上秋衣秋裤、毛衣和羽绒服。有条件的最好也带上头灯、防水手套、冲锋衣以及冲锋裤。

2. 不可不知的 Tips

绝大多数游客初到稻城，都有程度不同的高原反应，属正常情况，随着停留时间增长其症状会逐步减轻或消失。而服用肌苷、复合维生素、鱼肝油等药品可抵抗高原缺氧干燥的气候。泡服本地生长的红景天效果更为明显。但有严重心、肺疾病，高血压患者就只能与这里的美景擦肩而过了。

🏍️ 旅游小贴士

怎么去：成都到稻城亚丁的车都在成都新南门车站上车，直达稻城亚丁。车不是天天有，（大假期间一般有直达班车，但车次不多），但天天有到康定的车，并且车次很多，康定到稻城亚丁每天都有班车。

最佳时间：九十月

怎么去：仙乃日雪山、夏朗多吉雪山、圣水门

八达岭长城

长城是中华民族的象征，也是世界上最伟大的建筑之一。建于明代的八达岭长城，雄踞在燕山余脉的军都山中。这一带山峦重叠，多险峰峻岭，地势险要，是历代兵家必争之地。由于"路从此分，四通八达"，故名八达岭。

八达岭长城随着山峰的走势，如巨龙盘绕，其城墙高大坚固，基部用花岗岩筑成，每块均重达半吨以上。城墙的顶部用方砖铺就，平坦宽阔，可任五马并驰或十人并行。长城内部，分上下二层。上层可以瞭望、射击、燃放烟火，下层可以住人、休息、存放武器。

登上八达岭长城，极目远望，山峦起伏，雄沉刚劲的北方山势尽收眼底。在八达岭长城的不远处还有一段水关长城，它坐落在关沟的崇山峻岭间，因两山夹峙，

八达岭长城

一水中流，而得名"水关"，成了整个长城防御体系中最精固的一部分，故而成了八达岭长城重要关口之一。

登长城，不论什么时节来都可以见到美丽的风光。春季，这里山花盛开，处处姹紫嫣红；夏季，长城周边树木茂盛，入眼之处都是翠绿的颜色；冬季，长城上下就像一条舞动的银龙。不过，长城风景最好的时候就是秋天。

举世瞩目的八达岭长城，周围的重峦叠嶂的山间，遍布黄栌、枫树、柿树、野槭树，而且80%的树进入秋天后，树叶的颜色会变，因而此时来到八达岭长城，登高远望，所有的秋色尽览眼底，远处的是朦胧山影，近处的是大片大片的红叶，你看到的将是"霜叶红于二月花"的绮丽景象。站在长城上赏红叶无论是谁，都会为这种景象深深陶醉。而长城的一些景点，如"居庸外镇"的东城台、"北门锁钥"的西城台、壮美的北五楼、刻有"天险"的绝壁、风格迥异的敌楼，在秋色下，更衬托出了逶迤。

秋天到长城游览，抬头还能看到翔鹰在周围盘旋，远望能将一座连着一座烽火台收入眼底。除了传统的红，大片的绿，在秋天的八达岭还能看到漫山遍野的黄栌、元宝枫，它们将秋日的八达岭渲染成红和黄的基调，又随着秋风的变化，演化出嫩红、粉红、淡黄、橙黄等更多灿烂缤纷的色彩来。此刻，你会感到，脚下的城墙依山就势，蜿蜒起伏，如一条不见首尾的"火龙"在绵绵山岭上翻滚爬动，气势磅礴，雄伟壮观……

四季最佳游玩攻略

1. 摄影爱好者最想知道的

在八达岭日出、日落或有雾的时候，能拍到长城的最美的景色。当然前提一定是要有好天气，除了晴天外，下点小雪也是绝好的天气，这时更容易表现出长城的宏伟和气魄。而秋天，是能把长城拍得格外有韵味的季节，这时长城的迷离、苍凉，还有满山的红叶与自然极为和谐。

2. 不可不知的 Tips

如果对工艺品感兴趣，可以在八达岭长城脚下的燕京书画社买些文房四宝，画片画扇、图章印泥、珐琅雕漆、牙雕玉刻、陶器碑帖等。如果喜欢实用性的东西，不妨买件"不到长城非好汉"的衬衫，更有纪念意义。

爱美的女士，千万不要穿高跟鞋，因为长城的部分地段非常陡峭，穿高跟鞋就是一个累赘，相信很多穿高跟鞋的女士在游览中恨不得赤脚行走。在走的时候，一定要注意安全，随时看脚下的路，不要光顾着观景、拍照。

🚗 旅游小贴士

怎么去：在北京德胜门乘坐 919 路公交可到，你也可以乘游 1~5 路到达。此外，在北京北站有开往八达岭的火车，只要 1 个多小时。

最佳时间：每年 10 月

周边景点：关城、水关长城、岔道城、八达岭野生动物园

昌吉五彩湾

五彩湾方圆约 3 平方公里，是由深红、黄、橙、绿、青灰、灰绿、灰黑、灰白

等多种色彩的泥构成的丘陵。经过千年风雨，这些丘陵有的成了一座座孤立的小丘，岭谷之间的比高一般在 10~30 米，高者亦可逾 40 米，景色绚丽多姿，令人目不暇接。

其实，在远古时期，五彩湾是烟波浩渺的湖泊，地貌变迁后，经过长期的风化剥蚀以及雨水冲刷，形成一座座外形奇特的雅丹地貌。由于地壳运动，在这里形成了极厚的煤层，后来，覆盖在地表的河石被风雨剥蚀，使煤层暴露，在雷电和阳光的作用下，裸露在外的煤层发生剧烈的燃烧，待燃烧殆尽之后，再经过亿万年的风蚀雨剥，就形成了光怪陆离的自然景观。由于烧结岩堆积，加之各地质时期矿物质成分含量不同，致使这一带连绵的山丘呈现出赭红为主夹杂紫红、灰绿、橙黄、土黄等各种色调，仿佛是织女的染坊，因为只有天人的着色，才可以让这里变得如此瑰丽无比。无怪乎张艺谋导演拍摄的电影《三枪拍案惊奇》要把这里作为主要的场地。

五彩湾除了呈现绚丽的颜色，起伏的地貌给人带来的视觉效果也非常强烈。远看，那些丘陵有的酷似雄狮，有的似宝塔，有的如亭亭玉立的侍女，有的就如在飞奔嘶叫的狂犬，有的如逶迤几百米蜿蜒而去的莽莽游龙，有的酷似麦垛、金字塔，有的虽仍连成峰丛状，但是山坡则布满了道道沟纹，酷似堡垒、殿堂、亭阁，在正午烈日的逼射中，鬼斧神工般泛起洪荒时代的苍黄。

化石沟是五彩湾的又一奇景，因为本是湖泊的五彩湾岸边是茂密的原始森林，后地壳几经变迁，大片森林及其他动植物被深埋地下，变成化石后复出地表。在这条化石沟中，分布有壮观的硅化木林，各种树木子化石、果实化石及各种动物化石。

五彩湾不仅色彩神奇，在一天中，还能表现出不同的景色。清晨的五彩湾，朝阳初升，山谷中雾气缭绕，那些被阳光镀亮的彩色山丘显得更加玲珑剔透，秀雅而多姿；中午的时候，五彩湾那五彩的丘陵在阳光下仿佛一团熊熊燃烧的烈火。

黄昏，是五彩湾最美的时候，阳光变成了柔和的金黄色调，在落日余晖的映照之下，五彩湾收敛了所有的粗犷，显出一种柔和的美丽，而它所有的颜色也发挥了自己的魅力，红的如火、黄的如金、绿的可爱、蓝的诱人……此刻，置于五彩湾，令人感觉自己像是走进了一幅画，一幅由大自然亲手调色执笔的抽象派艺术杰作。

昌吉五彩湾

四季最佳游玩攻略

到五彩湾旅游，除了可以去寻找导演张艺谋拍摄的电影《三枪拍案惊奇》里的场景外，还可以泡泡温泉。这个古海温泉是全国唯一地处沙漠、由古海相沉积水自喷形成的温泉，是 20 世纪 80 年代初被发现的。当时，钻井队在这里打油井时，打出了这座温泉。这一意外发现给当地牧民的生活带来了新的内容，一年四季，他们常常结伴来到这里，享用这"可以治病的水"，并赋予这座温泉祈福消灾的意义。

此外，五彩湾的最佳游览时间是黄昏，登高远望，只见整个五彩湾好像被落日点燃，如火如炽。

旅游小贴士

怎么去：前往五彩湾，可以先到达乌鲁木齐，然后从乌鲁木齐包车前往，往返一天 700 元。

最佳时间：每年 9 月

周边景点：高昌回鹘王室佛寺遗址、日出、古海温泉

敦煌鸣沙山

　　出敦煌城向南7公里，一眼就看到连绵起伏的鸣沙山。远看鸣沙山，形态各异，有的像月牙儿，弯弯相连，组成沙链；有的像金字塔，高高耸起，有棱有角；有的像蟒蛇，长长而卧，延至天边；有的像鱼鳞，丘丘相接，排列整齐。那一条条平滑流畅、气势飞动的山脊弧线，像一段段舒漫轻柔、悠扬飘逸的乐曲。

　　无论是静的鸣沙山，还是动的沙流，都给人一种和谐、美妙的感觉。一阵风吹来，沙脊上翻卷起缕缕沙尘，上下飘舞，恰似敦煌壁画中飞天舞使轻柔飘卷的丝带；没有外力打扰的时候，鸣沙山那相互牵扯撕咬的沙丘，雄伟、圆滑，像金子一样灿黄，绸缎一样柔软，少女一样娴静。一道道沙脊在阳光的辐射下呈波纹状，黄涛翻滚，明暗相间，层次分明，变幻出无穷无尽的色彩。

敦煌鸣沙山

　　鸣沙山的沙子并不是单一的黄，还有红、绿、白、黑，这些沙粒细软滑圆，随足颓落，经宿风吹，辄复如旧。沙子与沙子巧妙交融，浓浓淡淡的晕染，明快地勾勒出每一座沙峰的轮廓和每一道沙谷弧面的层次。

在鸣沙山，最快乐的莫过于滑沙。人在山顶向下滑，沙也随着往下滑，渐渐地沙如流水一般流淌，人似漂行在流沙之上，流沙能一直把你送到山脚。而在下滑的过程中，沙子会发出轰鸣声，就会像阿拉伯的传说一样，沙子会奏出不同种类的交响乐。或幽雅或浑厚，或清脆，或如虫语，或如林涛，或如潮退，其声莫测，其理难究。这样的景观，不能不使人联想和思索。

更让人觉得奇特的是，成百上千游人在每天都在鸣沙山上走来走去，一天工夫就会把山脊踏个一塌糊涂，甚至不要多久就会把尺余宽的山脊踏没。但是，尽管白天游人遍野，沙山顶岭坡被成百上千或更多的人践踏得坑坑洼洼、"百孔千疮""体无完肤"，但一夜过去，像是鬼斧神工，那沙山被修复如初，依然是坡平如水，那线条依然极柔和、极柔美、极富有动感，仿佛这里不曾有过人迹，不曾有谁来过。

在鸣沙山内，有一弯碧泉，由于弯曲如新月，因而得名"月牙泉"，有"沙漠第一泉"之称。泉中的水碧绿，如翡翠般镶嵌在金子似的沙丘当中。泉边芦苇茂密，微风起伏，碧波荡漾，就像是沙漠中的一颗明珠。历来水火不能相容，沙漠清泉难以共存，但是月牙泉就像一弯新月落在黄沙之中，干旱却从来不枯竭，风吹沙但落不到泉中，在沙山的怀抱中娴静地躺了几千年，虽常常受到狂风凶沙的袭击，却依然碧波荡漾，成了一个难解之谜，吸引着无数人前往探究。

四季最佳游玩攻略

鸣沙山的日落景观非常漂亮，因而游览的时间最好选在黄昏；在景区乘骆驼时，要先讲好价钱，以免麻烦；沙山上风沙很大，要做一点防范措施，比如带好帽子、眼镜，如果皮肤比较敏感，还建议戴上口罩。

从敦煌市区到鸣沙山的途中，有一条街，街边有很多小摊，名为"骆驼一条街"，主要出售一些旅游纪念品。其中用绒布制成的工艺品骆驼，形态各异，可爱逼真，充满童趣，且价格相当便宜，可以买几个作为纪念品。

海宁钱塘潮

钱塘潮是世界上少有的自然现象之一，它的形成，与天时、地利、风势分不开。在农历八月十六~十八，太阳、月球、地球几乎在一直线上，所以这天海水受到的引力最大。

而钱塘潮的形成，还跟钱塘江口状似喇叭形有关。从地形成看，钱塘江南岸赭山以东近 50 万亩围垦大地像半岛似的挡住江口，使钱塘江赭山至外十二工段酷似肚大口小的瓶子，潮水易进难退，而杭州湾外口宽达 100 公里，到外十二工段仅宽几公里，江口东段河床又突然上升，滩高水浅，因而很容易形成潮水。

当大量潮水从钱塘江口涌进来时，由于江面迅速缩小，使潮水来不及均匀上升，就只好后浪推前浪，层层相叠。此外，它还跟钱塘江水下多沉沙有关，这些沉沙对潮流起阻挡和摩擦作用，使潮水前坡变陡，速度减缓，从而形成后浪赶前浪，一浪叠一浪涌。加上海宁沿海一带常刮东南风，风向与潮水方向大体一致，助长了潮势，也形成了壮观的钱塘潮。

钱塘潮潮有交叉潮、一线潮、回头潮，在晚上还能看见夜潮。

大缺口是观看十字交叉潮的绝佳地点。由于长期的泥沙淤积，在江中形成一片沙洲，将从杭州湾传来的潮波分成两股，两股潮头在绕过沙洲后，就像两兄弟一样交叉相抱，形成变化多端、壮观异常的交叉潮，并呈现出"海面雷霆聚，江心瀑布横"的壮观景象。两股潮在相碰的瞬间，会激起一股水柱，高达数丈，浪花飞溅，惊心动魄。待到水柱落回江面，两股潮头已经呈十字形展现在江面上，并迅速向西奔驰。同时交叉点像雪崩似的迅速朝北转移，撞在顺直的海塘上，激起一团巨大的水花，跌落在塘顶上，非常壮观。

海宁钱塘潮

　　看过大缺口的交叉潮之后，可到盐官等待一线潮。在观看一线潮时，常常未见潮影，便可以先闻潮声。当潮水袭来时，远处雾蒙蒙的江面出现一条白线，迅速西移。要不了几分钟，白线便会变成一堵水墙迅速向前推移，形成雷霆万钧之势，那涛声也似万马奔腾般，响彻云霄。

　　看了一线潮，还可以看回头潮。在老盐仓的河道上，出于围垦和保护海塘的需要，建有一条长达660米的拦河丁坝，咆哮而来的潮水遇到障碍后将被反射折回，在那里它猛烈撞击对面的堤坝，然后以泰山压顶之势翻卷回头，落到西进的急流上，形成一排"雪山"，风驰电掣地向东回奔。于是，老盐仓就成了观看回头潮的最佳之地。

　　钱塘江的夜潮也是不可不看的景观。午夜时分，可以到天风海涛亭一带去等待。涨潮时，在蒙蒙的水面上一条黑色素练在浮动，时断时续，时隐时现。少顷，声音加骤，潮水夹着雷鸣般的轰响飞驰而来，把满江的月色打成碎银，潮头如千万匹灰鬃骏马在挤撞、在厮打，喷珠吐沫，直扑塘下，犹如十万大军兵临城下。而此时，你也可以理解北宋诗人苏东坡所描写的"定知玉兔十分圆，已作霜风九月寒；寄语重门休上钥，留得夜潮月中看"这首诗所表达的情怀了。

四季最佳游玩攻略

每年的农历八月十八前后，是到海宁观潮的最佳时节。这期间，秋阳朗照，金风宜人，钱塘江口的海塘上，游客群集，兴致盎然，争睹奇景。观赏钱塘秋潮，有三个最佳位置。

一是海宁县盐官镇东南的一段海塘，这里的潮势最盛，且以齐列一线为特色，故有"海宁宝塔一线潮"之誉。

二是盐官镇东8公里的八堡，可以观赏到潮头相撞的奇景。

三是盐官镇西12公里的老盐仓，在这里可以欣赏到"返（回）头潮"。

此外，海宁观潮还有日夜之分。白天观潮，视野广阔，一览怒潮全景，自是十分有趣。而皓月当空时观赏夜潮，却也别有其妙。需要提醒的是，在观潮的时候千万别近距离接触，以免发生事故。

🚗 旅游小贴士

怎么去：可以乘火车到达海宁市，然后在火车站乘专线中巴到达盐官，在海宁火车站有专线中巴到盐官，行程约半小时。

最佳时间：每年农历八月十六~十八，也就是秋天九十月间

周边景点：长山闸、大缺口、八堡龙头角、老盐仓、观潮公园

四川九寨沟

九寨沟是白水沟上游白河的支沟，以有9个藏族村寨而得名。它海拔在2公里以上，不仅遍布原始森林，沟内还分布108个湖泊。由于九寨沟的山水形成于第四纪古冰川时期，现保存着大量第四纪古冰川遗迹，地下水富含大量的碳酸钙质，湖

底、湖堤、湖畔水边均可见乳白色碳酸钙形成的结晶体，构成了一个如梦如幻的世界，因而有"童话世界"之誉。

九寨沟的主要景点分布在呈"丫"字形的 3 条主沟中。树正沟是九寨沟的大门，从沟口起到诺日朗，全长 14 公里。沟内有 40 多个大小不同的海子犹如 40 多面晶莹的宝镜，顺沟叠延而去。主要看点有，诺日朗瀑布、犀牛海、卧龙海、火花海、芦苇海等景点。

四川九寨沟

从诺日朗往左拐是则查洼沟，这里有季节海、五彩池和长海。五彩池是九寨沟湖泊中的精粹，也是九寨沟色彩最斑斓丰富的湖泊。长海则是九寨沟所有湖泊中最大最深的湖泊，一年四季从不干涸，因此被藏民称之为"装不满，漏不干"的宝葫芦。

从诺日朗瀑布向西南方行进就是日则沟，这一路景点密集，是九寨沟景区的精华部分。主要景观有珍珠滩、金铃海、孔雀海、五花海、熊猫海、箭竹等。这里，有的海子色彩艳丽，如变幻莫测的万花筒，有的原始自然，如入仙境。步入沟中，犹如走进了一个世外桃源般的"童话世界"，使人如梦如幻。

水是九寨沟的精灵，也是九寨沟美景的精髓所在。这里的水将湖、泉、溪、瀑、河、滩连成一体。达到了飞动与静谧结合，刚烈与温柔相济的特色。尤其是那高低错落的群瀑自丛林或峭壁跌落，大大小小的群海置身于高山深谷之中，碧蓝澄澈、恬静秀美。水中倒映着红叶、绿树、雪峰、蓝天，一步一色，变幻无穷。远远望去，水在树间流，树在水中长，花树开在水中央。

雪峰也是构成九寨沟美景不可缺少的元素，它在蓝天的映衬下放射出耀眼的光辉，像英勇的武士，守候在九寨沟的身旁。站在远处凝望，巍巍雪峰，尖峭峻拔，白雪皑皑，银峰玉柱，直指蓝天，景色极其壮美。

四季最佳游玩攻略

1. 深秋注意防寒

九寨沟的秋季是最佳的旅游时间，此时，山坡树木的树叶，除了绿色以外，还呈现出金黄、火红等色彩，五彩缤纷，倒映在大大小小的海子里，湖山同色，十分迷人。不过，九寨沟到了秋季昼夜温差比较大，特别是10月后的深秋，10月下旬即有冻土出现，白天可穿单衣，夜晚就得穿防寒衣物了。

2. 不可不知的 Tips

如果不是一位摄影爱好者。就没有必要单独前往九寨沟，建议跟团前住，这样才有住房与安全的保证，而且能保证所有的经典景点都能看到。

此外，由于这里属于高原地区，不宜剧烈运动，看到美景千万不要过分激动。宜少饮酒，多食蔬菜、水果，以防发生高原反应。年老体弱者应备好常用药品，最好能配备小型氧气瓶。

🚗 旅游小贴士

怎么去：成都新南门汽车站有发往九寨沟的旅游专线车，每天上午8点发车，西门车站（在营门口路）四季都有长途客车可直达九寨沟。此外，你还可以从绵阳或者乐山前往景区。

最佳时间：9~10月

周边景点：树正沟、日则沟、则查洼沟、扎如沟

沙家浜芦花

日本作家德富芦花曾写道："芦花没有什么看头。"清少纳言这样写过："而我独爱这个没有什么看头的芦花。"说起来，芦花确实没有什么看头，但喜欢的人却极为喜欢。因为它的美不是一瓣之芬芳，不是一朵之娇羞，而是一望无际的气势之美，是顾盼生姿的摇曳之美。

沙家浜有华东地区最大的芦苇生态湿地。纵横交错的河巷和茂密的芦苇荡，构成了一个辽阔、幽深而又曲折的水上迷宫。"春夏芦荡一片绿，秋后芦花赛雪飘。"深秋时节，这里的芦苇渐渐变黄，摇曳的芦花开始吐絮，辽阔、幽深的芦荡也开始演绎这一季的浪漫。如果遇到一阵轻风，芦花就会随着风飘散，在空中顾盼生姿，然后缓缓落在你的衣裙、发梢。沿着湖畔走着，追随芦花的脚步，别有一番滋味。

如果想更有情调，你可以泛一叶轻舟在芦苇荡中穿梭。此时，只闻得一阵芦香扑鼻，小艇两边芦苇比人还高些许，淡褐色的花儿沉甸甸的，风一吹，花穗随秋风翩翩飞扬；疾风一起，芦花便像汹涌的波涛连绵起伏，又像铺天盖地的白雪。水道深处，不时惊起一只只栖居的水鸟，扑棱棱地飞向芦荡深处，仿佛一片世外桃源的景象，也给人带来无限的遐思和畅想。

尤其是每当日落西山的时候，晚霞中的芦花瑟瑟而动，显得浪漫又伤感。那成片成片的芦苇密密匝匝，风吹过，花穗便懒懒散散地摇曳生姿，随秋风飞扬；疾风一起，芳香扑鼻的芦花又像汹涌的波涛连绵起伏，别有一番韵味。

秋天到沙家浜，不仅仅是为了看芦花，也是为了吃阳澄湖大闸蟹。沙家浜地处阳澄湖畔，这里河湖密布，水草丰茂，食饵充裕，是螃蟹栖息的理想场所。全国闻名的阳澄湖大闸蟹即产于此。这种蟹不仅健壮有力，而且肉质鲜嫩，脂厚膏盈，蟹黄凝结成块，其中尤以"九月团脐（雌蟹）十月尖（雄蟹）"为珍。

每年9~10月是在沙家浜吃蟹的最佳季节，谚有"吃了大闸蟹，百菜无滋味"之说。如果选择在10月份前往沙家浜，正好可以赶上雄蟹黄白鲜肥，其色、香、味妙不胜言。怪不得章太炎夫人汤国梨女士曾用诗赞曰："不是阳澄湖蟹好，此生何必住苏州。"可见，这里的大闸蟹是其他湖区无法比拟的。

沙家浜芦花

在都市，如果厌倦了繁文缛节的例行公事，累了杯觥交错的应酬往来，就可以到沙家浜走走。或许在某天，在记忆里慢慢地回忆那一年的那个秋天，江南阳澄湖边一个叫沙家浜的小镇，在那飘零的芦花丛中，一叶轻舟，缓缓地划过那个美丽的深秋……

四季最佳游玩攻略

1. 怎样才能玩得最痛快

到沙家浜看芦花，最好是乘船游览，这样才能深入芦苇荡中感受芦花的美丽。而此刻，坐在船上，看着空中漫天飞舞的芦花，有点像童话世界中的场景。

除了看芦花，表演也不能错过。在沙家浜春来茶馆前的广场，有仿古的戏台，这里每天有定时的表演，可以在这里边品茶边欣赏京剧《沙家浜》的经典唱段。

2. 阳澄明大闸蟹不可错过

到沙家浜一定要品尝被称为"蟹中之王"的阳澄湖大闸蟹，享受"持螯赏菊，对酒当歌"的意境。吃蟹可以在直接在饭店点，但是价格贵一点，也可以自己在蟹交易市场买到饭店加工，但是要给饭店加工费。

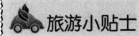

旅游小贴士

怎么去：前往沙家浜，一般可选择从苏州、上海出发，乘坐长途汽车前往常熟。到达常熟后，有公交直达沙家浜，下车后到景区门口的一段路要靠步行。

最佳时间：每年九十月

周边景点：阳澄湖畔、水生植物观赏区、芦苇水陆迷宫

宁夏沙坡头

沙坡头旅游区位于腾格里沙漠东南边缘处，浩瀚无垠的腾格里沙漠由北面滚滚而来，到达九曲黄河的岸边时，一个急转弯流入宁夏的中卫境内。这一个急转弯，使黄河一改往日的汹涌成为文静秀美的少女，平静缓流，滋润两岸沃土。后来，人们在黄河北岸的香山脚下，开成了一条长约2000米、高160多米的沙漠瀑布，沙坡头由此而得名。

在宁夏沙坡头，既有西北风光之雄奇，又兼江南景色之秀美；有横跨黄河的"天下黄河第一索"，有中国第一条沙漠铁路，还有黄河上最古老的运输工具—羊皮筏子。唐代大诗人王维出使边塞时，曾写下"大漠孤烟直，长河落日圆"的千古绝唱。后来，人们到处看到那脍炙人口的名句所描绘的"大漠、孤烟、长河、落日"的壮丽画境，却发现没有比在沙坡头所见到的景象与诗意更贴切的了！

在沙坡头游览，最有特色的项目之一就是滑沙。在天气晴朗的日子里，从高约百米的坡顶往下滑，便会发出一种奇特的轰鸣声，犹如金钟长鸣，所以称之为"金沙鸣钟"。站在沙坡下抬头仰望，但见沙山悬若飞瀑，人乘沙流，如从天降，无染尘之忧，但有钟鸣之乐，所谓"百米沙坡削如立，碛下鸣钟世传奇，游人俯滑相嬉戏，婆娑舞姿弄清漪"，正是这一景观的写照。

除了滑沙，乘羊皮筏在滔滔黄河之中漂流，也是在沙坡头旅游不可不体验的项目。这种羊皮筏俗称"排子"，是将山羊割去头蹄，然后将囫囵脱下的羊皮扎住口，用时把气充满整个羊皮，让它鼓起来就成了羊皮筏。现在，黄河边供游客乘坐的羊皮筏子都是用 14 只皮胎，采取前后四只中间五只的排列方式绑扎成的小筏子，重二十来斤，能坐五个人。乘坐这种筏子在黄河中漂流，是一件特别有趣也比较刺激的事情。

宁夏沙坡头

在宁夏沙坡头，还有一种壮景，就是以其"麦草方格"治沙成果享誉世界，被称为"世界沙都"。站在沙坡头顶端放眼望去，沙山北面是浩瀚无垠的腾格里沙漠。在沙山的南面则是一片郁郁葱葱的沙漠绿洲。在这里既可以观赏大沙漠的景色，眺望包兰铁路如一条绿龙伸向远方，也可以骑着骆驼走在沙漠上，领略变化无穷的沙漠风光，感受这塞外的无限风情。

四季最佳游玩攻略

在宁夏沙坡头，有五种刺激的玩法，相信一些时尚男女都想尝试一下。

一是黄河漂流，乘坐黄河上独有的漂流工具——羊皮筏子在这里"随波逐流"。

这种由14个囫囵羊皮组成的小筏载重可达一吨，3～4人坐在上面，由一辈子和黄河打交道的老筏工驾驶，虽一路上险象环生，却有惊无险，刺激开心。

二是激情滑沙，沙坡头是中国最大的天然滑沙场滑沙，很有乐趣。而且在滑沙的时候，还能听到沙子发出的轰鸣声。

三是黄河滑索，在高低落差54米，全场820米的"天下黄河第一索"感受瞬间飞越黄河的惊险和刺激，很有挑战性，不过，恐高的人还是算了。

四是大漠乘驼，骑骆驼遨游沙海已成为当今旅游时尚，骑骆驼深入其中，即使不用眼睛，只用耳朵也能感受到腾格里沙漠的雄浑与壮美。

五是沙海冲浪，这里有一种在沙漠中行驶的越野车，时而爬上沙脊，时而俯冲谷底，惊心动魄、刺激过瘾。

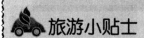 **旅游小贴士**

怎么去：可从兰州、包头或宝鸡乘火车到达被称为"沙都"的中卫，再换乘中巴前往沙坡头。

最佳时间：8～10月

周边景点：滑沙中心景区、大漠景区、黄河景区

巴丹吉林沙漠

巴丹吉林沙漠位于内蒙古自治区的西部，是世界四大、中国三大沙漠之一，在地质构造上属阿拉善地块，地貌形态缓和，主要为剥蚀低山残丘与山间凹地相间组成，第四纪沉积物普遍覆盖于地表，形成广泛分布的戈壁和沙漠。由于巴丹吉林沙漠内的沙山相对高度可达500多米，因而被称为"沙漠珠穆朗玛峰"。

走进巴丹吉林沙漠，到处都有高耸入云的沙山，到处都有激情奔放的鸣沙，到处都有恬静安逸的湖泊和绿草如茵的湿地，还有如梦如幻的倒影，"奇峰、鸣沙、秀湖、神泉、古庙"堪称巴丹吉林"五绝"。

巴丹吉林沙漠

巴丹吉林沙漠的腹地，分布着许多的湖泊。据统计，在沙漠之中、沙丘之间，分布有面积在 1．5 平方公里以下的沙漠湖泊 140 多个，多以咸水湖为主，这些湖泊水深最多可达 6 米以上。在沙漠的西部和北部还有两个较大的湖盆。湖泊的周边，芦苇丛生，水鸟嬉戏，鱼翔浅底，享有"漠北江南"之美誉，这美丽的绿色，为沙漠平添了几分生命的痕迹。

在巴丹吉林沙漠中，还有多处泉水涌出，其中又以音德日图的泉水最为著名，被誉为"神泉"。该泉处于湖心，涌于石上，在不到 3 平方米的小岛上有 108 个泉眼，泉水甘洌爽口，水质极佳。

苏敏吉林是巴丹吉林沙漠中人口最密集的地方，也是巴丹吉林村"村府"所在地。这里建造了一座巴丹吉林庙，它是一座典型的藏传佛教庙宇，始建于 1755 年，是阿右旗境内唯一较完整的一座寺庙。在这几百年来，巴丹吉林庙成了巴丹吉林沙漠中人们集会和礼佛的重要场所，也是沙漠深处人们信仰的寄托。在寺庙的周边还有两个较大的湖泊连在一起，湖边沙山耸立，沙水相映成趣。当晚霞映照的时候，站在金黄色的沙山上，苏敏吉林湖宛若一位静卧在沙山怀抱中的美丽少女，落日的余晖仿佛给她披上了一层轻纱，如梦如幻。

巴丹吉林沙漠内，除了湖泊、寺庙，还有众多的沙漠植物，它们生长在沙丘的背风处，在沙丘的底部、湖岸边、泉水旁，如乔木、灌木和草本植物，湖岸边的芦苇、芨芨草等植物可供造纸，梭梭、柠条、霸王、籽蒿、胡杨、骆驼刺是优良的防风固沙树种，也是沙漠中动物的食物。在这环境恶劣的沙漠之中，除了绿色的植物生命外，还活跃着许许多多的沙漠动物，它们已经习惯了那里的酷热、严寒与缺水，甚至身体的颜色也变得与沙漠相近，它们是沙漠中另一道流动的风景。

在沙漠东部和西南边沿，茫茫戈壁一望无际，但有着形状怪异的风化石林、风蚀蘑菇石、蜂窝石、风蚀石柱、大峡谷等地貌，令人叹为观止。在这里，除了赏景，你还可以体验沙海冲浪的惊险，分享排山倒海的涛声，聆听古老民族的牧歌，品尝浓郁甘醇的美酒，当你的心灵与蓝天、碧水、金沙、绿草相融合时，你会疑惑，这里是漠北还是江南，是人间还是仙境？

四季最佳游玩攻略

到巴丹吉林沙漠最佳季节是 8~10 月份，平均温度约 25℃，但早晚和中午温差较大，因而需备风衣或长袖衣物，外出时备充足饮水，因干燥气候需补充体内水分。进沙漠之前最好能拉上一些新鲜蔬菜和水果。

由于沙漠的紫外线强烈，需要带太阳镜及防晒霜。而沙漠里经常会有风沙暴刮起，所以使用照相机时要格外小心，尽量不要在沙漠里换镜头，回到房屋里要清洁机身和镜头上的沙尘。

如果散客前往巴丹吉林沙漠，租车时建议租两辆车，并且尽量凑齐人数。因为在沙漠里万一坏车的话，还有一辆可代步或救援。此外，沙漠中无法与外界电讯联络，做好准备。

🏍 旅游小贴士

怎么去：去巴丹吉林的捷径只有一条，可以先到达内蒙古阿拉善盟阿拉善右旗额肯呼都格镇，后包当地的吉普车进入沙漠腹地，一定要找有经验的车主。

最佳时间：8~10 月份

周边景点：鲁图峰、音德日图的泉水、苏敏吉林庙

塔克拉玛干沙漠

提及沙漠，很多人脑海中一闪而过的往往多是"广袤""空寂"这样的词汇。说它迷人，也许会觉得不大可能，但塔克拉玛干沙漠那独特到令人称绝的美景，定将重构你对沙漠的认识。

塔克拉玛干沙漠是世界上大型沙漠成员之一，从面积上来看，它在众多非极地沙漠中位居第 15 位。它位于塔里木盆地，北缘和南缘都有丝绸之路的支线穿过。而这沙漠也是世界各大沙漠中最神秘、最具有诱惑力的一个。

在塔克拉玛干沙漠中，可以看到变幻多样的沙漠形态，丰富而抗盐碱风沙的沙生植物植被，蒸发量高于降水量的干旱气候，以及尚存于沙漠中的湖泊，穿越沙海的绿洲，潜入沙漠的河流，生存于沙漠中的野生动物和飞禽昆虫等。特别是被深埋于沙海中的丝路遗址、远古村落、地下石油及多种金属矿藏都被笼罩在神奇的迷雾之中，有待于人们去探寻。

塔克拉玛干沙漠中最壮观的可能是流动沙丘。这些沙丘的高度一般在 100~200 米，最高达 300 米左右。沙丘类型复杂多样，有复合型的沙山，还有沙垄，宛若憩息在大地上的条条巨龙。远远望去，沙丘呈各种蜂窝状、羽毛状、鱼鳞状，变幻莫测。

在沙漠中，还有两座红白分明的高大沙丘，名为"圣墓山"，分别由红砂岩和白石膏组成，沉积岩露出地面后形成的。"圣墓山"上的风蚀蘑菇，奇特壮观，高约 5 米，巨大的盖下可容纳 10 余人。如果有幸到红白山上眺望塔克拉玛干沙漠，则是另一种的浩瀚。苍茫天穹下的塔克拉玛干无边无际，但产生出一种震撼人心的奇异力量，令面对此景的每一个人都感慨人生得失的微不足道。

塔克拉玛干沙漠中的沿叶尔羌河、塔里木河、和田河和车尔臣河两岸，生长发育着密集的胡杨林。这里的胡杨林皆为次生林，大部分树形呈塔状，枝叶茂盛，秋天时通体金黄剔透。此处的胡杨以成片的优美林相为显著特点，加上起伏的沙丘线

塔克拉玛干沙漠

条，随时进入眼帘的都是一幅美丽的风景画。步入胡杨林，四周为灿烂金黄所包围，洼地水塘中，蓝天白云下，胡杨的倒影如梦如幻。而此时，在红白山上看和田河的胡杨林，是一辈子不能忘怀的。只见和田河两岸的胡杨在阳光下泛着浓厚的金黄，如宽大的金色丝带缠绕着大地，从天际延伸过来，又蜿蜒消逝到天的另一尽头，让无数旅人为之痴迷。

四季最佳游玩攻略

每年 10 月下旬到 11 月中旬 20 天左右的时间，是穿越塔克拉玛干沙漠的黄金季节。这个时间，是塔克拉玛干沙尘暴较少的季节，各种蚊虫较少，枯河床成了行车大道，而且塔里木盆地的胡杨树叶非常张扬地变成一片金黄。

此外，个人携带的摄影器材要做好防沙、防土处理，在有缝隙的地方尽量用透明胶纸封好。在给养准备方面，多携带水果、蔬菜。秋天穿越塔克拉玛干要有保暖的准备，气温有时可达 0℃。

旅游小贴士

怎么去：可以先乘飞机到达和田机场，然后在和田市区租性能好的越野吉普车到达沙漠。

最佳时间：9~10月上旬

周边景点：胡杨林、圣墓山

布尔津白哈巴村

白哈巴村因为处在西北边陲，与哈萨克斯坦的大山遥遥相望，被人们称为"西北第一村"。这个由蒙古族图瓦人和哈萨克族聚集居住的村庄，其祖先是随成吉思汗西征的蒙古骑兵中的一支，他们西征途经白哈巴，见到这里水草丰美，是个适宜定居的地方，就将一部分老弱病幼的人留了下来。从此，这一部分人就在这里繁衍生息。还有一部分村民是哈萨克族人，他们迁居此地只有近百年的历史。

生活在这里的蒙古族图瓦人和哈萨克族就像是两个亲兄弟一样和睦相处，互助互爱。在现代生活大踏步迈进的今天，他们仍然保持着传统古朴的生活习俗，仍然喜欢居住带尖顶的小木屋，喜欢吃奶制品、穿着各自独有特色的民族服饰，就连出行他们也都喜欢扬鞭跃马。

而这个小村庄，除了有和睦生活的人们，景色原始、古朴，是长久生活在大都市内的人极力寻找的灵感，因而2009年，白哈巴村被列入中国18处最美风光之一。当你走进白哈巴，就好像进入了一个梦幻世界，这里纯净得让人无法相信自己的眼睛。置身其中，觉得在它的纯净与秀美面前，任何华丽的辞藻都是苍白无力的。

村内的建筑，均由原木筑成，以外观很古朴的小木楞屋为标志，具有欧式村寨的特色。房屋是清一色的尖顶木楞屋，墙体和顶棚用整根原木垒砌、拼接而成，顶部再用木板支撑成"人"字形的尖顶，可防雨防雪，以保证住房的安全。顶棚和屋顶之间形成两头通风的尖阁，是储藏饲料和风干肉品的好地方。屋内家家户户都好像是工艺品陈列馆，炕上铺着花毡，墙上挂着刺绣的帐幔壁毯，地中央为精制的火炉。这些房子，与炊烟、挑水的村妇，以及牧羊的孩童一起，营造着家园的温馨，释放着一种生命独有的暖意。

布尔津白哈巴村

如果说，秋天的喀纳斯是古朴的世外桃源，那白哈巴则是原始自然环境中的童话世界。到了秋季，白哈巴就成为一个色彩斑斓的世界，只见河谷内的杨树叶是金黄的，山脚下桦树的叶子是火红的，落叶松的针叶下缘是淡黄的，山冈上的草甸一片褐红，白雪覆盖的雪峰，蓝天上飘着几朵云彩，这样的风景，犹如置身于一位印象派油画大师以大自然为画布绘出的一幅令人叹为观止的巨作——童话世界。

晨光初现，在远处雪山森林的映衬下，村里木屋都升起袅袅炊烟，晨雾如白色的缎带一般在不远处的白桦林里浮动、盘旋。成群的牛羊、马群披着晨光，悠闲地走出村口，给整个村落勾绘出了一幅人与自然和谐共处的山水画，让人久久难以忘怀。

四季最佳游玩攻略

整个白哈巴村内只有一条路，交通招待所对面向右第二户人家哈萨克阿姨家，这个地方很受驴友的欢迎，住宿的话，10元一人，吃鸡的话60元一只。此外，蒙古情也是一个不错的住宿地，一晚上15~25元，而这里的菜的价格比较地道，羊肉汤很好。

此外，白哈巴国家森林公园所属的白哈巴度假村也可提供住宿还可提供白哈巴村家庭旅馆的住宿，随季节还可提供毡房。

 旅游小贴士

怎么去：白哈巴在从布尔津县城去喀纳斯的路上，离喀纳斯只剩下不到两个小时的路程，你可以乘飞机或乘车抵阿勒泰或布尔津县城，再租当地的吉普车前往。

最佳时间：秋季，10月左右

周边景点：木屋、白桦树、牛羊

康定新都桥

如果在秋天的时候沿着川藏公路南线前行，就会看到一个个典型的藏族村落依山傍水地散布在公路两旁，一条浅浅的小河与公路相依相偎地蜿蜒流淌。房前路旁矗立着一棵棵挺拔的白杨，在秋风秋阳中炫耀着特有的金黄，这便是新都桥。

作为茶马古道上的重要通道，新都桥千年的马蹄踢踏声已经不再回响于人们耳畔，万队驮茶的马帮踪影已经被人们淡忘，但这摄影天堂的亮点却是越来越亮了，新都桥因此也名气越来越大了，在中国无论天南地北，凡是爱好摄影的人，没有不向往新都桥的。

的确，新都桥的风景是有魅力的，这里有着极美的小桥流水，只是它的风格与江南水乡的差了很多。因为江南的小桥流水是要配上烟雨、杨柳的，而新都桥，就像是个明艳开朗的藏族少女，在高原灿烂的阳光下，毫不吝惜地展示她的自然靓丽。远处，一群群的牦牛和山羊，点缀在田园牧歌式的图画中，平添出许多生动。

远处的山脊，舒缓地在天幕上画出一道道优美的弧线。站在高处眺望，满眼都是蓝色、白色、金黄、黑色、绿色的饱和色块，在明丽的秋阳光线的描绘中，凸显着流畅的色彩和线条，使人们恍如置身画中。无怪乎人们把新都桥称为一个梦幻的世界，一个摄影爱好者的天堂。

康定新都桥

新都桥的藏族民居也很有特点，它一般是藏式两层的楼房，有很宽敞的白墙院子和朱漆大门，房屋大都采用石料建造，朝阳而居，采光极好，每座楼房的每面墙上开着三四扇窗户，窗檐上用红、黑、白等色彩描绘着象征人丁兴旺、五谷丰登之意的日月或者三角形图案。

早晨，阳光侧射大地，山峦呈金黄的暖色。天工造物，美妙无比。路边小河有人在用筐捞沙子，是在淘金。河水荡起浅浅的涟漪，泛起淡淡的金黄；新都桥的黄昏，清亮得像一块玻璃，空气洁净得一尘不染，阳光便像一柄宝剑，所向披靡。

秋风乍起，阳光将叶子染得明艳动人。此刻，站在光荫里，踏着一地的秋叶，聆听秋日的私语，不由得让人沉醉。而此刻，你完全可以抛开工作的烦琐，换上放飞的心情，与新都桥美丽的金黄来一次心动的邂逅。

四季最佳游玩攻略

新都桥镇并不大，从镇上看景色也很一般，而有"摄影天堂"之称的地段应该是指折多山到新都桥镇之间的地段，而且在从康定到新都桥的过程中可以眺望贡嘎山。另外，距此 4 公里的千年古寺居寺及神秘的木崖天葬台，都是值得一游的地方。

如果想拍出好的片子，建议在新都桥住上一晚，新都桥最好的宾馆是鑫康珠酒店，房价大概 100 元/间，比较便宜又好的有康珠酒店，标准间的价格是 60 元/间。这里的饮食，也没有必要担心，可以吃到川菜，如果想体验一下民族特色，可以吃藏式口味的糌粑、面粉、青稞、酥油茶、牛羊肉，只是这里的蔬菜全部靠从外面运进来，比较缺乏，吃素的就要做好心理准备了。

> **🚗 旅游小贴士**
>
> **怎么去**：前往新都桥，可以先从成都乘车到达康定，然后再在康定包车前往。
>
> **最佳时间**：每年秋天 10 月
>
> **周边景点**：贡嘎山、藏房

藏布巴东瀑布群

在西兴拉山下、距迫隆藏布汇入口约 20 公里河床上，出现两处瀑布，分别是高 35 米的藏布巴东瀑布一和 33 米的藏布巴东瀑布二，它们就是藏布巴东瀑布群。瀑布群的前者宽仅 35 米，为雅鲁藏布大峡谷中最大的河床瀑布。

这个瀑布群是在 1998 年 11 月 11 日被发现的，当时，中国雅鲁藏布江大峡谷科学考察队到大峡谷去考察，便发现了这一奇观。

藏布巴东瀑布群可以算是一个自然造出的奇迹，因为在这么小的范围内，在大江干流上形成多级大瀑布，这在中国是首次发现，在世界上也是罕见的。但是，据专家掌握的数据来看，这些瀑布的形成是近几年的事情，也说明了青藏高原在藏布巴东瀑布群谷地区的地质构造运动十分强烈，因而构成了世界看见的自然奇观，不论从科研价值还是旅游价值上讲，都具有重要的意义，因而它被评为中国最美六大瀑布之首。

藏布巴东瀑布群

藏布巴东瀑布群的两个瀑布相差大约 600 米。第一个瀑布落差 35 米，宽 62 米，在雅江主干河道上，中间被一块巨石隔开，形成左右两股，后面升腾起高达 100 米的水雾，蔚为壮观。由于雅江在此做了个 s 形的锐角状拐弯，因而瀑布看起来更加气势恢宏。顺着雅江走 600 米左右，出现了第二个瀑布。这是瀑布群里最窄、流速最急的一个，落差 33 米，宽 35 米，瀑布下跌的水拍击石壁，响声如雷，底下形成深潭，在底下泛起洁白的水花，为这份壮美增添了几分柔和。除了两个较大的瀑布，在第二个瀑布往下 100 余米处，又出现了 4 个小瀑布，落差只有 5 米左右，这些小瀑布是由于泥石流或山崩堆积的石头形成的。它们的存在使得雅江的水面骤降 100 余米，可见这些落差较小的瀑布组成的景色还是非常壮观的。

四季最佳游玩攻略

看藏布巴东的瀑布群，洪水期时虽然比较壮观，但非常危险，因而前往只能选择八九月的枯水期。目前有幸见到藏布巴东瀑布群的只有少数科学家、探险家和摄影师。虽然至今无人拍到洪水期时的照片，枯水期时也只能从数百米之外的高处拍摄，藏布巴东瀑布群的雄浑之美令人震撼。

气势壮观、澎湃激昂，是西藏雅鲁藏布大峡谷内的神秘壮景。

 旅游小贴士

怎么去：藏布巴东瀑布群距迫隆藏布汇入口约 20 公里，到时可以在林芝乘坐巴士车前往。

最佳时间：每年八九月

周边景点：瀑布群、深潭、峡谷

额尔古纳室韦

额尔古纳河流域是蒙古族的发祥地，孕育了"弯弓射大雕"的草原英雄，也是曾经杀戮不断的古战场。在它的周边，还有许多的小村落，如室韦，这个具有边境口岸特色的小镇，被评为"中国十大魅力名镇之一"。

室韦是蒙古族发祥地，隔河与俄罗斯相望，现保存有大小城遗址 10 余座，是蒙古族寻根、祭拜的地方，也是具有可供观光、考察等历史文化内涵和底蕴的地方。同时，它也是中国唯一的俄罗斯民族乡，现在这里还有俄罗斯居民 1700 多人，占乡总人口的 42%，大多是苏联十月革命前后来到中国的俄罗斯人，老一代人精通俄语，至今仍然保留着俄罗斯人的生活习俗。

近年来，有人发现了室韦这里广袤的草原，大片的森林，美丽的额尔古纳河和独特的华俄融合的民族风情，使得室韦成为驰名中外的旅游胜地，成了观光、采风、摄影的好去处。

　　村内的房屋，全部用圆木对接而成的"木刻楞"，室内铺设着木地板，极为干净，相当雅致。而这样的"木刻楞"组成的小镇，更是俄罗斯风情十足。在"木刻楞"旁边，还有一间全部用木材制作的桑拿浴室，这是爱好清洁的俄罗斯人的洗浴习惯，墙上挂着几束桦树叶子，蒸桑拿时，蘸上水轻轻抽打，会感觉全身放松。

　　室韦的额尔古纳河边，有一块大大的草原，村民就在那里放牧，牛羊遍地。策马奔腾于草原上，看不远处室韦的炊烟袅袅，看远处俄罗斯小村的夕阳风光。在这里，你可能还能听到牧民唱《喀秋莎》《三套车》等歌曲，让人如身在异国。

古额尔古纳室韦

　　小镇周围的山上及村内有很多的白桦树，秋季，白桦树变得金黄，就连地上也铺了厚厚的一层树叶，黄叶白树，让人觉得它们充满了生命的活力。卫士一样挺立的白桦树优雅地随风摇曳，有的遒劲的根像爪子一样裸露着，搭着薄薄的飘落的叶子，展示它们的与众不同。那是一座座华丽的金黄宫殿，我们就像闯入的不速之客，头顶吹过的风的哗哗声是天籁之音。

　　站在小镇，可以看见远处的山峦依然是五彩斑斓，白桦树的黄，常青树的绿，还有点点的红，组成了一幅梦幻的图画。收割完的麦田与黑色的泥土，构成了黑黄相间的乐谱。麦秆桩一捆捆，一垛垛，一卷卷，在蓝天下似跳动的音符，奏响了秋的华彩乐章。远处，有红色的拖拉机在耕种，收获了这一秋，也种下了明年的希望。

室韦的魅力绝不仅仅在此，站在小镇入口，你可以发现，古驿道从远方伸来，额尔古纳河从镇边北流而过。秋天时，湿地里生长的灌木丛，由绿转黄，再经几场霜打，霎时变成火红，映在浅浅的水面，风吹过荡起斑斓的涟漪。不少人在临河而钓，不仅是为了钓鱼，而是为了钓室韦镇一河蓝色的意境；岸边，几匹三河马悠闲地吃着青草，等着远去的主人；隔河相望是"俄国"小镇奥洛奇，可欣赏对岸异国风光；镇郊绿草如茵，繁花似锦，清风习习，令人悦目清心，此情此景，仿佛在梦中出现过。

四季最佳游玩攻略

前往室韦，在吃的方面，羊肉一定不能错过了，手抓肉、涮羊肉、红焖羊肉、烤羊肉，都很好吃。不过，当地的餐馆给的菜量很实在，那个汤盆都像面盆一般，所以点菜时要注意。当地还有饮料蓝莓汁一定不能错过，野老大牌子的最多，味道也最好。需要大家注意的是：秋天的室外气温已经非常低，建议带厚一点的衣服。

🚗 **旅游小贴士**

怎么去：前往室韦，需要先到满洲里，然后再包车或者坐车从莫道尔嘎转车前往室韦。

最佳时间：秋季9~10月底

周边景点：山花、白桦林、建筑、河流

阿里拉昂错

常言道："正邪势不两立"。可在西藏的纳木纳尼雪山下，正邪相生，平静永恒，这便是圣湖玛旁雍错与鬼湖拉昂错。鬼湖拉昂错藏语意为"有毒的黑湖"，它与淡水圣湖玛旁雍错一路相隔，为微咸水湖。这个湖的形状，如一个美丽的月牙儿，而旁边的玛旁雍错，则宛如太阳状，它们共同展示了一种和谐、一种金刚不二之美的极致境界。圣湖和鬼湖相互遥望，没有炫耀，也没有悲戚，只有那千古的厮守。

拉昂错的面积很小，面积不到 270 平方公里，由于多年以来的气候变迁，拉昂错湖水已不能外流，并封闭成内陆湖。它虽然与玛旁雍错的风光一样美丽，湖水同样是蓝得心醉，可却被扣上"鬼湖"的恶名，被打入另册。

阿里拉昂错

圣湖和鬼湖的水质完全不同：圣湖的水清冽甘爽，鬼湖的水苦涩难咽，人畜皆不能饮用。佛教传说中，玛旁雍错和拉昂错分别代表光明和黑暗，因此拉昂错又叫鬼湖，一直较受冷落，也不为一般人所知。其实圣湖鬼湖原本为一湖，由于气候变化，湖泊退缩，水面下降，才由一条狭长的小山丘把它们分开。但当地的百姓认为，两湖底相通，如有一天圣湖之水沿河槽流入鬼湖，且同时流入金色鱼与蓝色鱼，则鬼湖的水也会变得像圣湖之水一般清甜。

俗话说，"无风不起浪"，可是拉昂错却偏偏无风三尺浪。站在湖边，感受不到一丝风，但湖面往往会出现啸啸风声，翻起浪花，行至湖边，耳边会出现阵阵波浪声，但究竟是什么原因，谁也弄不明白。正因为如此，拉昂错被冠上了"鬼湖"的名称。

抛开拉昂错湖水的苦涩、"无风三尺浪"的怪异，你发现，这里的风景同玛旁雍错一样好，这里的湖水同样是蓝得心醉。湖的左侧，两座雪山威武雄壮；湖的对岸，红色山峦与雪山交相辉映，颜色迷离；湖的上空，蓝色的天空上飘着深灰色的带状云彩；湖的周围，卵石滩像一条白亮亮的银带，镶在湖边。站在湖边，偌大的湖区见不到一人一畜，空旷得像是站在了宇宙边缘，仿佛除了自己，天地之间空无一物，不禁沉浸在这静静的湖所闪耀着的一种奇异的色彩中。

四季最佳游玩攻略

在鬼湖拉昂错旁边，即乌寺山脚的小村，有两间由藏人经营的无名旅店可以住宿。住宿每位收费20元。而这个小村由10间土屋组成，没有饭馆，南面的旅店提供素菜白饭，每顿饭10元，要预订。因而决定在这里住宿的话，最好带即食面或干粮，店内有火和燃烧用的牛粪，可自行煮食。

在小村旁，有一个天然温泉，当地人把它加工成为一个露天小浴室，供人洗浴，花20元便可如愿以偿。

旅游小贴士

怎么去：鬼湖在普兰到新藏公路的路西侧，即乌寺向西走约8公里便到。从拉萨、狮泉河、喀什、日喀则乘车到普兰县，再搭顺风车或是包车前往鬼湖即可。

最佳时间：9~10月

周边景点：玛旁雍错、冈仁波齐

第三十四章　冬季游

云南元阳梯田

元阳梯田是哈尼族人世世代代留下的杰作，它的神奇壮观、玄秘奥妙蕴藏着无穷的吸引力，以至于每天都有来自世界各地的陌生面孔在这里出现，而且"热浪"不退，从而造就了旅游界里的一道"奇观"。

云南元阳梯田

元阳梯田主要有 3 大景区，分别为坝达景区、老虎嘴景区、多依树景区。这些梯田都修筑在山坡上，随山势地形变化，因地制宜，田坡度在 15°～75° 之间，坡缓地大则开垦大田，坡陡地小则开垦小田，甚至沟边坎下石隙也开田，因而梯田大者有数亩，小者仅有簸箕大，往往一坡就有成千上万亩，级数也特别高，以一座山坡而论，梯田最高级数达 3000 级，这景象，任何人看了都忍不住会"啧啧"称奇。

每到冬天时，是元阳梯田最好的观看季节。这个时候，梯田总是烟雨迷蒙，有时一连几周都不见阳光，唯有那细密的雨雾，总在身侧营造出一份静谧的氛围。连绵起伏的梯田在雾气的缝隙中时隐时现，显得如此缥缈，有一种身在幻境的错觉。待雾霭散尽，太阳出来时，漫山遍野的哈尼梯田渐渐露出了"庐山真面目"。那梯田，从山脚修起，一层一层，顺坡就势，重重叠叠，节节向上，直插碧霄。

春天，梯田正好注水，会闪现出银白色的光芒，从而凸显出梯田的婀娜曲折的轮廓。另外，哈尼族人极善植肥。植肥就是在梯田里撒浮萍，让它自然成肥，所以冬季的梯田红红绿绿，犹如精心织成的花毯。

除了冬、春季，梯田其他时候的美也是无法令人忽视的。哈尼族人习惯在每年 6 月插秧，到了 7 月，到处是一片青葱稻浪。在 10 月，随着作物的丰收，梯田变为了金黄色，与周围的山野中的红叶构成了一幅色彩完美的画作。

在一天中，梯田的景色也富有变化。在日出前，梯田优美的轮廓已经在黎明的晨曦中若隐若现，站在高处俯瞰下去，宛若一幅极其淡雅的水墨画；当太阳从东方升起后，红色的朝阳投射在西侧的村庄上，四周的颜色也随着太阳的升高而不断变幻，当这种色彩与田埂的线条交织时，共同构成了一幅极其动人的彩绘版画；晌午的时候，阳光格外强烈，从空中直射而下，梯田便成了金灿灿明晃晃的了；傍晚彩霞满天，给梯田涂上了五颜六色，此时的梯田珠辉玉映，光彩夺目，让很多人拿着手中的相机不知所措，因为他们已经被深深震撼，也怕手中的相机留不住梯田此刻的美。

老虎嘴梯田：在所有梯田中，面积最大、范围最广、名气也最响的当数"老虎嘴"梯田了，而它也是申报世界自然文化遗产的核心保护区之一。这里地势较为平缓，50 多个村寨的 5 万多亩梯田阡陌相连，层叠起伏，就像一幅幅巨大的版画陈列在广袤的大地上，场面之大、气势之阔，非笔墨所能形容。站在海拔 1600 米高的公路边观景台上，脚下就是万丈悬崖，远远望去，梯田一望无际，与自然组成的风景恰似江南的水墨画卷，会使你心旷神怡，情绪激昂，感慨万千，人世间怎么会有如此美景！

坝达梯田：坝达梯田的面积虽然比老虎嘴小，但也脱离不了"壮美"二字，它从山脚一直延伸到山顶，成了拍摄和观光梯田日落最好的地方。

多依树梯田：日出是最美的，就算是不能看到日出，它的清晨也是美到极致的一幅动态风景画，就像版画一样，而且颜色多变，特别是日出之际，水变化的颜色让人目不暇接，而烟雨迷雾下若隐若现的多依树村庄，则是现实中的梦幻仙境，成了世人想永远停下来的"世外桃源"。

四季最佳游玩攻略

元阳梯田不同的时期会有不同的震撼，因而一定要找好拍摄的点才能拍摄出自己喜欢的"美片"。元阳梯田有些地方适合清晨拍摄，比如多依树，有些地方适合黄昏拍摄，比如坝达和老虎嘴。在坝达和老虎嘴拍的日落真的很让人惊艳，这个时候站在高冈之上，从老虎嘴的观景台环顾四周，三面都是延绵的梯田，起伏之间气势宏伟，落日余晖的色彩与田埂线条交织出流动的光影，很美。随着暮色逐渐消散，梯田变幻出绮丽的色彩，感觉身处天上幻境。记住，这个时候千万不要愣着让美景从眼前流逝，找好点，调好光，拿着相机拍摄才是正道。

旅游小贴士

怎么去：从昆明汽车客运站有日班和夜班班车到元阳，建水到元阳早晚有很多班次，而且只有2小时就可以到达，如果想拍到好点的片子，建议租车，在县招待所门口租车。

最佳时间：每年的1月

周边景点：坝达、老虎嘴、多依树

桂林海洋乡

　　"海洋"是因湘水之源的"海洋山"而得名，它位于桂林灵川县辖区，虽然只是个小小的村庄，但却有银杏树100多万株，因而被誉为"中国银杏第一乡"。

　　海洋的银杏并不是仅仅指海洋一地，从灵川县的海洋乡一直到兴安县高尚镇，沿着海洋山脉密布于路旁、村落，山脚下的银杏林都被广义的称为海洋银杏。因此，在海洋，只要是有人烟的地方就会有银杏林，田间地头、乡村院落、溪头水边都生长着银杏树，而银杏树也成了海洋乡的名片。

桂林海洋乡

　　海洋乡确实是一个银杏的海洋，粗略估计，银杏树面积有4平方公里，树龄一般为30~50年，林冠平均高度13米，其中有50多万株年代久远的银杏树，百年以上的便有1.7多万株，最大的"白果王"树高达30米，树干需6人合抱。到了秋末初冬的时候，银杏树叶片片金黄，秋风袭来，金叶飘舞，撒落地上，满地皆是散金碎银，用"满城尽带黄金叶"来形容这如梦如幻的世界是最恰当不过了。

　　在银杏节期间，海洋乡这些原本普通的小村落，因为深秋的银杏节而靓丽了起来。由于银杏的这种美丽非常短暂，因而，才更加吸引人牵挂，生怕错过了一睹芳容的机会。

站在高高的银杏树下，可以看见一群群踏秋而来的"驴友"，还有寻觅美景的"摄狼"们。在银杏树林中，那铺落一地的金黄，让人的灵魂得到了升华。而这里的田园气息也非常浓厚，随处可以看见附近的农民扛着锄头从容走过的样子，可爱的小牛摇晃着脑袋归家，树林边稚气的孩童相互追逐的身影，村妇劳作的满足……这美景，就像电影中的场面，也像神话传说，总之，整个人就置身于童话世界中。如此美丽的景色，那些准备结婚的恋人当然也不会错过。在树林里，总是能看见穿着白色婚纱与白色礼服的新郎新娘们，在这浪漫的世界写下爱的传奇。

四季最佳游玩攻略

1. 什么时候看银杏树落叶最佳

桂林因地处温带，银杏的树叶要比北方黄得晚一些，一般来说11月中旬~12月是观赏银杏的黄金期，如果不出现寒流和大风，可有1个月观赏时间。想要一饱眼福的人们这回可要抓紧时间！

2. 观看银杏树的最佳地方

到海洋乡观赏银杏，可以到海洋乡、大桐木湾、小桐木湾等地区。海洋乡是乡政府所在地，有老银杏树和房子，小景为主；大桐木湾在海洋乡政府北面、离乡政府约3公里，比海洋乡原始一点，小景为主；小桐木湾离海洋乡2~3公里，地势开阔，可拍些大景，比大桐木湾更原始一点；小平乐村区域非常大，无论你是照相还是拍摄，这里都是出作品的地方，这里还有思安头、彩爵等几个景点。

> **🚜 旅游小贴士**
>
> 怎么去：前往海洋乡，可以从桂林前往，先从桂林乘车前往灵川县，再在灵川县转车前往海洋乡。
>
> 最佳时间：11月中旬~12月
>
> 周边景点：大桐木湾村、小桐木湾村

威宁草海

　　草海素有"高原明珠"之称，是贵州最大的天然淡水湖，覆盖面积保持在 30 平方公里以上，以水草繁茂而得名。

　　每到暮春时节，草海周围开放着大面积千姿百态、绚丽动人的杜鹃花；秋天的草海，风景最美，湖中的水草在碧水中开出一朵朵、一串串、一片片的黄花、红花和白花，船行其中，花随水波浮动，如入仙境。

　　其实，草海的闻名，并不仅仅是因为这里的风光美，而是因为这里鸟多。冬季的草海，栖息着 200 多种鸟类，因而被人称之为"鸟的王国"。而冬季到这里越冬

威宁草海

的鸟类品种约占全国的 1/6，其中国家一级保护鸟类有黑颈鹤、金雕、白鹳、黑鹳、白尾海雕等 7 种，国家二级保护鸟类有白琵鹭、大天鹅、苍鹰、燕隼等 20 余种，还有大量的野鸭，但以黑颈鹤最受到人们的关注。

黑颈鹤是世界上唯一生活在高原沼泽的鹤类，极为珍贵，也是发现最晚的一种鸟类。黑颈鹤身高1米多，身着灰白毛的羽毛，修长的脖颈上围着一条黑缎带似的羽绒，头镶鲜红珠顶，光亮夺目，尾部和羽翼之端呈黑色，较于其他鹤类，非常特别。

婀娜多姿的黑颈鹤，飞舞若仙，立姿婷婷，其举止端庄，鸣声高亢响亮，数里之内皆可相闻。而这种鸟类的飞行能力非常强，每到春天就结伴高飞，越过万水千山，到青海的柴达木盆地或玉树隆宝滩，找好伴后，"夫妻"双双选择人迹罕至的地方筑巢，开始生儿育女。等到雏鸟羽毛丰满时，青海高原的严寒也要降临，于是它们结伴为群，展翅飞到云贵高原，在这里选择一个地方度过寒冷的冬天。

草海优良的水质、茂密的水草、众多的鱼虾，自然成了黑颈鹤栖息密度最大的越冬地，直到次年春回大地之后才飞回故地。此时，也是观鸟爱好者前往草海观鸟的最佳季节。风和日丽的时候，站在岸边极目远眺，草海水天一色，烟波浩渺，鸢飞鱼跃，大雁横秋，俨然是一幅天然的水彩画。

除了珍稀的黑颈鹤，这里还有大量的灰鹤、丹顶鹤、黄斑苇鳱、黑翅长脚鹬和草鹭栖息于此，是世界人禽共生、和谐相处的十大候鸟活动场地之一，在科学界又被称为"物种基因库"和"露天自然博物馆"。

四季最佳游玩攻略

1. 黑颈鹤小档案

全球的黑颈鹤只有7000余只，因而有鸟类活化石之称，也被喻为"空中熊猫"。一只成年鹤的最大体重在10公斤左右，站立高度1.4米，展开翅膀有1.5米，体积非常庞大。黑颈鹤是家族式群居生活，每年冬天，它们在青海湖每家选定一个带头者，从千里之外迁徙来这里越冬。黑颈鹤对爱情忠贞，一旦配偶死去它们绝不再嫁娶。

在这里，还有一个关于黑颈鹤对爱情忠贞的真实故事。2005年，近千只黑颈鹤告别草海集体飞回青海湖，没想到其中一只成年雌鹤因病不能起飞，雄鹤随大部队起飞后，在空中盘旋发出哀鸣，不停呼唤地上的妻子，一个多小时后，雄鹤俯冲下来，两鹤紧紧挨在一起，几天后相拥而亡。

2. 赏鸟也不忘看其他风景

草海的风光其实是非常优美的，这里春夏秋冬都林木茂密，水天一色，翠峰鹄立。在草海的西部有一个孤岛叫"阳关山"，岛上竹篱茅舍，鸡犬相闻，湖中白帆点点，波光粼粼，一片宁静淡泊的世外桃源景象，如果时间充足，可以选择到这里住上几天。此外，在草海东南水面有六洞桥及望海楼等景观，沿桥烟柳长堤，垂柳依依，长堤东端有寺庙，风光非常不错，相传吕洞宾曾到此一游。

旅游小贴士

怎么去：广州有直达草海的火车，广州以外的游客，较为便利的交通方式是到六盘水下车，再转乘往威宁方向的长途班车即可到达景区；贵阳有到达威宁的汽车，你也可以乘坐贵阳——成都的火车到达草海站，然后打车前往威宁。从威宁县城徒步半小时可到景区，坐3路车可到。

最佳时间：每年冬季11~1月

周边景点：芦苇、候鸟、黑颈鹤、阳关山

鄱阳湖

鄱阳湖是我国最大的淡水湖，也是著名的鱼米之乡。这里的环境与气候条件非常适合候鸟越冬。因此，每到冬季，成千上万的候鸟从俄罗斯西伯利亚、蒙古、日本、朝鲜以及中国东北、西北等地飞到这里越冬，直到第二年春天才会离去，可以说是珍禽的故乡。

每年10月初，大量的候鸟，包括白鹤、天鹅、白头鹤、白枕鹤、白鹳、黑鹳、大鸨、鹤嘴鹬和大雁等陆续从西伯利亚等地，飞行5000公里南下，到这里越冬，翌年三四月才北归。笼统计算，鄱阳湖保护区内的鸟类已经达到300多种，近百万只，其中珍禽50多种，成为世界上最大的鸟类保护区。

"落霞与孤鹜齐飞，秋水共长天一色"，这也可以说是鄱阳湖最真实的写照。在夕阳余晖下，鄱阳湖变成了一个金碧辉煌的世界，鸟类发出悦耳的鸣叫，在湖区上空飞来飘去。当夜幕降临，月明星稀的时候，湖区内成千上万的鹤、天鹅、雁鸭竞相鸣唱，仿佛是朋友们在叙旧谈情，又像是在共同载歌载舞，庆祝迁徙的胜利。如果这时你住在保护区内，定会被这百万水禽的大合唱所陶醉，绝无吵闹之感。

鄱阳湖的鸟多，但最为可喜的是在这里发现了当今世界上最大的白鹤群，每年到这里越冬的种群总数达 4000 只以上，占全世界白鹤总数的 95% 以上。因此，鄱阳湖被称为"白鹤世界""珍禽王国"。用国际鹤类基金会主席乔治·阿基波博士的话来说："这是世界上仅有的一大群白鹤，其价值不亚于中国的万里长城。"

鄱阳湖

白鹤在地球上已经生活了 6000 万年，堪称鸟类中的"活化石"。它脸红眼黄，全身羽毛洁白无瑕，整个轮廓显出一种优雅的曲线美，而它们的舞蹈更是美轮美奂，让无数人为之痴迷。"鹤飞千百点，日没半红轮"，这是诗人对鄱阳湖候鸟的赞誉。一群群白鹤，远眺像点点白帆在天边飘动，近观似玉在水中亭亭玉立。它们时而信步徜徉，时而窃窃私语，时而引颈高歌，时而展翅腾飞。就在这万籁俱寂的天水之间，奏响了世界上任何乐队都无法演奏的交响曲。

白鹤不仅是吉祥、长寿、华贵的象征，而且还是诗人吟诵的对象。如今，在鄱阳湖区域内的吴城镇附近修建了完善的观鸟点，在这里不仅可以观看到数量众多的白鹤，还可看到小天鹅、白琵鹭、东方白鹳、鸿雁等众多漂亮的鸟类。

冬季的鄱阳湖看鸟是一个亮点，芦苇也是很多人向往的美景。秋冬时节，水退滩露，芦苇荡露出来了，黄灿灿的犹如金波万顷的麦田，微风到处，层层金色麦浪随风荡漾，仿佛置身黄金海岸。仰天躺下去，感受明净的天空、澄清的湖水、绿油油的草地、点点的帆影、朦胧的鸟翅，无不让人感觉恍如隔世，梦回生命家园。

四季最佳游玩攻略

1. 观鸟的最佳地方

星子寺下湖：乘京广线上的前往江西的火车或"广东铁青"的旅游列车在德安下车，然后搭汽车约一小时到苏家当，然后步行到蚌湖乡政府所在的山头上，即是最佳观鸟点。

共青南湖：可从寺下湖沿湖外的堤坝南行十里，到共青垦委直场管辖的红星分场帅家村旁就到了最佳观鸟地。

2. 观鸟需要什么装备

观鸟者需要有一架 8 倍或 10 倍的双筒望远镜，挂在胸前。随时观察身边出现的鸟种。如果观看水鸟，最好有单筒望远镜。鄱阳湖保护区的向导是配有单筒望远镜的，能够帮助观鸟者认识那些珍稀鸟种。

3. 不可不知的 Tips

鄱阳湖区仍有血吸虫，下湖者一定要穿高筒鞋，不要轻易与湖水接触，以免染上血吸虫。

观鸟不要穿红、黄、橙这些色彩鲜艳的衣服，强烈的色彩容易惊吓鸟儿。此外，不要大叫，以免惊吓栖息的鸟儿，更不要去捡拾鸟蛋。

看鸟要起得早点，去晚了鸟就飞光了，因为人一多，鸟儿就会因为害怕而逃走。

🚙 旅游小贴士

怎么去：乘飞机或火车到达南昌或九江，乘船或班车前往吴城镇，到吴城镇后租船观鸟。

最佳时间：11 月上、中旬

周边景点：大汉湖、大湖池、中湖池、沙湖、朱子湖、常湖池、象湖、蚌湖池、梅西湖等地方，一般多去大湖池、中湖池、常湖池

海南三亚

三亚是一座依山傍海、充满椰风海韵的园林城市。三亚的椰树，就像北方的柳树一样平常，路旁、海滨、楼前、屋后，随处可见，高高的枝叶下挂着未摘的椰果。如果透过椰枝仰望天空，你会看到椰树、夕阳、云朵相互辉映，组成了一幅动人的图画。

海南三亚

三亚有"东方夏威夷"之称，它拥有海南岛最美丽的海滨风光，有闻名中外的"天下第一湾"——亚龙湾；有"天之尽头，海之边缘"的天涯海角；有象征爱情的"鹿回头"；有椰林环抱、沙平水暖的大东海，有被誉为"潜水圣地"的蜈支洲岛……流经市内的两条小河，南汇于南边海，北汇于中岛端，上游水网纵横交错，两岸自然生长的红树林，绿影婆娑。这里时有水鸟飞弋，鱼跃锦鳞，一派生机盎然的景象。

三亚海域终年温暖，风平浪静，因而成为人们冬天度假的好去处。冬天，当北国成为一片冰雪世界的时候，这里温暖如春，因而非常适合进行海上冲浪、海底漫步、帆板、游泳、滑水等水上运动。到了三亚，没有人不被这里的水上运动所吸引。如果你是一个精力充沛的年轻人，那么，三亚一定能使你的激情得到最大限度的发挥。

目前，三亚的水上运动主要集中在西岛、蜈支洲岛和分界洲岛。在这些地方，你既可以充分体验水上运动的刺激与快感，也可以漫步海底，入海观鱼；既可以出海远航，也可以乘船览胜……总之，不同的水上体验，都会给你带来不同的感受。即使你是一个不会游泳的游客也不需要担心，因为每项水上运动都有专业教练加以指导。经过短时间的培训后，任何人都可以置身于五彩斑斓的海底世界，或者在海面上跟着浪尖跑了。

作为热带滨海旅游城市，三亚不仅有着婀娜的椰树、清新的海风，其美食也很有吸引力。因而到三亚旅游，品尝海鲜是一项重要的内容。如果在这里没有吃过当地的海鲜，那将是旅行中最大的遗憾。在三亚吃海鲜绝对讲究鲜活，大都是现捞现做的，而且一年四季均有味道鲜美的海味。其中，鲍鱼、海参、海胆是三亚的海中三珍，营养价值极高，在当地被视为珍品，青蟹、血蚶、蚝和龙虾等也都是不可多得的美味。如果吃的是贝类的海鲜，可以要求店家把壳留下，自己慢慢挑选出比较完整的贝壳，洗干净，又是一件不花钱的纪念品。

当然，在三亚吃海鲜，最好选择临海的地方。想一想坐在海边的餐馆里，任海风在你身上吹拂，远看沙滩、蓝天、白云、渔船在你眼前晃荡。不说吃，光是这么坐着也是一种妙不可言的享受，也让人忘记了时间的流动，忘记了人世间的凡尘琐事。

四季最佳游玩攻略

1. 一定要去潜水

到三亚，不去潜水真是一大遗憾，不仅是为了体验在海底的美好感觉，还是为了在海底与动物共舞。在海底，能见到近百种形态各异、色彩缤纷的珊瑚，有的像菊花，有的像鹿角，有的像灵芝。珊瑚软体随水摇曳，令人心醉；这里还有世界上最美丽的热带鱼。

潜水最好的地方是蜈支洲岛，其次是亚龙湾，潜水的价格也不便宜，一般是深海潜水约 260 元/人，浮潜约 150 元/人，教练的费用还不包括在里面。

2. 到三亚进行海鲜大扫荡

来三亚是必须吃海鲜的，这里海鲜正宗、鲜活、生猛。三亚这个著名的旅游度假城市，更是濒临世界著名的北部湾渔场和南海渔场，也是我国所有沿海的渔场中唯一没有被污染的渔场，因此，其海鲜非常鲜活美味。在三亚，有几个大的海鲜加工地，如春园、明润、友谊社区等。只是吃海鲜别喝啤酒。

🚗 **旅游小贴士**

　　怎么去：前往三亚，最好是乘坐飞机，现在中国各大中城市都有班机前往这里。如果从三亚市区前往各个景点，可以乘坐市内公交车，或者乘坐出租车，比较方便。

　　最佳时间：每年 11~1 月

　　周边景点：亚龙湾、天涯海角、鹿回头、大东海

吉林雾凇

　　吉林雾凇与桂林山水、云南石林和长江三峡同为中国四大自然奇观，但它是这四处自然景观中最为特别的一个。每年 12 月~次年 2 月的时候，在冰封时节的吉林，草木都已凋零，万物也失去了生机，然而雾凇奇观却总能"忽如一夜春风来，千树万树梨花开"地降临北国江城。那琼枝玉叶的婀娜杨柳、银菊怒放的青松翠柏，千姿百态，让人目不暇接。沿松江中路、滨江公园、国防园、松江东路走来，处处可以见到雾凇，人在其中，就如进入了一个梦幻的世界。

　　其实，吉林雾凇的形成与这里的自然环境、人为条件有关。在吉林市，每到冬季，尽管松花湖上一抹如镜、冰冻如铁，但冰层下面几十米深的水里仍能保持 4℃的水温，水温和地面温差常在 30℃ 左右，于是就形成了市区以下几十里不封冻的江面。温差使江水产生雾气，江面上白雾袅袅，久不消散。沿江那十里长堤，苍松林

立，杨柳抚江，就在一定的气压、风向、温度等条件的作用下，江面的大量雾气遇冷后便以霜的形式凝结在周围粗细不同的树枝上，形成大面积的雾凇奇观。

由于拥有得天独厚的自然条件，所以吉林雾凇又具有持续时间长、厚度大、出现频率高的特点，每年从 12 月下旬到翌年 2 月底，是观赏雾凇的最佳时节，最多时一年可出现 60 余次。

在吉林市观看雾凇，大致有 3 个阶段，即"夜看雾，晨看挂，待到近午赏落花"。

吉林雾凇

夜看雾是指在雾凇形成的前夜，一般会在夜里 10 点左右出现。此时，松花江上开始有丝丝的雾气出现，继而越来越大、越来越浓，大团大团的雾气升腾着、翻滚着涌向松花江两岸。就在一瞬间，江边的街路、建筑都被大雾所笼罩，人在其中，就置身于浓重的云雾之中。远远看去，江边的建筑物、树木也在雾中若隐若现，灯光也变得扑朔迷离，整个街路仿佛成为云海仙境一般。而这样的浓雾也是吉林雾凇预报的重要征兆，一般来说，当夜的江雾越是浓重，次日的雾凇景观越是壮观。

晨看挂是说清晨起来看"树挂"。经过一夜的浓雾，松花江那十里江堤上黑森森的柳树、松柏和千年榆树在一夜之间被江雾染得一片银白，眼前呈现的是一个银色梦幻般的奇妙世界。江边的树木凝结了厚厚的雾凇，太阳被晨雾遮住，每一棵垂柳的枝条都晶莹闪烁，宛若玉枝垂挂，在微风中轻轻摇动；株株被雾凇所装扮的松柏都似银菊牡丹盛开、寒冬蜡梅怒放，就连路边的小草，也被雾凇包裹得毛茸茸的，煞是可爱。

上午9点以后，阳光、微风的徐徐来到，使得凝结在树枝上的雾凇开始脱落，这便是"待到近午赏落花"的美景。此刻，微风吹起脱落的银片在空中飞舞，明丽的阳光辉映到上面，在空中形成五颜六色的雪帘。纷飞的雾凇会似雪花一样落到人们的头上、肩上，就如在童话世界中遨游。

四季最佳游玩攻略

在吉林市，最有名的雾凇观赏区就是雾凇岛。这是一个在松花江江心形成的天然小岛，四面环水。由于这样独特的地理环境，在冬天里雾凇岛常常被雾气笼罩。因此，雾凇几乎是天天降临此地。而这里的雾凇洁白如玉，又格外的厚重，还持久不落。

岛上有农家提供吃住，经济淳朴，温暖舒适，如果你想拍摄经典的片子，完全可以在这里住上几天。前往这里，你可以沿江东行可经乌拉街、满族镇进入韩屯，再沿江西行可经土城子乡进入曾通，江中若干孤岛被通称雾凇岛。

🚗 旅游小贴士

怎么去：吉林的交通非常方便，你可以乘坐飞机、火车或者汽车前往。而再前往市内各个看雾凇的景点，可以乘坐公交车到达。

最佳时间：每年的12月下旬～次年2月底

周边景点：松花江两岸、雾凇岛、阿什雾凇走廊、松花湖雪场、北大湖雪场

双峰林场

　　双峰林场原本是黑龙江海林林业局下属的一个小林场，这里从前只是林业工人的一个驻点，后来一代代林业工人在这里住下、成家，于是形成了现在这个拥有100多户人家的村庄。由于受山区小气候的偏爱，这里每年10月开始，就瑞雪飘飘，冬季积雪厚度可达2米深，雪质优良，雪量丰富，隆冬季节更是日日飞雪迎宾，无时无刻不散发着雪的神韵，就如一颗璀璨的明珠，镶嵌在张广财岭的东南坡，无怪乎它被世人称为"中国雪乡"。

双峰林场

　　由于双峰林场的美丽，吸引了众多的摄影爱好者到此取景，而取景在此地的摄影作品频频获国际大奖，中国雪乡的名字也越响，这里有北国最高的山峰，最密的林海，最厚的积雪，最洁净透明的阳光，最淳朴的伐木工人生活。走入中国雪乡，展现在眼前的雪屋、雪景，定会让你赏心悦目，不虚此行。

　　在冬天，进入双峰林场，最先看到的便是家家户户房顶上凸出来的雪檐。它们有些像圣诞节时出售礼品的店铺，仿佛走进檐下就可以买到长筒袜、魔力棒等各式各样圣诞树的装饰，还有数不尽的玩偶和礼物。屋子的雪檐大都一两米宽，半尺来厚，伸出房檐三四尺还低悬不落，就像是生日宴会上的奶油蛋糕，还散发着香浓的气味，让人馋涎欲滴。有的雪檐竟在空中拐了个弯，一直伸到地上，和雪地长在了一起，于是就把房子严严实实地包起来，成了一个完整的雪屋。

雪屋外面的小院儿，都是用木栅栏围起来的，线条简洁却不规则，如同炭笔画漫不经心的勾勒。当栅栏的木枝披上了银色外衣之后，就像是小孩用奶油涂抹而成，和中间的"蛋糕"相映成趣。

在雪地里慢慢行驶，就仿佛置身于《绿野仙踪》里北风女神的宫殿，一切的一切都被雪公主的巧手做成了冰清玉洁的雕塑，因而，把这里看作是一座天然的"雪雕城"，一点也不过分。

雪乡家家户户的居民，有挂灯笼的习惯，一盏盏的红灯笼在太阳的照射及白雪的映衬下显得格外通红透亮，给人一种幸福喜庆的气氛。晚上，灯笼全部亮了起来，那点点黄色的灯光在白雪中跳跃，给人丝丝的暖意。

雪乡的人都热情好客，一到这里，当地的老百姓会热情地把客人带到自己的家中，吃纯天然绿色食品，住东北小火炕，乘狗拉爬犁。闻着雪后的山野气息，那淳朴浓厚的乡土人情浓得让你化也化不开。而此时，坐在传统的炕上，吃着传统的食品，看着如童话般的美景，不醉也不行。

四季最佳游玩攻略

1. 怎样才能拍出最美的雪景

拍摄雪景，最好以逆光或侧逆光为宜。因为雪有很好的反光性，被摄物体的阴影侧也有很强的光亮，用逆光拍出来的照片，可以捕捉到雪粒上的光线，会产生一种平光照明或阴沉天气时所不能得到的深度感和美妙效果。

2. 行头要备足

双峰林场景色极佳，应带上足够的胶卷。为了拍照方便而又不冻手，建议戴一副魔术手套，再在外面套一副无指式棉手套。到这里，还建议准备一个三折雨伞，以备下雪时保护相机，因冬日双峰林场经常下雪，有伞的话就可以打着，免得相机被雪水打湿。

3. 住哪里最舒服

双峰林场所在的长汀镇有雪乡宾馆等大小旅社，从 20~300 元不等，双峰也有旅馆，不过为了更好地领略雪乡风情，推荐住在老乡家里，费用十分便宜，每人每天 30 元就可以了，包吃包住，能睡传说中的农家土炕。不过要去玩的话，建议提前预订好住的地方，免除后顾之忧。

旅游小贴士

怎么去：可从牡丹江市乘坐专线巴士直达，也可从哈尔滨等地乘坐火车或汽车前往长汀镇，然后再转乘汽车到雪乡，票价约 15 元，也可以租车前往。

最佳时间：每年 11 月~次年 2 月

周边景点：雪乡国家森林公园、威虎山城

元谋土林

土林是一种土状堆积物塑造的、成群的柱状地形，因远望如林而得名，它一般出现在盆地或谷地内，在自然界的外力（主要是水流）的作用下，经历千百万年的时间而形成的，并且与地形结构、组成物质、构造运动、水文气候、土壤团力和水动力等综合因素有关。在我国，有很多的土林，但以近年在中国云南元谋发现的为最典型，反映了古地理变迁和地貌发育过程。

云南的元谋土林分布较广，其中以元谋县的物茂土林、班果土林、浪巴铺土林为佳。它与西双版纳热带雨林、路南石林并称为"云南三林"。

一踏进土林，那些土柱千姿百态的造型，让人仿佛进入另一个新奇的天地。它们有的如锥似剑，直指蓝天；有的像威严武士，整装待发；有的如亭亭少女，凝视远方；有的土柱顶上杂草丛生，间或长有野花，给它们增加了一丝生命的颜色；有的沙石垒垒，裸露身躯……而这些各种形态的土柱是混杂分布的，这就使得土林形成了丰富多彩，变化层出不穷的姿态，令人叹为观止。

仔细观察这些土林，你会发现，它们多由沙粒、黏土组成，其中还有丰富的动植物化石，如巨大的栎属性硅化木、剑齿象、中国犀、剑齿虎等。因而可以推断出，土林中的土柱是距今200万年前早第四纪积淀下来的，黏子和黏土中含有少量钙质胶结物，间或夹杂一些铁质结合体。由于这些土壤在漫长的岁月中，不断吸水、膨胀；失水、收缩，致使地面龟裂；加之雨水沿裂缝冲刷、流动，久而久之，裂缝逐渐加深、扩宽、延长，土柱逐渐显露、增高，因而形成土林。

元谋土林

元谋的土林不仅有雄奇壮观的土柱，更以色彩绚丽、变幻多姿而著称。因为这里的土林不是单一的黄色，而是令人惊异地呈现出红、绿、紫、白、灰等丰富的色彩。在不同的光影条件下都呈现出不同的色彩，或热烈、或奇幻、或金碧辉煌、或绚丽多姿，真是"浓妆淡抹总相宜"。

不过让人可惜的是，元谋土林的稳定性差，易于流失，一部分土柱今年似人，明年可能就变成了动物，三年五年干脆消失得无影无踪，留下一堆白沙黄土，让人们追忆逝去的昨天，品味着变幻。

四季最佳游玩攻略

土林的风光非常奇特，湛蓝的天空，黄色的沙土森林在粗纸上会呈现出绝妙的效果。如果专门为摄影而去，建议你在楚雄住一夜，早晚的土林另有一派神秘景象，但那里沙尘较大，要注意保护你的相机。照相的时候千万要注意脚下。

此外，进入土林后可以买一张风景区的简单地图，以对土林全貌有个了解；土林里有很多沙土，尽量穿高帮运动鞋。白天会有若干游客，傍晚和清晨就没有了，但是非常安全。这里的天气与昆明没有什么差异，但干燥，要带上水。

最先发现元谋土林并在这里进行拍摄的是陈凯歌与张艺谋，陈凯歌的《无极》、张艺谋的《千里走单骑》就在这里。2009 年 3 月，国际巨星成龙率《大兵小将》摄制组赶赴土林拍摄外景。如果要到土林旅游，建议先把这些电影看上一遍，然后再到这里来找与剧中场景相同的地方，别有一番乐趣。

旅游小贴士

怎么去：昆明长途汽车客运站（南窑）和昆明西苑汽车客运站有到元谋的车，票价25 元左右，车程约 7 小时，但路况多半欠佳。昆明也有火车到达元谋，到了元谋县城后，再乘车到物茂，从这里坐三轮或小马车、骑马到景区。

最佳时间：每年 11 月~次年 2 月

周边景点：物茂土林、班果土林、浪巴铺土林

腾冲热海

腾冲热海位于腾冲县城西南，在这里，有较大的汽泉、温泉群共 80 余处，其中 10 个温泉群的水温达 90℃以上，到处都可以看到热泉在呼呼喷涌。它们有的是碧汤撩人的温泉，有的是倾吐热忱的沸泉，有的是喷云吐雾的喷汽泉……而在如此多的热海中，还有晶莹遍地的"珍珠泉"，惟妙惟肖的"蛤蟆"，翠光温润的"美女池"……千姿百态，美不胜收，让人深感造物主的神奇。

腾冲的这些温泉、汽泉按照化学来分，可以分为碳酸泉、硫黄泉、硫酸泉等。在碳酸和硫黄泉区，草木茂盛，一片青绿；而硫酸泉区，一片长约 80 米，宽约 40 米的地面内，热气腾腾，到处是嘶嘶的响声，地表沙石裸露，寸草不生，人们不敢

涉足，成为天然"禁区"，只有那弥漫的热气诉说着它的存在。

在腾冲热海中，最著名的便是"大滚锅"。这是经过了人工的巧妙"包装"，并暗含八卦玄理的八角形沸泉。池占地面积大约10平方米，深约1.5米，水温最高可达98℃。池底处处喷水冒花，中有一个巨型泉眼，涌水如柱，越出水面尺许后悠然滑落，形成硕大的水花，时开时谢，煞是好看。由于"大滚锅"的水温非常高，因而附近的村民及游客将其当厨房里的"锅灶"用，在这里宰鸡、杀猪，就地取沸水，十分便当。近处有村民卖鸡蛋，用稻草扎成条状，每串五个蛋，游人买了后置于热水槽中，5分钟即熟，味道鲜美。还有的村民，将盛着大米和肉菜的饭盒置于大滚锅流出的水槽中，不到半小时便熟透。

腾冲热海

声势浩大的"大滚锅"还有那玄色火山岩穿凿而成的文光亭，凝结了腾冲百姓对起义领导人张文光的无限思怀，于是便有人说，"大滚锅"泉眼处状若白牡丹的水花便是张文光的英灵所化。所以说，到这里感受到的不仅是肌肤的润泽，更能体会腾冲人的精神所在。

黄瓜箐的"蒸汽床"也是久有盛名，它是利用热泉进行"蒸汽浴"的形式，可治疗各种疑难怪病。"蒸汽床"是在冒气地面铺上碎石细沙，覆以约5公分厚的松毛，再垫一张草席，便成了"蒸床"。人睡在"床"上，盖上毯子，不到半小时便被蒸得皮红肌润，接着便进热泉洗浴，全身皮舒骨张。因其地热露出的泉水、气体中含有丰富的矿物质，对多种疾病有明显疗效。

如果冬天经过腾冲热海，一定要到这里来泡泡温泉，在弯弯曲曲的溪涧缠绕的群山中，躺在温泉里，看看蒸腾起的白雾，仿佛在缥缈朦胧的梦里了。

四季最佳游玩攻略

在腾冲，你就可以亲眼目睹云南十八怪中的一怪——鸡蛋穿着买。这里的鸡蛋放在一个草绳编的东西里面，可以放在大滚锅内烤熟。

腾冲是翡翠的集散地，到处可以见到翡翠商店，如果懂行情倒是可以挑上几块，如果不懂，还是不要盲目掏腰包。

前往腾冲，记得带好一切证件，尤其是身份证。因为腾冲是边城，安检特别严，路上还有关卡，要停车检查。此外，有老人证、军官、教师、记者等证件的，千万要记得带着，在进入一些景点可以享受优惠。

🚗 旅游小贴士

怎么去：前往腾冲热海，最好的方式是从昆明前往，从昆明前往腾冲县可在昆明南站、昆明酒石等地方乘车，县城有专线旅游车直达和顺乡。

最佳时间：每年11月~次年2月

周边景点：珍珠泉、狮子头、鼓鸣泉、怀胎井

贵州荔波

在荔波的喀斯特原始森林中，野生着上万亩的梅花，因而被誉为"中国野生梅之乡"。在这里，分布着世界上最大的一片野生梅林，包括西南最大的野生梅群，树龄在200年以上的珍稀古梅不下数百棵，成了冬季赏梅的好去处。

荔波的梅花在每年的元月底开花，花期长达1个多月。在寒冬腊月时，来到荔波的梅原，到这里，就可以欣赏到连片的、雪白的梅花林，也可以在梅林的幽径中

赏梅、漫步，全面体验和感受梅文化。梅花开花分为三度，因而有梅花三弄之说。梅花一弄：满树白梅含苞欲放，欲露还藏；梅花二弄：梅花大片盛开，清香远溢，满树洁白；梅花三弄：花开稀落，有绿芽相伴，有小果相随。而其中又以梅花二弄风景最好，梅花一弄最有意境。

每年到了梅花盛开的时候，当地政府都会举办隆重的梅花节。这时，你在荔波县城就能感受到浓浓的节日气氛，此时，在漫山遍野的梅花树下，闻着梅花的清香，欣赏独具特色的少数民族表演，你怎能不赞赏大自然的妙笔生花，你怎能不迷醉这方土地的慷慨赠予。而此时的梅花在冷空气肆虐的环境下，带来了大地回春的消息，也带来了无数游人的欢笑。

贵州荔波

冬季到荔波，除了看梅花，其他风光也不可错过，因为这里一年四季都是山青水绿，鸟语花香。从景色来看，没有旅游淡季和旺季之分，也就是人们常说的"冷天不冷，淡季不淡"，更重要的是，这里的风光可以说是经典绝伦。在荔波漳江河沿河30公里的风光带，贯穿着水春河峡谷和大七孔、小七孔景区，加上河面水流平稳、水清如玉的漳江，两岸青山绿树，农田村落，交织成美丽的田园风光。

漳江上的小七孔景区秀丽奇艳，有"超级盆景"之美誉；响水河68级叠水瀑布群像一条飘动的银练；拉雅瀑布飘洒着清凉的珍珠雨，沁人心脾；鸳鸯湖碧水湛蓝，水上古树浓荫繁茂，湖中有山有树有竹，河道交叉相连，形成水上迷宫；卧龙潭潭水幽深，春来潭水绿如碧玉之景观令人惊叹；天钟洞深邃莫测，大自然神工造化，洞景千姿百态，俨如梦幻仙境；神秘的漏斗森林中的野猪林，林水交融的水上森林，奇特的龟背山喀斯特森林，在世界上的自然风光中独具一格。

除了山水和花草美丽无比之外，荔波还是少数民族的聚集地，民族风情也很浓郁。在持续1个月左右的梅花节期间，这里举办少数民族特技表演、猛牛争霸赛、龙狮表演等活动。游客不仅能赏红梅、品梅酒、饮梅汁，还能感受布依、水、苗、瑶等民族的民风民俗，充分体验荔波的民族文化和独特的自然风光。

四季最佳游玩攻略

荔波每年都会举办梅花节，但每年的梅花节开幕时间都不一样，一般在1月底，2月初。去之前可提前电话咨询（0854-3610359），开幕当天游人比较多，要做好心理准备。而荔波的梅种是青梅，有点相似于梨花，所以颜色比较偏重于白梅，这点需要注意。如果想拍几张美照，建议穿点颜色较为鲜艳的衣服。

要想看到最好的梅花，可以到洞塘乡的木朝村、三合村、懂朋村、板寨村等地。去这些地方赏梅时，可将洞塘乡作为大本营，然后在镇上租车前往，这样比较方便。如果只去三合村、懂朋村赏梅，那么从洞塘乡徒步前往即可。

> **🚗 旅游小贴士**
>
> **怎么去：**去荔波可先乘车到达贵阳，然后在贵阳体育馆长途汽车站乘前往荔波的客车。从荔波到赏梅的地方需在荔波汽车站乘开往永康乡或洞塘乡的县内班车，或者从县城包车前往。
>
> **最佳时间：**1月底，2月初
>
> **周边景点：**木朝村、三合村、懂朋村、板寨村

杭州西湖

　　到西湖游览，很多人都选在春天草长莺飞、夏季荷花盛开的季节，到秋季后，游人减少，到了冬季，更是寥寥无几。其实西湖的冬天，别有一番风情，尤其是下了一场雪后的西湖。

　　位于江南的杭州，雪期短促，大雪天更是罕见，一旦银装素裹，便会营造出与常时、常景迥然不同的雪湖盛况。想象一下，湖上大雪纷飞，湖水此时已经凝成深铅色的静波，湖面雾气迷漫，一只孤雁掠过湖水，远山在空漾的大雪中时隐时现，几叶小舟漂泊湖上，湖岸玉树银妆，沿湖翠华早已被白雪覆盖，仿佛置身于一幅意境深远的中国泼墨山水画之中，真是赏心悦目！

杭州西湖

　　下雪天，在西湖可赏的美景不少，无论是唐代的"钱塘十景"，还是宋代的"临安二十四景"，或者清代的"西湖十八景"，都少不了与湖雪相关，"雪霁孤山寻梅""灵峰踏雪探梅""湖心亭望雪""六桥堤上赏雪""湖畔围炉听雪"等文字，也为历代文人所津津乐道。但是在西湖，最著名的当然是断桥残雪。

断桥残雪是西湖看雪景的最佳之处。唐朝的张祜，他的诗中的一句"断桥荒藓涩"，从中可知断桥是一座苔藓斑驳的古老石桥。大雪初霁，原来苔藓斑驳的古石桥上，雪已残而未消，难免有些残山剩水之感，于是就拟出了"断桥残雪"这一西湖难得的景观。

明朝汪珂玉在《西子湖拾翠余谈》还有一段评说西湖胜景的妙语："西湖之胜，晴湖不如雨湖，雨湖不如月湖，月湖不如雪湖……能真正领山水之绝者，尘世有几人哉！"

因为断桥在西湖的分水点上，下雪后，在桥上众目远眺，只见远山近堤银装素裹，分外妖娆；而整个西湖因积雪的"勾勒"，也显得格外清秀。来至断桥上往西、往北眺望，孤山、葛岭一带楼台上下，如铺琼砌玉，晶莹明澈，有一种冷艳之美。坐在桥畔亭内看断桥，只见桥影倒浸，带以残雪，更是朗朗生姿，如果从附近的宝石山俯瞰桥上，中间木栅门的一段仿佛断了一截，"断桥残雪"一景由此得名。更为奇特的是，站在宝石山上眺望，桥的阳面已冰消雪化，所以向阳面望去，"雪残桥断"；而桥的阴面却还是白雪皑皑，故从阴面望去，"断桥不断"，也格外动人心魄。

四季最佳游玩攻略

"断桥残雪"虽然是西湖的旧十景之一，但由于气候变暖的问题，这一景很难碰到，也更显得珍贵。不过，要见到这一美景，以杭州以及杭州周边的人最为方便，只要一下雪，就可以到这里去等待这一奇观。只是照相机在气温低的时候，电消耗得特别快，建议备足电池，以免到时候望景兴叹。

🚗 旅游小贴士

怎么去：前往西湖，可以在杭州市内乘坐1~5路旅游专线车到西湖；另外国道320、沪杭高速火车站乘7路、135路、旅游巴士均可到达。

最佳时间：每年冬季下雪的时候

周边景点：断桥残雪、雷峰夕照、双峰插云、南屏晚钟等

海螺沟

　　贡嘎山是青藏高原东缘的极高山地，是一个集生态完整的原始森林和高山沸、热、温、冷泉为一体构成的综合型旅游风景区，其中著名的海螺沟冰川就位于风景区内。

　　海螺沟冰川又称一号冰川，属典型的海洋性低海拔冰川，全长约 15 公里，是贡嘎山 70 多条冰川中最长的一条，面积 16 平方公里，落差达 3900 米，是我国迄今发现的最高大、最壮观的冰川瀑布。冰川如同一条银色的长龙，从贡嘎山上飞奔而下，浩浩荡荡，气势磅礴。在 "U" 型峡谷里深入绿色林海达 6 公里，形成冰川与森林共生的奇绝景观。

海螺沟

　　海螺沟冰川大约形成于 1600 年以前，活动性很强，在冰川的运动过程中形成晶莹透明、蓝中透绿的翡翠、水晶，还有观赏价值极高的由冰川弧拱、卷曲、单斜、向斜构造成的长达 100 多米、深 5～10 米的冰川断裂带，蔚为壮观。在冰川的消融过程中又形成了千姿百态的冰湖、冰桌、冰峰、冰蘑菇、冰洞与冰桥、冰面河，如一条地下水晶宫。特别是举世无双的大冰瀑布，高达 1000 多米，宽约 1100 米，比著名的黄果树瀑布大出十余倍，瑰丽非凡。晴天月夜，景象万千，令人一见之后，终生不忘。

到了海螺沟，一定要记得看这里的日出。海螺沟身处山脚，周围有海拔 6000 米以上的卫士峰 40 多座，峰上千年积雪，银光闪烁。每当天气晴朗，东方吐白，灿烂的霞光冉冉而起，万道金光从长空中直射卫士峰。瞬间，数十座雪峰全披上一层金灿灿的夺目光芒，瑰丽辉煌，因而被称为"日照金山"。

在海螺沟，除了壮观的冰川让人称绝外，蕴藏于原始丛林中的温泉同样令人向往。海螺沟内有众多大小不一的温泉群，沟内共建有 14 个温泉池，尤其以二号营地的温泉为最，当地山民称这里为"热水沟"，热泉从地表的石缝中涌出，终年不断，经化验此泉属碳酸氢钠型中性优质医疗热矿泉，对治疗多种疾病有奇特疗效，水温高达 90℃以上，然后一个个池降下来，最适宜人浸泡的一片池水从 45~35℃不等。这些温泉的日流量达 8900 吨，如果不亲眼所见，根本就想象不到在天寒地冻的高原竟有如此"天上瑶池"。

如果说大冰瀑布显得是那么遥不可及的话，那么在雪中泡温泉可是实实在在的。温泉池周围是茂密的原始森林，风景优美，一边泡温泉、一边欣赏冰川，如果再遇上降雪，在热乎乎的露天温泉里慢慢欣赏雪花飘飞的奇景，透过氤氲升腾的水汽欣赏着四周白雪皑皑、银峰耸立的情景，这种感觉仿佛是在"人间仙境"。

四季最佳游玩攻略

在海螺沟，有 3 个特别适合泡温泉的地方。

一号宿营地：这里有一家温泉假日酒店，但很少对外开放，洗温泉的基本上为住宿者，水质特别清洁。如果住在该酒店内，可免费泡温泉。如果喜欢泡温泉，可以在这里住上一晚。

二号宿营地：周围有较多的温泉池，温度从高到低均有，给人的感觉是比较原始古朴，没有多少人工制作的痕迹。如果住在二号宿营地的温泉宾馆中，也可以免费享受温泉，不过房价较高。

贡嘎神汤温泉：位于一号宿营地与沟口之间，距沟口仅 7 公里，有一个大型温泉游泳池及数个小型温泉池，还有室内温泉。

此外，海螺沟的温泉虽然很多，但如果赶上旅行团的大队人马在泡澡，感觉就非常不爽。所以，最好是一大早或者下午 5 点以后去，这样泡起来舒服多了。

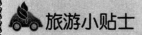 **旅游小贴士**

　　怎么去：成都新南门汽车站有直达海螺沟的班车，每天上午 10：00 发车，车程为 5~6 个小时。

　　最佳时间：每年 11 月~次年 2 月

　　周边景点：磨西古镇、贡嘎山、原始森林

黑龙江亚布力

　　亚布力原名亚布洛尼，即俄语"果木园"之意。清朝时期亚布力曾是皇室和清朝贵族的狩猎场所。整个亚布力滑雪场处于群山环抱之中，林密雪厚，风景壮观。整个滑雪场由高山竞技滑雪区和旅游滑雪区两大部分组成，在主峰海拔 1000 多米的三锅盔建成了大型旅游滑雪场，拥有 11 条高、中、初级滑雪道，总长度 30 公里。其中还有从德国引进的全长 2680 米、高 570 米、有 48 个弯道的旱地雪橇。

　　亚布力的滑雪场的大锅盔和二锅盔曾是第三届亚冬会赛道，现在是国家滑雪运动员的训练基地，还是国家海洋局南极考察队员的训练基地，到南极考察的所有队员都在这里训练。当然，亚布力还有着适合滑雪的气候，这里每年的积雪期达 170 天，滑雪期 120 天，无论从雪道的数量、长度、落差还是其他各项滑雪设施的综合水平来看，亚布力无疑是中国最好的滑雪场。

　　当你乘坐这里的缆车到达山顶，放眼望去，整个亚布力银装素裹，峰峦起伏的雪山尽收眼底。尤其是那些勇敢的滑雪者从山顶沿着开阔的滑道俯冲下去，欢呼声、叫喊声此起彼伏，在蜿蜒的山谷中回荡。那一刻，即使你是一个没有任何经验的滑雪者，也恨不得扑进厚厚的积雪中，像他们那样来一次彻底的狂欢。

　　滑雪的人群让亚布力成为激情四溢的地方，一个个红色、黄色、绿色、紫色、

黑龙江亚布力

花色的鲜艳身影，在宽阔的雪场各处涌现，或飞驰、或蹒跚，仿佛现实中的一切尴尬都是可以忽略不计的，剩下的只有欢乐。如果不信，那么就到这里去住上 3 天，到时候你会痴迷得无药可救。

在亚布力滑雪场，除了滑雪外，还有雪地摩托、狗拉雪橇、滑轮胎、雪滑梯等游玩项目。如果把冰城哈尔滨比作"天鹅项下的珍珠"，那么，亚布力就是"天鹅翼下的钻石"。在这里，你可以看到从各地到此玩雪的游客，无不是一脸兴奋，抑或发出开心的尖叫……

晚上，建议住在当地农家小院。这里的农家小院很有特色，墙上挂着红尖椒、老玉米，外面是木栅栏围起的小院，暖暖的灯光从贴着窗花的玻璃上透了出来，让人觉得很舒适。点上一桌热气腾腾的地道东北农家菜，盘腿坐在炕上，要上 2 两白酒，喝着，或者与朋友在一起闹着，那滋味美妙至极。

四季最佳游玩攻略

1. 一定要备好内衣

由于滑雪的运动比较激烈，容易出汗。如果你没有专用的运动内衣的话，一定要准备一件干的内衣用于滑雪后换上，不然湿透的衣服贴在身上非常不舒服，在寒冷的天气里很容易感冒。

　　此外，建议带一双旧袜子。因为滑雪鞋里面有点湿，如果在外面套一双旧袜子就可以缓解这一情况。而旧袜子穿完了也就扔了，不心疼。

　　2. 不可不知的 Tips

　　对于一些初级滑雪爱好者来说，还是跟随一日游或者两日游的散客团比较经济划算，乘车、索道、雪具等事项都有人安排，比较省心。哈尔滨很多旅行社都有组团。

　　周末和节日期间，这里的住宿和滑雪价格都有很大的涨幅，花费高而且人也多，反而不能玩得痛快，建议错开这些时间。此外，许多宾馆的住宿价格都是可以浮动的，不要被他们的门市价吓唬了，不妨多和他们讲讲价钱。

 旅游小贴士

　　怎么去：去亚布力可选择先到达哈尔滨或者牡丹江市，这两地都有发往亚布力镇的火车和汽车，班次很多很方便。行程 3 小时。到达亚布力镇后，再坐开往滑雪场的班车可达，也有出租车前往。

　　最佳时间：每年 12 月～次年 3 月

　　周边景点：俄罗斯风情园、威虎山城、尚志碑林

陆良彩色沙林

　　陆良是云南第一大坝子，地域辽阔，有着丰富的旅游资源，曾有"三山四水十八般景致"的传说；这里还有一片形成于 3 亿 4 千万年以前，具有较高旅游价值和地理研究价值，五彩斑斓、千姿百态的梦幻世界——彩色沙林；这里，还是世界上最大的彩色沙雕主题公园。

　　整个陆良沙林，分布在"Y"字形的彩色峡谷中，是由七彩沙子凝聚起来的沙柱、沙峰、沙屏、沙皱的集合体。这里座座沙峰或独矗，或相连，参差有致，远看

成林，近看成峰，高者达 30 余米；忽而盘旋直上，忽而陡然垂落，峰回路转，沿谷两壁呈现一簇簇屏、嶂、峰、崖，以及千姿百态的造型。

如果推开两扇沉重的石门，踏上陆良彩色沙林，仿佛走进了一个色彩斑斓的神话世界。那触目可见的彩色沙峰、沙柱、沙屏，如利剑，如飞瀑，如整装待发的勇士，千年如一日地静立着、守候着，呈献给人们最美的风姿。在阳光的照射下，不断变幻着绚丽的色彩，如火、似雪、如水、似玉的 12 种沙层，宣泄着大自然的神奇美丽。

仔细观看，层层沙崖、沙柱、沙峰呈现出金黄、白、红、灰等色调，间杂黑、青、绿、蓝等颜色。而沙林随着光线的强弱，阳光投射角度的不同，在早、晚、雨、晴、春、夏、秋、冬，会产生不同色调构成的景观，酷似一幅幅绝妙的"丹青国画"，成为世界罕见的自然奇观。

泉水，在陆良沙林最为独到。林内多处泉水浸渗，潺潺流水增添了沙林之灵秀，晴时让沙不灰，干而不燥，雨时湿而不泥行而不艰。在泉水的出口处，水压冲沙、翻滚蒸腾，似袅袅炊烟，如游龙出海；沙，是自然给人的最好呈现方式。在这里，你可以进行沙浴沙疗，可堆沙滑沙，可沙地狩猎，可沙地跑马。如果愿意，你也可以赤脚游沙林，而当你静站沙溪间，让脚下的沙慢慢被溪水洗走，感觉非常特别。

那么，陆良沙林那如此令人震惊的美景，到底是怎样形成的呢？

居住在这里的人认为，陆良彩色沙林原是一条黑龙的化身，黑龙因救黎民百姓而被恶龙所害，红沙是龙的血肉，白沙是龙的肌肤，黑沙是龙鳞，嶙峋的崖石是龙筋龙骨，人民为纪念这条为正义而死的黑龙，曾把这里叫作黑坡。

其实，陆良沙林的形成是因为地壳运动造成的。远在 3.4 亿年前，云贵高原还是一片汪洋大海。在距今 6700 万年的新生代时期，由于喜马拉雅山构造运动的影响，海水下降，如今的陆良坝子才逐渐露出水面。在地壳上升过程中，含有多种矿物质的砂岩和岩浆互相挤压、碰撞、渗透，形成了一个以彩色沙石为主的巨大沙滩，经过阳光的不断照射和风雨侵蚀，在大自然的雕琢下，才逐渐演变成了今日的彩色沙林。

自然的力量往往是神奇的，正因为如此，也造成了现在的美景，让人可以畅游如梦似幻的"彩色世界"，漫步硝烟犹存的"三国古战场"，浏览浩然大气的"爨

陆良彩色沙林

史浮雕"，留恋百米青石板上别出心裁的"三国演义连环画卷"……

四季最佳游玩攻略

陆良沙林用玻璃钢制成的《爨史》浮雕不可不看。这个浮雕全长128米，高5~8米，浮雕色彩古朴，线条粗犷，并表达了一个故事，以"原始部落""孔雀梦""爨的产生""出征南蛮""战争与结盟""爨神的诞生""爨的兴盛""民族矛盾""民族的迁移"9个部分组成。

此外，这里还有由34个洞穴组成的洞穴度假村、36计洞穴浮雕、沙地跑马场、古栈道、烽火台、彝家寨门等。在这里可以骑马、乘轿、会战车、驾快艇、听古乐、赏风情歌舞等。景区内的古战场官兵饭、烧烤、爨文化菜谱也特别受欢迎。

🚗 旅游小贴士

怎么去：可以在昆明火车站坐火车去陆良，然后在陆良县乘车到达；自驾车可从昆明驱车，沿324国道直达，交通方便。

最佳时间：每年冬季11月~次年1月

周边景点：爨龙颜碑、五峰山

第三十五章　家庭旅游线路推荐

源远流长的母亲河——黄河文化之旅

文化黄河的实在悠远绵长，博厚深广，它几乎就是一部中华民族史。沿着黄河走，追寻的是中华民族的根脉和刻写在黄河两岸的文明印记。

黄河源

真正的黄河源在让人望而生畏的"生命禁区"。在那禁区里，有珍贵的藏羚羊、岩羊，体大的棕熊，美丽凶猛的雪豹；有杜鹃、山柳、沙棘、金露梅、绣线菊、针茅草、苔草、凤毛菊、鹅观草、披碱草等等耐寒灌丛、草甸植物；有常年生活在那里几乎与世隔绝的藏胞，还有江泽民同志、胡耀邦同志题词的黄河源碑，十世班禅额尔德尼·确吉坚赞用野牦牛头和玛尼石垒起的塔状的玛尼堆，玛尼石上刻有汉字："中华母亲河源头连青天。"

最初的源头只是小水坑里的一眼清泉，泉眼牛眼大，泉水咕突突冒出来，溢到像炒青稞锅的坑里，再溢出锅坑润湿了周围的草甸，汇聚成米来宽的小河，小河收纳了更多的泉水汇成越来越宽的河曲，流经广阔的玛涌滩和迷人的星宿海。源头称约古宗列山，泉水形成的水流称约古宗列曲。不敢想象，在壶口如万匹黄鬃烈马一

青海黄河源

样嘶鸣咆哮着、拥挤着跌入陡崖深壑，晴日里激溅起漫天飞雨，阳光下横扯出七彩长虹的黄河之水最先竟是一股股小小的清冽山泉，草滩山泉的浪漫和壶口深壑的雄烈豪壮是何等的巨差。

一般人提起游黄河源头，只能是说故事，没有足够的装备，足够的勇气，足够的身体条件，只能是九死一生的探险。游人的黄河源头在牛头碑。牛头碑位于青海玛多县扎陵湖和鄂陵湖之间的措日朵则山的山坡上，海拔 4610 米，碑重 5.1 吨，纯铜铸造，碑身高 3 米，碑座高 2 米，十世班禅大师和胡耀邦同志分别用藏汉文写的黄河源头四字刻在上面，牛角造型粗犷、坚韧，其上挂满经幡、哈达。

鄂陵湖和扎陵湖是黄河源头的姐妹湖，距星宿海 20 多公里。扎陵湖色分为二，一半碧绿，一半微白，形成的原因是黄河的参与。黄河居中穿越扎陵湖，它是一条乳黄色的带子。黄河从扎陵湖西南角入湖，入湖处不远分布着 3 个鸟岛，这是天鹅、大雁、鱼鸥、赤麻鸦等候鸟栖息的地方。

黄河过星宿海后先穿过扎陵湖，在一条长 20 多公里、宽 300 多米的沟谷里分成九股穿越其间后进入鄂陵湖。鄂陵湖是蓝色的长湖，湖面面积 628 平方公里，大扎陵湖 102 平方公里，晴和日丽时湖面水波不兴，静若处子，大风骤起立即波涛汹涌，雾时天昏水暗、掀流如篷、黑旌烈烈。

进出牛头碑

去黄河源头的方法只有包车或自驾车。车还要是越野车。

包车，一是在西宁包，包车费一个行程在千元以上；一个是在玛多县包。在玛多县包先得到西宁，西宁发往玉树的车途经玛多县，从西宁搭货车到玛多县也行。路途遥遥，山路崎岖，3天的行程。玛多县城距鄂陵湖60公里左右，全程沙石路，是草原地带。鄂陵湖至扎陵湖40公里上下，野趣横生道路艰难，非越野车难以穿越，山坡、沼泽、烂泥塘会给旅行一个非同寻常的经历。可包车前往，能否少花钱全在讨价还价的本事了。县城里车辆不多，司机师傅很有经验。

线路提示

1. 去黄河源牛头碑不适合有老有少的家庭，只有身强体健有冒险精神能吃苦耐劳的小两口才行。

2. 一碑两湖虽不是真正的黄河源头，但那里是离黄河源头最近的黄河风景区了，有一种野性的美，奇特的美，神秘莫测的美，闯一闯还是很值得的。

到玛多县牛头碑还有几个条件：

1. 能适应高原反应。

2. 备足干粮、水和水果。

3. 带防寒衣。

4. 不想当日回来的自备睡袋。

5. 车要加满油。

6. 检查好车况。

注意事项：不能感冒。

青铜峡

青铜峡的名称与大禹治水的传说有关。此峡两岸山峰壁立，峡窄流急，因水流不畅，常闹水患。传说此地原本无峡，一座高山挡住了黄河水流，水就在平原上漫溢。大禹来治水，在山间凿开了一个豁口，怎奈一恶龙作梗，你开它堵。苦于无计之时，天上飘来一骑牛的老头，告诉大禹，取五岳顶峰宝石，炼上三千六百五十天，铸成一把青铜巨斧，定可劈山斩龙，我胯下的黄牛会帮助你。斧铸成，牛入水，恶龙被引出斩断，山裂成峡，此峡故而叫青铜峡，山上建金牛寺纪念黄牛，山也就叫了牛首山。因青铜峡而有了青铜峡市，青铜峡在市境内。20世纪50年代末，青铜峡修建水利枢纽工程，拦河大坝长 697 米，高 42 米，7 孔溢流坝，3 孔泄洪洞，2 座水电站，上游是狭长的湖区，为宁夏旅游观光胜地。青铜峡的景观，除水利工程外，在大坝附近的山坡上，还有一整体布局呈三角形的佛教建筑奇观——108 塔。是奇观，也是谜，至今无人能确解。一是它的建筑年代。明中期的志书就称它为古塔，它究竟古到什么时候？二是为什么如此布局，为什么是 108 塔。108 塔的布局很有意思，东面向着黄河，从山上依势而下，共列了 12 行，最高处是一座塔，二三行各 3 座，四五行各为 5 座，第六行 7 座，第七行 9 座，第八行 11 座，第九行 13 座，第十行 15 座，第 11 行 17 座，第 12 行 19 座。最高处的那座最大，高 3.5 米，塔基方形，八角束腰须弥座，塔身覆钵式，塔顶宝珠式。其余各列，均是 2.5 米高的单层八角须弥座宝珠式塔，但体形是有差别的，有八角鼓腹尖锥头的，有葫芦状的，有宝瓶状的，全是实心的，外表涂成了白色。这是我国唯一的总体布局为三角形的大型塔群。对它的由来众说不一，大致是三种说法，一说是穆桂英点将台，说穆桂英率 108 将摆成的龙门阵就是这样子；一说是为纪念战死的 108 个古代将领而建的；一说是"功德主"为消除人生的烦恼而建的。佛教说人生的烦恼共 108 种，要消除，无论数珠念佛，敲木鱼，都得合 108 数，建塔也得 108 座。

沙坡头

沙漠和死亡的恐惧总是连在一起的。"天上不飞一只鸟，地上不长一棵草。"但属于腾格里沙漠边缘部位的沙坡头却令人向往。是王维《使至塞上》诗中描绘的"大漠孤烟直，长河落日圆"壮丽景色的吸引？黄河把腾格里和香严山隔开，一面是遍地寸草不生的黄沙，一面是满眼生机勃勃的绿洲。靠近黄河的长约 2000 多米，高达 200 米的沙龙嘴沙坝是会唱歌的沙漠，从沙坝上向下滑，身下的沙子全发出节奏分明的古刹钟声，滑到坡下，会惊奇地发现一股又一股清澈的泪泉。景观刺激出前人的想象力，沙草二龙大战，沙埋古城的动人传说由此而生。

沙坡头集大漠、黄河、高山、绿洲为一体，水的清秀，大漠的雄浑，都可以感受到；沙海日出、沙坡鸣钟、炭山夜照、白马拉缰诸美景是极有魅力的视觉和身心享受。更让人难忘的恐怕还是乘着羊皮筏漂流黄河，骑着骆驼漫游沙海，从沙海乘着沙漠之舟行 30 公里到通湖草原转一圈，那味道，好极了。

沙坡头在中卫市，中卫城北的高庙始建于明代，至清代已形成囊括了类型丰富、造型富于变化、气魄壮美，集佛道儒三教于一体的大型寺庙建筑群。它是宁夏古代建筑的经典，九脊歇山、四角攒尖、十字歇山、将军盔顶等等建筑形态的美很是震撼人心。

进出宁夏黄河游览区

宁夏的黄河之旅，或是从银川开始，或是从中卫开始。

银川河东机场位于市区东部，民航大厦与机场有专线大巴往来。家庭出行成员多的，还是打的往返机场比较方便。包兰铁路从宁夏穿越，乘火车去银川稳当。包兰铁路东部在包头与京包铁路相连，在西部兰州与兰新、兰青、陇海三条铁路线衔接。去银川和出银川乘长途汽车也很方便。银川有南关汽车站和汽车北站。

游青铜峡，从南关汽车站乘长途车，60 公里的距离。从中卫市去青铜峡更近，也是要坐长途车的。

去银川的火车在中卫站停。银川南门火车站发往中卫的火车每半小时一趟，行程约 3.5 小时。

游沙坡头诸景区的游客从中卫出发比较合适。

当地食宿：银川是回族自治区，饮食是清真风味，大菜有糖醋黄河鲤鱼、扒驼掌、清蒸羊羔肉、马三白水鸡等。小吃有陈义泡馍、羊杂碎、牛羊肉酥、手抓羊肉、油香、清蒸奶油糕点、凉拌面皮、肉夹馍、馓子、抓盅杞等。

中卫的风味小吃有滚粉泡芋头、米黄子、蒜蘸煎豆腐、油饼子夹枣梯、漩粉凉菜、蒸羊羔、清汤羊羔、枣糕泡羊奶等。

住宿：到银川住在老城区出行和餐饮都会感觉比较方便。

中卫是个小城市，却比较繁华，市内旅馆高档的标准间，房价一般都可以接受。

线路提示

黄河流经宁夏 400 多公里，银川是流经的城市之一。黄河大桥在银川城区东南仅 13 公里。兴庆区掌政镇黄河东岸古渡口建有金水园，园中心的大型雕塑《黄河颂》是金水旅游区的标志性建筑。掌政镇的横城村过去的临河兵营"横城堡"现在辟为影视基地。有昊天宫、西平王宫、天都古堡、祭河台等建筑。掌政镇水洞沟，是古人类文化遗址，3万年前的史前史最先被注意到的竟是一个比利时人，他在1919年的一天从银川去陕西时发现了它。史前文化层已大面积裸露在沟崖上，最先发掘这个文化层的也是外国人，得出的结论是水洞沟人是西方人。西方人神秘地来到宁夏黄河岸边，又神秘地消失在3万年前的时光深处。

金水园黄河风景区还不是一个享誉度很高的旅游景区，证实着银川黄河文明的景区很多，虽然大都不在黄河边上，却是宁夏黄河之旅中不能不特别关注的。譬如南关清真寺、承天寺塔、玉皇阁、海宝塔；市区周边的沙湖、西部影视城，西夏王陵、贺兰山岩画，交通都很方便。旅游旺季银川各城区有大量开往沙湖的班车。沙湖是大漠中的江南水乡，贺兰山倒映水中，水清澈碧绿，白鹤、黑鹤、天鹅数十种珍鸟异禽以此为家，蓝天碧水青山绿苇金沙金穗构成了北疆大漠中罕见的奇景。

西夏王陵从老市区乘公交车到新市区王陵广场，那里有专门发往王陵的旅游专线车，距离仅35公里。

西部影视城就是著名作家张贤亮搞的那个，《红高粱》《大话西游》《新龙门客栈》等影片的主要外景就是在这里拍摄。想知道张贤亮是怎么出卖荒凉的，就从市区乘公交车或中巴车过去。著名的贺兰山岩画从影视城步行半个多小时就能到，不想步行，有出租车可打。

吴忠地区的青铜峡是条十里长峡游览线。从大坝开始，2个小时的游程。景观有108塔、一线天、魔窟（山崖洞窟）、睡佛山（象形山）、禹门口（南峡口）。观赏108塔可以从大坝西侧走到那，也可以乘船过去。天清气朗风和日丽之时，水波中映出塔影，那景色真是很独特很美妙的。游长峡可以乘轮船，也可以乘羊皮筏。人们对宁夏黄河上的羊皮筏没有特别的概念，大都没见过，有的只是在电影中瞭过它的影子。羊皮筏最基本的制筏材料是灌满了气的整羊皮。古时候，两只整张的灌满了气的羊皮绑在双肋下可以驮着人浮过河。现在的羊皮筏有14个充了气的整羊皮做的小筏和50个充了气的整羊皮做的大筏，大小筏都有细木杆扎成的木框架。木架是经纬纵横的，上面铺上木板，平整牢靠，承重能力也很强，水上走远途，一般用大筏。

深切体验和感受乘筏的乐趣是在中卫。当地有"天下黄河富宁夏，宁夏黄河富中卫"之说。宁夏因黄河而富庶，中卫是宁夏富庶中最富庶的地方。是不是这样，去看了才知道。不用去看就知道的是沙坡头，它是中卫的金字招牌之一，在旅游界和游客中很有名气。

沙坡头是最吸引游客的黄河游览区，景区有大漠景区、黄河景区、滑沙中心景区。看沙生植物园，住蒙古包、骑骆驼穿越沙漠，到通湖草原，都是游客感兴趣的特色活动。在黄河景区的天下黄河第一漂，有着两条漂流线，一条长达 60 公里，从黑山峡到沙坡头水利枢纽大坝；一条漂流的起点就在沙坡头上的北长滩，漂到美丽渠口。这条漂流线要短得多。沿途看到的景观是不一样的，长线看到的有两岸峭立的山峰，有老两口、七姊妹、阎王匾、龙王坑、双狮山、洋人招手、白马拉缰等等景观；短线看到的仅仅是沙坡、明长城、枸杞园、农舍之类，当然也有峡谷，也有浅滩暗礁，在感觉上也有惊险刺激，惊险的程度则远逊于长途漂流，长漂波诡水急。

家庭旅游者中年老的和年幼的，还是不要以身试险为好。

滑沙，当然是在滑沙中心景区滑。宽 2000 米、高约 200 米、倾斜达 60 度的大沙坡，滑沙的刺激和沙如钟鸣的奇响，都是令人难忘的。

银川和青铜峡都适合家庭自助游。进出银川的交通不能说太方便，飞机仅与不多的一些城市通航，班次也比较稀，进出银川的列车车次也不算多。都因为那里太偏远。但也正因为偏远，交通的竞争也不会太激烈，各个主要游览区也都有车抵达。

银川的日程安排二日三日均可。中卫沙坡头那里，至少也得 2 天。青铜峡顺便游，放在中卫或银川的游程里均可。与同心县的清真寺合为一天的游程，也是不错的选择。同心清真寺非常有特色，影壁和寺里的砖雕十分精关。有时间却放弃青铜峡不游是很有点可惜的，起码 108 塔总应该去看一看，那可是宁夏的一大招牌。

在宁夏旅游的注意事项：1. 尊重少数民族，尤其是回民的民族习惯。2. 注意防风防沙。天气干燥风沙大可能是免不了的。3. 不要戴隐形眼镜。

兰州

在繁华的大城市里，随意地遛弯，一遛就遛到了黄河边的，差不多也就是兰州了。黄河孕育了中华文明，养育了华夏子民，因此被称为中华民族的母亲河。但这位母亲，在漫长的中华文明史上也常常给她的儿女制造灾难，刻录回忆的痛苦。而她对兰州，却始终保持一副慈爱的面容，不管在进兰州前的上游还是出兰州后的下游多么暴戾，路过兰州时都是温情脉脉的。绝对不是因滨河绿色长廊中那尊黄河母亲的雕塑，在那座雕塑上，黄河母亲是年轻的，秀美的，裸露着双乳，半偎半卧，一个出生不久的男婴卧在她的怀里，她眯垂着瞅定儿子的双目和漾起笑纹的嘴角，折射出来的是海一样深广的关爱和慈祥，谁都不能不为这母子情深的画面所感动。可这座雕塑出生的年月再长也还没有超过 20 年，历史上，黄河母亲不会为 20 世纪末在兰州出现的这尊雕塑而顾及自己在兰州的形象的。

兰州是在南北两面夹持的山峡中建起来的城市，这是条东西狭长的城市，蜿蜒而过的黄河将城市切成了两半。滨河岸上，有很多古老的人文建筑，北岸白塔山顶有白塔寺，始建于元代。"白塔层峦"是兰州八景之一，现存的白塔寺为明代重建，清康熙年间扩建，更名为慈恩寺。白塔是国内少有的过渡型的塔，既有早期印度佛塔的特征，又有中国化的阁楼。此塔七级八面，下筑圆基，上着绿顶，各面雕有佛像，清风吹拂时，檐角的风铃叮当悦耳。寺有三台建筑群，依山而筑，回廊相连，象皮鼓、紫荆树、青铜钟虽非元代旧物，却也弥补了镇山三宝损毁后的缺憾。寺内禹王碑上刻古篆文 77 字，怪异难辨，相传是打雷时从天上掉下来的，又名霹雳石，石上据说记载的是大禹治水之事。白塔旁有"天下第一索"跨越黄河。

与白塔山隔河相对的是市区内的五泉山，因山有甘露、掬月、摸子、惠、蒙五泉而得名，传说是霍去病为解汉军口渴之急，连抽大地五鞭而得此五泉。五泉山坐落着崇庆寺。崇庆寺为明洪武年间建造，重约万斤的铜接引佛是金刚殿内的至宝。万源阁钟亭的金代铁钟，原是普照寺的钟，击之其声深厚洪亮，古金城八景之一的古刹晨钟即由此而来。

被称为黄河外滩的黄河滩东起雁滩旧桥，西至秀川河滩，长达 20 公里。沿途开辟为绿色走廊。黄河第一桥 1942 年改名为中山桥，那是 1907 年清政府用白银 30多万两，请德国商泰来洋行承建的黄河上的第一座铁桥。铁桥由兰州市政府于 1954年整修加固过，它尽管不再是黄河上最气势雄浑的大桥，历史第一桥的地位是谁也拿不走的。在有此铁桥之前，黄河上的桥都是浮桥，如今游人还能欣赏到当年那铸铁拴船的桥柱"将军柱"。

被黄河一分为二的兰州，黄河之南叫"河南"，黄河之北叫"河北"。河南河北沿河各有一条公路。沿北滨河路有白塔山公园、音乐喷泉、寓言园等，而南滨河路上主要是城市雕塑，如平沙落雁、博浪、丝绸古道、黄河母亲、西游记等等。水车园在黄河南畔，全称兰州水车博览园，由水车园、水车广场、文化广场三部分组成，有 12 架直径达 15 米的大水车，虽然再现不了历史上兰州黄河段的水车盛貌，那种遍河水车的气势还是展现出来了。兰州水车是明代兰州段家滩人段续在云南做官返回故里后，依照南方水车的构造原理，几经琢磨研制出米的，为解决兰州的供水和灌溉发挥了极大作用。现在的水车纯是供怀旧供观赏用的，当然也可供研究黄河历史时有个参照物。

沿滨河绿色长廊开发的景点很多。东有徐家山国家森林公园，与水车园挨得挺近的有西湖公园，秀川宾馆附近南滨河中路有西部欢乐园，在大滩之南有水上公园。此外，在西固区新城镇有八盘峡旅游度假区，在度假区可乘船欣赏库区两岸的枣林、芦苇荡、盐锅峡大坝，还可参观青石津遗址、古渡口、齐家文化遗址等。西固区新城镇青春村的青狮滩，大部分滩处于黄河河心地带，不管那里开发了什么，河心滩都是挺诱人的。

刘家峡

刘家峡被称为"峡谷明珠"。有此称谓的黄河峡谷在刘家峡以上至少十几个。它们是电站，是水利枢纽工程。水库大坝雄伟，峡谷水库景色雄奇。赏奇峰对峙千岩壁立的刘家峡黄河之景，乘着游艇溯河而上肯定要比站在坝上精彩不知多少倍。刘家峡的游艇还可以直达陇中沿河地区规模最大、历史最久、延续时间最长的石窟群炳灵寺。水上的距离不短，出峡后在黄土清波水天一色的高山平湖上还要行驶几十公里。炳灵寺石窟是一种诱惑，小积石山进出口迎接你的姊妹峰婀娜多姿，楚楚动人，小积石山群峰竞涌，万壑争奇；隔 20 米高的防水坝，碧水巍窟交相辉映。窟上下 4 层，分布在下寺、上寺、野鸡沟、佛爷台。洞沟峭壁上洞窟神龛里的天国人物，展示着人世间自西秦、北魏、北周、隋、唐直至明清各代石雕、泥塑、壁画精湛深厚的艺术造诣与艺术功力。炳灵是藏语"香巴本朗"音译的简称，意思是"十万尊弥勒佛居住的地方"，也就是汉语千佛洞、万佛洞的意思。现存的各代窟龛 184 个，大小石佛造像 679 尊，泥塑 82 尊，壁画 900 多平方米，以唐代的作品为主，数量约占三分之二。开创时间最早的唐窟是唐述窟（169 号窟），它的位置最险峻，内容也最丰富，其窟之北有迄今发现的我国最早的石窟开凿题证（公元 420年）。

进出兰州

兰州是西北最大的铁路枢纽之一，陇海、兰新、兰青、包兰四条铁路干线在此交汇。中川机场离市区 75 公里，有班车通市区，通往全国各地的航线有 30 多条。

住宿：对于省会城市来说，有一般的宾馆饭店，也有普通的旅馆招待所，星级饭店从五星级到二星级均有，选择的余地很大。

特色小吃：臊子面、千层牛肉饼、陈春麻辣粉、牛肉拉面、羊肉面片、酿白兰瓜。

线路提示

兰州市内黄河，顺脚就游了。

从火车站，步行到黄河边，用不了多大工夫。坐公共汽车，有好几路都可到。去刘家峡和炳灵寺石窟，则需要一天，市区汽车南站有发往刘家峡的车，2.5 小时的路程。兰州还有黄河漂流项目。

兰州黄河游可安排 3 日，加上其余景区景点，共五六日可玩得很好，是比较宽松的。

第一日，市内游，黄河两岸中山桥附近的景点基本都可以转到了，五泉山也有时间去，离得很近，夜晚上兰山公园观夜景浪漫一把，兰山公园紧挨着五泉山，有缆车上下。

第二日，去刘家峡、炳灵寺石窟。

第三日，橡皮筏黄河漂流。两个漂流段选其一：兰州河口，至黄河大桥段或吴家园至皋兰什川吊桥段。

兰州还有一个地方是可以考虑去的，那就是榆中的兴隆山，距兰州 45 公里，是陇中高原上的绿洲，两峰夹峙，大河中流，泉水淙淙，雾绕林幽，有卧桥、滴泪岩、娘娘庙、太白泉、玉液泉等景点。不过瘾，或爱好不同，可去永登县连城乡的鲁土司衙门，这是甘、青边境众多土司建筑中保存最完整的一座宫殿式建筑群，素有小故宫之称，"三十六院，七十二道门"，中轴对称，布局森严，地势逐次抬升，院落错落相连，由衙门、家庙、内宅花园、墓葬区构成。雕梁画栋，气派非常，距离兰州65公里。

兰州东南部的石佛沟，有观涛亭、七星泉、石佛洞、灵岩寺等景观，坐车也方便，在文化宫坐中巴，40分钟即到。

兰州向北，白银市景泰县中泉乡有黄河石林景区，古石林规模宏大，与黄河曲流相偎相依。龙湾绿洲、坝滩戈壁一河之隔，极富特色。

所有的景点都考虑到了，都游了，别忘了在市内再安排半天的购物游，酒泉夜光杯、黄河奇石、洮砚、草编工艺品、葫芦雕、卵石雕、套料花瓶等，都是兰州或甘肃的地方特色商品。

旅游方式：

家庭自助游十分方便。兰州是老少同游比较理想的地方。退休老年夫妇，在兰州租房住上一段时间，慢游兰州，感受会很不错。

佳县

陕西榆林市佳县黄河西岸山崖上的香炉寺又被称为悬空寺，远远望过去，着实令人惊叹。黄河在这里显得很宽阔，水流奔腾咆哮如雷，气势雄烈。香炉寺也要出出风头，在凌险上张扬一下自己，它是三面悬空，一面与岸相通。寺下有一巨石小峰矗立如柱，峰高20米，方围15米，峰顶平举着一小阁，小阁有3米长的凌空天桥与崖畔相通。远远看过去或登临其上，都是险绝而有意趣的感觉。巨石柱峰人说像香炉，寺也就叫了香炉寺。香炉峰顶的小阁是观音阁。这是黄河岸别具风味的一景。峰东建有奇傲亭，登亭俯瞰，悬空阁河凌奇荏险的感觉更强烈。香炉寺有圣母祠正殿、配房、山门、石牌坊等建筑，在残阳夕照中倒映于黄河水中别有意趣，人称小蓬莱。

佳县城东5公里的白云山上，东距黄河一公里许，有白云山庙，这是一组建于明万历三十三年（1605）、清雍正二年（1724）重修与增建了的古建群，各种不同形式的殿庑、亭阁、楼台53座，远望似漂浮于白云之中的仙境琼阁，因而有"白云胜景"之称，也被誉为关西名胜。进山门要登600级石阶，建筑群借了山形地势，参差错落，鳞次栉比，栈道连云，颇有气势。毛泽东主席转战陕北时到过这里，到了黄河而未渡黄河，在梁家岔一带指挥了沙家店战役，扭转了整个陕北战局。

佳县是黄河西岸岩石山梁上的小城，自古习惯用石头来铺路造房，石头小巷子和古堡式石头房也是一道绕有意趣的地方景观。

黄河

黄河之旅，最不可不去的地方就是壶口了。论豪放的黄河，没有任何地方能胜过壶口。"人说天下黄河一壶收"，到了壶口你才知道，那是表面上看，实质上则是黄河聚力凿一壶：天壶！壶口长约4200米的十里龙槽是黄河水凿出来的，以前的进程是多少不得而知，现在，每年凿1.73米至2.13米，柔水凿坚石，这个长度不短了，可还有宽度和深度呢。宽30~50米，深50~60米，论立方，最小也有2595立方米，这么大体积的岩石块，就像削刀削面似的，一年一块地削下来了。不！是揉刮下来的，揉成细末，揉成泥沙，揉在水里与水融为一体，随水而走，这水的揉功得有多大！凭这你也不能不去看看壶口的黄河，它是顶级仿真版的怒滚黄龙、跌穴烈马，拍崖撞壁，激浪千层，碎花飞雨，黄雾弥空的大气象由不得你不激动。赶上天晴，日照好，骄阳直射下，一道七彩巨虹横卧龙槽，那种上虹下龙的龙披彩衣跌泻千丈的壮观景象，由不得你不叫绝！

您以为出此景观是因为河道窄？可砸出龙槽的地方河床至少得宽200米以上，从岸畔走到龙槽也得花点时间呢。河床全是坚石做底，无一处不被水磨冲得走了模样，圆鳞状的，条块状的，赤裸出惨烈之态，有的地方生生就被水钻成了圆锅圆洞，石壁光滑得像上了釉，而那圆，周周正正不斜不歪像照圆规划定的圈圈旋出来的，怎么想也想不明白它们为什么会如此之圆。

河床是陕晋两省的分界线。陕西那边，白羊肚手巾套着头的农民牵着驴拉客，山西这边也一样，劝游客骑上驴，花上一点钱照张相，感受感受旧日黄河风情。全息的壶口黄河生活大观，今日是不可能看到了，旧时黄河上游过来的船，全在名叫龙王辿的码头停靠，由纤夫把船从旱床上拖过去，船在石床上走的奇特景象只有借助想象了，两侧商客旅人住宿的窑洞还在，虽破旧残缺却都是至少几百年的真正文物。岸边还有一段清长城，门楼、城墙都不完整，述说建城史的碑埋在高草和酸枣棵子里。窑洞里住着人，是黄河边经营旅游的生意人，卖土得不能再土的土特产，譬如老虎枕头、老虎鞋。游人饿了，想填补填补肚子，随便找一户人家，5块钱一碗刀削面，10块钱一盘炒鸡蛋，做得挺好。蹲在路边，端着大碗，望着黄河吃面，那感觉，与家里吃面的感觉截然不同。

龙槽的南头，是孟门山，它是屹立在黄河中的巨石，长240米，宽50米。《水经注》云："此石经始禹凿，河中漱广夹岸，崇深倾崖，返捍巨石，临危若坠复倚。"都是大禹的功，黄河未必服气，孟门和龙槽，最能显示黄河的成就感，它把阻河之石变成了九河之门，水从孟门山两侧激荡而下，又合成一股。

禹门口

禹门口也叫龙门。

古人似不知壶口，而对龙门却情有独钟，文人士子激情澎湃地描画龙门的诗文很多，那是黄河出晋陕峡谷的最后咽喉。"龙门三激浪，平地一声雷"，龙门峡谷中曾有分水为三的两座石岛，不信此处惟神龙可过的鲤鱼拼死跃龙门也不是无稽的传说，每年三月桃花汛时都有鲤鱼成群结队汇聚于此，演绎一场悲壮截绝的生死大戏。只可惜，诗意的龙门已交付给历史了，有黄河大桥横跨晋陕两岸，只有洪水期到来时还能感受到昔日龙门黄河之水的雄威。

黄河大桥连通的是山西的河津，陕西的韩城。

河津距龙门12公里，曾为商都。秦设县，北魏太平真君七年（公元446年）改称龙门，宋宣和二年（公元1120年）又改龙门为河津。河津的名人遗迹甚多，薛仁贵的寒窑在城东7公里的修仁村白虎岗上，算是薛仁贵的故居吧。明末清初重修了这孔无法验证真假的寒窑，清乾隆六年还有人给立了碑，上书"虎岗首有一仁贵窑，创造不知何季，曰虎岗，天造地设境巍势险，登临远眺，汾水如虹，贯凤山于东峙。"河津西一千米有建于元代的真武庙，院内碑碣林立，古树参天。

隔龙门黄河大桥，山西河津的对面是陕西的韩城。韩城则是司马迁的故乡，韩城芝川镇南门外黄河西岸的梁山东麓有司马迁祠和司马迁衣冠冢。祠建于晋，冢建于元。陡坡上，四大高台，前后两院，气势雄伟。墓在后院，墓砖上刻有八卦图，因而称八卦墓。这是元文化的一个表证。献殿中的 61 通石碑不可小视，刻述的都是北宋以来各代有头有脸的人物对司马迁崇敬赞扬之词。在司马迁祠可以看黄河。黄河一出龙门就变得心平气和了，加上汾河水的注入，更是君子坦荡荡的宽广胸怀，远看还有一种柔情脉脉的感觉。韩城游最值得的，除了俯眺黄河，亲近黄河，就是观赏古建。谁都知道山陕的古建有特色，韩城的古建几乎俯拾皆是。韩城的文庙、普照寺、城隍庙、大禹庙、九郎庙、北营庙、芝秀桥、法王庙，尽显陕味古建风韵，而韩城的党家村，你只要看一眼别人拍下的照片，就忍不住心里发痒，算计着什么时候能亲眼目睹。党家村的明清民居古建群，太让人激情燃烧了，600 余年前的四合院、三合院有一百多套，完好的城堡、暗道、风水塔、贞节牌坊、宗祠、哨楼等等，置身其间，精神很快就会恍惚，以为时空已倒转，走在井字形、丁字形、十字形的青石铺成的街道里，举目是门楼，是照壁，是精彩的木雕砖雕，越看越觉得是一场回肠荡气的文化巡礼。

洽川

景区在黄河西岸，距合阳 20 公里。这里的河谷阶地已十分平坦，全国最大的湖泊形湿地芦苇荡，是丹顶鹤、黑鹳、大鸨、大天鹅、苍鹭等等珍稀鸟类的幸福家园，赏鸟，赏芦苇荡的意趣，身临其境者才体验最深，这是黄河滩的生态美。合阳还有中华一绝——夏阳川、夏阳瀵。看似是池塘，环栽绿柳，景色秀丽，却不是人工所掘，五瀵奇泉自涌，大如车轮，小如蚁穴，水温 31℃，再冷的天气都不会变化，其中的处女泉，人在水中，竟不会沉。

进出山陕黄河

佳县黄河西岸悬空寺

佳县为陕北榆林市所辖。去佳县先到榆林市。榆林有飞机场，西安到榆林的航班每周四班，榆林和包头每周 2 班。从西安到榆林坐火车比坐汽车舒服，延安至榆林也有火车。榆林有车往佳县。到香炉寺（悬空寺）只能从县城找机动车了，有小巴到香炉寺。

壶口瀑布：

在陕西去壶口瀑布，西安有发往那里的专线车，行车3小时。乘火车，从西安乘车或从延安乘车到宜川；乘长途大巴中巴，先到延安，再从延安乘车到宜川。在宜川县城有开往壶口瀑布的中巴车。陕西人称壶口瀑布为宜川壶口瀑布。

在山西去壶口瀑布要坐临汾到吉县的汽车。到吉县后，必须包车前往，包车价是要砍的，不能要多少给多少。原来吉县发往壶口瀑布的班车因客源不足等原因已停开。吉县到壶口瀑布的路况非常好，是平整而宽阔的柏油路，最适于自驾车。

龙门：

在陕西去龙门要先到韩城市。韩城市属于渭南市。韩城通火车，铁路大桥、公路大桥都横架在龙门黄河上。韩城有达龙门镇的中巴车。

山西去龙门，则先要到河津，河津火车、长途车均通。可从侯马过去，临汾、运城更有车到河津。

韩城内景区：韩城的大部分景区都要靠小巴。

线路提示

壶口瀑布知名度很高，但不是旅游热点，属于偏远的景区，专程为走一趟壶口而出游的客人恐怕不多。交通说方便也方便，说不方便也不方便。在延安，在西安，在临汾，买上车票上了车就能顺利到达景区所在的县城，3个半、4个小时的事儿，除了中途憋尿憋得难受，到了县城，去壶口的车随时都有，就是对拉客的可逮着冤大头的那种感觉不舒服，车基本都是私家车。目前的状况，孩子还比较小的家庭搞亲子游不适宜，而且在壶口观瀑布有危险，没有拦网，孩子冒失，大人的注意力稍稍分散未盯住孩子容易出问题。成年人的家庭，都适宜。

龙门，是古文人的旅游热点，现在衰落了。龙门口、佳县黄河，都是在安排其他主题项目的游程时顺带游览比较现实。榆林是很有特色的旅游城市，韩城更是，老年夫妇，青年爱侣，走榆林走韩城都会有意想不到的收获，驴友或文化拾穗者到这两地，会有乐疯了的感觉。

韩城是历史文化名城，有文史之乡的美誉。市内的历史文化名胜达十几处，若把视野放大到整个渭南市，那旅游景区景点就更多了。韩城是陕西的东线，榆林则是陕西旅游的北线，那是中原文明与游牧文化的交汇点，是黄土沟壑、丘陵与草滩沙漠风情牵手的舞台，历史的积淀也格外深厚。

设计榆林佳县之旅时，可以把米脂、绥德、佳县的点连起来，作为一个套餐。这些点是扶苏墓、蒙恬墓、五龙壁（绥德）、李自成行宫与纪念馆、万佛洞、姜氏宅院（米脂）、白云山庙、香炉寺、凌云塔（佳县），再加上榆林市区的点。"米脂的婆姨绥德的汉"，为知陕北帅哥靓女究竟有何特异之处也应去看一看的。

韩城市的旅游点，是沿黄河分布的散兵线，龙门最北，之后是党家村、普照寺、法王庙、大禹庙，这几个点比较集中。距离不远相对集中的是市区点：文庙、博物馆，北营与东营庙、九郎庙、城隍庙等等。司马迁祠、墓在西南。

榆林、韩城两地都是自驾车或包车游比较理想，或者找当地旅行社共商一条游览线路。

后土祠

后土祠紧傍着黄河旧道，黄河新河道，在 4 公里外的山陕交界带。

站在后土祠秋风楼上居高远眺黄河，只能望到长长的一条亮线和起自脚底的茫茫河滩。三十年河东三十年河西，已成了富含哲理的俚语，形成的源头，就是这种黄河改道的现象。后土祠在土垣之上，是历朝历代祭祀"土神"的场所。汉武帝来祭过土，留下了秋风辞。黄河决口，殃及后土祠，清同治年异地重建，依然在"背汾带河"之地，但旧迹只有秋风楼和三足鼎立的品字戏台是传世经典了。祠的建筑规模很大，繁多的木雕十分精美；品字戏台可拆可御，结构奇巧；秋风楼是享誉甚广的建筑精华。万荣县出名的还有坐落在县城东岳庙的飞云楼，两者相距 40 公里。飞云楼的学问在造型和结构上，明三暗五，四根大柱穿层而上，楼每层曲尺形，依次层叠，三四层出檐，周围回廊，柱间斗拱繁密，犬牙交错，如云朵簇拥，各檐翼翅呈欲飞之状，十字脊顶覆彩色琉璃瓦，整体高度 23.19 米，是我国纯木结构的杰作，既高巍，又秀丽壮观。

普救寺

永济是黄河岸边很小的小城，但承载的黄河文化内容却很丰富，有价值的看点非常多。风陵渡在永济县境内，杨贵妃的故里在风陵渡附近的首阳山独头村。从永济火车站和长途车站的站前广场，坐2路公交就可到浦洲镇的普救寺。这座寺，是黄河之旅中不能不去的地方，《西厢记》的故事就发生在这里。《西厢记》的最初创作者是唐朝的元稹，他写的是自传体的传奇小说《莺莺传》。小说很合现在的时尚，男主人公有点游戏人生，睡了人家，又把人家给甩了。唐朝是个很开放的时代，至少在文人雅士名流圈子中是这样。有考证者说，元稹后来又见了莺莺两次，但莺莺已不再理他了，更无法共续前缘。事儿到了王实甫手里，就变得沉重了，塑造出了一个千古称颂的红娘，又发出了"愿天下有情人终成眷属"的呼喊。普救寺不仅勾着当今痴男怨女们的心，所有熟悉《西厢记》的人都有一种好奇心。寺内挖掘出了唐时的莺莺小道，塔下击石能使塔发出蛙鸣之声的莺莺塔一直就是普救寺的名胜。寺内重建了西厢，想寻最初的风物，恐怕只有承托着古寺的那座高高的黄土塬是唐代旧迹了。寺内拴满了热恋中的人们的连心锁。

开元铁牛

出了普救寺，不停下脚步，继续向西，会意外地看到被黄河摧毁的蒲州老城。城中心钟楼的楼台依在，凋零残败，危墙耸峙。西城门大半截在地下，模样基本完好，北门也还算零件齐全，整座城却是十足的荒城，蒲松龄若在世，触景生情，能编出不少鬼怪仙狐故事。就在城西不远，再现的唐开元铁牛把游人的游思一下调到了对唐时浦州的寻索揣想里，不少人都会以为已捕捉到了大唐蒲州的影子。

铁牛共四尊，裸露在阳光下，面黄河而卧。铁牛的身边，有牵牛的力士，一牛一尊。铁牛是唐开元九年开始铸的，那一年，李隆基要彻底解决蒲州渡黄河上的交通问题，把在河中易移易毁的浮桥变成稳固性很强的浮桥，架桥的船用铁链连起，铁链固定在铁牛上。铁牛重达30多吨，除铁牛铁人铁链之外，还有铁柱和铁山。此项工程的全部用铁量占了当时全国冶铁产量的五分之四，这说明唐王朝对这项工程的重视程度，也说明蒲州渡在唐王朝交通体系中的地位。用铁牛为地锚的蒲州渡是一桥锁三城的浩大工程，河西为秦境的朝邑城，河中有一座岛上城，河东就是蒲州城，唐时称为河中府。推想百舟连环，一桥浮架东西，浩荡的河面上卧虹戏浪凌波的场面并不难，也由之知道了蒲州在当时是何等的喧闹繁华。元稹等社会名流常来这个地方逍遥，是在情理之中的。

铁牛是实用品，更是艺术价值极高的艺术品，四牛四铁人就摆出了一个气势非凡场面宏大的牛阵。铁牛披鞍鞯，环眼圆睁，精神矍铄的铁人更是铁塑艺术的神品，四人四种神姿形貌，各个孔武，脸部造型有棱有角，赤裸的双臂肌腱隆起，胸脯大丘大壑，活脱脱就是健美竞技场亮相的健美运动员。

铁牛出土的地方距蒲州西城墙仅有 51 米。

证明着昔日蒲州繁华的还有鹳雀楼。现今的鹳雀楼是一座新楼，高阶崇台，雄楼拔地耸天，蔚为壮观，额匾楹联是当代著名书法家的作品。不要计较它仅是一座仿唐楼，早已在历史烟云中陨灭了的鹳雀楼未必就怎么壮观。是唐代名人的笔让它出名的，王之涣的一首《登鹳雀楼》千古传唱，至今盛誉不衰，说明不是历史的鹳雀楼了不起，实际上，创造了文化奇迹的是唐诗，是把诗人们吸引来的蒲州城的繁华。

永乐宫

从运城出发，翻过中条山，远远能看到黄河时，芮城就要到了。芮城到了，永乐宫也就到了。

永乐宫原不在芮城县城，而在黄河边的永乐镇。修三门峡工程时，永乐宫处在水库淹没区范围内。为保护这一珍贵的历史文化遗产，周恩来总理批示，"要不惜一切代价"把永乐宫迁移。永乐宫有三大奇迹，其中的一大奇迹，就是成功迁建。您看到的是原材料、原构架、原形貌的永乐宫，什么都没有变，变的只是周边环境。要说变，还有一大变化：现在的永乐宫已不是迁建前的永乐宫了，规模扩大了。迁建前的永乐宫只是中轴线上的那部分，迁建后的永乐宫，扩建成地方古建博物馆了，除永乐宫原有的龙虎殿、无极殿、纯阳殿、重阳殿外，还有了吕公祠、王母娘娘殿、石牌坊、财神庙、吕祖墓等等，这些古建文物同样照原貌原材料迁建于此。

永乐宫最大的奇迹是壁画。谁都可能在出版物上见到过永乐宫壁画，但那不是临摹品就是局部的没有现场感的照片。亲临现场看真的永乐宫壁画，只有一条要求：学会控制情绪，不激动。全部的大殿都有壁画，而以无极殿的壁画为最，走进无极殿，就一个感觉：晕！无法形容的大构架大布局，数不清多少神仙的朝元大军、朝元仪仗从八面墙上涌来，画面上组成这朝仪大军的人物，不是2.5米高，就是高3米，一条从帝冠上垂下来的飘带就长达一丈，那种恢宏浩荡而又神圣庄严的氛围、气势，迫压得人有点喘不过气来，就有人激动得想哭。绘画艺术水平之高，美术界已有定评，永乐宫壁画不但列入了美院的教科书，作为学生的必修课，还专门设立了壁画研究中心，中央和各省美院，每年都有来"朝圣"的学生，研究生在这里一住就是两三个月。

永乐宫三大奇迹的另一个奇迹是七百多年一直未曾变更过的元代建筑风格。因为殿、画共存，原画必须配原殿，修殿只能按原貌修缮，殿是因画得福。

解州关帝庙

在中国，恐怕没有任何一座关帝庙能胜过关公故里的关帝庙，它不是庙，而是宫。曲阜孔庙为华夏文庙之首，解州关帝庙则是中国武庙之冠。关公还享受着比孔圣人更高的待遇，他既是帝又是神，因此当地人称解州关帝庙为小故宫。小故宫在正庙门前大影壁外有一座三结义园，影壁后旧官道正中有三根铁棒交叉而立的"挡众"。"挡众"既挡文官武将也挡皇帝，不管什么人，到此都要用脚走路了。端门三门并峙，大门洞走皇帝，两侧小门洞走文武大臣。进端门后还有三座门，皇帝走正中的稚门，文官则走文经门，武将则走武纬门。稚门正对午门。午门是皇帝宫殿正门的专有名称，除皇宫谁都不敢用，关老爷敢用。明神宗封他为协天大帝、三界伏魔大帝，清顺治皇帝封他为忠义神武大帝。他故乡的这座宫殿式建筑群，前朝后寝，中轴线上，过了午门以后还有御书楼、崇宁殿。崇宁殿前立华表，环殿26根雕龙大柱。殿后为寝宫，为春秋楼。中轴线两侧，院套院，廊接廊，可说是庭院深深深几许，殿阁重重接碧云。站在春秋楼上，凭栏西望，耸翠条山、潋滟湖光、栉比殿阁、如画田园尽收眼底，五色琉璃瓦的殿脊坊顶于嵯峨错落中推彩举浪，青松古柏砌碧连云。解州关帝庙，也是一座建筑艺术雕塑艺术的百花园，有看不完、数不尽的精美。琉璃瓦装饰艺术、砖雕石刻木雕艺术、铁铸艺术，举目皆享。春秋楼内的藻井一反建筑常规，不是内收成井，而是向外凸突成胆状，垂花彩斗像怒放的礼花，也像大开屏的孔雀，而它的悬梁吊柱，亦是中国建筑的一绝。

在关公故里，还有一座关帝家庙，一座关帝祖庙。家庙在解州镇距关帝庙7公里的常平村，祖庙在盐池畔中条山中。关帝家庙有六大奇观：道庙有塔，塔上刻"见此塔，不知其为墓者十有八九"。关帝系道家人物，道家庙院里的塔真的是墓塔吗？是墓又是谁的墓？庙中有庙庙中套庙是奇观之二。第三奇为五世桑，一年中五开五熟，奇中之奇，此现象至今无人能解。其余三奇均与柏有关，一奇神凤柏，二奇龙虎柏，三奇彩云柏。

在关公家庙，大都会为关公究竟姓什么而着迷。关云长不姓关，常平村也无关姓者，那他究竟姓什么？

平陆

平陆与三门峡市隔河相望，两地均有建地窨院的习俗。地窨院在三门峡地区称天井窑院，不同名称同一模式：在平地上挖方坑，在坑壁上掏窑洞，这是中华民居建筑中的一大奇观，是豫西、晋南黄河两岸特有的文化现象。

地窨村庄入村不见村。地窨这种建筑形式已发展得很完备。地坑分正方形长方形两种，窑洞一坑最少5孔，最多12孔，正窑朝向要从地形、地势、水流、风水诸方面综合考虑，有坐东向西以西为主的，有坐北朝南以南为主的，但没有以东和东南为主的。当地俗语是有钱不住东南窑。以西为主的是西四窑，正西窑洞一壁三孔，主窑高，旁窑低，一院不足五孔窑的要补天窑，即掏一个既不能住人也存不了物的天窗似的小窑洞。12孔窑为正宗，是典型的地坑式四合院。一户非止一院，是几连院，大户人家有连五院的，全为地下，有暗道相通，门楼做得非常讲究。砖瓦木雕门楼，入院下阶台，院中开吃水井和渗水井，也栽树种花种菜。长处是冬暖夏凉，没有噪音，抗震，短处是太占地儿。因此，这是即将消失的人文胜景。

进出运城

后土祠、飞云楼、风陵渡、普救寺、黄河大铁牛、永乐宫、解州关帝庙、平陆地窨院都在运城。

从北京，买张卧铺票去运城还是挺自在的。太原有子弹头高速城际列车与运城对开，太原长途车站发往运城的车半小时一趟。

住宿：到运城，未必就住下，如果不是天太晚，倒车就去目的地城市了。去普救寺、蒲州城，住永济。永济即是被黄河挤对走的蒲州。去解州关帝庙，看线路安排情况是住运城还是住芮城。都距运城不远。去永乐宫，住芮城。去飞云楼、后土祠，住万荣。条件都不是太好，说得过去而已。

餐饮：山西的面食可是出了名儿的，有刀削面、猫耳朵、炒疙瘩之类，还有醋，无醋不成席。别担心，不爱吃醋点菜时告诉人家就行了，不习惯北方面食的，有米饭。

特产：运城柏枣、芮城柿子、万荣永济柿饼、平陆百合、河津琉璃制品。

线路提示

在运城市，除在永济的几个景点景区之外，其余著名景点都是散在市内各区县的，名胜不多，走起来有些麻烦。这对家庭自助旅游是不利的。有时间耗，倒也没什么关系，基本是哪哪都通车，而且费用并不高。

从运城到万荣，对家庭旅游者来说，打的为好，四个人一车，摊到每人头上，和坐中巴车价差不多，还舒适呢。到了万荣，去后土祠还有较长的一段路，有公交车过去，但得等，往过发的车数量极少，设站而不见车，是纯粹的慢游，很练性子。不妨打的，快捷、方便。举办后土文化节的时候去最好，车也活跃了，还能看对台戏，三台大戏同时唱，热闹非凡，戏装的汉武帝祭拜仪式更是隆重。运城盐池距运城市区不远，坐上公交车就可到达。此池是世界三大内陆盐湖之一，有过黄帝杀蚩尤的传说，关公显圣的传说（关公由此而为神，是武神，更是财神），所产的盐是唐宋王朝的主要经济来源、经济支柱，唐代宗来过。盐池最有名的古典建筑是歌薰楼、海光楼和三连戏台三连殿。对山西古建缺乏感性认识的来此一观保证永世难忘。湖中心岛度假村上有盐水漂浮和黑泥浴。关公祖茔就在池侧中条山的山沟里，夏季时沟里很有点山水的韵味。想看地窨院，乘去平陆的车，张英镇外高速公路下来，公路桥下有车，进镇看个一家两家后再回到下车的地方，上高速，顺来的路上拦任何一辆过往的巴士都能回到运城。

从运城乘车，坐公交车翻中条山可去解州看关帝庙、关帝家庙，可坐长途车去芮城观赏著名的永乐宫壁画和成功迁建的元代大殿。

从运城去永济，坐火车坐大巴都能到，坐大巴最方便，下了车就地（火车站和长途公交车站、市内公交车站在一起）找个地方住下来。游普救寺、蒲州旧城、鹳雀楼、唐开元大铁牛，坐上公交车就可到，再往远去看改道后的黄河得打的了，鹳雀楼外有的是私家车等候。

从芮城可以去大禹渡，从永济可以去风陵渡，那都是过去的黄河渡口。

普救寺建在塬台上，那塬台是风景但算不上风景名胜。五老峰则不然，是山西五个国家级风景名胜区之一，景区内险峰怪石星罗棋布，玉柱峰直插云霄，寺观庙宫众多，香火旺盛，每年农历七月初一至十五朝峰庙会时各种民俗表演都会出山，古老的黄河民俗文化会让您大饱眼福。运城、永济都有车去五老峰。从永济去更好，便于安排日程。

最佳游览方式：

找旅行社，包车，把著名的景点都游览到。永济可安排自助游。

三门峡

黄河过风陵渡之后，在潼关甩了一个大弯，从北南方向转向了西东方向朝三门峡奔来，在进入上百公里的三门峡水库区后按季节形成了两种风貌、两种面孔：7～9月汛期时浊浪排空呛哮奔腾，是豪壮派的黄河，是当地人称之为"一桶水来半桶沙"，"回澜激荡牡丹开"的黄河，很刚猛，很雄迈；而在10月至来年6月之间的拦洪蓄水期，库区湖面上则是清如漓江，秀若西子，一派娇柔清媚的样子。若按汛期和蓄水期都来三门峡，就可欣赏到黄河在这里呈现的独一无二的奇特景观。其实，同时看黄河的两种神貌也是可以做得到的，不必分期来，只在非汛期来，三门峡大坝内库区的水清碧如镜，大坝下河床里的水还是浊奔若虎的。库湖上乘船走柳林，穿翠嶂，诗情画意；下河道，划橡皮舟，大河漂流，激情刺激。三门峡市区往西3公里外有陕州风景区，为濒临黄河三面环水的半岛，乘船游黄河就到这里上船。自古陕州就是旅游胜地，唐太宗、唐玄宗、韩愈、杜甫、司马光、王安石都来过。岛上有陕州老城遗址，唐上官仪、上官婉儿故居、文庙、关庙、禹庙，还有金大定年间的宝轮寺塔。塔不仅造型秀丽俊俏，还是我国四大回音建筑之一，塔旁叩石击掌便有呱呱呱的蛤蟆声，俗称蛤蟆塔。三门峡大坝风景区以观赏三门峡大坝和大坝下的中流砥柱、黄河古栈道为主要内容。

市区周边的人文景区以函谷关古文化旅游区为最，关距三门峡市区75公里，在灵宝市王垛村，紧临黄河的长安古道上。关楼为仿汉建筑，是新的，但视觉形象还不错，可登楼远眺。关在土塬峡谷中，很有一种诱你出关沿谷走下去看关外的峡谷古道究竟什么样子，能否一直走到长安的诱惑力。赶上文化节是最好的。有可能看到玄天锣鼓、百佛顶灯。百佛顶灯系民间绝技，以高难险著称，一百名身披袈裟头顶碗灯手摇芭蕉扇的"和尚"于梅花步中舞动，场面盛大，动中有静，静中有动，滑稽寓于虔敬中的高难度特技和壮观的秀阵很让人向往。

函谷关和纪念老子的太初宫在一个文化区内，相距不远。太初宫相传是老子写出道德经的地方，"紫气东来""老子过关""鸡鸣狗盗"等成语都源自这里发生的典故，因老子而使这里香火旺盛。灵宝市境内还有亚武山、荆山黄帝陵等景区。亚武山是国家森林公园，自然景观雄、奇、险、秀。荆山黄帝陵，在灵宝市阳平镇，除陵墓外还有献殿、祖殿、人文始祖殿与天、地、人三只大铜鼎（仿制）。不要为这里有黄帝陵而惊奇，史书上有"黄帝采首山之铜，铸鼎于荆山之阳。鼎成，崩焉，其臣左辙取衣，冠几杖而庙祀之"的记载，一是说清了这是衣冠冢，二是非陕西黄陵县黄陵才是正宗，华夏大地多有黄陵，陕西黄陵县黄陵是汉武帝以后才出现的，《史记》黄帝葬桥山的记载具体位置历来有争议。灵宝西阎乡文东村有号称黄河流域独有的一块面积最大的生态湿地芦苇荡，可与河北白洋淀媲美。

进出三门峡

陇海铁路穿越三门峡横贯东西，从北京到西安，从郑州、洛阳到西安的列车都到三门峡。三门峡两个车站，三门峡站和三门峡西站。

进入景区：陕州风景区（宝轮寺塔）位于三门峡市西端3公里处，乘公交车可到。

函谷关：先从市区乘大巴、中巴到灵宝，再从灵宝乘公交车，终点站下车即到。

黄河三门峡大坝风景区：距市区27公里，市内陕州影剧院有开往大坝的直达车。古栈道在三门峡大坝下游北岸的悬崖峭壁上。

住宿：除市区内的宾馆酒店，天井窑院是可考虑的特色住宿地。

风味美食：陕州糟蛋、三门峡麻花、观音堂牛肉、脂油烧饼、大刀面、水花佛手糖糕。

民俗：百佛顶灯、豫西锣鼓、灵宝剪纸、道情皮影。

线路提示

三门峡黄河游一是从陕州风景区上码头乘船游水库，汛期到来以前看青山绿水。游人若多，船上有戏曲表演。一是到三门峡大坝看中流砥柱，黄河古栈道和大坝水利工程，两处地方一天够了。

黄河漂流在三门峡水库蓄水期时感觉非常好，大坝下游乘橡皮筏如乘战马，被水浪拱得起起落落左摇右荡的感觉很是刺激。问题是非随旅游团而来的散客未必能享受。若能参与体验，漂程不长。

还有两个项目，一是去地窖院，当地叫天井窑院，或叫地坑院；一个是游灵宝函谷关和太初宫。地坑院主要分布在三门峡市的陕县，以张村镇的南沟、庙上村的最为有名。南沟村距三门峡市区 10 公里，庙上村则距市区 15 公里，打的也就过去了。庙上村有地坑院农家宾馆，食宿较方便。

三门峡黄河文化游还包括更远古的内容。当地叫怀古朝歌之旅，主要游仰韶文化遗址、虢国博物馆、秦赵会盟台。虢国博物馆有比秦始皇兵马俑早 700 年的庞大的地下军阵。

在三门峡，把全家人交给旅行社好一些，能安排黄河漂流一项，三门峡之旅就非常值，若能看到百佛顶灯更值，但一般来说那是奢望，三门峡国际黄河旅游节都未必上此项目。家庭自助游，游了函谷关、太初宫、三门峡大坝景区和陕州风景区，就算说得过去了。

郑州

郑州是建在黄河从邙山冲出后形成的冲积扇平原上的城市，在这片土地上先后发现发掘了商代都城遗址，包括仰韶文化、龙山文化的新石器时代的大河村遗址、裴李岗新石器时代仰韶文化遗址，历史悠久，是黄河孕育出的著名的文化古城之一，河南省的省会，河南的政治文化中心，更是黄河文化的起源地之一，处在中原腹地的位置上，是中华始祖轩辕黄帝的故里。春秋战国时期，郑韩等列国在市内新郑这片土地上建立国都长达 500 多年。楚汉在这里对垒，隔河各自建有霸王城、汉王城，中国象棋棋盘的楚河汉界缘起于此。五岳之一的嵩山、著名的少林寺、杜甫故里、宋皇陵也都在境内。可游的黄河游览区在郑州境内共4处：邙山黄河游览区、花园口景区、河洛汇流处、人造景园黄河大观。邙山黄河游览区在郑州城北30公里处，邙山在南，黄河在北，山水相映，景色壮美。游览区内，有春晖洞、毛主席纪念洞、卧虹桥、浮天阁、涛声洞、周总理视察黄河处、牡丹园、俯山亭、极目阁、开襟亭、昭成寺等风景点和观察点，分为五龙峰、岳山寺、骆驼峰、汉霸二王城、星海湖五大景区。自然景观最大的看点是黄河悬河，最具诱惑力的游乐项目是乘高速气垫船到黄河兜风。水陆两栖旅游气垫船"超低空飞行"过一段陆地航道，平稳地驶入黄河主流，那感觉很奇妙，若在河中沙岛上停留，上岛踩河沙，把坚硬的河沙踩到稀软下陷，满脚泥巴地欢叫着拼命出逃的感觉更奇妙。还有，人们可能不太在意那座邙山，它看上去并不是什么山，只是黄土丘陵，但它却是中州黄河岸边的千古名山，绵延数百里的这座貌不惊人的黄土丘陵是自殷周以来的风水宝地，数不清已埋葬了多少历代帝王，史上有"生在苏杭，死葬北邙"的俗语。

邙山的文化带主要在洛阳境内。

郑州北郊郑邙公路23公里处以黄河文化为背景的大型主题公园——黄河大观是微缩景园，打出的是"一日游黄河，看遍华夏史"的招牌。

昔日国民党为阻日军沿陇海线西进南下武汉而扒开黄河大堤致使黄河一泻千里，夺淮入海，造成3省60余县黄泛区的花园口南裹头辟为景区。这里的河面宽阔，河段散乱，河势多变，黄河景观独特。乘船游河，品黄河渔家宴，丰水期听黄河动人的涛声，都是不错的选择。

河洛文化被称为中华文化的源头，上古的帝王们在此祭天。寻访上古文化有点虚无缥缈，观赏黄河洛河汇流的壮观景象则是很现实的。

进出郑州

郑州的新郑机场上往来着东西南北各大城市的航班，南下北上东来西往的列车都在郑州车站停靠，它是陇海与京广铁路的交会点，全国重要的交通枢纽之一。郑州多家公路客运站把各类客车发往北京及各省各大中城市。

长途汽车中心站以长途和超长途为主，二马路站以中短途为主，客运东南西站以短途为主。

风味美食：老蔡记馄饨、伊府面、坊肉焖饼、鲤鱼焙面、河南烩面。

特产：唐三彩、澄泥砚、蛋黄饼、龙须糕。

住宿：高中低档数十家的宾馆饭店，价格比一般省会城市便宜。

线路提示

邙山黄河游览区、人造黄河主题公园、花园口南裹头两天日程是比较宽松的，三处景区乘公交车就可抵达。去黄河大观主题公园和去邙山黄河游览区是一个方向，此两处安排在一天。第二天，逛逛河南省博物馆，10 点钟在馆内听听古乐演奏，午饭后去花园口。欲去河洛先到巩义北宋皇陵，永昭陵，每 15 分钟就有一趟发往河洛的车。

游郑州的线路设计应和家庭出行能够拥有的时间、家庭主导需求，结合郑州的地理和旅游资源情况综合考虑。郑州离洛阳、离开封很近，考虑出游计划时，眼睛不宜放在郑州一地。就黄河地理和黄河游的内容来说，郑州内的资源还是很丰富的。

开封

开封地界的黄河是地上河。

好像没有谁不知道开封。开封的知名度受益于《杨家将》《包公案》《七侠五义》《秦香莲（铡美案）》《包公赔情》这些文学和戏曲作品的传播，与杨家将和包公有关的文学戏曲作品大都变成了口头文学，偏乡僻壤的不少人，除了家乡和北京，可能说不出还有什么地儿是他（她）熟悉的，但若提开封府，提东京汴梁，他准能眼睛放光，并讲上一两段耳熟能详的故事。奇怪的是，开封对公众的吸引力一直不高，能回答上来开封曾是战国时期魏国、五代时期后梁、后晋、后汉、后周以及北宋和北宋以后为金国都城的人不多，历史上曾经繁华的开封，衰落的时间几乎和杨家将、寇准、包公们在民间兴盛的时间一样长。是谁改变了开封的命运？战火与黄河。黄河于公元 1194 年——金明昌五年在阳武决口改道后就与开封结了缘，它贴近了开封，并上百次地在开封一带决溢泛滥，李自成于 1642 年还上演了一次"决河灌汴"的惨剧，围城百日久攻不下，便放黄河水淹城，全城 37 万人仅有 3 万人幸存。东京汴梁鼎盛时期的地面建筑除了铁塔、繁塔等有限的几处，大都变为废墟深埋在 10 米以下的黄土里。

其实，今日的开封，是很应该去看一看逛一逛的，她有了仿古版的宋都御街，虽不如原版的宋东京御街长，但气势、规模、格调、氛围还是很引人入"宋"的。

开封实景版的清明上河园，是把名画《清明上河图》搬到开封西北隅，东与龙亭风景区毗邻。画儿上的景致这里差不多都有了，体现宋京都风情的玩意儿只要肯找就能在园中找到。

龙亭风景区建在宋金皇宫和明代周王府遗址上。现有的龙亭大殿是清雍正十二年（公元 1734 年）河南总督王士俊修建的万寿宫的正殿，上殿须登 72 级台阶。想还一个宋金皇宫吧，因此才有午门、玉带桥、朝房、御道和宫殿式的院落。龙亭西面有天波杨府，龙亭南面有潘杨二湖，黄河水源源不绝的注入使死水湖变成了活水湖，配上同春园、长廊水榭，景观就非常精巧秀美了。

铁塔在开封城东北隅的铁塔公园。说是铁塔，实是褐色的琉璃砖塔，高 55.88 米，八角十三层，建于北宋皇佑元年（公元 1049 年），因色混如铁，民间才有铁塔之称。琉璃砖面上有飞天、佛像、乐伎等数十种图案。这是见证了宋都变迁史的一座塔，是宋建筑文化硕果仅存的一座塔，它的设计和建造工艺闻名中外。

繁塔比铁塔建成的年代早 72 年，为北宋开宝七年（公元 977 年）的建筑，六角九层 80 余米，不过到明代时，只剩下三层了，清代人又在三层大塔上仿造了损毁的 6 层，是微缩形的，于是就成了今天人们看到的塔上有塔的奇特样子。塔是青砖砌成的，每块砖上都雕有精美佛像，共 108 种，7000 余尊，形成了精美绝伦的塔壁。塔檐为砖雕斗拱，塔内有木质楼梯供人登到塔顶望远，塔内还有宋代佛经刻石，最珍贵的是宋书法家赵安石楷书的两部经刻。

大相国寺现有的是清代建筑，主要有天王殿、大雄宝殿、八角琉璃殿、藏经楼等。原寺在明末时遭黄河水患尽毁。这座寺有涉宋的一段历史，即"金匮玉盟"。赵匡胤在陈桥驿发动兵变，黄袍加身，杀回开封，其母惊吓，躲入大相国寺避难。赵匡胤入寺迎母，母问，你为什么能当上皇帝？赵说佛祖保佑，万民拥戴。母否定。赵说您说为什么？母说"周恭帝年幼无知，符太后少不更事。"要求赵借鉴此事，传位不要传子，而要传弟。赵答应了，在玉帛上写下诏书，母取出出嫁时娘家陪送的首饰盒，把玉帛存入，交给了大相国寺的方丈，要他悬在大佛顶上，永以为据。

说到大相国寺，开封东北 45 公里处封丘县陈桥镇的陈桥驿也应顺便关注关注，那是赵匡胤黄袍加身处，北宋王朝就是从这里拉开序幕的。

"悬河奇观"在开封城北 10 公里处，开辟的游览区包括柳园口和黑岗口两处，景观有被称为水上长城的黄河大堤、明代所铸的"镇河铁犀"、林则徐黄河堵口处、陈桥驿、黄河大桥等。

进出开封

先到郑州，由郑州汽车中心站再乘快巴到开封，72 公里，1 小时。郑州二马路汽车站有城际公交车，1.5 小时到开封。

住宿：迎宾路、新宋路、自由路、中山路、自立街、东大街、汴京路均有宾馆酒店，可视需而择。

风味美食：鲤鱼焙面、桶子鸡、小笼包子、五香兔肉、红薯泥、炒凉粉、酱红萝卜、花生糕。

特产：汴绣、官瓷、朱仙镇木版年画。

民间活动：盘鼓、斗鸡、夜市。

线路提示

铁塔公园、龙亭、中国翰园碑林、矾楼、宋都御街、清明上河园可以为一条游览线，一天游完，也可断开，分两天游。

这些地方从火车站发车的公交车均能到。

开封真正的文物古迹并不多。大相国寺应该去，北宋时它是全国的佛教中心，所存历史建筑，是康熙年代的，很珍贵。山陕甘会馆，清乾隆年间造，所遗关帝庙砖雕、木雕、石雕艺术弥足珍贵。繁塔奇丽独特，砖雕佛像精美，塔内还有 178 米宋代佛经碑刻，是全国重点文物保护单位。这些可以安排一天。

包公湖畔包公祠、天波杨府为大众情结所系，不去看看是不是有点不舒服？还有开封府。有时间就都看看吧。开封的夜市是不能不逛的。

家庭自助旅游，少则 2 天，多则一个星期。各景点，相距不远，交通都很方便。回到宋朝，作几天北宋人吧。开封能有今天，也挺不容易的。别忘了去看看地上悬河，河畔不少历代治水的遗迹。

徐州

"不怕刀兵之险，就怕鱼鳖一患"。以战争之城著称的徐州自汉至清咸丰十五年的漫长岁月里，黄河流经徐州。历史上的黄淮水患让徐州成了典型的叠城，仅明代的城池就前后两座叠埋于流沙之下，这不仅使徐州城下的古文明积淀异常丰厚，也造就了徐州特有的文化现象——高地文明圈。徐州最热闹最繁华的街市社区在城南，徐州以城南为上风上水。户部山是城南高地文明的缩影。

风水宝地户部山

号称徐州第一名胜的西楚霸王戏马台是户部山的最高点。坡脚起，一片乡土味浓郁的古民居簇台而立，古民居青砖青瓦的老房子和小门楼让人怦然心动，徐州民俗博物馆就设在老房子里。户部山下，有堪与北京琉璃厂媲美的步行街，街两侧仿古的酒楼茶肆店铺错落有致，步行街西以十字街为中心向四方展开，古朴清雅绚丽霓幻交融的氛围中遍是攒动的人流。

戏马台上崇台凛然，却已不是两千多年前项羽虞姬欢歌艳舞、眺观军兵操练戏马的旧迹，这里最古远的遗存是南北朝的蟠龙石柱，只有两根，立在"楚室生春"院正殿的前廊，石柱上的雕刻粗犷拙朴中透着生动，泥迹斑斑，蟠龙、人物、日月、山水、动物、花卉被岁月抹尽了鲜艳，残留的暗淡色彩炫耀着苍凉。不以成败论英雄的徐州人为项羽立了一尊雕像，正对着山门，历代营建的台头寺、三义庙、名宦祠、聚奎山房嬗变为宣示项羽悲壮生平的仿古殿堂，那是气势相当宏伟的一组建筑。攒尖溜檐的碑亭里的戏马碑是明代文物。户部山名称的来历：明天启四年（公元1624年）黄水淹城，水深一丈二尺，官署民庐尽没，徐州户部分司署迁往城南南山。南山建筑是3年大水中唯一幸存下来的，南山从此叫户部山，城南户部山也从此成了徐州的风水宝地。"穷北关，富南关，有钱就住户部山"。户部山周围聚集的十几户大户人家的老房子被称为古城徐州建筑最后的绝唱，作为地表上历史文明的印记，徐州古建和街巷的风貌大抵也只能在户部山寻找了。

龟山汉墓

徐州的文化是多彩、多质、多元的，但最突出的还是两汉文化。两汉文化的历史遗存很多。主要游览点是：汉兵马俑、汉画像石、汉墓。徐州最大的汉墓是龟山汉墓。这是西汉第六代楚王刘注和妻子的合葬墓，同冢不同穴，一在南，一在北。这座崖洞式地面不起坟的大墓，几乎把龟山掏空了。走进去，极具视觉冲击力，不能不感叹它的雄伟、恢宏、壮观。南北并行的双墓道甬道，两侧均有耳室，其后是横向的墓室，耳室多，墓室也多，总共 15 间，墓室中大多有擎天柱，间间相连相通，虽顶、壁、柱石表面不光，但感觉比明清宏旷齐整的皇家地宫还要气派。这座宏胜的地下宫殿，据说至今有 5 谜未曾解开。其中双甬道平行准确度之谜、乳灯之谜、水像之谜格外让人关注。楚王和王后墓各有各的甬道，双甬道南北相隔 19 米，东西平行走向，几乎没有偏差，两条平行线若相并，经测算得在 1000 多公里以外，是徐州到西安的距离，也有说在 300 公里外就能相交的。如此高的精确度，西汉那个年代如何做到的？那可是在大山包里隔着 19 米从东往西打洞啊。两墓中间有个不规则的洞，使此墓能到彼墓，这个连接洞是夫妻下葬打通的，还是盗墓贼打通的，至今无解。"乳灯之谜"是说几个墓室顶部都有石疙瘩，因其形似乳房而被称为乳灯。这乳灯干什么用的？是象征天上的星座，还是为了美观？作为装饰还是标志性的，表明这是夫人的墓室？标志是不大说得通的，男主人的墓室也有。最有意思的谜是：刘注墓放棺木的石壁一角有个水像，看上去就是个人，就是个官员。像是湿湿的水印，周围都是干燥的，它自被发现以来，这水印官员从未挪过窝变过形。水印何来？为什么洇成人形？还洇成古官员形？

狮子山楚王陵

一大片水塘，水塘上耸立着一座建筑，有栈桥通过去。水塘的一侧，一大片建筑群，这就是汉兵马俑博物馆。1984 年，水塘还不是水塘，是烧砖制瓦的取土坑，一个推土机组在坑中作业，任务是推平以引水建鱼塘。意外发生了，一堆小人头出现在机铲下。这些小人头引起了文物部门的注意，紧急采取措施，一个奇迹，一个继咸阳杨家湾、西安临潼之后的我国第三次兵马俑群重大发现轰动了世界。它们分布在 6 条俑坑里，总共 4000 多件。根据推断，俑坑附近，必有王陵。经过 6 年的艰苦探寻，终于在俑坑旁的狮子山发现了楚王陵的蛛丝马迹。正式发掘已是 10 年之后了，向游客展现出来的深埋在石山中的楚王刘戊大墓，是一座典型徐州式的西汉楚风早期大墓：占山为王，一座山包就是一座陵墓，深深的墓道，宏阔的天井，笔直齐整的山中甬道，各有用途的耳室，虽被盗却仍储藏丰富的一间又一间密室，无不具有视觉的极大冲击力。这里出土了迄今发现的最精细的金缕玉衣、举世无双的镶玉漆棺、堆积如山的铜钱、数量惊人的印章、倾国倾城的龙虎玉戈、螭龙玉饰、玉艺奇绝的玉制礼器、玉件……参观狮子山楚王陵也会听到很多难解之谜。譬如，刘戊陵是怎么确认的？墓何年为何种人所盗？墓中殉葬的年轻女子是什么人、什么身份？为什么没有她的尸骨？是被盗墓者抱走了吗？真的如传说的那样隐藏着恸人心肺的爱情悲剧？盗墓者是她的情人？

兵马俑坑的俑是庞大的军阵车阵，却是草草埋葬的军阵车阵。这和刘戊的身份、遭遇有关系吗？是因此而断定了狮子山墓是刘戊墓吗？

汉画像石艺术陈列馆

位于云龙山西坡，背山面湖，仿汉建筑，馆门阶台高筑，进入游廊便可见壁上镶嵌的画像石，各展室里画像石更是满室满壁。画像石可分为石椁画像、石墓画像、祠堂画像、墓阙画像，内容上大致有避邪、吉祥图案、神话传说题材、教育鉴戒题材、人事生活题材、宗教题材等等。

最常见的是铺首衔环、门楣双鱼、祥云瑞气、凤凰等图案；伏羲女娲人首蛇身像、西王母图、升仙图、庖厨宴饮图、车马出行图、杂技歌舞图、敬耕孝牛图。长袖舞一般和建鼓舞相对应。长袖舞不一定就是女子舞，有男女皆甩长袖作舞的，手臂挥动，腰肢扭曲，脚步踢踏。建鼓舞则是当时最为流行的男女生舞蹈，形式一般是将建鼓穿在一根立柱中间，立柱顶端装饰有华盖羽旌，击鼓者分列左右，边舞边鼓。

把徐州各地汉画像石汇集到一起展览的徐州汉画像石艺术馆，像汉代文化和汉代生活的一部百科全书。

进出徐州

徐州观音机场距市区 42 公里。徐州过往的火车每天几十对。徐州长途客运站有发往省际市界的班车。其中，徐州汽车中心站有发往市郊和苏北腹地的车；徐州客运西站有发往苏、鲁、豫、皖边区和淮北方向的车。

火车站附近有两条旅游专线车：一条是汉文化旅游线，另一条是云龙湖风景区旅游线。

彭州美食：饣它汤。饣它汤在徐州不是一般的有人缘，是太有人缘。马市街街口有家彭城老字号的饣它汤店，一大清早就有人在那里排队买饣它汤。小店里一个千年古樟那么粗的大木桶，腾腾地蹿着热气，打汤的师傅，顾不上给谁打鸡蛋，都是买汤的自己往碗里打，用筷子搅匀，师傅用大勺把汤往碗里一倒，鸡蛋立时熟成了鸡蛋花，足见汤之烫。这可不是一般的鸡蛋汤，徐州人家里熬不了，只能进店喝，据说有秘方。汤的主料是雏鸡和稷米，配料有二十多种，滋补，有营养，味鲜醇厚，香气扑鼻，还有微辣，是洒了胡椒粉的。你想分析里面的成分，不太容易，切成的细丁已熬得烂烂的。传说这汤是彭祖留下来的，誉称古彭第一羹，而汤名却与乾隆有关。乾隆喝过这汤，问叫啥汤，陪侍的当地官员以为是皇帝赐名，连连点头说啥汤。乾隆一连问了三次，官员点头应了三次，乾隆就糊涂，又问：这啥怎么写呀？官员才明白是问他这汤叫啥汤。无法改口了，灵机一动，回：左边是个月，右边上边是个天，中间是个非，下边是个一。乾隆学问大，却没见过这个字，说啥意思呀？官员说，就是月月熬，天天熬，非一日之功啊！乾隆点头，说，怪不得比宫里的琼浆玉液还好喝呢。以后这个字被改成左边一个食字，右边一个它字，也是字典上没有的字，独有徐州人和到过徐州知道这个典故的人认识这个字。

烙馍。样子有点像山东的煎饼，又和煎饼不同。同样像纸一样薄，但比煎饼软乎，可以卷馓子，可以卷韭菜干虾，可以卷你爱吃你想吃的菜。这烙馍，一是好做，在热灶上摊，一反一正翻过去就熟；二是便于携带，不容易坏，还压饿，吃下去马上就有精神。楚汉战争时，它是作为军粮的。

羊方藏鱼。知道鲜字怎么来的吗？

徐州人爱吃羊肉，餐桌上是少不了羊肉的。徐州人尤其喜欢在三伏天吃羊肉，他们管三伏天叫伏羊节，说三伏天吃羊肉，是以毒攻毒，为防治冬天的病。冬天手脚冰凉，气血不通，夏天多吃羊肉，冬天不会出毛病。这习俗缘于彭祖。羊方藏鱼是徐州的一道名菜，从彭祖那里传下来的。彭祖惜命，不让小儿子去河里摸鱼，怕儿子掉水里淹死。他的小儿子下河摸了鱼，拎回家，又怕老爹揍，急得没办法，他娘把鱼藏在羊肉底下一锅炖了，彭祖吃了就觉得有一种特别美的味道，问老婆，老婆如实说了。彭祖反复研究这种炖法，越炖越美，那种味道就叫鲜。鲜，一半是鱼，一半是羊。

线路提示

不上郊区县，徐州市内就够游几天的。

1. 户部山（戏马台、民俗博物馆）、步行街一天。早上喝饣它汤，晚上可在步行街上晚餐、娱乐。

2. 龟山汉墓、狮子山汉墓、兵马俑博物馆。

3. 云龙湖、云龙山

云龙湖不算小，和杭州西湖是差不多相等的，也和西湖一样三面环山、一面临城，因此在徐州被称为杭州西湖的姊妹湖，湖上也有苏堤也有放鹤亭，有很多湖上湖畔景区景点。

一天在云龙湖肯定是简游。细游，连云龙山带云龙湖一天是不够了。苏轼的好友隐居在云龙山，苏轼写的《放鹤亭记》，收入《古文观止》，成为千古名篇，还写有《张山人园》《携妓乐游张山人园》《登云龙山》。他在徐州做过二年的官，是云龙山的常客。乾隆游过云龙山，在云龙山建有行宫，今行宫还在。

云龙山有古迹。云龙山兴化寺石佛半身坐像，高 10 米多，北魏晚期的作品，就山崖巨石雕琢而成。在大石佛两侧岩壁上，还有北魏太和十年（公元 468 年）以及唐宋时的造像和题字。

云龙山仅长 3 公里，海拔 130 多米，并不高，也不难爬，山顶是平的。兴化寺在东麓，西麓大石岩有石造观音像。北麓与市区连接。有闲情逸致可沿着伟人、名人的足迹，优哉游哉地走一圈。

当然，若再有闲情，可到刘邦故里去看看。

济南

下游的黄河，曾经是放荡不羁的，改过多少河道，从多少处入过海，只有地理地质和水利专家们才能说得清楚。1855 年，黄河在河南兰考东坝头附近改道，从此不再走徐州而是夺占大清河河道从东明县入山东境，途经菏泽，在梁山附近的东平湖汇入大汶河，到济南而后越滨州、淄博交界带，从东营市入海，在山东流程600多公里。

济南是历史文化名城，始建于春秋时期，齐国筑城名泺邑，后又改名历下，汉初济南国，宋为济南府，明代开始成为山东省省会，至今。

济南胜境无数，泉景的享誉度最高，金代人立碑列72泉，元代又有《名泉碑记》，所列72泉中49泉在现在的市区，23泉在郊区，清人《贤清园记》称其泉旧有90，新者55，共计145泉。据1964年的实地调查，仅市区就有天然泉108处，是名不虚传的泉城。泉城济南最有名的泉是趵突泉、珍珠泉、黑虎泉。历代名人多有咏趵突泉的诗文："泺水发源天下无，平地涌出白玉壶"，"三尺不消平地雪，四时尝吼半空雷"，"怒起跃突，如三柱鼎立，并势争高，不肯相下；喷珠飞沫，又如冰雪错杂，自相斗击"，无不生动记述描绘了趵突泉的迷人胜貌。清乾隆南下路过济南，观赏趵突泉后，大笔一挥，写下了"激湍"两个大字，并赐封此泉为"天下第一泉"。

趵突泉在济南旧城西南，珍珠泉在山东省人大常委会大院西侧，泉态若珠，玲珑涌跳，附近还有小泉与之为伍相伴。在南护城河东端南岸的黑虎泉则是翡翠之色，从悬崖下的凹形洞穴里汩汩上涌，洞前石雕三虎头，水从虎头中出，注入方池，池水清澈见底，周有白石泉、玛瑙泉、琵琶泉、豆芽泉、五莲泉构成黑虎泉群，泉水轰鸣之声古人形容"如昆阳巨鹿之战，万人鸣鼓击缶"。

济南三大旅游名胜，除趵突泉外，还有大明湖和千佛山。大明湖是天然湖，由众泉汇流而成，自宋以来，一直是游览胜地，湖西北岸有小沧浪亭，亭西廊墙壁上"四面荷花三面柳，一城山色半城湖"的对联，是清嘉庆九年刘凤浩即景赋成的，它已成为当地人夸耀大明湖的千古佳句。大明湖畔古迹多，湖中历下亭、湖岸铁公祠、南丰祠、稼轩祠、汇波楼、北极庙、遐园无一不为秀丽如画的大明湖添韵增彩。

千佛山又名舜耕山、禹登山，传说是舜和娥皇、女英领百姓在此犁田耕地种庄稼、大禹治水成功后东海一水怪出来和禹作对禹登山观海下水战水怪的地方。千佛山的山名由来是缘于隋开皇年间（公元581—600）在山中悬崖峭壁上雕琢的众多佛像。山上有创建于唐代的兴国寺，寺内南崖上的千佛崖，以极乐洞中的观世音、阿弥陀佛、大势至三尊造像最为精湛。千佛山的石佛刻像共9窟，130多尊。兴国寺东有历山院。千佛山东麓有号称江北第一大佛的大肚弥勒造像，直径30米，莲花宝座高约9米，通高20米，那里名弥勒胜苑。

　　济南是三面环山的城市，市境内的黄河景区主要在天桥区桑梓店镇，一是黄河森林公园，在黄河北岸，主要供娱乐度假，有跑马场、大型烧烤区、钓鱼池、茶花基地、大型乐园、森林跑车、射箭等娱乐项目。百里黄河风景区，全长近8公里，无论是观澜亭、蘑菇亭，还是大禹、奔牛雕塑，功德碑林，历史故事彩绘，都是新建的项目。

进出济南

　　全国各大城市，到济南都十分便利。遥墙国际机场是山东省最大的民用机场，距市区40公里。铁路有京沪、胶济两条铁路在此交会，有直达北京、上海、重庆、广州、杭州、徐州、哈尔滨各城市的列车，还有可抵青岛、烟台、威海、东营、泰安等省内各城市的列车。公路网络纵横交错四通八达，到省内各市，坐客车走公路比坐火车快捷省时。

　　食宿：济南作为一省省会和旅游城市，住宿条件还是相当不错的，从五星级饭店宾馆到家庭旅馆，可选择性很强，适应各种经济条件和需求的游客。餐饮方面，济南以鲁菜为主。小吃有油旋（螺旋状的葱油小饼）、烤地瓜、草包包子、八批果子、糖酥煎饼、罗汉饼等。

　　土特产：有羽毛画、面塑、木鱼石、肴鸡、南肠、阿胶等。

线路提示

　　济南的三大名胜都在市区，坐公交车全解决了。全部游程，粗点儿2天，细点儿3天，包括去黄河。需要注意的是去趵突泉，最好选择在丰水期，也就是雨季，水位低于26.96米，趵突泉是不会喷出来的。趵突泉公园北门街对面有五龙潭公园，是济南四大泉群之一，五龙潭是72泉中最深的一个，园中还有秦琼故宅遗址，可以顺便去逛逛。大明湖湖底是淤泥，乘船游湖，要有安全意识。济南市区有省科技馆，馆内有4D影院，放映时间半个小时，有心脏病、高血压的不要看，儿童想看，大人一定要陪同好。

黄河入海的景象是非常壮观的，有观赏愿望的家庭，可从济南乘车去东营市，但到了东营市，到黄河口还有很远的路，交通也不方便，最好在东营找一家旅行社。黄河口的景观主要是湿地、苇荡、大量的鸟类。看"黄龙入海"要乘船，河海交汇处的黄蓝之水泾渭分明，场面宏大，气势夺人。

雄性的徽章——长城文化之旅

长城已不是单纯的长城，而是民族气节、民族精神的象征。长城魂与民族魂几乎是同义语。

长城修得太不容易了。

长城太震撼人心了。

长城创造了世界奇迹，是军事上的，是建筑艺术上的，更是精神上的。它远离于我们，在崇山峻岭上，在大漠戈壁中，默默地与岁月抗争，很有尊严地活着，用日甚一日的苍老顽强地显示不屈不挠的雄性风骨。

辽宁、河北、天津长城游览区

虎山长城，万里长城最东端

从丹东市区出发，贴着鸭绿江，沿丹大公路，向宽甸方向行驶，约15公里后，会看到右手一座卧如睡佛的山（也有人称其为睡美人）——虎耳山，走到虎耳头部，随路向右一个大弯拐过去之后，一座经修复的长城设施便呈现在眼前。这就是明代万里长城东部起点虎山长城。它的规模不大，除依山就势盘卧在虎山上的雄伟之躯，看不出向哪里延伸。瑷河傍着山，也傍着这段长城，静静地流淌，与不远处的鸭绿江交汇。沿登城阶梯，拾级而上，登到巅峰，可眺望到宽阔的鸭绿江江滩和远处的高崖。前方，下路基不远，仅几步跨水就已是朝鲜的土地，虎山长城与其境内的"统军亭"遥遥相对，秀美的瑷河、鸭绿江景与鸭绿江两岸两国的旖旎风光尽收眼底。当年，此处作为重要军事要冲的地理形胜也历历在目。虎耳山是险峻而挺拔的，山上怪石嶙峋，有虎口崖等28个景点，是瑷河与鸭绿江交汇点上的一处值得顺脚一览的风景名胜。

天下第一关山海关

秦皇岛市东北15公里处，从燕山到渤海，有条宽约7.5公里的狭长通道，是华北与东北间枕山襟海的咽喉要道。明洪武十五年（公元1382年）十二月，大将军徐达，"引长城为城"，筑起了山海关城，此关因其地理形势险峻，战略地位重要而成为历代兵家必争之地，发生了众多影响中国历史进程的重大事件，最著名的事

山海关

件是吴三桂引清兵入关。在文化心理上，山海关则是"关内""关外"的分界线，"关内""关外"的分野隐含着重大的地理、文化和心理内涵。

"两京锁钥无双地，万里长城第一关"。这座以城市为关的关城，既不是通常意义上的城市，也不是通常意义上的关口，是两者的合一。山海关城墙全长4公里，在东南西北各开有一座城门，连通四座城门的交叉成十字的大街依然古老着，而传统的游览区，却只是东城门。东城门和西城门是建有瓮城的，围着城墙和瓮城墙有护城河，东段的城墙和14米高的城墙上的东门箭楼，是山海关保存最完好的地方，修缮是真正意义上的修缮而不是重建，我们看到的大体是它的原貌，很有沧桑古

意。箭楼高 12 米，重檐歇山顶，上下两层，除西面，三面楼体上都开有箭窗，箭窗共 68 个，每窗都有能够开启关闭的红板。箭楼的西面，二楼的额枋前悬挂着一块每字高达 1.6 米的巨匾，匾上共 5 个行楷大字：天下第一关。此匾传说甚多，是凡到山海关旅游的人必看的一景。传说大体有 5 个版本，主要的是 3 个。王羲之、王献之写匾说是围绕着繁体关字的写法引发出来的。严嵩写匾的传说主要围绕着"一"字，说严嵩始终写不好这个"一"字，在烧饼铺总看烧饼师傅揉面，从揉成"一"字的面团上突然开悟，才写好了匾上的那个"一"字。萧显书匾是史有记载，他是明朝著名的 32 位书法家之一，山海关城外角山上还有他的草书石刻，此石碑，因朝鲜使臣慕名登山摹拓而被称为高丽碑。本来历史记载的很清楚的事儿，也有很多传说，最传神的一个版本是说关字在挂在箭楼上才发现少了一点，而此时代表皇帝来验匾的官员已经快到了，萧显急中生智，抓起一块抹布蘸满墨汁就朝箭楼上甩过去，只听啪的一声不偏不倚正好补齐了缺的那一点。

萧显写的原匾现在珍藏在箭楼楼下，楼中还有一块清光绪五年（公元 1879 年）的重刻匾，外面现在挂的匾是 1920 年再度摹刻的。

在山海关东城门楼，除了看匾，还可登楼远眺正东欢喜岭上的威远城，下望不远处的东罗城和楼下的小圈城。一道层层设防的壮丽风光。

万里长城第一山

指角山。角山距山海关只有 3 公里，是距山海关最近的一座山，也是山海关绵亘到嘉峪关的明长城翻越的第一座高山。从山海关缓缓而来的长城在这里昂首直上峰巅，又沿山脊奔腾而向居庸关古北口喜峰口方向，是明辽东镇和蓟镇的分界处。角山最高处是平山顶，宽可容数百人，却又有如龙截角的嵯峨巨石，所以才叫角山。角山非只一角之峰，山北 8 公里外还有后角山。此山虽离山海关很近，却是极为幽深静谧之所。古人有"每日城中见角山，入山始觉远人寰"之语。山腰处被国民党拆毁的栖贤寺（也叫角山寺）已经修复，那是萧显们常来聚会读书的地方。在角山上除可望可赏巍巍角山长城，还可望"瑞莲捧日"之景。瑞莲，指红云。站在角山巅上，拂晓远眺海上日出，景象非常壮观而迷人。

踞海迎波老龙头

历史的老龙头长城只有堆积在海岸上的花岗岩条石、浸泡在海水中的残城遗址、深埋在沙滩深处的关口残基和高岗上的部分残墙了。但现在游人走到老龙头，看到的却是一如当年旧貌的完整的宁海古城和老龙头长城。1987 年到 1989 年，山海关老龙头区按照历史画卷上的老龙头长城，在原址上全面修复了它，自那以后，它是比山海关关城更有看点更引人注目的长城设施。走进宁海古城楼，左手有把总署、军功祠，右手有练功房、士兵房、水井、龙武营、碾坊等一应军兵的训练和生活设施。正面，登上阶梯，可上到老龙头著名的澄海楼，从澄海楼再向前是巍峙在海中的南海水关和伸进海中 22.4 米的石头城。在城上，有站在巨舰上迎风劈浪的感觉，城下右侧的海湾上，曲折悠长的黄色海滩上和浪花翻涌的浅海中散布着戏沙弄海的游人，一组在烟岚中显得灰蒙蒙的建筑群远远地浮涌在海上，与脚下老龙头岗上崇伟壮丽的建筑群遥遥相对。那是由碑楼、牌坊、三孔桥、山门、钟鼓楼、海神殿、天后宫、望海亭组成的海神庙。海神庙与老龙头建筑群之间的开阔地上紧靠林荫是一方名曰将台的高台，那是当年军官们指挥和操练水军的地方，而林荫深处，走下去便是箭楼和城池。

戚继光时代的老龙头长城重现于眼前，虽然除了戚继光和他的战友们的雕塑，看不见一个当年的将军和士兵，但时光深处的历史气息已经弥漫开来，何况还有当年使用的兵器、巢车、云梯、战船。它们或陈列于兵器室中，或在庭院中展陈，述说着虽属于历史，却警示着今天的故事。

畿南第一雄关紫荆关

与居庸关、倒马关并称为内长城、内三关的紫荆关雄卧在河北易县西 40 千米的紫荆岭上。盛夏时，满山紫荆花盛开，香气袭人。走到北城门下，从残关入城，爬上城墙，站在城台上俯视滔滔拒马河水，仰观峰叠峦蠹，绿嶂若屏，古城墙昂首若龙，山河壮美的感慨油然而生。

紫荆关长城的关城与所有长城的关城都不相同，它是一座酷似梅花状的关城，城中有山，城以城中山（真武山）为中心，依山的起伏走向向四外延伸，形成了四个不规则的城圈，大城套小城，整体布局别具匠心。这种布局，形态上的美是次要的，军事上的实用价值是最重要的，各城圈可以独立作战，自成防御体系，又可互相呼应。沿拒马河一线的长城，从根基到墙体，都是用花岗岩大条石垒砌的，十分坚固。关城的三座城门，三座水门，二座敌楼仍保留着，神态肃然地述说着前尘往事。紫荆关是非常古老的一座关口，《吕氏春秋》称其为太行八陉之"蒲阴陉"，秦汉时称上谷关，东汉时又名五阮关，北魏时改称为子庄关，宋金时又叫金坡关，元以后才更名紫荆关至今。它是北京的门户，和居庸关一样，在历朝历代的战争中，一旦失守，便立即使北京城陷于危机之中。

艺术之城金山岭

从北京的司马台长城过去，进入河北滦平界内就是金山岭长城。它是明朝隆庆四年（公元1570年）修筑的，名字据说来自山名——大小金山岭，但也有说大小金山岭的山名是出于金山岭长城的大小金山楼，是先有楼名后有山名的。也就是说，它是因自身的大小金山楼才被称为金山岭长城的。大小金山位于燕山第一峰雾灵山与古北口卧虎岭之间。金山岭下的巴克什营镇有花楼沟；从花楼沟登金山岭长城，明显的感觉是这一带的山势低缓，城易登。这是一段易攻难守之城，因此城上楼台密集，城的构筑复杂。楼台有158座之多，形式各异，楼墩有方有圆有扁，楼顶有船篷顶，穹隆顶，四角、八角攒天顶等等，楼的大小也是很不一样的，大的残楼看去有四五十平米。从楼上看城，城墙曲折回环盘绕于起伏错落的山岭上，很是壮观；晨晖中，叠岭蛇城金光闪闪，与长天彩霞浑然一体，回肠荡气。这里的多眼瞭望楼有特色，花楼的美简直大出意料之外。它们过于艺术化，几种建筑模式合为一体，用汉白玉浮雕装饰楼门，很难说这楼是军事设施。据说筑建花楼的是戚继光从浙江带来的工匠和士兵，他们以一展超群的建筑和装饰艺术水平为快。

八卦关城黄崖关

从古北口过金山岭，回到北京的司马台，再经黑峪关、雾灵山北坡、遥桥岭关、四道梁等等到了平谷区的将军关，再往前走就是天津蓟县地界的黄崖关。

黄崖关长城是蓟县长城的一部分，开放景区黄崖关和太平寨相距10公里。黄崖关西王帽顶绝壁到太平寨半拉缸山断崖之间的3025米是精彩段，20座楼台、八卦关城、北极阁、寨堡全部修复。黄崖关隘扼守要冲，两侧陡壁峭岩，瑃河自山中穿流。

黄崖关的关城达4万平方米，瓮城、四个方向的四道城门、城门楼、角楼、水门水关、牌坊这些设施和建筑使我们看到了一座在京畿之地规模仅次于居庸关的长城关城。正关平台上的关楼是五脊四坡大顶，彩绘绚丽。黄崖关超越了规制，建得规模较大。敢超规制是因为有真武庙。明王朝尊崇道教，尤其是永乐帝。

黄崖关太平寨长城是黄崖关开放景区内最耐看最有气势最为雄胜的一段长城，敌楼 6 座，多井字形拱券结构，内分九弄，有楼道通顶，东西两边敌楼都借了山势，巍峙于峭壁悬崖上，云生城底，楼插天际，望而生畏，俯下心惊，东边的半拉缸山传说是被孙悟空踢翻了的炼丹装药的药罐摔到地上的那一半，岩色土黄，夕阳晚照中金光灿烂，是古今有名的黄崖胜景。太平寨西段的寡妇楼，传说是前来寻夫，夫却已为筑城献出了生命的寡妇们捐资修建的，戚继光为安抚她们，每人发了一笔优厚的抚恤金，寡妇们为国分忧，不但把抚恤金全部捐了建楼，还亲自加入了建楼筑城的行列，传为千古佳话。

黄崖关长城内现还有百家墨迹碑林等新建景点，是集雄关险胜人文园林于一身的天津境内唯一的以长城为核心的大型综合景观。

休闲胜地青山关

这是经开发已开放的长城景区，在河北唐山。

青山关挺让人动心的。是因为它那纯纯的野味长城残垣断墙颇具沧桑古意，还是因那提吊式水门残迹挺刺激人的视觉神经？抑或是元宝形古城堡葡萄珠似的紧挂在长城躯干上的那种稀有的建筑模式和堡内浓得化不开的田园式度假体验？

从青山关脚下的村庄上城，必先过水门。水门是一副雄怪狰狞的样子，一尊举着胳膊，却没头和上半截身子的巨灵神一样叉着腿蹲跨在山谷间。谷窄，两面是陡立的山崖，崖脚乱石错卧，铁色嶙峋，乱石上的拱券门麻麻愣愣地呈放射态铺展，门洞下一边是石条铺的小路，一边是水流，各峙水门一边的敌楼在崖顶拔耸出水门的险绝之姿。

古城堡在水门的右上方，堡城内有改造出来的茶庄、商铺、衙署，小庙是原态的，民居也是原态的，但内部的装修全部现代化了，双人床、床头柜、电视、带有冲水浴设备和马桶的卫生间，开着窗户，躺着就可以看长城。长城是原貌，岁月把它摧毁成什么样就是什么样，荒草萋萋，残墙断壁，满目苍凉，残城围起的古堡却处处生机盎然，菜园、瓜架、青藤、树花……在这里度假，别有一番味道。沿城爬楼台，是青壮年和大孩子们的事，老人和小孩均不宜，但堡外广场上夜晚的篝火晚会却会让所有人都乐翻天。广场甚大，当是过去的练兵场。城脚遍布度假小屋，四合院落，依山而筑，山石小径穿连其间。

进出辽宁、河北、天津段长城

虎山长城：乘航班或列车先到丹东，在丹东乘公交车即可到达。从丹东沿鸭绿江去宽甸的车都经过虎山长城。

山海关：铁路在山海关有站，秦皇岛往东北方向的列车均在山海关站发车。北京在山海关经停的列车每天都有数十次。

住宿：接待能力有限，宜住在秦皇岛市区和北戴河。

易县紫荆关：从北京南站开出的列车经停紫荆关站。易县县城每天有发往景区的班车。

金山岭长城：北京北站有火车经停古北口，再从古北口转车。

天津黄崖关长城风景区：从北京或天津乘车先到蓟县，然后转乘中巴车到景区。

唐山青山关：从唐山乘长途车到迁西上营乡下。

线路提示

从鸭绿江至山海关，900多公里的明代长城，基本毁坏得踪迹难寻了，丹东虎山长城的修复，对喜爱长城旅游的人们来说是很值得庆幸的一件事，它显得弥足珍贵。但专程去丹东为看虎山长城，如果不是专题文化的研究者、爱好者是不大划算的，它适宜去丹东旅游时顺便到那里逛逛。交通是很方便的，在丹东坐上公交车，来去有半天工夫全解决了。

山海关的长城，可以安排一日游，山海关、角山长城、老龙头长城再加上孟姜女庙，4个景点。孟姜女庙是个小庙，最著名的是那副"海水朝朝朝朝朝朝朝落，浮云长长长长长长长消"。此联与温州江心寺的楹联一样，推断是戚继光的部下从南方带过来的，是文字游戏式的楹联，很有趣味性，给姜女庙添了不少风姿。在山海关、北戴河景点开发还很少的时候，去一趟姜女庙看看，还是不错的，现在，未必了。山海关城，游东门箭楼一楼足够，角山长城应当是去看看的，山景、长城和历史人文旧迹合为一体，内容不单调，视觉效果也好。角山长城要深度游，得单独用一天，它最吸引人的是4公里外的三道关的长城倒挂，不过那里有探险性质。老龙头得花上至少一个半小时到2个小时的时间，夏天，好好玩玩海，玩玩沙，时间用的就会更长点。别瞧建筑都是新的，明朝建起来的时候不也是新的吗？拔海而起的古关古城雄姿，那种气势，那种壮观的美还是很激动人心的。在山海关一带游长城景区，有车最好，没车，利用公共交通，也不能说不方便，不如自驾车那么顺就是了。

去山海关旅游，以秦皇岛市为轴心，或以北戴河、南戴河为轴心安排游程，晚上一般不考虑住在山海关。

唐山迁西的青山关，交通不是很方便，安排一晚2天的度假游还是很有意思的，它更适合机关、团体、旅行团的活动，家庭旅游，真得自驾车才能玩出乐趣。

天津的黄崖关长城，安排一天的游程，若喜欢摄影，那是一定要住一宿的，把游山游寨游城的活动主要安排在早早晚晚，头天过午到，第二天过午回。

金山岭长城，属于承德市，但紧挨着北京的古北口，过去也属于古北口，当然是从北京过去方便，住宿景区内就有，吃饭景区内也能解决。在金山岭游玩，最忌讳的是看得太粗，该走到的没走到，该看到的没看到，留下遗憾。比较其他长城段，它太好走了，上城，爬不了几步山，城上走，起伏曲折也不大，容易犯经验主义的错误：找个地方一待，看波诡云谲、青山如黛、长城卧坡，挺得意，因易而不肯挪动脚步了，细节的美就错过漏掉了，这里的无限风光可是在脚上哦。

北京段长城游览区

北门钥匙八达岭

八达岭长城，是历史推举出来的长城代表，它从民国时期就已作为旅游景点开放，新中国成立以后，更是首都北京外事接待的重点旅游区，无论来的是国家元首，还是政府要员、政府代表团，游长城、必到八达岭，以至凡提中国万里长城，莫不知北京八达岭，八达岭几乎和中国万里长城画上了等号。国际国内旅游业的兴盛，更为八达岭的知名度推波助澜。

八达岭长城位于居庸关的外口，也称北口，官称"居庸外镇""北门钥匙"，是居庸关的有机组成部分，现属延庆县，有关城一座，也曾经残破过，几经修缮加固，雄风依旧，但历史上曾有的"居庸之险，险在八达岭"之誉，已是大打折扣了。对八达岭城关周围地形地貌的改造，从晚清时就已开始了，随险一起弱化了的还有幽。但八达岭依然是20公里关沟段最出景的地方，植被茂盛，地形复杂，长谷密林，曲水流莹，静看千古名胜居庸叠翠，也是最佳之处，站在城头上，翠岭千叠、列峰耸碧，非常壮观，服务设施，除没有住宿的地方以外，样样齐全。关城外长城博物馆规模很大，还有全周影院，放映时，如站在飞行器上，穿越时空，身临其境地观赏古今万里长城。关城内的青龙桥火车站，屹立着詹天佑铜像，他承担了当时各资本主义国家均不敢承担的设计工程，解决了京包铁路南口至青龙桥段火车难于上行的难题，创造了铁路设计史上的奇迹。"居庸外镇"前，有一块"望京石"，传说是慈禧太后西逃时立石回首望京之处，也传说是明武宗戏弄的李凤姐，进京不能，立石望京之石。关沟72景，八达岭处，名景甚多，许多景观至今仍能寻到。城外的岔道城是明屯军之所，也是古驿站之一，岔道城的土边城，在村北的山包上向上盘旋，不知所终，当地传说更让它扑朔迷离，说长城是修在这里的，沿土城走下去，可以和怀柔的长城连上，而八达岭长城走走就断了，是秃尾巴边（城墙）。这怨古人把长城在大山里修成了迷魂阵。请教文物部门的专家会告诉你，这土边是明代的边墙，分南北两边。《嘉庆隆庆志》在告诉你南北两土边的起始点与各自的走向与终结点之后，又撩出一趣味横生的传说：南边所经之晾马山顶有晾马台，高而且平，唐将薛丁山驻守涵江城（永宁）与妻樊梨花经常在此晾马，南边终结点的火药山上壮观雄伟独特的双层九眼楼，樊梨花于此做过火药，做过火药的碾盘至今尚存。曾有人在九眼楼下发现过金锅。还有一个传说是唐秦英扫北，先锋罗章与守"对松关"的女将洪月娥相爱，有一段不亚于薛丁山樊梨花的浪漫故事，而对松关就是距火药山不很远的海子口。

　　岔道城推出"农家乐"，看土边，睡火炕，吃铁锅大餐；神往土边奥秘，与村里人侃侃大山，是不错的享受。有空驱车去土边经过的柳沟，全家人品一回当地的豆腐宴，那就美得不能再美了。柳沟豆腐宴是至上的美味！

雄莫雄过居庸关

　　居庸关长城地处40里关沟的中段，现属于昌平区管辖。它也是民国时就开放

旅游大百科

的景区。1997 年底，经过修复，再现了明代昌盛时期的风貌，堪称长城军事文化内涵最为丰富的博物馆。如今的居庸关南北关门城楼上悬挂着的一块"天下第一雄关"的匾，是经过罗哲文等文物专家严格考证后挂出的。康熙年间，一位随军"记者"目睹过"天下第一雄关"匾，并记了下来。此匾道出了居庸关之魂。它坐落在大峡谷里，扼喉踞险，城楼高出山海关、嘉峪关，关城向两翼展开，如一只振翅于险峡深谷中的苍鹰。盘山跨谷的关城城墙，长达 4000 多米，险要处，坡度达 70°，很难攀爬，城台上有十字脊炮楼，瓮城环护，水门三空，衙署、仓储、神机库、铺房、敌台、烽火台齐备，还有众多的神庙、牌坊、亭榭及书院一座。泮宫没有修复，原泮宫石坊完整地耸立在南关门外，云台东北侧依居庸古道新建了一座四合院式的院套院、巷连巷的居庸古客栈。

居庸关保存最古远的古迹是云台，那是全国不多见的元代石雕艺术精品，券门洞结构奇特，门首浮雕和券门两壁券顶上的千佛、坐佛、金刚栩栩如生，壁上的 6 民族文字并书的经文是全国唯一的，洞中石板路车痕深深，印记着曾经的繁荣。居庸关与历代王朝的兴衰息息相关，它是金、元、明改朝换代的锁孔，谁打开了它，谁就成为几十公里外金銮殿上的主人，战争在这里极为惨烈，固守者有的用沸铁水浇铸城门，沿关沟铺设铁蒺藜。日常里，皇帝出塞大都过此关，忽必烈在虎峪建有行宫，元顺帝将行宫迁至关城内，寺庙行宫合而为一规模宏大，明清两代皇帝的御辇护从车马轰轰隆隆，过此关时前后达几十里。和平时期，它是中原、北京与塞外各民族商贸往来的重镇，商贾云集，店铺林立。关门北城楼的城墙，保留了历代修葺的砖石，直观上说是各代筑城用材博览墙，往深层说，它就是一堵王朝更迭的纪事墙。辽、金、元、明各代的城砖都有。

居庸关从南口到八达岭，共四道关城，依次为南口关、关城、上关、八达岭关。岔道城虽近在咫尺，但为宣府管辖，东门外有分界碑。长城是依北魏、北齐的长城复建的，应是南北并行的两道长城，谷内关多（除关而外还有隘口），因此称 40 里关沟。两侧险峰列峙，一水中流，景色秀丽，古迹众多，俗有关沟 72 景之说。明时，推出居庸八景玉关天堑、叠翠联峰、石阁云台、虎峪晓岚、驼山香雾等等。八景大部分依在，至少有残景可寻，个别的已彻底淹没在历史烟尘中了。金章宗钦定的燕京八景之"居庸叠翠"，至今魅力不减当年，只是如何阅读居庸叠翠历代都有争议。

雄姿百秀慕田峪

因为慕田峪城防设施保留的比较完整，为解决八达岭游客拥堵的问题，作为分流措施，上世纪80年代末90年代初开发了此景区。它在怀柔境内，距京城70余公里，以秀著称。春天花色最多，杏花、桃花、山丹花等漫山遍谷，山上的果木品种多，花开时群芳争艳。秀的只是开放区那一片，到西北"牛犄角边"就险峻奇危了，两侧如刀削的山峰，名箭扣，过了箭扣，跃上高峰，当地人叫鹰飞倒仰，意思是雄鹰飞到这儿都要撞个仰面朝天。"箭扣"作为"野"长城，是热衷于"穿越"的"驴友"们最喜爱的游览探险点之一，长城从悬崖上通过，敌楼修在崖壁上的视觉效果不用想也知道。慕田峪一段长城中腰三道长城汇聚一处，其中一道是秀尾巴边，延伸不远就中断了。有碑记载了原因，督建的将军被砍了头。传说，这是一起冤案，将军是戚继光的部下，兵部索贿，他不给，就罗织罪名把他杀了，一年后平反。此处还有传说：初建时，有人通敌，被发现后，内奸被处死，用他们的尸体砌了墙，三人三墙，墙是正关城楼的楼墙。此城楼奇特，三楼并峙，楼楼相连，也就是说三墙三楼，外部则看不出来，是一体的，整座城楼凹在山窝里，远看，却是在山巅的雄伟之处，外侧有瓮城。穿越城门的古道已废弃，城内的古道已成历史之谜，因为现在看，它是一条坡度很大的碎石幽谷。慕田峪长城的设置很讲究：双面垛口，防腹背受敌，内外支城与主城墙高低不一，可形成三层交叉火力，支城与主城之间的夹角，形成相互照应的防御线。敌楼全骑着城墙，都是空心楼，里面的结构却大不相同，有品字形的，有回字形的，有田字形的，还有井字形的，楼门的形制装饰，楼内楼梯的设置也不一样。骑楼高耸于城墙之上的，楼下是实心的，楼门在马道上，有阶梯通之；敌楼设在城墙里的，要从马道下台阶，下到阶底的凹槽，城墙设小门出入，楼门则依城的走向在楼两侧开设，楼顶基本与马道平齐或略高一些，顶上建铺房。

慕田峪水好，周围多泉，泉水清凉甘洌，适宜虹鳟鱼生长，更宜饮用。

文化名镇古北口

在明代，古北口的战略地位和居庸关是一样的，既是通往东北、内蒙古的交通孔道，又是京师的重要门户，围潮河峡谷的山上尽是长城，低岭上的叫蟠龙，高岭上的叫卧虎，蟠龙卧虎隔河相对，铁岭关和水关居东北紧锁咽喉。但这里的长城不是明代才有的，北齐长城至今犹存。而古北口的历史则可追溯到两千多年以前，文化积淀甚为深厚。

古北口有三宝：长城、潮河、古城堡。古北口有两多：庙多、少数民族多。因战争的频仍，追随驻军而发展起的商贸，使这里成为移民城镇，居民中至少十几个民族。民族多，信仰多，庙就多，小小的古镇，历史上曾有过的古庙至少七八十座。这里自清以来还是御道，皇上承德避暑、木兰秋围都要打这里经过，过时也都要在古北口小住几日，因此这里有皇帝的行宫。庙里的戏台也多，戏曲事业相当繁荣。移民文化、商业文化、御路文化丰富多彩、绚丽缤纷，有些还显得很奇特，如"漏八分"，即称名道姓用成语，成语只说八分留二分，留下的二分正是姓，彼此心照不宣，习以为俗，见面打招呼，知道你姓贾，就叫你"丢盔卸"，丢盔卸甲省掉甲字，那甲是贾的谐音。若叫占山为，那肯定姓王，说全了是占山为王。如此类推，吉星高（赵）、高高在（尚）、一青二（白）……别处的人听着别扭，当地人一听就知。还有日常的交流，也用漏八分，一连串成语，约定俗成的四字语全部减一字，说出来的话，别人听着像天书，当地人马上就懂了，一点也不会误会，跟文绉绉的黑话似的，也像用话语说出的密电码。

古北口如今是休闲度假的好地方，潮河又宽又清亮，青山夹岸，绿柳成行，清晨翠鸟啾啾，傍晚霞染山楼，阡陌小径绿意悠悠，古庙城堡苍凉话旧。农家饭做得地道，百年老屋、农家庭院意趣盎然。

最中之最司马台

罗哲文言：中国长城是世界之最，而司马台又堪称中国长城之最。

从直观的感觉来说，司马台长城最突出的则是一个险字。过去险，至今仍险，而且比过去还险。

喜欢冒险的外国人最喜欢司马台长城，驴族也特别喜欢与司马台长城亲昵，冰雪天里登城差点要了命，回家战栗了一宿，还是想去，特别是一些女孩子。

司马台长城是古北口长城的一部分，最险的是口门东段，城修在绝壁顶梁上，两侧是悬崖，从上往下走还行，从下往上走，不但脚酸腿麻膝盖疼，还时时战战兢兢。敌楼造型是千变万化的，有方形楼、扁形楼、圆形楼，高低不等，距离近，密度大，楼楼设有不同数量的窗孔，最少为一眼楼，最多的为 6 眼楼，眼多楼就大，内部结构奇特，平顶、船篷顶、四角顶、六角攒尖顶、八角藻井穹隆顶，名字起得也亮堂：黑楼、花楼、大金楼、小金楼、将军楼、库房楼、老虎岭楼、仙女楼、望京楼等等。

未修复前，司马台的单边是让人心惊肉跳的，一般没胆子走，修整后，依然因墙而心惊肉跳。仙女楼西侧的"天梯"，窄窄的呈大斜角直上峰顶。现在天梯口已被铁链锁住，禁止攀爬。高高的峰顶上是望京楼，一般游人是无缘亲近了。而仙女楼下的马道也并非不险，嵯岈巨石横在马道上，不下阶绕道就无法再向前。司马台的城墙高低宽窄不一，因地制宜，就地取材。有条石做基的，青砖包砌中间码石块；有的用山石垒砌，灰浆抹缝；单墙密布射击孔，双层墙、宽墙上除了射击孔，还设有通风孔、瞭望孔、暗道暗门。

司马台是托举着长城的山巅，站在停车场处仰望，如狼牙巨齿。不过它也有秀丽之处，城墙跨谷卧涧的地方，涧北是一片碧湖。上山是建了索道的，索道缆车不到顶，只到山腰，下缆车后还有一级坡度很大的轨道车，把载人的车用钢缆拉上去。虽依然没有拉到顶端，还有一段山路要爬，但体力的支出是大大缩减了，不尽人意的是登险的乐趣也减淡了。所以喜欢登高涉险的年轻人是不坐缆车的，不到长城非好汉，在这里体现的是最贴切，天梯封道前能登到望京楼者，由衷的感觉自己是英雄。望京楼，海拔高度 986 米，绝对高差绝对让你觉得是在攀云峰了，登高望远，灵山之姿、叠山之秀、雄关之美、湖光之媚，尽皆在目；有胆的夜望古城灯火，又是一种奇丽在目中。

白河湾长城引发世界公案

白河和潮河是分别入密云水库的水系，出水库后汇合为潮白河。白河发源于河北沽源县，于白河堡进入延庆县境后，流经怀柔青石岭进入密云县，沿途有黑河、汤河、白马关河汇入。白河畔密云县段的公路和山巅上的长城，引起了一段世人皆知的公案。说美国人宣称，在卫星上能看到的地球上的人文景观，一是埃及的金字塔，一是中国的万里长城。这成了中国人的骄傲，以后几乎所有的书刊提及长城时都会引用美国人的这个说法。中国神五上太空后，宇航员说，在人造卫星上看地球上的人文景观根本没有可能，美国人的说法是谎言。神话戳破了，国人虽然心痛，但也都接受了。美国人不干了，拿出了卫星拍摄的照片来中国对照着寻找，经认证，人们发现照片拍摄的是白河湾，白河湾随山而弯，河湾上还有两弯，一弯是路弯，一弯是长城弯。此段的白河湾确是长城弯那是没有疑义的，白河湾畔有石塘路、鹿皮关、白马关、神堂峪等长城景点。

进出北京段长城

居庸关、八达岭：北京德胜门有发往延庆方向的公交车，可到居庸关和八达岭。还有发往居庸关、八达岭的旅游专线车，发车的地点，分别为前门东、宣武门东北角、航天桥、公主坟、军事博物馆、东大桥、崇文门、动物园对面、西直门西北、苹果园（328总站）、颐和园、五道口。

北京北（西直门）火车站有发往沙城方向的列车，到居庸关在居庸关站下，到八达岭在青龙桥站下。

慕田峪：发往慕田峪的旅游专线车，发车地点为东四十条、航天桥、公主坟、和平街北口（桥下）。以上只有周六、周日、法定节假日有车。宣武门东北角每日发车。

或从东直门外乘公交车到怀柔，由怀柔再找机动车过去。

司马台：到司马台，每逢周六、周日、法定节假日，在和平街北口、东四十条（豁口）、宣武门、航天桥、公主坟有旅游专线车。

古北口：1. 从东直门乘公交车到密云汽车站，转乘到古北口的中巴，在古北口隧道下车。

2. 乘承德、滦平、围场、丰宁方向的长途车至古北口隧道在北口收费站下车。

3. 从北京北（西直门）站、北京东站乘火车到古北口站，下车后转乘当地旅游车，步行也没几步路了。

食宿：居庸关有居庸关古客栈，提供食宿。屏翠山南侧翠屏湖畔的九仙居创新菜京锅甲鱼非常有特色，那是用甲鱼柴鸡熬的汁，肉沫酸豆角和米饭合成的。九仙居提供农家宴，以自种的时令鲜蔬为主。湖里养着鱼，清蒸鱼头、烤金鳟，风味不错，油面搓窝子、手撕饼、榆面压饸饹都是游客喜食的传统农家饭。

八达岭长城管理区内没有为游客提供的住宿设施，但一公里之外的岔道城却遍街全是家庭旅馆，住农家院，吃农家菜，很有味道。城中铁锅菜由名厨打理，火锅豆腐宴既便宜又丰富，颇具地方特色。八达岭特区内的八达岭饭店既有品位又有档次，游八达岭长城的中外宾客一般都在那里就餐。

慕田峪长城：若住宿，一般选择怀柔城区。苦杏仁是慕田峪餐桌上的特色菜。

古北口、司马台：古北口推农家乐。过去皇帝的行宫复建后为游客提供食宿，环境幽雅，古建、假山、碧池、花木散布周围，条件不错。

线路提示

万里长城在北京地区约有 629 公里。留存最早的长城遗址是燕长城，明以前的长城有北魏、北齐、金代、元代长城，长度达 73 公里。长城墙体保存完整无损的累计长度是 67 公里，基本完整的 56 公里，中等的 116 公里，其余则是坏的、最坏的。

从山海关方向过来的长城，在河北兴隆和天津蓟县与平谷交界处进入北京，连接点在将军关附近。长城分布在平谷、密云、怀柔、昌平、延庆和门头沟的山区，是个半环形，但走向曲折复杂，结构也复杂，在北线的长城，处于地势平坦地带的，主墙北侧还有三四条与主墙平行的障墙，间距有的达 50 米，有的只有 20 米。

以家庭为单位的旅游者，是不可能游遍北京段长城的，长城被破坏得很严重，人为的破坏大，自然的破坏力更大，游，也只能是神游了，实地能游的，是上述开发为旅游区的那些长城点，主要有：八达岭长城、居庸关、慕田峪长城、司马台长城、古北口长城。

外地的旅游者，初到北京来的一般家庭，游长城宜在八达岭和居庸关两者之间做一个选择。各有利弊。八达岭的优势是，知名度最高，长城保存得比较完好，又经多年不断的修缮，长城景观基本再现了历史风貌。从历史的概念上说，八达岭长城只是居庸关的一部分。但现在，我们说居庸关长城，只是说关城部分，概念上已把八达岭分离出去了。居庸关长城的优势是，它是万里长城线上最雄伟最壮观、军事设施和配套设施最齐备的关城，攀爬难度大，游览内容丰富，视觉效果更好。为什么两选一？因为它们离得太近。参加旅游团，要么是八达岭，要么是居庸关，买线时，就已给区分开了，已别无选择。自助游的家庭，坐车到居庸关，游完已是下午了，再去八达岭，八达岭肯定玩不好，主要是长城景观有重复，心理容易失衡。

对长城文化特别感兴趣的家庭，可以考虑安排居庸关、八达岭长城一日游或两日游。一日游的方法是先到八达岭，早去早登城，在八达岭再看一场全周影院的电影，放映时间15分钟，然后回程到居庸关，游览时间可长可短，午餐安排在居庸关九仙居，那里是可以一边用餐一边看景的。这样安排的目的，也是为了回京城方便。一般游客都住在城里，坐公交车也好，坐火车也好，时间把握住，为不致误了回程，在居庸关未必要登城了，登城，时间是太过紧张了，哪怕只登翠屏山长城，粗走也得两个多小时，细走得三四个小时。只在南关楼附近转，看云台，看南关楼，看水关，看长短亭。

八达岭居庸关2日游，就在居庸关住下来。八达岭可以游得细一点，多爬几座楼，长城博物馆参观参观，全周影院看场长城电影，落日前赶到居庸关就成。在居庸关古客栈住宿的感觉非常好，客栈内有夜间娱乐项目，保龄球、沙球、游泳、乒乓球什么的，还可到室外看星月下的居庸关古关城，静谧中颇有诗情画意。第二天一早起来，吃过早饭，细细地游遍居庸关，特别是在金柜山考验一下自己的体力。老年人、孩子、体胖的人登起来很吃力，实在登不上去，登一段体验体验也没什么人笑话，现在争当好汉的人并不多。

想分期游八达岭、居庸关也是不错的。头次来京只游八达岭或居庸关，下次来京，换换口味。

北京开放的几个长城景区各有特色。八达岭雄，慕田峪秀，司马台险，古北口民俗别具一格。

游慕田峪，坐缆车或走山道上城都可以。秋季那里的景色最美，植被茂密果树繁多。要看花春末夏初。游城最好走到正关楼。游用不了一天，最多大半天，但时间安排得一天，当天赶回城里。怀柔的景点非常多，风景秀丽，若想在怀柔安排个二日游三日游就在怀柔城里住下来。除了慕田峪，其他的景点差不多都有公交车可达。青龙峡、神堂峪、雁栖谷、雁栖湖都可以考虑。青龙峡也是长城点，但水景好，一面绝壁高崖，一面缓坡长城，之间幽潭碧水，向里走是水库。

司马台长城和古北口安排在一起比较好。当晚住在古北口，背包旅游家庭坐火车过去，下了火车就看到卧虎岭长城了。下坡走到河西村，住下来，感受感受野味儿的古北口，进几座庙看一看，登登齐长城，第二天再上司马台，由司马台回京。也就是说，安排2日游。

如果是自驾车，建议走一走白河峡谷。白河峡谷线风景是很美的，峡谷险峻，但道路平坦，弯多而已，下游最壮观的是天仙瀑附近的京东第一湾。长城在山上，轻易不要去爬。美国宇航员在太空上愣能拍下白河湾白河峡谷的照片很让人匪夷所思。沿峡谷间的路可一直走到延庆，密云延庆可观可看的景点十几处，车开到延庆境内，硅化木国家地质公园内的地质地貌景观既神奇又漂亮。

这条线，秋天去最好，色彩绚丽。

山西段长城游览区

雁雀难度的雁门关

雁门关与宁武、偏头两关并称为外三关。

这是北宋名将杨业以数千骑兵击败辽十万大军的地方，也是唐朝大将薛仁贵，汉代名将霍去病、卫青、李广，秦朝大将蒙恬，赵国大将李牧立过赫赫战功的地方。不过，他们踞守过的雁门关，不是我们现在看到的雁门关。现存的雁门关，是明洪武七年（公元 1374 年）建的，以后不断修筑，到万历三十三年（公元 1605 年）成现在的规模。元代以前的雁门关在句注陉山巅上的铁裹岭，那里道路崎岖难行。秦汉以前的雁门关则在今高阳县北的雁门山的阳和口，古代雁门水的发源地，那里是天然之险，两峰对峙，雁都难以飞过。

句注陉水险，陉也险，而且长，通道有两条，一条在山巅，一条在山涧中。山涧中的较为好走。同是句注陉，明雁门关筑在了代县西北 20 公里的山涧通道上。尽管如此，它仍是峰峦错耸、峭壑阴森之地，被人称为"三关冲要无双地，九塞尊崇第一关。"关城石墙高 7 丈，门三重，石门洞匾额上有"天险""地利"字样。

雁门关已是残破的关城，雁楼和城门洞保存尚好，其余大都是群山中的残墙废墟，原有的靖边寺、校场营房更是凋零荒芜。

重重边墙偏头关

偏头关是外三关中最西的一道关，它东衔管涔山西临偏关河，辖边墙四道。第一道在关北 60 公里处，东接平鲁县崖头墩界，西抵黄河，长 150 公里。第二道关在关北 30 公里处，西抵黄河岸老牛湾，南至河曲县石梯隘口，东达老营好汉山。

长城至此分为内外长城，外长城是山西和内蒙古的自然分界，内长城为忻州和朔州的分界。第三道关在关东北 15 公里处，第四道在关南 1 公里处。现在的偏头关长城是经过修复的。

重重关城关墙，说明偏头关在军事上的重要地位。出关过黄河就是内蒙古，这是明代防止蒙古族侵扰的第一道关隘，叫极边。有意思的是，偏头关既是晋北门户，又是晋北与蒙互市的商口，战争的烽烟一息，边禁就开，关城及周围的一些塞堡，被蒙汉两族用来做起生意，蒙古族人用大批的草原骏马换取汉人的丝棉织品、茶叶等物，互市开放之日，关城、堡塞将士披甲戴盔，列队城外，城楼之上，吹鼓角放礼炮，庆祝民族交往的盛会。

公主扬名娘子关

历史上的娘子军很多，唐高祖李渊的三女儿、李世民的妹妹平阳公主就是一支娘子军的头儿，她奉命率娘子军驻守的这座长城关隘，俗称娘子关，原名苇泽关，隋开皇时曾在这里设县。

娘子关位于平定县城东北 45 公里处，关内是山西，关外是河北，关城坐落在悬崖之上，桃河水环绕关城，山险沟深，形势险要。现存关城为明嘉靖二十一年（公元 1542 年）筑，有东南关门两座、城墙 650 米。东城门为外城门，门洞上镌刻"直隶娘子关"五字，城楼是新修复的，蔚为壮观。南城门为内城门，关楼上悬有"天下第九关"匾额，砖券门洞上方书"京畿藩屏"四个大字。关城内有真武阁、关帝庙，街道民宅保持着唐代风貌。石铺的古代车马道和关外的燕赵古道引人遐思。现代的柏油公路从关下通过，既感交通方便又觉大煞风景。

娘子关东门附近约 300 米处有飞瀑，悬空飞洒，溅玉喷珠，形成高达 30 米宽至 10 米的水帘，水雾弥漫，发出震耳之声。这是许多股泉水汇成的，瀑布旁的娘子关村中有大小"趵突泉"日夜不息喷吐水柱，清流穿村绕户，有点江南韵味，辟为"水上人家"景点，是娘子关旅游区的一大秀景。

进出山西段长城

代县雁门关：坐火车先到大同。北京、太原、呼和浩特、包头、银川、兰州等城市，都有列车直达。从大同开往代州的长途车，途径雁门关山口。大同至太原间的公路上行走的班车也都经过去雁门关的路口。路口距雁门关还有 4 公里。

偏头关：大同、朔州都有去偏头关的班车，从内蒙古到太原的班车也经过偏头关。

娘子关：乘列车可乘北京至阳泉的慢车，在娘子关站下。阳泉有发往娘子关的班车。

住宿：游雁门关最好住代县。雁门关没有什么住宿条件，真误了车离不开了可找农家，条件艰苦一点儿。偏头关汽车站附近有旅馆。

特产：代县的辣椒有名，是全国四大辣椒产地之一，品种多，以质细、色红、辣椒素丰富著称。传统食品代县麻片以片薄、质脆、香甜适口而深得游人的青睐。

线路提示

家庭游山西段的长城，要有几个条件：一是时间上比较宽裕；二是无论年少年老，身体状况要比较好；三是对长城和山西风情有特殊的兴趣。这三条都具备的，出游山西段长城，收获肯定大。

山西段长城和北京段长城一样是张错综复杂的军事防御网络，走向总体上有点像把张着口的大钳子，分外长城和内长城。外长城基本沿着山西和内蒙古的自然分界线，内长城北起偏关羊角山，经老营、阳方口、雁门关、平型关到灵丘县晋冀省界的狼牙口。黄河岸有一道长城边墙，称河边。北起偏关县老牛湾，沿黄河，经偏关、河曲到保德。从狼牙口到娘子关方向还有一道边墙，它经龙泉关长城岭、娘子关、固关、黄泽关沿太行山南下。

山西自古多战事，晋北是北方游牧民族和中原农耕民族战争的沙场。为防侵扰，长城修得早，修得坚固，维护的也勤，秦统一后连接修筑的万里长城，这里是主要城段，明洪武二十三年后又大修、加固、扩充、强化，形成了最为复杂的防御体系，直到清代才渐渐颓败下来，可战争仍持续不断。

在长城山西段上，最著名的是外三关——偏头、宁武、雁门。平型关因抗日战争中平型关大捷——八路军歼灭日本侵略军板垣师团三千多人而著名。娘子关因唐代李世民之妹平阳公主率娘子军镇守而响亮。

偏头关重修过门楼，门楼赫然入目，其崇丽宏伟与小小的县城很不成比例，门楼两侧残墙兀立，一条宽不过 10 米的大街，店铺林立，分外热闹，北段钟鼓楼残破得让人顿生沧桑之感。偏头关的老牛湾更是值得一走，华林堡段黄河岸边砖砌边墙高耸河岸，长约 15 华里，墙下古堡人家，老屋旧俗，民风淳朴。湾角黄河，陡直弯曲的河岸，不清不浊的河水，此岸把着山角的孤零零的敌楼，彼岸的雄卧河漠的残城，淡泊宁静的画面让浮躁的心沉淀。美术家、摄影发烧友爱到这里来写生拍照，驴友们爱听偶尔传来的一两声酸曲，注入万家寨水库的碧蓝色河水，清丽得让所有人动心，不敢相信这里是黄河。沿分割了陕、晋、蒙域界的几字形大弯走下来，感受到的该是怎样的表里山河！

如果不是执拗，偏头关不宜偕老带幼走访。宁武关更不宜，雄势依在，城垣已颓，凤凰城的传说放射的就是不要对观城抱有过多期待的信息，城是凤凰，说来就来，说走就走，来时雄城一座，走时瞬间化城为野。

在外三关中，雁门关算是保存的较好的一处吧，城楼是重修的，三个城门洞是旧时的骨脉，关城内石路上兵车辎重轧出的印痕和城墙上的累累伤痕在无言地讲述着过去的故事，史上有载的大小一百几十次战事能够寻迹的仅有纪念战国时赵国守关名将李牧的一通碑和纪念宋朝名将杨业的杨令公祠。秦朝大将蒙恬、汉高祖刘邦、汉朝名将卫青、霍去病、李广都曾在雁门关据险抗敌（匈奴），唐朝大将薛仁贵也在此抵御过突厥人的入侵，他们的踪影只有在时空穿梭机发明出来之后才能寻觅，那将是奢华但绝对有刺激力的旅行。

要游雁门关，只有在游代州时顺便了。代州是历史文化名城，文物古迹众多。位于县城十字街的边靖楼，城东大街路北的代州衙署、文昌祠，西南街的文庙，尤其是枣林镇鹿蹄涧村的杨忠武祠，都是很有价值的古建。代县明清街也饶有特色。

陕甘段长城游览区

长城带来的城市——榆林

榆林是陕北最北的城市之一，它在陕北长城线上。

陕西是狭长的，分三个地形区，北部是高原，中部是盆地，南部是山地。陕北高原北部的长城一线是毛乌素沙漠的一部分，沙漠和风造就了贯通神木、榆林、横山、靖边、定边等城市以北的长约 240 公里、宽约 120 公里的风沙滩。而从神木、榆林到定边的这条线正是陕北长城线。到榆林去旅游，体验的是长城边的大漠风情。

榆林原只是一个小村庄，战国时期的魏国和以后的隋朝都在这里建过长城。明朝对长城修补扩展达到了顶峰，把一个小村庄彻底变成了城市，原因是负责陕北防务的军事指挥机关在绥德，遇到北部骑兵的骚扰，常常救援不及，兴师空返，人家是游击战，抢了就跑，指挥机关和驻军不得不迁到长城边上来。

明代，榆林城的墩台多，长城烽火台也多，烽火台达1700余座。10个烽火台组成一个战斗单位，实施虚实结合的战法，遇敌来犯，全部烽火台都点燃烽火，让敌摸不清哪个是实哪个是虚。敌人攻的是虚台，乱放了一通箭，一无所获；攻的是实台，就会受到出其不意的反击，造成重创。榆林城北部5公里外的红山顶的镇北台是制高点上的一座台，是陕西的长城遗址最有气势最完整的军事设施。台为正方形，4层，由下而上逐层递减，一层比一层小，一层比一层高，每层都是用青砖包砌的，每层的围墙都砌了城堞垛口，这样的敌台在万里长城线上是很有自己的风格特点的，堪称一景。站在最高处，大漠雄城长沙落日的壮观景象尽收眼底。榆林北部的红山不是等闲之处，"山皆红石，环列若屏障，落日照之如霞起。"镇北台在霞石上，这会唤起多么浪漫的想象！榆溪河从镇北台之西由北而南穿越红石峡。红石峡红石壁立，榆溪河水流湍急，红崖雪浪，景色雄奇。这里是榆林八景之一的"红山夕照"中最迷人之处。红石峡崖东的北段，有十余孔石窟，本是西夏两个国王的陵墓，后称雄山寺。寺内上有天门，下有地门，洞窟内有不少图案花纹和题词墨迹。其中一孔的藻井是西夏国留下来的唯一浮雕作品，三圈图案，最里圈是八卦图，中间一圈是牡丹、向日葵、菊花，最外一圈是马牛羊鸡鸭鹿。这样的图案组合，别开生面。红石峡东西石壁上题刻密布，大者一字6米，小者如拳，书体丰富多样，虽经历代破坏，至今留存的仍有70多块，最引人注目的是"壮丽山河""雄镇三崇""三山拱翠""还我河山"。题刻标明了这里历代都是塞上有名的风景区。

明代雄城嘉峪关

从甘肃省会兰州出发，过乌鞘岭，沿河西走廊，在戈壁滩上向西北方向行驶，沿途一是总觉得自己看到了海市蜃楼，一是时不时地与长城遭遇。甘肃地面上多汉长城，说不上雄伟壮丽，就是长长的土墙。汉长城能保留到这种程度，很属不易了。山丹县有一段经修整了的汉长城，可以登到城楼上，举目望祁连山，望隋炀帝曾经的养马场。坐在城脚的土坯房里吃西瓜，比在哪儿吃西瓜都甜，一路荒凉凄怆的感觉太强烈了，红红的西瓜汁简直就是圣水、神汁儿。

嘉峪关是明长城西部的尽头。嘉峪关给人印象最深刻的不是关城而是长城第一墩儿。万里长城西部起点的第一个墩台（烽火台）紧傍着一道悬崖，崖壁齐切，陡直如立起的刀壁，俯首看，深有千仞，崖底是大河，河名讨赖。讨赖河水夺目地蓝，河滩刺眼的白，东西流向，河床宽阔，大铺大展的样子，涌动的却不是河水。河水像凝冻在那里的蓝宝石似的，带状的无比宽阔的长无际涯的蓝宝石啊！白色的戈壁沙岸在动，人的心在动，滚动成奔腾不息的河。距崖下之河不远处就是祁连山。那是望之晕眩、惊心动魄、美轮美奂的一道景。若运气好，夕阳西下，又是逢雨后的夕阳，丽日霞辉，古墩、残城的壮美画卷会令你终生难忘。

关城在 15 公里宽的戈壁峡谷中段，距市区 6 公里，土黄色，崇楼巍峙。关城由外城、瓮城、内城构成，内城东门外广场两侧有庙和戏台，建筑不是遗迹也是遗迹，土色斑驳中人们只相信岁月才会有那种创造力。关城墙高 10 米多，关楼在城台又拔出 17 米，那是不可能不崇伟雄丽的高度。楼额悬"天下雄关"匾。曾有左宗棠书的"天下第一雄关"匾，被军阀马仲英掳去当柴火烧了。关城内有燕鸣墙，在东西二楼的北墙脚下，击石有啾啾声发出，传说是恩爱的一对燕子栖居于此，一燕外出，回来时关门已闭，它飞不进来，惊慌中触墙而死。啾啾声是活着的那只燕子思念爱侣发出的声音。传说喻关城之高之坚，也是民间对奇特的声学现象的一种解释吧。

嘉峪关地还有悬壁长城可以观赏，在市区以北 8 公里处，城长 750 米，其中一段 230 余米的墙体在高 150 余米倾斜度 45°角的山脊上，呈凌飞之势，望之很是惊心了。

黑山壁画在关西北 20 公里的黑山陡崖上，岩黑紫色，浮雕刻石人物和生活场面，内容有狩猎、祭祀、骑射、操练、舞蹈等，其中有走兽飞禽虫鱼等物，因为未发现金属刀矛等器物，也无农耕迹象，当是游牧民族的创作。

汉族的壁画创作到嘉峪关东北 20 公里新城戈壁滩上去看，1400 余座古墓群分布在石子堆下，开放的数座墓室中砖画内容丰富，是墓主人生前豪华生活场景的生动白描。

进出陕甘段长城

榆林：榆林西沙机场距市区 2 公里。榆林通火车，铁路直达西安，全国各地均可通过西安抵达榆林。西安康都汽车站有直达榆林的班车，行程 12 个小时左右。从延安乘班车到榆林需 5 个小时左右。到榆林长城即镇北台可乘公交车前往。

嘉峪关：嘉峪关机场位于市北 7 公里，开通了北京、上海、西安、广州与乌鲁木齐等城市的航线。嘉峪关火车站距市中心 5 公里。从西安、兰州乘火车可抵嘉峪关，下车后乘公交车可抵达市区。嘉峪关汽车站在胜利路，每日有近百辆车往返省内各市县。市内公交车大都是中巴。

嘉峪关长城位于嘉峪关市嘉峪关乡。所有长城点都需要包车或租车前往。

住宿：陕西榆林市有三星级宾馆东洲世纪大酒店、龙洋大酒店等，榆林宾馆在湖滨南路 4 号。

甘肃嘉峪关市酒店三星级的有嘉峪关酒店，二星级的有铁道宾馆、雄关宾馆。

风味美食：榆林有榆林豆腐、定边羊羔肉、手抓羊肉、炉馍馍、炸豆奶、羊杂碎、砂锅扁食等。

嘉峪关的小吃非常有特色，如糊锅面筋、炮仗面、搓鱼面。特色菜有雪山驼掌、驼蹄羹、油爆驼峰等等。嘉峪关的活鱼做得极有特色，菜端上桌来时，鱼嘴一张一合地吓人，把鱼肉吃完了，只剩骨头了，鱼嘴还在大喘气，更吓人。问什么原因，皆缄口不语。

特产：榆林的特产有洋芋、辣椒、红皮圆葱。嘉峪关的特产有发菜、驼毛、驼绒画、嘉峪关石砚台、祁连玉雕等。酒泉的夜光杯，在嘉峪关也能买到。

线路提示

在榆林，得感谢榆林的 3 路公交车，坐这趟车能到不少旅游点，尤其是长城点，镇北台、残长城、红石峡、沙地植物园都可以到。在榆林游长城，一是方便，二是内容不会单调。明长城太荒凉，已经成了土边，有镇北台这样的在其他长城段难以见到的既是用于瞭望敌情又是用于防御的特殊堡垒也就可以了。

在榆林市，还有一处与长城有关联的景区，是应该去一趟的，那就是神木市的二郎山。二郎山距神木市只 1 公里，俗称西山，窟野河、兔沟河在此汇流，古长城在此穿越，一千多米长的山脊上，有一道建筑的"长城"：八仙洞、地藏洞、浩然亭、二郎庙、关帝庙、诸神庙、三教殿、祖师庙、祖师阁、娘娘庙沿脊就势一字儿排开，与山下的公路、河道呈川字形绵延伸展，气势非凡，而且高低错落，跌宕起伏，极有韵律感。从榆林过去不能说不方便，榆林市到神木市有班车，从神木市城租车到二郎山也就是起步价内的事儿，阶梯步道一直修到山脊上。要逛，也是一天的游程。神木市城东 1 公里的东山有凿于明万历十七年（公元 1589 年）的石窟，石窟中的观音殿万佛洞保存较好，彩绘的壁画、浮雕的藻井颇有艺术观赏价值，依山筑阁，背崖起殿、层次错落的壮美很是赏心悦目。与东山石窟距离不远还有凯歌楼。在神木市安排 2 天的行程也是可以的。若非自驾车的话，榆林长城游总体上应有 4 天的旅程。既然到了榆林，榆林市区的古建也是应看一看的，如榆林城墙、万佛楼、戴兴寺、新明楼、钟楼、青云寺。

对长城建筑设施有特殊兴趣的，还应去一趟衡山县的波罗堡，那是明长城的一处要塞，城高 9 米，有 4 门，堡城内有凌霄塔、接引寺等古建筑。因为比较孤立，若没有车一般家庭游客可不考虑。

对家庭游客来说游嘉峪关，包辆车是有必要的。城区距嘉峪关关城 6 公里，距悬壁长城 8 公里，距长城第一墩 7 公里。3 个旅游点在一条线上，南北 15 公里，交通并不方便。包车就很自如了，而且这 3 个点是必去的。别瞧长城第一墩已风化成一个土垛子，那毕竟是明长城在西部的第一座烽火台，地貌景观也奇特壮观。

在嘉峪关市，非只有看长城。它还有两处比较吸引人的地方，一处是新城魏晋壁画墓，可以坐车去，从嘉峪关发往酒泉的客车能到那里。游此墓有两个办法：一是，游完嘉峪关（一天时间足够了），奔酒泉旅游时顺路游，游完再拦路搭奔酒泉的车；二是，把在嘉峪关的时间分割成 2 天，一天游长城第一墩和魏晋壁画墓，包车走，第二天游嘉峪关关城和悬壁长城，也是包车。

游长城第一墩时要注意，小孩和老人千万不要靠近悬崖，以免心慌失足。小孩可以让他（她）在戈壁上捡捡石子玩，戈壁上的石子是很漂亮的。

嘉峪关市还有一处胜景，就是"离城市最近的冰川"——七一冰川。那里海拔在四五千米，夏天去也要穿长袖衣裤，墨镜、防晒霜、登山鞋这些都是不能少的。它适合年轻夫妇，中年夫妇也问题不大，孩子和老人就免了吧，以免发生不测，手忙脚乱。

前尘禁地内的神秘世界——皇家宫苑文化之旅

我们和任何一位皇帝之间的距离都很遥远，只有和皇家遗存下来的宫殿、园林、坛庙的距离才是零。它们近在我们身边，近在我们眼前，并且是我们生活的一部分。掏钱买了门票，只要符合规定，想怎么逛就怎么逛，想怎么欣赏就怎么欣赏。在游逛和欣赏中，我们会有一个发现，我们和任何一位皇帝之间的距离也可以变为零，逛皇家宫苑是一条走向遥远走向历史的通道，在这条通道里，时间可以借助知识和联想，把距离骤然缩减。也许我们还会有一种发现：不少属于皇帝和皇权时代的东西并没有远离我们而去，不仅留在我们的生活中，还留在我们的思想里、习俗里……

北京故宫

北京明清故宫是人世间的奇迹，辉煌的故宫自身就是一个奇迹。站在景山万春亭上向南眺望故宫，我们看到的是金浪排空的黄金海，是气象森严气势磅礴的黄金海，被红墙托举映衬着的黄金脊瓦铺天盖地、鳞次栉比，宫殿群错落交叠，金明闪亮。若能坐着直升机沿着北京中轴线从南向北掠过来，俯眺之下，故宫的整体气象更是摄人心魄，而这样的鸟瞰，1977年国庆节前夕，经过特批有过一次，拍摄下的照片一经发表立即震惊轰动了世界。规模如此宏大，历经近6个世纪的风风雨雨保留得如此完好的木结构宫殿建筑群，在世界上，也唯有北京故宫了，这是它的又一个奇迹。

故宫是对昔日皇宫的习惯称呼，它的正名是北京故宫博物院，住着皇帝的时候叫紫禁城。北京紫禁城内曾住过24位皇帝。

免费的旅游带

从天安门到午门这是条欣赏价值很高，而且免费的旅游带。穿过天安门、端门

北京故宫

到午门门洞下的石板路是皇帝的御道，三门三楼都是按皇家的规制建造的，天安门、端门上皆面阔9间进深5间的重檐城楼，喻"九五，飞龙在天"之意。午门另类，凹字形，城台高大，正面是三座门，两侧拐角各开掖门一座，城台上覆崇楼5座，称五凤楼，左右两侧有钟亭和鼓亭，朝会时，皇帝起驾，两亭钟鼓齐鸣。凹字形东西城台上，各有连檐通脊廊坊13间，为雁翅楼，东西城台南端各建角亭一座，重檐四脊，中安鎏金紫铜宝顶。午门壮观、雄伟，午门的两厢在对峙中产生的威仪感是明显的，现在的游人站在午门广场上心态平和地欣赏高墙崇楼的壮美，是因为早已没了皇上和皇上的统治，但心里明白，这种建筑布局只为烘托一个主题：皇威浩荡。免不了想起戏里常听到的一句话：推出午门斩首。好像这里曾是皇帝的屠宰场，谈午门而色变。但皇帝真的会在这里杀人吗？有心的人注意到了天安门、端门、午门门洞的深浅高矮，也注意了广场的变化。从过去皇城的正门天安门到端门到午门，门洞是一一变小的，而广场却是在一一变大。

紫禁城，建筑语典上的神圣

进午门要买门票。午门之午，子午之午。午为南，子为北。午门就是南门，皇宫的南门。南为尊，北为卑，皇宫坐北朝南，皇帝面南，臣子面北。南门外是丁字广场，进了午门又一座广场，这座广场，比午门外的广场大多了，大得让人心理失衡，总觉得人都变矮了，变小了。广场上的建筑、广场四周的建筑除了身后的午门，也都矮小，因为远。是广场的空旷把建筑推远了。广场上的建筑是弯曲的内金水河上的五座等级分明的内金水桥。正面的太和门不是低矮的建筑，通高 23.8 米，按 3 米一层的楼来算也近 8 层楼了，可在这里，在广场上，什么都谦卑着，唯有天是最浩大的，天被建筑阿谀着，任什么都笼罩在天的威严里。只有临近了太和门站在太和门之下才又深感到这座宫殿大朝门的威仪，这是明代景泰年以前皇帝"御门听政"的地方，每日拂晓，文武百官要赶到这里来早朝，皇帝也要赶到这里接受朝拜和处理政务。过了太和门，又是一个大广场，比太和门前广场更大的广场，故宫内最大的广场，俗称的金銮殿就坐落在广场正北中心的位置。金銮殿是故宫最巍峨、最气派、最雄壮的大殿，也是我国，也是世界上最大的木结构宫殿，它的汉白玉基台高 8.13 米，殿通高 37.44 米，面阔 11 间，进深 5 间，重檐庑殿顶，顶覆黄色琉璃瓦。这是皇帝登极、宣布即位诏书、万寿节（皇帝生日）、皇帝大婚、册立皇后、宣战出征等等国家和皇帝私人的重大活动举行仪式的地方，建筑的所有设计和配置都突出着烘托着昭显着至高无上的皇权，它是皇权的象征。规制上是最高大的，殿顶形制是最高等级的，彩画形式、图案形式是最尊贵的。三层汉白玉基台，每层基台都有汉白玉石护栏，护栏望柱的装饰是云龙云凤，下面排水用的白石螭首共 1142 个，下雨时千龙吐水的壮观，别处不可能见到。大殿内，正中皇帝的宝座在 6 根金漆蟠龙大柱之间，宝座是镂空金漆楠木雕龙的，最好的木材，最精湛的工艺。宝座的上方是金漆蟠龙藻井，这还不够，它是架在有 7 级高阶的高台上的。君临天下，百官景仰。还有一点可能谁也没有想到，这个宝座的位置，是故宫中轴线的中心点，也即是北京老皇城中轴线的中心点，北京城中轴线的中心点。北京的中轴线，南到永定门，北至钟鼓楼，穿过紫禁城的前朝三大殿，后庭三大殿，贯通前门、天安门、端门、午门、太和门、乾清门、神武门……

紫禁城是明永乐十八年（公元 1420 年）底建成的，南北长 960 米，东西长 750 米，宫墙高 10 米。宫墙上窄下宽，底宽 8.62 米，里面是夯土，外包澄浆砖，四角立角楼。宫殿沿南北中轴线排列，两旁展开，左右对称，前朝后廷。主朝（也叫外朝）以太和、中和、保和三大殿为中心，文华、武英两殿为两翼。保和殿后身和乾清门之间有一个横着的长方形的广场，也叫横街，是前朝后廷的分界。乾清门内轴线上排列着乾清宫、交泰殿、坤宁宫，轴线东西两侧，分别有东六宫西六宫。轴线尾部是御花园。御花园的建筑分主次，左右也是对称的，中轴线上是钦安殿。园内栽古柏，栽龙爪槐和各种奇花异木，山石盆景园中甬路用五色石子铺出图案，共720余幅，有花鸟虫草，七珍八宝，有龙凤呈祥、六合同春等吉祥画，还有关公过关斩将，还有崔莺莺、空城计等戏曲画，更有趣的是清代火车站画。人们好奇皇上住在什么地方。从明永乐皇帝始，有14位皇帝是住在乾清宫的，清雍正皇帝将寝宫移至了养心殿。乾清宫东西两侧暖阁内放了27张床，外观都一样，27张床皇帝挑着睡，让人摸不透他哪天哪晚究竟睡在了哪一床。如此小心，明嘉靖皇帝35岁时还是让人给暗算了，宫女用绳子勒住了他的脖子，要不是一个宫女太慌张，没经验，另一个宫女害怕反悔，他也就被勒死了。养心殿在乾清宫西，西六宫南，工字形建筑，前后殿相连，结构紧凑。前殿正间设宝座屏风，为皇帝召见大臣的地方，东暖阁是清同治、光绪年间皇太后垂帘听政的地方。坤宁宫是明代皇后的寝宫，清代改为祭神的场所，也是皇帝举行结婚大典的地方，清康熙、同治、光绪三帝在此举行的婚礼。东暖阁是皇帝大婚的洞房。

御化园西南角有琼苑西门，从此门进去向南走是故宫西路游览线。西六宫的储秀宫是慈禧太后常住之所。景运门在横街的东面，进此门就进入了东六宫和外东宫建筑群。乾隆十一年，在外东路建了太上皇宫、宁寿宫、乾隆花园，花园南北长东西窄，布局秀巧和谐，楼堂亭阁错落有致，游廊曲折山石透迤。山北符望阁错综复杂，状似迷楼。乾隆花园北端倦勤斋东贞顺门内有珍妃井。都说是1900年八国联军攻入北京，慈禧太后出逃前以"免其受污"之名派人把光绪皇帝的爱妃珍妃扔进此井的，但皇帝后人对此有争议。

游故宫会对很多事情发生兴趣，如：故宫的房间是否真的是9999间半？故宫中的数字、颜色，器物都有什么讲究？既然"九五"之数象征帝王之尊，为什么乾隆皇帝把太和殿改成了面阔11间？等等。

故宫的建筑是一部大书，是一部繁博的皇家建筑语典，它只为四个字服务："君权神授"。至于谁是君谁是臣则由人来解释。

当代民间的筒子河

闲来无事，早早晚晚的，沿着紫禁城城墙根，傍着筒子河走走，很是享受。

在紫禁城的城墙根儿底下看城墙，很容易理解什么叫"固若金汤"了，城墙的那种崇伟厚重坚雄的形象和质感烙刻在心叶上，很难抹去。它本是长方形的红墙，周长 3. 4 公里，现在很难说红了，砖大都裸露着本色，显出岁月之深来。"横七竖八"的砖结构，可以贴着墙细细地去品，城墙根均以五步深的灰土砸坚，再砸上三步深灰土的"护城根脚"，肉眼看不出来，15 层高的"雪花浆"粘合出的砖墙根，还是一目了然的。"雪花浆"是用江米汁加石灰水搅和而成的，浇灌 3 次，浇灌出一座把城砖紧紧粘连的坚如磐石的整体。

城墙四角的角楼，是很醒目很惹眼的景观，那是中国古代的楼阁之冠。角楼，元代就有了，明清故宫城角设角楼是仿元制。仰望角楼，楼身楼顶历历在目，歇山式的十字交叉大脊，上披各种特制的异形黄色琉璃瓦件，顶中一座鎏金大宝顶，三层出檐，10 面山花，28 个窝角，28 个翼角，56 个屋顶坡面，72 条脊，一眼看看不出来，除非是神眼，但推算还是可以推算出来的。它的建筑平面是十字曲尺形的，两层基台，周围汉白玉石栏，连城墙共高 27. 5 米。

城墙根护城河边是京城老百姓遛弯儿、晨练的地方，也是海外和外地游客走累了歇脚的地方。外地人觉着北京人各色，其实大抵是皇城根情结导致的，您在紫禁城根护城河边儿多遛遛，也许能体会出来那"皇城根情结"是怎么回事儿。那不是一两句话能说清楚的，内中有一种傲性也有一种深深的惰性。好面儿，好礼儿，讲究多，也执拗。

景山

中轴线穿过故宫博物院神武门，再往下走就是隔条公路的景山门，进景山门就是景山了。景山曾是北京的最高点。说高，也不过 43 米。这里原本无山，是元代皇帝的御园，建有金殿、翠殿、花亭、毡阁什么的，还有熟地八顷，皇帝在这儿种种地，给天下人做做样子，以鼓励农耕。朱棣迁都到北京，对元代原有的城池、宫殿、园林都做了大手术。帝王是讲风水的。著名古建专家罗哲文先生说："风水对建筑和风景名胜来说，实际上是一门环境的选择与优化的科学，凡是传统寺观、园林等都要选在背山面水、坐北朝南、环境优美的地方。""如果环境尚有不足之处，还可以用种植花木或修建亭阁来补足它。"紫禁城之北，按传统的"青龙、白虎、朱雀、玄武天之四灵，以正四方"的风水说，是玄武之位，应有山。所以就把挖紫禁城筒子河和太液池南海的泥土堆出了背护紫禁城的景山，取名万岁山，在景山之东北建了以寿皇殿为主的一组建筑；山下养鹿养鹤，与万岁的主题配套。景山也曾叫过煤山，说是山下堆放过煤。煤（霉）山很不吉利，吊死了崇祯皇帝。景山之名为清顺治十二年（公元1655年）改称的，乾隆十五年（公元1750年）山上五峰各建了一座亭，寿皇殿也移到了山后中轴线上。景山最高土峰上的万春亭，是处在中轴线上的亭子，也有说这里是北京城中轴线中心点的，是与不是，它都是鸟瞰京城风貌最佳点。外地来京游客对景山不很重视。有暇，万春亭不登，有点可惜了，故宫的大场面，要观赏，非那儿莫属哇！尤其秋高气爽、天高云淡时。景山之北寿皇殿前东南西三座四柱九楼木牌楼非常气派，它们与寿皇殿南墙正中牌楼式的三座门共构成奢丽壮观的牌楼方阵，牌楼间的广场是北京人自娱自乐放飞心情的乐土。

北海

作为五代帝王的宫苑，现存的历史最悠久的古典园林杰作——北海公园，坐落在景山之西，与景山仅一路之隔。

北海从辽代就已开始由皇家经营，以圆海上仙山之梦了，那时它是辽南京城的皇家行宫。历金代，到元忽必烈时，这里已经是崇阁殿宇桥榭轩馆比比皆是的瑶屿琼岛，秦汉时海上三神山的传说有了完整的都市现实版，且由离宫别院升级为皇城中心的宫廷御园。明成祖朱棣迁都北京，改造北京城修建皇宫没舍得动它，只是为了破蒙古族皇帝的风水，将元朝定的中轴线东移了，变北海为西苑的一部分。到清代，尤其是乾隆朝，整容的手术大了点，太液池北岸荒野从此庙宇林立，藏式和江南风格的园林融汇进来，形成了清代皇家园林独有的多民族特色。

北海最出名的是团城，是琼华岛塔山上的白塔和北岸的九龙壁。

团城，圆形之城，它是由辽代的人工瑶屿小岛演变过来的，地形地势的改变使水中孤立小岛不在，最终成了城外之城，又因地震，毁了明代的承光圆殿，改建为造型奇特的黄琉璃瓦绿剪边的八角基台八角承光殿，殿中由整块白玉雕成的高达1.6米通体莹润的大玉佛和殿前的渎山大玉海（玉瓮）都是无价之宝，各有各的传奇经历和典故。通向琼华岛的永安桥元代就有了，玉桥、朱坊、绿岛、白塔是人们熟悉得不能再熟悉的胜景，藏传佛教的喇嘛塔立在岛巅已近360年，颜容不改地默默注视着人世间的沧桑巨变。桥东水域是垂柳依偎池岸的荷莲大世界，一到盛夏，池中便万点芙蓉，千重笑靥。琼华岛上满溢着风流帝王的造园热情，其意趣其画境其精彩不亲临赏阅难能体会，就是亲临了太过粗心，太过匆忙也会挂一漏万。帝王精心构筑的蓬莱仙境被遮挡在花丛曲径林荫深处，就像当今时尚的包装，不层层揭开难见真容。遍山的太湖石已分辨不清有多少是金代从北宋汴梁皇家园林"艮岳"拆运来的，峥嵘多态的山石山洞和依势错落的殿宇楼阁亭台廊榭把空间的可塑性发挥到极致，传承着历史文化精华的建筑小品总有一些像谜一样地诱惑着我们。乾隆皇帝亲书的琼岛春阴碑勾起金、清两代燕京八景争议的联想。北京人和在京的外地人爱在北海划船，北海实在是平民百姓怡心悦性的好地方。北岸五龙亭里是中老年人的天下，唱歌的，画画的，唱京戏评戏的，跳交谊舞的，还有圆大半生未遂艺术梦的，盛装的独舞里每一个动作都洋溢着令人感动的激情。走进北岸古建群，西天梵镜的宏大，快雪堂的静雅，极乐世界的辉煌都让人难忘；在有名的园中园静心斋，可以一睹江南园林的精彩，依墙假山和爬山廊所勾起的游历江南私家园林的温馨回忆，沁心廊里品茗赏石的闲适风雅感觉都是一杯浓酽的情感香茗；孩子们则为肥大而色彩缤纷的锦鱼站在跨池小桥上乐翻了天，怎么叫也不肯走，不单是投食逗鱼的乐趣，还有一种无可名状的环境的感染。

九龙壁在北岸天王殿之西，壁前留影是每个初来的游人都想做的事。北岸濠观堂前还有一块铁影壁，看似铁，却是石，是铁褐色的火成岩，是元代的石刻艺术品，1947 年从德胜门内的铁影壁胡同移来供游人观赏。没谁觉得逛一天北海，就享受了一天的皇帝生活的，如今的北海是平民的，是大众的，尽管建筑和园林都是皇家经典。

太庙

太庙坐落在天安门至午门北京中轴线之东，东长安街北侧，是明清两朝皇帝祭祀祖先的地方。

太庙自从成了劳动人民文化宫，也怪道的很，进去的人很少有把注意力放在古建上的，尽管那里的古建和故宫一样精彩。三道黄琉璃瓦顶的红墙围起的长方形建筑群，主要建筑在二道围墙内，南墙居中有一组琉璃砖门，均为庑殿顶，中间正门三座，两座旁门，进门有 7 座单孔汉白玉桥，梢端的两座桥的北面，各有黄琉璃瓦盝顶六角井亭一座。桥北是戟门，内外各列朱漆戟架 4 座，每架插戟 15 只。戟门坐落在汉白玉基台上，基台三层，正中的石雕御路从上至下分别雕着二龙戏珠、狮滚绣球、海水江涯图案。皇帝祭祖的殿宇也分前朝后寝，大殿为朝，中殿为寝，全在戟门正北，依次排列，中殿后还有一后殿，供奉的是清代立国前的帝后神主牌位。后殿也叫桃庙，意思是祭祀远祖的庙，所以用一道红墙把它与中殿隔开，墙上开了五座琉璃砖门。历代帝、后的祭祀是在前殿和中殿。两殿有分工，前殿是祭场，中殿供神龛，神龛里是牌位。两殿都有须弥座台基和月台。前殿既然为前为大为朝，也就在三层的台阶中设有御路，石雕图案与戟门有不同，除中阶均为狮子滚绣球外，它的上层是云龙纹，下层是海兽纹。这一组建筑，即二道墙正门、大殿、中殿、桃庙用的都是黄琉璃瓦顶，大殿规格最高，重檐庑殿顶。第三层院落在后殿之后，是狭长的院落，南墙在后殿后檐两侧。

明代的太庙，有过一次大变革，嘉靖皇帝掀起大礼仪之争，争到顶峰就是把他的亲爹亲妈的牌位也请进了太庙，对历代祖先由以往的合祀制变为分祭制，设九庙。时间仅隔六年，一分为九的庙有八座被雷火烧了，嘉靖以为是惹怒了祖先，只好又改回来。李自成进北京，在太庙放了一把火，烧得不太严重。清顺治帝进北京，把明代帝王的灵位全都挪到了历代帝王庙，重修了太庙。清乾隆朝多次修建增改形成了我们今天所看到的规模。

太庙平时有点冷清，可火起来的时候里面是人山人海，那是历次举办书市的时候。

社稷坛五色土

对游客来说，中山公园比劳动人民文化宫有人缘。文化宫太专业化，总觉得它是办舞蹈班、绘画班，开文学讲座，办摄影展的地方。中山公园内，社稷坛的古建在游人眼里和太庙的古建一样不被看重，但它适合全家老少一起进来玩，适合年轻夫妇、恋爱情侣们进来玩，更适合带着孩子们进来玩，花坛布置得漂亮，牡丹园、芍药园按季开花，唐花坞暖房里四季姹紫嫣红，东南角，水池假山廊榭别有情趣，西侧内坛红墙内翠竹幽篁紫藤花架意韵悠悠。社稷坛东面，大金鱼缸一片，还有金鱼方池，供渔竿鱼饵，是看鱼还是钓鱼孩子们可着心地选。护城河在公园北篱栅墙外，各种游船，电动的，脚踏的，手划的，船外壳动物造型的，别说逗孩子们开心，大人也乐呵。它在市中心，守着长安街，交通又方便，还沾了古字，古典园林啊！没事儿就来一趟呗。电脑和科技时代，人们确确实实把教会人们种植各种农作物的社神稷神淡忘了，疏远了。

皇帝时代皇帝们是重视的，左祖右社，紫禁城两侧，对称地坐落着两大祭祀群。社稷坛庙朝向与皇宫与祖庙完全不同，它坐南朝北，神的标志是长 1.2 米、高半米多一点的石柱，它埋在社稷中央一尺见方的土龛里，每逢冬至、夏至，皇帝都要带文武百官来这里祭拜以求五谷丰登。农业社会靠的就是粮食。社稷坛是二层方台，每层用汉白玉栏杆圈围，祭台的台基也是用汉白玉砌起来的，雪白明亮，气派非凡。社稷坛的最上层铺的是五色土。五色有四色代表四方神，黄帝在中央，统领四方，他有四张脸，四方都逃不过他的眼睛。五神五色，东青南赤西白北黑中黄，是金木水火土五种最基本物质的代表，更是全国领土的象征。坛北有拜殿，平时不用，祭祀时有风雨，才在拜坛里向南方的坛台设供行礼。1925 年，孙中山先生逝世后曾在拜殿停过棺椁，拜坛由此也就改叫中山堂，公园也叫中山公园了。

天坛公园

无论春夏秋冬，接近天坛时，都会明显地感觉到气温的变化，天坛区域的气温低于周围，是个小气候带。分析原因，应该是坛区内大面积的古柏造成的。森森柏林，是空气和气温的调节器。柏林也成就了不少痴男怨女，促成了不知多少新家庭，更是老年人娱乐健身的理想场所。天坛是北京的旅游热点之一，是海内外旅游团来京必安排的景点，与故宫、八达岭、十三陵、颐和园、雍和宫在同一个水平线上。

作为纯是皇帝祭天的场所，它是从明嘉靖皇帝开始的。嘉靖九年（公元 1530年）立四郊分祀之制，主建筑虽壮虽宏，在四千余亩土地上，就比例来说，也显得微不足道，但科学技术含量却极高。圜丘坛上第三层台面正中为太极石，喊一嗓子或拍拍手掌，回音会立即从四面八方涌来，好像有宏大的合鸣，持续很久。每个登台的游客，都力争在太极石上站一站，听听声，留张影儿。现在的圜丘坛，是乾隆时代的杰作，他改掉了明嘉靖年遗留下来的狭小的蓝色琉璃台，扩建成三层圆形台，坛面用北京房山产的艾叶青石铺垫，护栏用汉白玉周砌，台阶通通用九的倍数，寓意天有九重。台面三层，每层四面出阶各九级。上层中心是圆形石，围中心石铺九块扇面石，每向外递增一圈递增九块，到第九圈是81块，二三层台面按九的倍数递增，第二层已是126个九，第三层再类推递增。中心圆石能产生回音和这种九重石板式的墁嵌方法有关系吗？

天坛最有名的是"回音壁"，即四周围着皇穹宇和东西两配殿的圆墙。弧形的壁面，平整光滑，砌得又规则，反射声波对声学研究者来说是不言而喻的，游客可是猜了又猜。长360米、宽28米、高2.5米的坛道有好多名称："神道""海漫大道""丹陛桥"。这样的又平又直又宽又高，把南北两端祭天之坛的建筑连接起来的建筑恐怕罕见，也算是一道奇观了。道下有洞，俗名不好听，叫鬼门关。明清两代都有一个忌讳，除了天上飞的，不准任何活兽通过神道，也不能让它们没地儿走，就在差不多居中的位置设置了一个拱形门洞叫进牲门，牲畜通过门洞到东边的宰生亭，一到就杀，因此才有了鬼门关之称。活人，小到兵卒，大到王公，也不敢过此。祈年殿坐落在祈谷坛上，数百年间屡遭不幸，光绪十五年八月二十四日（1889年9月18日）毁于雷火，用了6年时间才又重新建起来，1970年又重建。殿内的龙纹藻井可能已不是光绪年前的原物，石板地面中心位置上的大理石肯定来自更远的历史，天然龙凤石纹与藻井的龙纹一上一下一天一地互相映照，妙趣横生。

神乐署复建的时间不长，与皇家祭祀有关的神乐发展史、应用史；乐器、乐礼的实物和图片展览很值得一看，颇增长见识。

天坛作为祭天之所，建筑物上所用的琉璃瓦是蓝色的，釉彩油亮的蓝色在森森柏林中闪烁着，与绿汇成宏大森严的交响。

先农坛

明永乐皇帝朱棣迁都北京城时建的坛，在永定门内北京中轴线西侧，与天坛对称的位置。本处南郊，叫山川坛，到嘉靖时代，括城括到了城里，又推行分祀制，将山川坛分设为神祇、地祇二坛，又建了太岁坛。先农神坛是建在山川坛内的，清朝统称为先农坛，名字一直延续到今。周围3公里，总面积达130顷的先农坛到民国时就已分割了，留下的面积已经不大，建筑也有限，它值得推荐的是在太岁殿里开设的古建博物馆。南边的倒座殿用图表和文字介绍中国古建史，各个时期的古建特征，言简意赅，橱窗里有模型，北边正殿和西庑则侧重于特色古建的实物和图片，分门别类地展示了中国古建的精华。这是个开阔眼界，长知识的地方，尤其是对喜欢旅游的家庭和个人，获益匪浅。值得推荐的另一处地方是观耕台。皇帝亲耕的土地也就是人们通常所说的一亩三分地儿已变成了网球场，乾隆皇帝精心改造过的，用方砖砌成，周饰彩色琉璃瓦，上竖汉白玉护栏的观耕台，不全是新物吧，至少也是全面大修的，但它让我们很具象地看到旧时的样子，知道骄奢淫逸的皇帝们，每年还有一次酸文假醋装模作样亲力亲为鼓励农耕的活动。定制是：明，皇帝右手扶犁，左手执鞭在一亩三分地儿上，往返犁四趟。清，减少了一趟。皇帝犁时三公九卿们是要从耕的，之后皇帝登观耕台，看臣工们耕，虽是一场秀，皇帝这时的角色并不好当，不干活的人干活儿，再怎么做假，他也得付出体力。这种秀，不是没有意义的，至少，皇帝也承认，天上不会掉馅饼，人不能退化到只会耍嘴皮子，不能靠耍嘴皮子吃饭。

颐和园

颐和园所在的位置是北京小西山山麓，这个地方山泉地泉旺盛，植被条件非常好，自古有湖，山清水秀，被金海陵王完颜亮一眼看中，兴建起"金山行宫"。清乾隆皇帝用了15年时间经营这里，改山名为万寿山，改湖名为昆明湖，定园名为清漪园，与玉泉山、香山的园子合称三山五园。1860年英法联军进犯，烧毁了清漪园大部分建筑，慈禧太后动用海军经费在废墟上修建了颐和园。

依山面湖的颐和园终年吸引着中外游人，以慈禧的行政办公区、政治活动区和慈禧与皇帝的生活区的游人最密集。中国近代史上发生的大事几乎和这里都有关系，实际上的中华帝国一把手的办公室、起居室、娱乐场吊足了中国人和外国游客的胃口。正对东宫门，在仁寿门里假山石后的仁寿殿正中一尊九龙宝座，宝座后面的一对孔雀翎扎成的掌扇和刻有226个不同写法的寿字屏门都表明这里的主人已经老了，对生命的自信已严重丧失。这个殿在乾隆时叫勤政殿，先帝的勃勃雄心已埋在英法联军火焚后的废墟里。玉澜堂在仁寿殿西，坐北朝南的一个大院落，光绪皇帝在颐和园内居住的地方，"戊戌变法"失败后慈禧曾命人在院里筑起砖墙，封闭住玉澜堂以免被软禁的光绪瞅不冷溜达出去再搞什么串联，慈禧的神经处在高度紧张状态中。乐寿堂至今都深凝着乾隆的影子，堂前院里"青之岫"巨大山石上刻有乾隆和大臣们的题咏。此石原本是一块"败家石"，出自房山，是明代的一个官僚米万钟采集到的，想运到自家的勺园，因"工力穷竭"，扔在了良乡路旁，几经辗转到了乾隆的手里，置于乐寿堂前，留存至今由游人共赏。乐寿堂西院是很有品位的园林小品，洞门、荷池、朱栏、粉墙，谢绝直白，求曲折弯转，山水构筑求江南之风，北面正中山坡上的扇形建筑开间为前三后五，殿前8根汉白玉石条砌成的90度角的月台尖顶置了一块形如扇轴的圆石，好像这殿依轴可以开合，殿的窗户、宝座、香几、宫灯全部都成扇面形，既有趣味又有创意。乐寿堂的陈设可就很有慈禧味了。堂前对称地放着铜鹿、铜鹤，寓意长寿，殿中宝座前有青花瓷大果盘和镀金九桃大铜炉。桃也主寿，还是最大之寿，九九之寿。乐寿堂为慈禧的寝宫，院南门厅外是石造雕栏码头，为慈禧下水游湖的地方。慈禧娱乐之地是德和园大戏楼。这里本是乾隆与近臣们举行诗文酒令的地方，慈禧老佛爷爱听戏，建了高达21米的大戏楼，戏台宽17米，上有天井，设有绞车牵引设备，能升降，台底下一口深井五个水池，是表演用水的专池专井。从这些设备上看，慈禧听的戏也不是一般的戏，需要特技配合。德和园还有慈禧的鸦片室和狗房。原来养宠物之风是由她那里兴起的，真是老前辈了啊！

颐和园有两条轴线，一条是东西线，千步长廊紧临湖岸串接山前风景，廊如彩虹，曲折蜿蜒，上绘1400多幅苏式彩画，山水、人物、花鸟具有，是我国古典长廊之最。另一条轴线是南北线，由万寿山前湖边的"云辉玉宇"牌楼起，依山而列排云门、二宫门、排云殿、德辉殿、佛香阁，直到山顶的智慧海。这是中轴线，以佛香阁为中心东西两侧有宝云之阁、景福阁、重翠亭、福荫轩等等。中轴线和中轴线两侧是颐和园风景游览区古建群的精华部分，游览区分前山、后山和昆明湖部分。后山与前山全然不同，水曲，径蜿，林幽，清丽，恬静，与前山的喧闹形成了鲜明的对比，乾隆时期的建筑慈禧时代大部分没有恢复，一直处于废墟状态，在颐和园如此繁华的盛园内，成为一种特殊的点缀，像历史的悲鸣、幽咽。买卖街是后山的华彩，它是依照旧图，在旧址上于1988年复建的，再现了当年的风貌，很有苏州风味，因此称之为苏州街。它以三孔石桥为中心，左右展开，曲街夹河，皇帝让王公大臣宫女太监扮商贾小贩，重温巡幸江南旧梦，游人在此也能体验乾隆当年的江南情怀。后山南北中轴线，沿三孔桥而上，有松堂、须弥灵镜、香岩宗印之阁、四大部洲。香岩宗印之阁为典型的西藏摩耶式的喇嘛教建筑群。后山御路上有架桥跨涧的寅辉城关，依关可俯眺苏州街全景。

昆明湖水面220多公顷，沿湖和湖中有仿杭州西湖的西堤和西湖六桥，十七孔桥接东堤和南湖岛，东堤上的铜牛、文昌阁、知春亭都是吸引游客的地方。东堤和万寿山前湖岸都有码头，龙舟在南湖岛与西北堤之间对开，湖借玉泉山宝塔和西山诸峰景色，视界开阔辽远，景叠峰跃，层次分明，崇丽的佛香阁近观远眺，皆在画中。

香山

一提香山，便联想到红叶。香山红叶声名赫赫，好像赏红叶非香山莫属。其实，换个角度看，好像香山只有红叶。这想法，让香山委屈，让香山蒙羞。香山是清代北京西郊著名的三山五园之一，叫静宜园。

香山从金代开始经营，至乾隆十年，大修大扩大建，已是殿堂亭阁塔刹遍山广布，规模甚是宏大的皇家园林。乾隆钦定了28景。让人刻骨难忘的是1860年、1900年，帝国主义的两次劫掳、焚烧，将香山的皇家行宫群变为残台断垣狼藉不堪的废墟。尽管如此，香山却一直未曾失过它的迷人魅力。那是四季皆可一游的旅游胜地。它冬有西山晴雪，春有烂漫山花，夏日碧荫幽森，秋天层林尽染。

西山晴雪，原为西山积雪，燕京八景之一，金章宗定的景名，乾隆嫌积字太俗，一边看着雪景，一边挥笔，写出了西山晴雪四字。改积为晴，不是文字的升华，而是审美视角的新异和对景观特色的独到感受。近年来，气温的变化，北京西山看雪都难，更甭说看晴雪了。无雪，萧瑟密林中寻古也是不错的选择。冬日香山觅古比春夏香山觅古多了份悲怆的气韵，更有一种奋发的情怀在其中。穿林海、登香山也不容易呐！登香山人们爱登"鬼见愁"。登"鬼见愁"，乾隆爷就干过，这方面，他称得上是老前辈。

香山的绿，香山的翠，极富诗意，特别是看到花喜鹊在林中飞，小松鼠在树上蹿的时候。香山不少奇松怪柏，有的松冠，天然就是翠绿的孔雀开屏，有的则像巨人巨手托举着鸟巢、翠云。香山寺听涛松是香山寺的一大名胜，寺虽不存，巍巍的几层踏跺依在，石阶一级一级墁上去，依岩就壑的气势中，总觉得绿云深处隐着宏伟的古寺。登顶，巨大的石屏和方碑上的力士浮雕，让人感到是意外的收获。昭庙，乾隆四十五年（公元 1780 年）为西藏班禅来京而建造的，壮丽的外观依然如故，崇伟奇丽的琉璃牌坊耸于庙前，红庙高台耸峙，气势恢宏。有耐心有雄心，乾隆定的 28 景和遗迹都能找到。这是处既有利于健身，又可供人休闲的好地方，携家带口度周末的比比皆是。

圆明园

"移天缩地，人间天上"——全盛时期的圆明园我们再也无法从地面上看到了。这是一座继承了我国三千多年造园艺术的优秀传统，凝缩了江南美景，荟萃了园林精华，把叠山理水艺术、土木砖石造型艺术、"园中有园"布局艺术发挥得淋漓尽致的"万园之园"。这座经清鼎盛期的四代王朝前赴后继的不懈努力才完成的位居北京西郊皇家三山五园之首的皇家园林，如今，我们看到的只是在百年时光之河中漂游过来的一片废墟之舟，它实际上已变为湿地。

废墟上演变成的湿地的美居然也惊人。首先，是水系。建筑可以烧毁，文物可以劫掳偷盗，承载、滋润、映衬、连通、萦绕过 160 多处人文胜景的水体是帝国主义侵略者烧不毁掳不走的，经历近 150 年的世事沧桑，虽有淤塞荒堵切割变形，但大的轮廓依如旧貌，辽阔浩瀚的大湖泊，亲切可人的中水面，蜿蜒曲折开合有致的河道流筋，堤岸交互、洲岛错列的湾泽镜水，多姿多态地铺展在石墙围起的广袤园地上。水畔池岸也依稀可见当年的理水匠心，不加修饰取法自然的滩涂，伸延八水的半岛，围合水湾野趣天成的丘岗，整齐美观的砌石河槽，列岩置石的湖岸等等。

有水就有景。圆明园遗址的水域里，人工培育的荷花大世界夏日时最是热烈绚丽，粉红的、嫩黄的、洁白的各色荷花在长湖中鲜艳着；菖蒲葱翠的色泽和满池浓簇的阵势吸引着野鸭，更吸引着赏青享荫的游人，垂柳下铺张报纸，都一坐就是大半天，眯着眼，深吸着绿蒲深处飘来的气息。嫩草浅水的滩涂上孩子们欢乐地笑闹着，他们脱光了鞋袜在上面奔跑，或掬一把清凉的水，捧在手里，看它从指缝间轻轻滑落。码头上租条小船，在苇荡间穿行，从一个小湖划进弯曲的河道，再进入宽广的碧海，望天际苍林叠嶂青山成屏白云列岛，海中的仙岛若巨舰漂游。

展览馆十二生肖头像和完整的石雕件，可能是仿制品，西洋楼狭长地带或散落或堆垒的石块石条上的浮雕纹饰图案兽身兽头越是残破却越是不容置疑的真物。挺立的西洋廊柱雕梁，雄卧的庞大的夯土台，荒芜的池畔石围和磨石层台所展示的精美打开了想象的巨大空间；残留的都这么美，完整的该美到什么程度？由郎世宁们设计的吸取了文艺复兴时期巴洛克建筑艺术精华的欧式建筑，在圆明园万园中仅是比例不大的一小部分，现在竟成了建筑废墟中的主体，历史的残酷中该有多少教训应该吸取？

圆明园遗址公园是说服力、感染力最强的爱国主义教育基地之一。

进出北京皇家宫苑

乘民航班机在首都国际机场，乘联航班机在南苑国际机场。进出机场都有大巴车。机场快铁连通着首都机场和东直门地铁站。

北京有 5 个火车站，在哪个站乘车，最简便的一个办法，就是买了车票看上面印的是北京站、北京北站、北京西站还是北京南站，北京还有东站。只要是卖火车票的地方，在哪儿买票都成，就是上车别走错了站，去全国各地，各站是有分工的。北京太大，交通又拥堵，走错了站很麻烦，百分之八九十要误车。

去北京故宫，去北京皇家园林坛庙，都有公交车，而且坐公交车比较好。

住宿：到北京旅游，可以说主要就是为游览皇家宫殿园林而来的，还是住市中心好，因为离各个景点不远，而且交通方便。大饭店比较贵，比较便宜的旅馆遍地都是，到前门，穿大街走小巷，几步就能看见一家旅馆。

餐饮：北京汇聚了全国各地的名菜馆，想吃家乡菜，不用发愁，但往往不是原汁原味。北京烤鸭、北京涮羊肉，想吃正宗的，就去找前门烤鸭店、和平门烤鸭店、崇文门便宜坊、东来顺饭庄这样的名店。非名店味道也不错，价格便宜很多。吃正宗小吃，可上牛街，也可去前门大栅栏西街、什刹海西海九门小吃府。

线路提示

北京的故宫、颐和园、天坛都是初来北京的游客必游的点。游故宫，一是要注意开放时间。早上 9：00 开门，下午 16：00 闭馆，其间这 7 个小时，对想把故宫好好看一看的旅游者来说未必是够的。二是事先有个规划，把握好重点。行走路线上，最麻烦的是内廷。路分三路：中路、东路、西路。中路和东西两路，除了两头，其间是相隔、并行互不相通的。为了都能走到，走的线路尽量不重复，建议先从中路走到御花园，逛完御花园后，再从御花园进西路，由北向南依次逛完西六宫的开放点，回到乾清门外保和殿后的横街上，进东面的景运门，从南向北，依次把东部的宫殿群逛完。其三，着眼于宏观，也要注意细节，并选好观赏角度。故宫是严格的左祖右社，前朝后廷，中轴线纵深推进，建筑沿中轴线左右对称布局，中高侧低等级森严，为了强调皇帝受命于天，帝王的权利和尊严至高无上不容侵犯，采取了好多手段。什么都有讲究，连建筑小品的设置都是如此。

外地游客游故宫，一般是不会同一天进太庙、社稷坛的。时间不够。其实逛一圈用不了多大工夫，天安门东站下了车，进太庙（南门）溜达到西北门出来，从午门前穿过去，进社稷坛东北门，再从社稷坛南门出来，2个小时就够了。外地游客不会像北京人一样在里面泡，尤其不会带着儿女的简历在社稷坛最北的铁栅栏墙内的红娘角泡，忙着给儿女找对象，拉朋友。

出了社稷坛南门，在天安门西站坐上公交车就可以到北海公园，初来北京不逛逛北海，有点可惜了。北海三个主要游览区：团城、琼华岛、北岸。团城用20分钟，琼华岛用一个小时两个小时都可，之后乘龙舟或从北海东岸步行到北岸，三处逛完，对北海公园大体不会存什么遗憾了。

以上说的是2天的游程。不去太庙、社稷坛，坐车直接到景山公园，登高南望紫禁城，之后到北海公园。这样安排一天也挺好。景山公园与北海公园对门，只隔一条街，是邻居。游完北海公园还有时间，出北门奔什刹海，逛逛北京的老街老胡同。北京胡同游很吸引老外呢，外地人也有兴趣的吧。

先农坛和天坛隔一条马路，它的入口在天桥商场的西边，还要向南拐。从冬到秋什么时候去都行，不必作为游北京的首选。天坛可是有代表性的大坛，首游北京应安排去一趟。别瞧天坛大，纯游览时间倒是用不了多少，祈年殿、圜丘坛、斋宫、神乐署用半天也可全部转到了，时间还有富余，不妨把先农坛安排在这一天游程里。路线是从天坛东门进，走长廊，进祈年殿院，游完走坛道到回音壁，从圜丘坛南门出来向西到斋宫，从斋宫北门出来向西到神乐署，之后出天坛西门，过马路，步行过天桥商场走半站地的样子向南拐到先农坛。

颐和园和圆明园遗址公园都在海淀区，去的车辆甚多，在动物园公交车总站坐车最好，前门也有车过去。地铁4号线在圆明园也有站。

圆明园和颐和园可安排在一天游览，但只能走马观花。分两天安排的话，可一天游颐和园，一天游圆明园、香山。

颐和园内的线路不好安排。一般是从东宫门进，之后是仁寿殿，向左知春亭，从知春沿湖岸向北，进德和园，再向西穿过一片宫殿，到长廊，沿长廊到排云殿，上山，从佛香阁向西，下山到石舫，坐船到南湖岛，过十七孔桥到铜牛，沿东堤经过知春亭，再进宫殿区，上后山，进谐趣园到苏州街。这样，基本的景点算都走到了，但肯定是没有走全。想走全了，来个三五回，也未必做得到。没了圆明园，颐和园就是天下第一皇家园林了，这一圈走下来，也不枉是到过颐和园了。

去颐和园还可走水路，从白石桥紫竹院那儿上船，船开到颐和园东南门。从那边向北是知春亭，向南是十七孔桥、南湖岛。

香山值得去。动物园公交车总站有发往香山的车。香山公园含香山、碧云寺两个地方。香山的皇家园林和寺庙大多已是废墟，修复了一部分。在园内不求逛全，只求感受。枫叶红时去香山，离开时最好错过回城高峰时间再乘车，否则排队等车挤死人。

圆明园遗址公园比较空旷，南门是改革开放后重修的，景观在南门内比较集中，之后是大水法。夏季荷花盛开时一定要沿荷花池走到大水法，荷池面积大，品种也多，花开得漂亮。

一般游客到北京，这些点不是一次游完的，北京还有其他非游不可的点，休假时间不够，只能分次完成。

游故宫、天坛、西郊皇家园林，不用找旅行社，也不要打的。打得很不划算，就坐公交车。

在北京住下来，慢慢游最好。需提醒的是北京城近郊区私家公家的房租费都很高，一月两千三千，城里四合院的平房更不便宜。要租房索性就往远处租，譬如南郊的农村。再远，坐快速公交40分钟也进城了。

沈阳故宫

清入关前后金汗王努尔哈赤、清开国皇帝皇太极时代的宫殿和清入关后的陪都宫殿，坐落在沈阳市中心最繁华的中街以南。红墙以内分三个部分：东路、中路和西路。最有看点的是东路努尔哈赤时代的宫殿和中路皇太极时代的宫殿。在努尔哈赤时代，只有东路的建筑，主体建筑是广场北侧的亭子式的大政殿和大政殿前两翼分列的十王亭。大殿不用墙密封，盖成重檐攒尖八角亭，虽然有金龙柱、石雕云龙陛路、龙凤天棚图案，但距人们心目中的金銮殿毕竟相去甚远，隐隐感到这亭与游牧狩猎民族类的毡房有着什么联系。看看大政殿和十王亭的排列组合方式，这种感觉就更清晰更强烈了。一殿十亭的东路整体布局方式被称为帐殿式布局，来源于满族早期八旗军队外出驻扎时搭设的蒙古包式的帷幄，汗王扎黄幄，八旗贝勒（王）在其前两侧扎青帷。东路殿是游牧狩猎民族宫殿建筑的典范。中路上皇太极时代建起的金銮殿——崇政殿也超出了人们的认知范围。其一，殿顶的档次，是级别最低的硬山顶；其二，装饰上，色彩斑斓，火爆热烈，尤其体现在琉璃瓦的色彩上。琉璃瓦的颜色，在使用上清入关后是有严格规定的。崇政殿的琉璃，殿顶是黄心绿边，正脊、垂脊博风、山花这些部位的琉璃构件，羊、狮、龙、海马这些琉璃"脊兽"则五彩缤纷，白、蓝、绿、黄、红，都能见到，不是琉璃构件的其他部分其他装饰色彩，更求富丽，鲜艳，这在北京的明清故宫，是难以见到的，它有一种民间性的随意。皇帝的寝宫清宁宫，不但有很民间的表现，而且很地方，很民族，堪称满族住宅的样板。"口袋房，万字炕，烟筒建在地面上。"民间都不易找到了，沈阳故宫里有。口袋房，也叫筒子房，它和汉族"一明两暗""钱塔子房"的明显不同是不从中间开门，不设隔断墙隔出明暗间来，而是从一侧开门，里面多少开间显不出来。大筒子屋，三面是火炕，南北火炕长长的，宽宽的。炕连在一起，连成一个凹字，一家二代三代四代都住在一块儿。清宁宫就是这样的硬山筒子房和万字炕。这种房这种炕有讲，以南为正，以西为尊，南睡老辈西祭神祖。满族老百姓这样，皇帝也这样，帝民一致。当然皇帝不会一大家子，子孙男女地住在这一屋子里，这只是在建筑格局上保留着习俗。烟筒也和汉族的习俗不同，不安在房顶上，安在房后西侧。沈阳故宫，只保留着一座烟筒。有人说，这是当年皇上特意安排的，有寓意：一统（筒）天下。中路上还有一个明显的特点，也与满族习俗有关："寝高宫低。"北京的前殿后寝是前高后低，殿高宫低。"殿"，办公的地方，"宫"，睡觉的地方。崇政殿在前，简朴而低矮；寝宫，在高台上，这高台，修的像城堡，高台上又立崇丽的三层歇山琉璃瓦顶的凤凰楼，这种格局，体现的是满族人部落酋长住高处，住在既便于守卫，又便于观察瞭望的地方的习俗。

沈阳故宫的西路是乾隆添建的，中路也有这位"十全皇帝"改建、增建的殿宇，风格已明显关内皇家风格了。对比观赏，很有意思。

进出沈阳故宫

沈阳桃山国际机场是东北地区最大的航空港，铁路是东北地区最大的铁路枢纽，京哈、沈大、沈吉、沈丹和沈抚5条铁路干线交会于此。公路，以沈阳为中心，已建成了沈大、京沈、沈哈、沈抚、沈本5条高速公路。坐航班、火车、大巴，都能很顺利地抵达沈阳。在沈阳，有多路公交车可到达沈阳故宫。

住宿：从五星级豪华饭店到普通旅馆，任君选择。中华路是宾馆较为集中的街道。

风味美食：朝鲜风味的在西塔地区；红焖羊肉在小北街；李连贵熏肉大饼在中街，离刘老根大舞台不远；老边饺子是沈阳最叫座的，从故宫门前的大街向东走到十字路口就有店，中街也有店。

线路提示

沈阳故宫位于中街之南，紧挨着中街，那里是老城区的中心。游故宫，建议进正门以后先向东，游努尔哈赤的帐篷式大殿和十王亭，再走中路，再走西路，这是按建造年代的顺序。不这样走也行，反正故宫的面积不是很大，全程游下来用不了半天，面积不足北京故宫的十分之一。

沈阳有很多可游的地方，如辽宁省博物馆、张氏帅府（即张作霖、张学良官邸寓所）、九一八事变博物馆、福陵、昭陵等。计划游程和时间要综合考虑，中街、北街、西塔街都是可逛的。晚上最好在中街刘老根大舞台看场二人转，剧场听看二人转的效果比看电视，看光碟的效果强得可不是一星半点，从头到尾，捂着肚子乐，俗，但不庸俗，赵本山刻意改造了二人转，让它能登大雅之堂。这一台节目是从旧二人转母胎中脱颖出来的。

中街日夜繁华喧闹，类同于北京的王府井吧。

在沈阳进餐馆、找旅店、进商店买东西时，千万别为沈阳人的"咱"引起误会闹纠纷，那儿的咱和咱们的咱不是一个意思。沈阳人说咱媳妇时，绝没有你和他共有一个媳妇、你媳妇就是他媳妇他媳妇就是你媳妇的意思。咱娘、咱爸、咱哥都不含和你套近乎的成分。人家说咱，是说"我"，是我娘、我爸、我哥，就是说人家在说自己的娘、爸、哥。说咱媳妇更是说的我媳妇。

布达拉宫

站在布达拉宫前的广场上，仰望着这座从照片上已经熟悉的不能再熟悉的法王之宫，内心平静的游人恐怕不多，真实的布达拉宫远比照片更具震撼力，它被红山托举到半空，在它威武雄壮、坚实高耸的形表面前，人人都深切地感受到自己的渺小，粉丝儿的心态像火一样嘭地点燃了，而这位建筑明星只有千年不变的威严和冷峻，冷峻的背后是神秘的诱惑。踏上宫侧高高的阶梯，一级一级地走上去，从它的后身走进宫殿时，你会发现，你走进的正是一座辉煌而神圣的迷宫。

布达拉宫是7世纪时吐蕃王松赞干布为迎娶唐朝的文成公主而特意建造的。他和文成公主的寝宫各是一座9层的雕楼。不幸的是，松赞干布建立的吐蕃王朝在历史的嬗替中退出了舞台，古老的宫殿大部分也毁于战火，直到17世纪中叶，已经成为西藏地区最高统治者的五世达赖喇嘛，从他居住的哲蚌寺亲自来到红山，在选定的基址上为布达拉宫开工举行了净地仪式。那是1645年春天的一天。受到清朝册封的五世达赖，用了15年时间重建和扩建了布达拉宫。现在的布达拉宫规模是在十三世达赖时期形成的，整座布达拉宫，占地面积13余万平方米，高119米，东西长360余米。它坐落的红山，海拔3700米，世界上没有比它海拔更高的宫殿了。这座宫殿是雕楼、寺庙、宫殿、城堡的组合，是集行政、宗教、政治事务于一身的综合建筑群。

布达拉宫没有抛弃松赞干布。公元1682年2月25日五世达赖圆寂后，摄政的桑结嘉措在白宫西侧修建了巨大的红宫，用以容纳五世达赖的灵塔，白宫也被大规模地改建扩建。他计划拆除吐蕃时期遗留的残破建筑，以建造一座更像宫殿的宫殿。计划却遭到了激烈的反对，德高望重的僧侣们指出松赞干布时保留下来的佛教圣迹是不可唐突的。

布达拉宫分为白宫和红宫，红宫居中，为两侧的白宫簇拥着，颜色的区分很醒目，而色调却是和谐的，相得益彰，相映生辉。红宫里供奉着历代达赖喇嘛的灵塔，存有五世、七世到十三世的灵塔，共八座，每座灵塔的形制类似但规模却大不相同，最具代表性的是五世和十三世达赖灵塔殿。最豪华的是五世灵塔，塔高14.85米，由塔基、塔身、塔顶三部分组成，饰塔的黄金达3724千克，还镶嵌着各种珠宝。五世达赖的灵塔殿的享堂也是布达拉宫最大的，一切重大的佛事活动都在这里举行，西端达赖宝座上方高悬清乾隆皇帝御书"涌莲初地"匾额，门楣上部、殿堂四周、内院回廊绘五世达赖一生事迹、功业壁画，其中五世达赖进京觐见清顺治皇帝的壁画最为珍贵。十三世灵塔殿内的金塔耗用的黄金远不及五世，22万颗珍珠串成的珍珠塔却让所有灵塔望尘莫及。珍珠塔身用小珍珠串成底色，各式珍珠、宝石串成饰花、人物、动物在底色上凸显出来，艺术价值、经济价值都高得难以言说。灵塔殿东侧有717平方米的"措平夏司西平措"，是白宫最大的殿堂，殿内有34根大柱，是各类政教活动的中心和大典庆贺场所。北侧设达赖的宝座，清同治皇帝御书的匾额"振锡绥疆"悬挂在这里，四壁绘有精美的宗教故事和西藏历史人物壁画。布达拉宫的镇宫之宝是圣观音殿里的圣观音像，传说是松赞干布建布达拉宫时专门从尼泊尔请回来的，那是檀香木自然生成的观音菩萨。松赞干布时期的建筑称法王洞，松赞干布、文成公主、尺尊公主及吐蕃王朝大臣的塑像都是布达拉宫初建时期留下来的。

布达拉宫的墙体建筑别具一格。外墙由坚硬的花岗石砌成，四面向内倾斜，由上至下逐渐加厚。每道墙分内外两层，内侧的墙是竖直的，与向内倾斜的外墙之间填塞烂泥、稻草等隔热保温材料，也有说浇灌铁汁的，既坚固、稳定又保暖。有东墙角尖若刀斧，从东墙顶扔下一只整羊到墙底，羊已被劈成两半；西墙圆滑，从西墙顶扔下一个鸡蛋滚到下面完好无损的传说。传说言过其实，却也不是凭空编造。准确的位置是红墙南墙和东西墙的两个转角，它们在工艺上有很大的差别，工匠分别来自后藏和拉萨本地，但这种风格迥异的加工工艺现已失传了。

除了花岗石墙以外，布达拉宫还有白玛草（怪柳）墙、草坯墙、牛粪墙等独具高原风格的墙体。布达拉宫内部的装饰是富丽堂皇的。布达拉宫的最高处是金顶区，金顶共7座，是灵塔殿和主供佛殿的鎏金屋顶，屋顶上有许多鎏金装饰，每日里的阳光最先在这里燃烧。

此外，拉萨还有罗布林卡，被称为拉萨的颐和园，是历代达赖喇嘛处理政务和进行宗教活动的夏宫。

进出拉萨

北京飞拉萨贡嘎机场的航班以前要在成都停留一个小时，现已可以直达了，航程减少了2个多小时，3个半小时即到。成都、重庆、西安、上海、广州、昌都、尼泊尔首都加德满都都有航班飞抵贡嘎机场。民航班车进市区。

走青藏公路进拉萨要从西宁坐车到格尔木，格尔木到拉萨客车很多，坐卧都有，火车站对面有长途汽车站。走川藏公路冬夏两季不适宜，道路艰难，雨季有塌方，冬季路难爬。

去拉萨，走铁路乘火车，要从青海的西宁或格尔木出发。

食宿：拉萨的餐厅主要供应西餐、川菜和藏菜。西藏厨师的手艺主要来自尼泊尔和印度。藏菜主要是酥油、茶叶、糌粑、牛羊肉，配青稞酒和各式奶制品。

拉萨最大的自助旅馆是吉日旅馆。八朗学旅馆是藏式建筑的大型中低档旅馆。另外还有稍高档的雪域旅馆。可任意选择。

线路提示

和家人一起去拉萨游布达拉宫，首先考虑的不是游法，而是家人中有没有不适应高原缺氧，会产生高原反应的。高原反应微弱的无大碍，高原反应强烈的，一般还是放弃入藏为好。高原反应不在胖瘦、体质的强弱，而是呼吸的进氧量，习惯用小腹呼吸而不是用肺呼吸的就无大碍，因为这种呼吸方法进氧量大，检测的方法是呼吸时看是胸动还是肚皮动，胸不动肚皮动就对了。其次是，最好是坐飞机到拉萨。时间短，安全系数高。乘火车，时间比较长，大部分时间都耗在了路上。其三，到拉萨后不要剧烈活动，尤其是不要跑步，上楼梯悠着点劲，睡一晚，基本就适应了。再有，在拉萨不要贸然洗凉水澡，以防感冒，真有感冒的反应，立刻找医生。

游布达拉宫，时间不会很长，一般2个多小时。在里面，不是随意游的，有固定的路线，听从安排，不要随意乱走，在里面迷失，会有很多不必要的麻烦。出来以后，路过藏胞的工艺品摊，没有相中的工艺品和商品，不要问价，更不要砍价，砍了价就要买，这是对人的尊重。

在布达拉宫前的广场上，有可能会碰到兜售小工艺品或拉小提琴的妇女和孩子。手里要备些零钱，一元两元的，不想买就不要好奇，也不要故意施舍，他们很看重自己的尊严，对不买商品的施舍很反感，尽管是兜售，他们要的是平等的交易。

游拉萨，布达拉宫、大昭寺、八廓街都应该去，离得很近，走就能走到，一天时间可以走下来。罗布林卡，坐三轮车就可以过去，游览时间也不会很长。搞得宽松点，总共两天时间就可以了。

对藏文化比较感兴趣，又有时间，可以租房住在拉萨，月租是比较便宜的。

游拉萨，6月和秋季比较好。6月的雨，晚上下，日间停，空气极好，景色也美。

避暑山庄

冬季，落一场大雪之后，承德的山山水水全被染白，此时，在南部居高向山怀里的避暑山庄眺望，十人里得有九人为眼前的壮美惊叹。这里的宫苑和寺庙建筑与北京的大不相同，栗红色和白色的几何体建筑色块，在遍是皱褶的苍白山峦间显示的不仅是威仪，不仅是肃穆和庄严，还有一种对皇家建筑传统的挑战精神，它和平日游历避暑山庄的感觉不一样，宫苑的空间已被凝缩了，外八庙被突显了出来，原本的皇家金碧辉煌的传统宫殿、楼阁、亭台在中轴线上秩序井然地为环围的另类辉煌做着陪衬，而从平地跃上山腰的曲折宫墙则像苍茫山野间的一条不肯僵睡的长蛇。承德避暑山庄是清王朝独有的，它不是文化的纯粹，却是纯粹的清王朝式的对中华文化的兼容并蓄。

承德避暑山庄始建于康熙四十二年（公元 1703 年），完工于乾隆五十五年（公元 1790 年），是北京颐和园的两倍大，占地面积 564 万平方米，是现存全国最大的园林。因这座庄园式的皇家园林，才有了承德这座城市，才有了说着一口老北京话的承德市民。它有多种称谓：口外离宫、承德离宫、热河行宫、清王朝第二政治中心。余秋雨称其为一个王朝的背影。园内可分为宫殿区、景苑区两大部分，而景苑区又可分为湖区、平原区、山区。外八庙也是它的有机组成部分。

宫殿区在避暑山庄的南部，沿中轴线，第一座建筑是丽正门，之后是外午门、内午门，进内午门后是正殿澹泊敬诚殿，那是专门举行节日庆典、重大仪式的地方，正殿后面是一座 5 间大殿的四知书屋。四知，取《周易·系辞》"君子知微、知彰、知柔、知刚、万物之望"意，系皇帝在参加大典前后的更衣休息之所。正殿之后，皇帝的寝宫是烟波致爽殿，也叫西暖阁。正殿的东侧建有松鹤斋，供太后居住的，松鹤斋内有畅远楼。

湖区在宫殿区和平原区之间，总称塞湖，现有七湖八岛。湖区东北角有热河泉，水冬季不结冰，湖中的金山岛，是石岛，取镇江金山的意境。岛上主体建筑是上帝阁，山上平台有两座殿堂，还有月牙形的芳洲亭以及爬山廊等建筑。月色江声岛上有门殿、静寄山房、莹心堂等建筑群。如意洲岛是湖区最大的岛屿，有"无暑清凉""延熏山馆"主体建筑群和"水芳岩秀"殿。岛西北有仿沧浪亭而建的园中之园沧浪屿。

平原区在湖区北面的山脚下，有文津阁、万树园、试马埭、永拓寺遗址等景。

山区在避暑山庄的西北部，面积约占全园面积的五分之四，山峦起伏，沟壑纵横的地理形胜中点缀着不少楼堂殿阁和寺庙。自北向南五条大的峡谷，五峡中原有建筑40余处，现在仅残留遗址了。山区的最高处是"四面云山"，有亭建在拔地之峰上。站在亭上可观棒槌山、蛤蟆石、天桥山。北枕双峰亭和南山积雪亭之间的山鞍上有一座庭院，园南篱笆墙内有殿三间，园内枫多叶茂，额题青枫绿屿。

避暑山庄的整体建筑求朴求雅求自然，青砖灰瓦不施彩绘，与周围的苍茫辽阔相得益彰，而外八庙却气势宏大、富丽堂皇。外八庙的外不是针对避暑山庄说的，而是针对古北口说的，它们均在古北口之外。也非八座寺院而是11座寺院，但分属八座寺庙管辖，是仿造西藏新疆的喇嘛寺庙风格，融合了汉宫殿建筑特点而建造的，建造的目的是笼络西北、北方少数民族，巩固全国统一，也确实起到了维护民族统一的作用，因而有"一座喇嘛庙，胜抵十万兵"之说。

进出承德

坐火车，从沈阳、锦州方向和经北京都可以到承德。

公路：北京、天津在旅游季节都有直达承德的旅游班车，平时也有固定班次的长途汽车。北京发往承德的班车在四惠站。

承德市内交通：市内的小公共线路很多，坐小公共就可到市区各景点，到避暑山庄和外八庙都有公交车。

食宿：承德菜以塞外宫廷菜为代表，以山珍野味为主，兔肉、鹿肉、山鸡肉、狍子肉几十元一大盘（但受保护的动物严禁食用）。小吃中的蒲棒鹿肉、香烹鹿肉串绝对是地方特色。传统风味小吃有煎碗坨、烙糕、荞面饸饹、鲜花玫瑰饼、平泉羊汤等等。另外，大清花饺子馆的饺子也不错。

住宿：高档的有盛华大酒店（四星级）、绮望楼宾馆、新华饭店、易园宾馆。相对便宜实惠点的酒店有浦都宾馆、塞北宾馆、中银宾馆。

线路提示

游承德避暑山庄有两种游法，一种是泛泛地逛景，一种是有目的地探寻。说白了就是粗逛和细赏。粗逛，两三个小时就够了；细赏两天未也必赏得完。

避暑山庄容易给人一种错觉，没什么大意思，尤其逛过北京颐和园的，对比之下更觉得没什么大意思，不就是湖不就是柳不就是亭台楼阁嘛！它的古朴淡雅不求奢华容易造成这种错觉，比之江南私家园林它缺少空间的紧凑，比之北京皇家园林它缺少皇家园林的奢华富丽，尤其缺少皇家的霸气和宏雄壮伟，康熙乾隆咏景诗也好，题的匾额，起的景名也好，都是忽悠，酸文假醋。而细细地品读，会发现，它的造园艺术成就是很高的。虽然康熙乾隆时代的很多名景都不在了，成了废墟，成了遗址，但从文化遗痕上还是可以想象得到当年的意趣风韵的。在游的范围上，也是有不同选择的，粗游的一般就是湖苑区，山区大部分都不考虑，现在有环山电动车了，大致有3个点可以停留观光，一是四面云山，二是万米长城（围墙），三是青枫绿屿。一般的旅游家庭，宫殿区、湖泊区再加上乘车环山游，也可以了。对园林艺术有特殊爱好的家庭，请个导游，走得细点，会有很大收获。徒步环山游，没有导游，会有点麻烦，容易迷路。

游承德避暑山庄也是读史。一座山庄，半部清史，从康熙盛世建园，到晚清签订卖国条约，大清王朝的一半政治生活都是在这里演绎的。叩问历史，木兰围场就不能不去看看，但建议去木兰围场还是找家旅行社随团去好，对家庭来说，交通不太方便。

承德的外八庙，全都游到，当然好，时间不宽裕，选择有代表性的，也不为遗憾。普陀宗乘之庙被称为小布达拉宫，须弥福寿之庙仿的是日喀则的托什伦布寺；普宁寺中有全国室内观音雕塑高度之最的千手千眼观音像，都值得一去。在承德城里的游览日程，可以安排2天，也可以安排3天。

去坝上草原也就是木兰围场至少是两天。

异域风情的诱惑——边城之旅

满足对异域文化的好奇心，开放的边境城市、村庄、地区是重要窗口；边境居民的生活与环境，边境的山水，都有着很神秘的色彩。神秘就是魅力。

黑河

　　黑河黑龙江对面是阿穆尔州布拉戈维申斯克。这座俄国城市，1858 年以前叫海兰泡，瑷珲城曾建在那里，后来瑷珲城移到了江的这一边。黑龙江这一边的瑷珲城现在只是黑河的一个镇。

　　黑河是中国首批沿边开放城市，它不仅是东西方文化的交汇点，市内还居住着31 个少数民族，是一座别具民族风情的城市。市内爱辉区建有瑷珲历史陈列馆，展陈介绍有中俄关系演变史。在爱辉区西郊建有五道豁洛影视城，那是我国唯一的以俄罗斯风情、边疆史等题材为主的影视基地。黑河市区的江滨公园是沿江修建的带状公园，西起黑河码头，东至大黑河岛桥，在长达 3 公里的地段上，分设了 3 个文化园区（历史文化园区、中西文化园区、科技文化园区），江岸江水秀色和在江里荡舟游泳的俄罗斯人在隔岸布拉戈维申斯克的衬映中传递着快乐和安宁，19 世纪末沙俄制造的海兰泡和江东 64 屯惨案，在人们的脑海中已经成为历史。俄罗斯的姑娘们在黑河市的各大宾馆饭店夜总会里打工，跳俄罗斯风情舞。大黑河岛商贸

黑河

城里，价格低廉的俄式相机、望远镜、手表、军刀、木版画、桦木雕刻、套娃很刺激内地游客的购买欲，各类皮货更是内地游客爱不释手的商品。

　　中国人不只是在自己的城市里、在黑龙江的分界线上与俄罗斯人相会，还可以过境到布拉戈维申斯克逛逛，想走得远些也可以，2 日到 7 日的俄罗斯风情游，黑

河的各大旅行社都可以安排。

黑河市的最主要游览点是爱辉区的大黑河岛和爱辉镇的瑷珲古城。

进出黑河

哈尔滨至黑河有列车相通，每日三班。从黑河火车站到市区乘中巴。

黑河机场每天有一班飞机飞往济南。

餐饮：黑河的饮食以东北菜为主，多用炖煮，大马哈鱼、皙罗鱼、细鳞鱼精心烹制出的菜是不可多得的美味。受俄罗斯影响，市内多俄罗斯风味餐馆，扒鸡、肉排、奶油肉饼颇受喜爱。

住宿：作为中国对俄罗斯的重要的旅游和贸易口岸城市，宾馆饭店旅店等配套设施是比较完备的，高星级酒店到一般旅社，可随消费需求和经济条件任意选择。最好是住市中心，方便。淡季门市价是可以打折的。

线路提示

1. 旅游的时间最好选择夏季，如果不是特别想看雪景的话。关内的人对东北冬季室外气温的适应能力比较差，尤其是老人和孩子。

2. 出境旅游，要把自己和家庭交给旅行社，尤其是出境长线游。

3. 目的是出境游，除身份证外，一定带着护照。护照是在自己所居住的城市办理的。

4. 黑河旅游至少安排四天的日程，第一天市内江边、大黑岛，第二天瑷珲古城。城内有瑷珲历史陈列馆、清代魁星阁、萨布素公园、将军府等景点。这是座抗俄斗争的历史名城。距黑河市区不是特别远，坐公交车或专线车即可到。登魁星阁可望十里江景。第三天第四天出境两日游。时间充裕的话，还可考虑安排周边景区景点游览，如到90公里远的新生乡体验体验鄂伦春族的民族风情，到五大连池火山公园看看火山喷发留在那里的旷世奇观。

漠河

漠河是在清朝兴起过淘金热的地方，地处我国最北端，在黑龙江上游，与俄罗斯伊格纳斯诺隔江相望，是我国唯一可以看到极光的地区。

地处北纬53°28′，在黑龙江南岸的漠河，是冬季我国著名的长夜城，下午4点便已夜幕低垂，尤其是冬至时。到了夏季，则反过来，夏至前后，黑夜几乎消失，21点左右，太阳才落山，接着是长长的明亮的黄昏，一直延续到午夜，次日3时，太阳又从地平线上升起，几乎是朝霞与晚霞同现天空，这种极昼的现象使之又有了"北疆不夜城"的称谓。

漠河，最诱人的是极光。那是一种辉煌瑰丽的彩色光象，或呈带状，或呈弧状，或呈放射状。这种光象只有在高纬度地区才能出现，是由太阳发出的高速电粒子激发了高层空气分子或原子而发生的，这些高速带电粒子因地球磁场作用而折向南北两极附近，要么是南极，要么是北极。在我国最北、北纬度最高的漠河就幸运地成了我国唯一能出现极光的地区。但去漠河的游客未必是幸运者，极光出现次数的多少与太阳活动的强弱有关。北极和北疆特色就成为最实惠的卖点，北极村、北疆第一哨、中国最北点、中国最北人家、北疆第一邮等等都因蒙着一层神秘的面纱而具有了诱惑力。

漠河的主要游览地是北极村。北极村的名字是为吸引游客而改的，它的本名是漠河村，全村人家不足250户，人口不到千人，住宅大部分是砖瓦平房，尚留着一些"木刻楞"式的小木屋。村北所有，都冠以最北的称号。村内最北的人家叫最北人家，三间房屋，背北面南，院门开在东边，屋前有菜园，这菜园是最北的菜园，居住的木刻楞房是最北的木刻楞房，家里的厕所是最北的厕所。村里的邮局、商店、宾馆，只要在类别上没人跟它争，也都是中国最北的。但这里是否什么都为最北，是有争议的，就有较真儿的游客，经实地探查，提出最北另有其地。但对绝大部分游客来说北极村和漠河边防哨所确实是最北了。这里在夏至前后，能20个小时看到太阳，夏季的时间只有半个月左右，日间最高温度也只有20℃，体验极昼现象，在这里最理想，最适宜；这里最平常的村舍、街道、土地，都因在极昼的环境里而有了不平常的意义。游客还可以在这里乘游船游览江界和江岸风光；到村边的边境瞭望哨所碰碰运气，看能不能被允许登上哨所的瞭望塔，用高倍望远镜观赏对面的俄罗斯风光，在哨所的野生罂粟园和神州极碑拍拍照什么的。碰到北极光的概率并不高，巧遇到北极光的游客肯定是最幸福的游客。在最北的邮局里，给亲朋好友或干脆就给自己发一张明信片，那感觉很浪漫。在冬季，看太阳只在地平线上悬着，死活不肯升上中天，且悬挂的时间又很短的感觉也会是很奇特的。

距漠河乡2个小时车程，漠河乡之西，有洛古河村，那里是黑龙江的源头。源于蒙古的石勒喀河，与源于我国大兴安岭西坡的额尔古纳河在洛古河村合流。此村不比北极村更北，却是饶有特色的三水交汇的北疆风光。

出金矿的是胭脂沟，位于漠河县金沟林场。清政府负责在这里开采金矿建立矿窑的官员叫李金镛，这是个传奇人物，在边境争端中屡建奇功。漠河金矿是由鄂伦春的一个老猎人发现的，他葬马掘穴得金，大出意外。消息传出，不少俄国人跑到漠河老沟偷采金矿。相继又有朝鲜、德国、法国、美国人跑来加入掘金潮。李金镛驱走了占据金矿的俄国人，整顿后的金矿于1889年开业。皇帝颁旨表彰他，事迹在国史馆立传，漠河和他的原籍无锡均允建立祠堂。矿区现存李金镛祠堂遗址和5国的500座妓女坟。

漠河县兴安镇的黑龙江江心古城岛上曾是著名的雅克萨战役的古战场。雅克萨城是在清顺治元年被沙俄政府强占的，那时被强占的还有尼布楚。康熙年间，清政府决定派兵出击收复失地，1685年，雅克萨城侵略军头目托尔布津举起了白旗，带领属下到清营投降。该城是土夯墙，南北长200多米，现仅存遗址。

进出漠河

漠河的主要游览地是北极村。去北极村，可由哈尔滨或由齐齐哈尔市乘列车到漠河县城火车站再打的过去。漠河县城到北极村80公里，有大巴车，每天一班或三班车，是随季节和游客情况变化的。乘火车也可先到加格达奇，然后再转乘列车到漠河乡，速度很慢，加起来20多个小时。

旅游季节：家庭旅游的最佳季节是夏季。漠河太冷，冬季最低气温曾到过-52.3℃，冬季日常气温也在-30℃～-40℃之间。漠河的冬季时间长得超出想象，有7个月之说，也有10个月之说，夏季只有短短的2个月或者说半个多月。除了冬季，这里是春是夏是秋只有凭感觉了。

饮食：漠河属于大兴安岭地区，不受保护的飞禽野味和菌类是特色食品。鲜鱼、猴头蘑、山野菜味道极佳，禽肉类多用于做汤。

住宿：漠河县城里有二三星级的宾馆，也有一般旅馆。北极村中有北极山庄度假村，收费高。

线路提示

观赏体验极昼的漠河比观赏体验冰雪封冻的极夜的漠河好。冬天过去，防寒的衣服必须准备得特别充足，一般的棉大衣长夜不行，鞋要厚毛皮靴，袜子还要穿好几层，别说南方人，就是沈阳以南的北方人都要拖很重的行李。身体适应上的难度很大，对一般的家庭旅游者不合适。而夏天则是很滋润舒服的避暑之旅。当然，带薄了带少了衣服也不成，十几度二十几度的气温在关内地区也是冬季气温啊。

年轻夫妇，有看冰雪风景的热情，有体验天寒地冻的勇气，冬季去是可以的。

住宿最好是住在北极村内。看景，一天足够，甚至两三个小时就够（不算路程），但享受风景，这个时间就短了，至少是住一宿。往县城来回地跑，费用高还得舍弃坐地才能感受体验的内容。昼夜交替时的奇异自然景观，只有住在北极村才能无遮无拦地欣赏到。县城再小，它也是县城，钢筋水泥建筑物的遮挡使自然之美失色。

若无幸遇到北极光，也别指望当地景色会有什么惊心动魄的表现，满足猎奇心理方面则是不会差的，毕竟是祖国极北的边陲。思想上要有足够的准备，期望值不是太高，反而容易获得惊喜，没有惊喜也有满足。如能与当地人交流，深入了解他们的生活和心理，也是一种收获。

漠河景观主要都在黑龙江边上，江对岸俄罗斯风光可望而不可即，中国最北点、神州北极广场、中国最北人家是包装，也确实是融进了浪漫的真实的诱惑，既然去了就不要放过，能多去几个地方就多去几个地方，洛古河村、胭脂沟、雅克萨城会让平淡的人生多一些阅历。漠河旅游是高消费之旅，最方便的是包车，而包车的费用会很高。进北极村也要花钱买票。赶上旺季，游人多，接待能力有限，所有价格都会抬升，还未必想花钱就能买得到。

满洲里

不到国门，就不会有国门下那种对神圣的深切体验。国门，不是一般的景观，简素却庄严的一横两竖的几何体巨型建筑物上，中华人民共和国七个鲜红的大字和耀眼的国徽，激荡起的是澎湃的爱国情怀。与俄铁路接轨的中国铁路，从国门下通过。国门对面，是苏联国门，CCCP四个硕大的金色字母，印记着邻邦曾经的脚步。两国铁轨的轨距是不一样的，俄国人用的是宽轨，中国则是标准轨。

满洲里是一个边境小城，与俄罗斯的外贝加尔斯克相望。宁静的城区里，可感受到两国文化交融的气息，在街上想看看俄罗斯人的模样，不是难事；在满洲里国际饭店对面的西餐街上品尝俄式大餐，味道比北京著名的老莫纯正得多。国门内不远处的中俄贸易市场，距中俄边境线40米，深入我方境内200米，宽500米，是俄罗斯人、中国人都爱去的地方。交易市场很大，有广场摊位，也有商贸大厦，整体是封闭的，设有贸易区、管理区、服务区、免税区和游乐区，并设海关联检机构。

在满洲里的街头，建筑的色彩会深深吸引游客们的目光，尤其是俄式木刻楞房，这是极富雕塑感的建筑，房顶人字坡的铁皮房盖多漆成红色、棕色、紫色，墙体多采用黄色，房檐、窗檐、门檐的木板雕刻多漆蓝绿等色，色彩冷暖对比强烈，墙体质感对比也明显，墙裙之下用石料，抹水泥，中间墙壁用粗圆的长木叠罗，或用宽度不等的长条木板钉就，上部"三檐"以木材为主，重雕饰和彩绘，是实用性很强又富于色彩变化，将质朴、俊雅、高贵融为一体的艺术品，人称立体的艺术彩雕。

满洲里市区北部有截霍尔津河（小北河）河道蓄水成湖的北湖公园，东部一道街二道街之间有红军烈士公园，市区的东北部有一道土壕从俄罗斯境内蜿蜒而入，这道土壕不可小视，它是长达700多公里的边壕，盘桓在中、俄、蒙三国边境上。如此长的边壕在史书上没有记载，1864年俄国贵族克鲁泡特金公爵到我国边境游历，考察后称其为"成吉思汗长城"，1923年出版的《呼伦贝尔志略》则称其为"兀术长城。"

满洲里周边的景点主要是呼伦湖。呼伦湖是中国的第五大湖，与贝尔湖并称姊妹湖，周长447公里，盛产水獭，呼伦便是从蒙语水獭音转译而来。它也叫达赉湖，湖区主要景观有呼伦日出、呼伦蜃景、乌兰泡鸟国、成吉思汗拴马桩、虎啸呼伦、乌兰布冷玛瑙滩、象鼻山等。

呼伦日出是与众不同的。

常出外旅游的家庭，对水上日出日落的景观并不稀罕，呼伦湖日出的特色是日出前霞光中远方天空、草原、湖水有熊熊燃烧的感觉，太阳跳出湖水后湖面上金光闪烁中有披金的群鸟俯冲翻飞鸣叫觅食的动人场面。呼伦日出在冬夏两季也不相同，冬季的呼伦日出是冰上日出，扁红的太阳被冻住了似的，那景象也像银盘托日。

呼伦蜃景，就当是传说吧，碰到是很不容易的，若真碰上了，肯定与沙漠、戈壁、海洋蜃景大不相同，那是草原的特色，牛羊群、马群、毡包、古庙、勒勒车、翠峰密林、青青草原……它们可能是飘游在空中，也可能是在地平线上时隐时现。

乌兰泡，蒙语称乌兰诺尔，是系在呼伦湖和贝尔湖之uj乌尔逊河这条银带上的碧珠，广达70平方公里，是湖泊，是湿地，是珍禽候鸟生态保护区。春季以后，人们在这里听到的是鸟的奏鸣曲，各种各样的鸟叫声很动听，很悦耳，千百只鸟儿飞起飞落，那种壮观很让人惊叹不已。

观鸟赏鸟不需要赌运气，只要肯到乌兰泡去，随时都有机缘。成吉思汗拴马桩更是随时可赏的景观。呼伦湖西陡崖峭立，一高10米左右、周长15米左右的柱石突兀而立，上细下粗的柱身，纵横交错的石纹使之颇具剽悍粗硕雄奇的阳刚之美，把它说成是成吉思汗的拴马桩，那无疑是在说成吉思汗是神，他的马是神马。那得多长多粗的缰绳才能把马拴在那擎天石柱上啊？那里的陡崖激浪是一道胜景，崖顶有观湖亭，可望拴马桩。虎啸呼伦是大自然赐予的岩、水胜景。它位于呼伦湖北岸。北岸陡立在湖岸的石崖中有一巨石如张着巨口的猛虎向湖咆哮，人行其下，虎口如凉棚巨伞，只不过这伞太凌厉陡峻了点，让人望而生畏。南望大湖，若非风和日丽，定排浪涛天，以震天撼地的气势咆哮着冲撞过来，在陡崖怪石上撞击出银柱飞花，巨石压顶下，是湖沙的陷阱，冷峻而恐怖的刺激，反倒让游人深情地眷恋。

乌兰布冷玛瑙滩的乌兰，蒙语为红色的；布冷，是布拉格的音转，意为泉。红色的泉乌兰布冷是呼伦湖北岸与呼伦湖相连的一个水泡子的名称，此泡的西南部山坡上有一个常年流水的泉眼。在乌兰布冷一带，多玛瑙石，散落在花草丛中，五彩缤纷，草原路也被车碾轧成斑斓的五彩路。五彩路是美丽的草原路，草原路上、花草丛中还能捡拾玛瑙，那种浪漫而充满情趣的诱惑，要多诱人有多诱人。

象鼻山就不用多说了，像大象鼻子的山嘛。不知是人工还是大自然的鬼斧，将深入湖中的山崖透穿了一个豁洞，使山崖像卧滩探鼻吸水大象，洞壁齐整，夏季可纳凉，常有人在此长竿垂钓、湖水煮鱼。

进出满洲里

从北京有到满洲里的火车。若乘航班，先到呼伦贝尔市东山机场，这个机场很小，只与北京、呼和浩特、锡林浩特通航。机场距呼伦贝尔市区7公里。哈尔滨、包头、呼和浩特也都有通呼伦贝尔的火车。呼伦贝尔有长途班车通往满洲里，在海拉尔区长途客运站乘车，站在呼伦贝尔火车站附近。

食宿：呼伦贝尔大草原所产的羊，肉质鲜美，各种手法烹制的羊和羊肉食品都是不错的美食，尤其是手扒羊肉，它是草原牧民最常用和最喜欢的，也是招待客人必不可少的。对外地游客来说，平时不喜食羊肉的，只要尝了手扒羊肉，就爱不释口，肉鲜而不膻，肥而不腻，吃时一手拿肉，一手握刀，剔、卡、挖、割，食法有趣，肉味又鲜美。是有调味料的，不用调味料，白着吃，只要有咸淡，照样香。

俄式大菜也是满洲里的特色美食，罐焖牛肉、杂瓣汤、酸菜汤、奶油山鸡脯、鸡排、酸黄瓜……吃着能上瘾。这里的食物特产是结球甘蓝，俗名大头菜，早年由俄罗斯引进。还有心里美萝卜，可与北京的心里美一比高低，色美、质脆、味甜，营养丰富。就在当地吃，别往回带，太沉。

住宿方面，满洲里有星级饭店，普通旅馆当然也是有的。边贸旅游城市，住宿不会成问题，但安排住宿，要和游览线路结合在一起考虑。

线路提示

满洲里是呼伦贝尔市的一个市，这是不能忽视的一个概念。一般的旅游者都是慕着呼伦贝尔大草原的名儿，捎带脚地去一趟满洲里。从呼伦贝尔去满洲里，一路都是大草原，草高草密草绿，河流在草原里曲曲弯弯，闪闪亮亮，看着过瘾，还一个劲猜测，深入到草原里，会不会遭遇野狼。

计划去满洲里，一定不会放过呼伦贝尔大草原的。

满洲里市区和国门、中俄贸易市场的旅游，可以自行安排，城市不大，总体时间，一天足够。这一天应该是跨夜的，抵达，安排住宿，参观、游玩、购物，第二天下午离开。

在满洲里市内游逛，别忘了上一趟连接铁路南区和北区的天桥。天桥自身没什么引人入胜的，但在天桥上驻足，可遥望市区西部9公里外的俄罗斯境内的白房子和满洲里市区风光。国门和中俄互市贸易区您肯定是要去的，以货易货的交易方式也许能给您带来不少富有情趣的体验，不然到满洲里干吗来了！其他景点，随着心意安排。木刻楞房主要分布在道北头道街、二道街和三道街，代表性较强的有北区天桥下头道街木刻楞群、西二道街103号。喜欢建筑的，市南区铁路俱乐部南侧的铁路医院也值得看一看，那是俄国人设计的哥特式建筑，整个形体以垂直线条为主，尖尖的顶上建筑小品，券顶的长条门窗形成的对比很有趣味，内外装修富于雕饰性，构思巧妙，图案精美别致，值得一品。

注意晚上别出门，夜里街巷冷清，有安全隐患。只是好奇而不想买的东西别轻易张嘴问价，想买的砍价别不着边际地乱砍。

在满洲里可以到对面俄罗斯后贝尔加尔斯克看看，旅游手续简便，当天就可以办理。日程有1日、3日、5日。若去，当然是找旅行社喽。

把呼伦湖计划在日程里，2日以上日程最好是把全家交给旅行社。呼伦湖距满洲里市区45公里，单日游，只是到湖边，吃一顿鱼宴，能看湖，但精彩的看不到。还有达赉湖饭店的蒙古族风情表演，人少了未必肯提供这种服务。去湖边，边贸市场门口有车过去。既然来了呼伦贝尔，为什么不把自然的、人文的精彩尽悉捕获，以求一快呢！自助游，若没有车，交通上会有不便，景区寻觅起来也困难，随旅行社少了些自由，但多了保障，多了方便。二日游，可看草原日出，访问牧民，去湖西岸砾崖观光，奔乌兰泡观赏鸟类。三日游可早起从湖东岸绕行到乌兰泡、乌兰岗，住在贝尔湖，再从贝尔湖出发，在阿尔山苏木参观喇嘛庙，沿湖岸东行，游览象鼻山、成吉思汗拴马桩、乌兰布冷玛瑙滩。四日游，可在蒙古牧民家住一宿，看呼伦日出，沿湖岸东行游砾崖自然风光。

不愿拼团，只想自家单独旅行，线路和日程可与旅行社协商，整体价格当然要贵一些。

有条件能自驾车游的家庭，带一份呼伦贝尔游览图（最好是雇一名向导）。别忘了带指南针。别轻易离开路边向草原深处扎，容易迷路。昼夜温差大，别忘了带够换穿的衣服。

长白山地区

长白山地区，不是行政区划，是旅游区划，指吉林东部延边朝鲜族自治州、白山市、通化市。白山与延边交界的长白山是中朝两国的界山，也是图们江、鸭绿江、松花江的发源地。图们江和鸭绿江都是界江，图们江在朝鲜被称为豆满江，满语为万水之源的意思，流经的延边图们市珲春市都是图们江畔我国边境城市；而通化的集安，则是鸭绿江边的我国边城，它们与邻国都是一衣带水。

延边——滋心养目的边境生态区

国内，在大中小城市中，没见过朝鲜族舞蹈、服装、泡菜和冷面的不多。但有多少人敢说，对原汁原味儿的朝鲜族居住环境、生活方式、民族习俗很熟悉很了解的呢？朝鲜族的人文生态是诱人的，我国朝鲜族最大的民族聚居区的自然生态是醉人的，这个聚居区的名字叫延边朝鲜族自治州，位于吉林省东部，东与俄罗斯接壤，南与朝鲜相邻，区内满族的发祥地长白山是东亚大陆唯一有高山苔原带的天然综合宝库，主峰白头山多积雪和白色乳石，满语称之为"果勒敏、珊延、阿林"，意思是长长的白色山，原始森林密布，自然环境生态系统完整，生物种源丰富，山峰、林海、天池、瀑布、温泉景观独特。自治区内边境生态气质明显，州域广阔，在内驱车行走，心和眼会被同时滋养，滋养心神和眼目的，正是那自然的、人文的、自然与人文紧密相连而又融合为一的，可以称之为边境生态气质的东西。

安图红旗村，纯而又纯的鲜族村

延边安图红旗村越来越有名，越来越吸引游客，都因为它是不差味的朝鲜族民俗村，村内80多户人家全是朝鲜族。红旗村在距安图县城72公里，距延吉140公里，距长白山150公里的地方，为安图县万宝镇所辖，通往长白山的明东公路穿村而过。在朝鲜族民俗博物馆我们能看到的是图片、文字、收集来的实物，是静态的展示，红旗村则是实地、实物、实人、实景，一切都是活生生的。朝鲜民族喜食大米，擅种稻子，这里是货真价实的水稻之乡，所产大米色白如雪，油性大。在红旗村，可以随意参观朝鲜族人住的房子，可以住下来，过一过他们日常过的日子，品尝品尝非餐馆酒家的朝鲜菜，睡睡夏天不烧的火炕，看朝鲜族姑娘荡秋千、跳跳板，看朝鲜族男子射箭、打石战，在摔跤沙地上竞跤技，深刻体味朝鲜族的"三大三小"究竟是怎么回事。若赶上给周岁孩子过"抓周"，给60岁老人过"花甲宴"，那更是一大收获，分享着和睦和谐的朝鲜族家庭生活带来的喜庆欢乐，一定是家庭旅行生活的最大欢乐。诚心求教的话，兴许可能学到如何做打糕或跳朝鲜族歌舞呢。

珲春防川，一眼看三国

图们江发源于长白山东南部的石乙水，它好像生来就是做界河的：上游，界开我国和朝鲜，下游则让中国、朝鲜和俄罗斯隔河相望。流经的和龙、龙井、图们、珲春四市都是图们江江畔的边境城市。珲春在图们江下游中、朝、俄三国接壤地带，珲春口岸、沙坨子口岸、圈河边境公务通道分别与俄朝通货过客。

防川村距珲春市区75公里，系三国交界的鼎足地带，是我国从陆路进入日本海的唯一通道，中俄、中朝东部边界的终点。登望海阁——中国版图雄鸡鸡嘴位置上的观景阁，就可一眼望三国：左有俄罗斯边城包德哥尔那亚，右有朝鲜的豆满江市，日本海也在视野之中，否则此阁不会叫望海阁，不过能否看三国，能看多远，进深看多少，得视天气状况而定。日本海还在 15 公里外，俄罗斯离得近，能见度好的时候能看到捷洛斯基那哨所的巡逻兵、多利旗涅湖、塔尔密湖、车站、商店、医院、学校的建筑。横跨在图们江上的俄朝大桥不受气候的限制，天气恶劣时能见度也比较高，那是俄朝间唯一的陆路通道。

防川村属敬信镇，镇上的居民能收看朝鲜的电视节目，想必对方也一样。

界河图们江是上下落差很大的江，总落差能达 1200 米，上游山区河道异常弯曲，河槽宽窄不一，窄槽处仅有 190 米，而下游的丰水区水面能宽到 1000 米。在江上划船、游泳、滑冰，一不留神，双方边民就有可能过界，只要不上岸，边防哨兵就都睁一只眼闭一只眼了。在图们江畔，我国最重要的口岸城市是图们市，吉林最大的边境城市也是图们市。图们市的桥头国门高大宏伟，两国共管的图们江大桥自中部为界，我国一侧是红色，朝鲜一侧是蓝色，非常醒目。

长白山，火山喷发造就的人间仙境

长白山的传说太多太多，奇景成因的传说也是洋洋大观，但都改变不了一个事实：它是火山喷发造就的名山，而且是多次多种方式喷发造就的大型复式层状火山奇观。它位于吉林东南部安图、抚松、长白三县交界处，总面积达 200 余平方公里。天池是火山推举到空中的湖，众星捧月一样的长白 16 峰最高海拔达到 2749.5 米，这个高度和在青藏高原上同等海拔高度上的体验和感觉全然不同，它耸起在东北平原上，即便是从平均海拔千多米的"波状丘陵"上拔起，绝对高度也是惊人的巍峻。

长白山是国家 5A 级景区，风光风格多样而且个性鲜明，主要景观有长白山天池、长白山瀑布、天然温泉群、长白 16 峰、长白山大峡谷、锦江瀑布、高原冰雪训练基地等。

长白山天池海拔 2194 米，南北长约 4.5 公里，东西长约 3.5 公里。它的诱人它的令人惊叹叫绝，是长白水怪的离奇传说，是被举在天台上的凌绝多姿，是日常里云遮雾掩的神秘，也是云雾散时所显现的那种倒映群峰碧水与长空连为一脉的醉心的蓝。天池是嵌在长白峰巅间的蓝宝石，它蓝得纯净，蓝得深邃，蓝得华贵，这是无污染的湖，澄澈的透明度极高的湖，也是一泓深得超出了常人想象的湖，平均深度 2000 米。天池周围是空中花园。空中花园的命名和苔原的发现是连在一起的。中国科学院长春地理研究所的研究员黄锡畴先生在 1959 年夏到长白山考察时，穿越到海拔 2000 米以上的无林地带时发现了花海，他在细细地观察以后发现这里的花海不属于通常所说的高山草甸、高山草原，而属于极地苔原——植被上唱主角的不是草而是低矮的灌丛、地衣、苔藓。中国没有苔原的说法不成立了，长白山苔原很可能是中国唯一的苔原。苔原花海是绚丽的花海，毛毡杜鹃花像铺在苔原上的红地毯，牛皮黄杜鹃、黄罂粟、蓝紫龙胆花、松毛翠、长白乌头、纯白色的仙女木、球尾状粉心白球的倒根藜，或星星点点或成簇成片，装点出的画面，灵秀旖旎。长白山是立体的多维的生态画廊，而天池火山最有代表性，它是火山喷发形成的名山，有人形容它是一座被削去了锥尖的锥形的宫殿，在这座锥形的宫殿上你同时可以看到花海、火山岩、冰川谷、激流飞瀑和密厚的森林。

长白山中心景区是天池。天池为松花江、图们江、鸭绿江三江之源；天池之北的长白瀑布，为松花江之源，被天池和长白瀑布孕育的还有乘槎河。天池水是只出不进的，奇妙的是它从不减少更不会枯竭。莫非池底是海眼？

长白山密布的原始森林依山势高低层层不同，针叶林带阔叶林带亚高山岳林带各有各的秀姿神韵。天池温泉群泉眼数十个，水温最高可达 82℃。长白大峡谷在白山市抚松县境内，长达 70 余公里，谷底锦江激流，两岸怪石奇岩，茂密山林引人入胜，壮阔风光可与美国科罗拉多大峡谷媲美。

进出长白山地区

北京每天都有航班飞往延吉，淡季至少一班，旺季 4~5 班。长春、沈阳、大连往返延边的航班也比较多。

铁路：K216 图们——延吉——北京。K170 图们——延吉——沈阳。K166 图们——延吉——长春。K244 图们—延吉——大连。

延吉往延边各市县均有交通车。

特产：东北三宝：人参、貂皮（过去是。现貂为保护动物）、鹿茸。特色饮食：朝鲜族冷面、酱汤、泡菜、打糕。打糕有两种，一种是用糯米做成的，一种是用黄米做的，特点是香黏细腻、筋道可口。

线路提示

最佳旅游时间，秋季。延边春季干燥多风，夏季多雨，冬季寒冷，秋季最好。

长白山

在延边，一眼望三国的防川村应当去一趟，但自助游的家庭在游后心理容易失衡，到珲春后75公里的路程要靠租车。随团旅游要好得多，观赏项目和内容相对安排得比较丰富，车辆食宿都不用操心，节省不少时间，还可以从导游和司机那里了解到很多相关情况，掌握不少知识。图们市区离界河和口岸是最近的，交通也最方便，图们的中朝边境游，未必要找旅行社。

感受体验朝鲜族风情，当然最好是到红旗村，切忌走马观花，住上一宿深入深入。只是路况虽好，距离延吉有点远。在延吉待上一两天，尝尝延吉市里的朝鲜美食，观看一场朝鲜族歌舞，到布尔哈通河边转转，到龙井散散心，看看田园风光，亲昵亲昵海兰河，再去红旗村，住一宿后直奔长白山就此较完满了。

关内的人直接去长白山，乘机先到延吉机场。乘火车，北京始发的K215次敦化站下，从长春乘车N166次敦化下。敦化转乘汽车至二道白河镇。

铁路：白河站距长白山景区最近。长春N188次列车到白河，通化4241次列车到白河。

公路：从延吉走202省道到二道白河镇；从敦化从通化走201国道到二道白河。

登长白山线路：

传统的是从北坡登山，也有从西坡登山的。

北坡登山，从二道白河镇出发，坐公交车或打车到山门。这之间有 30 多公里的路程，一般家庭出游，步行是不可能的。到山门后购票，要购两种票：一是进山门票，二是专线车票。长白山和所有名山一样都是高消费区，这钱没法省。到山门，所有的非景区车辆就都不能进入了，而往下走，还有 20 公里路程。乘专线车，走到岔路口，可有两种选择，一是乘倒站车上天文峰，从峰顶俯眺天池和池边群峰，运气好，天晴气朗，收入眼底的是刻骨铭心的壮观，大多运气不好，夏季里，云锁天池是常见的情况，看天池真容很难，要有思想准备。坐倒站车上天文峰只要20 分钟，遇大风，会心惊肉跳，要有安全意识，听从工作人员指导，保护好自己，尤其是下车观景的时候。另外一种选择是步行或乘专线车去瀑布、温泉方向，3 公里的路程到温泉停车场，购门票进入景区后翻越两座小山即可观览落差 68 米的长白山瀑布，欲上天池，上行登天池长廊登山路。上到天池的时间，视体力情况，年轻的体力好的不到一小时。此处登天池，可在天池游泳，安全是有保证的，不会让您下到 2 公里深的池里去。此处是平视天池，壮观的效果差得多。下山回到停车场后，可在饭后洗个温泉浴，回返二道白河镇时，顺便游览峡谷浮石林。

从西坡登山，要先到长白山西侧的松江河镇。吉林和长春都有旅游专列到松江河。登山也要先乘车进山到山门，登山地在海拔 1200 米处。西线途中可观赏原始森林、双梯子河、锦江瀑布、长白山大峡谷、高山苔原（空中花园）、老虎脊，沿千层台阶登顶俯眺天池和天池 16 峰。西坡景点较分散，松江河镇和二道白河镇的旅行社都辟有长白一日游线，北坡、西坡的景观都兼顾到了，因此是可以考虑随团游长白山的。

注意事项：

1. 住宿的选择：景区内山门附近，倒站车岔口附近，温泉停车场附近都有宾馆、山庄，但门市价格很贵，尤其是旺季。好处是上山游览方便，时间从容。一般的游客，特别是工薪族游客宜选择二道白河镇，各种档次的住宿服务设施都有，贵贱由己。进山也不是不方便，乘公交车进山，或打的，省了房钱，吃饭还省呢。

2. 自助游的家庭上山水要备足，厚衣要带，天池上与山下温差大，气候也多变，衣服考虑不周要受凉，水不带足，渴了会有水补充不上的尴尬。有卖水的，贵。

3. 自助游要带食品，晚饭可回到住宿地好好吃，在山上工薪层免挨一刀为好，如经济富裕，另当别论。

4. 游览长白山季节的选择也要掂量。夏末秋初最好，但空中花园和如锦繁花这时是看不到了，高山苔原上的花过季了，而繁花似锦时雨又多，亲睹天池秀貌的概率非常小，很矛盾的事，只能说，您最想要什么？

5. 周六周日人多车多，平日里可能会碰到无车进山的尴尬。家庭旅游者到长白山后，除了选好住宿地，最好是与当地旅行社联系，是拼团，还是自家小包价，可与旅行社商量，几十公里进山路没车是不行的，旅行社是连车带游览一揽子解决了。

6. 喜欢滑雪的冬季去长白山，高原冰雪训练基地有完备的餐饮、住宿、娱乐设施，有高山滑雪、越野滑雪、速度滑冰等各类训练场十几处，雪深1.5米左右，雪厚，雪景雪质都是亚洲一流的。

丹东

走进丹东，会立即喜欢上这座城市。城市的建筑很现代，很时尚，街面并不宽，但它没有挤压、拥堵、让人喘不过气来的感觉，尤其鸭绿江江滨那一带，很得小资的舒泰和自我满足感，待在那，怎么都觉着好。

丹东坐落在鸭绿江江畔，黄海之滨，与朝鲜新义州市隔江相望。

丹东拥有国家旅游局特许经营的过江赴朝旅游这一特色产品，拥有鸭绿江风景名胜区、天桥沟国家森林公园、凤凰山、大孤山、虎山长城，是我国最大的边境城市。

风景如画的鸭绿江江滨

站在鸭绿江江滨，随处可见卖打糕的，卖朝鲜香烟的，卖皮货的，架着几十倍望远镜供游客瞭望对岸景色的……小生意和江面吹来的风一样，带来的是一种浓烈的边城气息和味道。平静、宽阔、水色微蓝，像天空一样澄澈的鸭绿江美得让人心醉。不想干什么，就想手抚着栏杆面对着江静静地欣赏。左手边是钢铁断桥，是鸭绿江大桥，是国门公园，可以买票上去，但未必一定要上去，就在江滨的广场上看断桥，贴近了瞧，走远了瞧，瞧出历史的感觉来，瞧出半个多世纪的时光浓缩在同一空间的感觉来。大铁桥是被侵朝美军炸断的，是不是美军的轰炸机炸断了它时就是这个样子，没有人能告诉，它坚定地横架在江面上就足够了，那是一段永远活着的历史，活在中朝两国人民心中不容忘记的历史。

不是发生特殊的情况，跨过鸭绿江到对面的朝鲜城市里蹓跶一圈并非很难的事，当地的旅行社组织这样的旅行驾轻就熟，手续并不是很复杂。封关了，旅行社仍然跃跃，上了他们的车，沿着江边向东北，走出几十公里，在江边的一个码头停下来，走上码头的小快艇，就又看到一座断桥。导游告诉你这是当年志愿军渡江去抗美援朝的地方，桥端的一个小广场上塑着彭德怀元帅的像，毛岸英住过的房子就在江对岸，一直没有改变样子，它旁边现在是朝鲜边防军哨所。快艇驶到江心，对岸朝鲜人的村庄、城市、医院、山坡近在咫尺，洗菜洗衣的朝鲜边民，在蜿蜒小道上行走巡逻的朝鲜边防战士，都看得清清楚楚，他们对快艇上的中国游客一点好奇心都没有，司空见惯，习以为常了，倒是初来江界旅游的中国游客显得很激动，总想扬扬手表达同志加兄弟的情义。回程中，陆路上的界碑旁留个影，向中国边防战士表示表示敬意，在一步跨的界河边，瞭望瞭望对岸台地上曾经香火很旺盛的寺庙，觉得很神秘，赶巧了，还能看到对岸婚嫁的送亲队伍。

市区的江面上也有载客游江的江轮，装饰得很有中国味道，那是黄顶红柱、雕着龙的龙舟。

夕阳下的江面更美。

市内鸭绿江畔还有锦江山和锦江山公园，公园山巅上建有中朝友谊亭，站在亭上举目远眺，从东北向西南的浩浩荡荡的鸭绿江就像一条蓝带，朝鲜新义州则像打开了盒盖的礼品盒，城市和江岸风光的画卷比站在江岸所睹的画面要宽阔得多，那真是丹东之行挺可心意的一件礼品。锦江山西麓有抗美援朝纪念馆，全馆由纪念馆、陈列馆、全景画馆三大主体建筑组成，那里的文字、图片、实物、解说会告诉我们一个真实的刻骨铭心的三年抗美援朝反侵略战争史。

进出丹东

机场在市区的南浪头镇，与济南、北京、成都、威海、上海、深圳、海南等地通航。市区有几路公交车直达机场，锦江路民航售票处有专线车去机场。

铁路：丹东铁路干线与全国各地相连，空调快速列车4小时到沈阳，开往北京的快速空调列车夕发朝至。

公路：出火车站步行5分钟可到丹东长途汽车客运总站。沈阳、大连乘车走高速公路均能抵丹东。

水路：丹东有浪头港、大东港两个港区，轮船可到上海、广东、天津、大连、烟台、青岛、秦皇岛。

住宿：三星级酒店有几家，中小型旅馆不少，整体价格偏高。

餐饮：市内多朝鲜风味餐馆，地近黄海，海鲜馆也不少。在鸭绿江边的餐馆里所见的菜品，丰富得难以想象，海鲜明档展示，任由选择，而且价格不贵。

线路提示

丹东是进也容易，出也容易的地方。自驾车游最潇洒，最自在，最享受，家庭自助游也方便。鸭绿江边的景区景点，除市区的而外，在宽甸红石镇还有中朝两国共管的水丰湖景区，那里是东北最大的水库，库区内的森林近似原始状态。宽甸长甸镇太平湾景区，由古渡新村和太平湾电站组成。宽甸红石镇大桥景区，是鸭绿江风景名胜区的核心景区，与朝鲜新义州隔江相望。东港市区东郊的江口景区，鸭绿江最南端的江海分界线是中国的海岸线最北端。出境游可选择一日游也可选择七日游，只是去丹东之前要向当地旅行社打听一下是否封关。手续是极简便的，只要身份证，不必办理护照。把自己和家人交给有组织出境游资格的旅行社就行了。

江滨游、鸭绿江水上游半天足矣，东港的出海口应考虑去一趟，连同抗美援朝纪念馆，鸭绿江风景区可安排 2 日游。若出境，加上出境游程，丹东之行也就这样了。不出境，至少再安排一日游凤凰山，从丹东乘客车，一小时即可到凤凰山。自助游凤凰或随一日游团游凤凰均可。

自驾车的家庭，是可考虑去青山沟风景名胜区的，此景区距丹东 170 公里，那里的风光诱人，有青山湖，还有千年松神，盛夏冰凌，画家村什么的。也可安排去天桥沟国家森林公园，那里的野生动物有黑熊、野猪、水獭等十几种，鸟类数十种。

中朝边境游注意事项：不能对着朝鲜边防军人照相。尊重对方的政治信仰和习俗，以免引起不必要的纠纷。能否带相机拍照一定要问清楚。

西双版纳

西双版纳，一个神奇的地方，未去过听人介绍最多是向往，去过后就中了魔，被幸福的回想思念纠缠着，焦渴殷切地期待着什么时候能再去，那是一种愉悦的煎熬。

很是想不明白，不就是热带雨林嘛！不就是傣家竹楼、傣家歌舞、傣家秋千、傣家竹筒饭、傣家烤鱼嘛！

不可救药的是，就是为它牵肠挂肚，苦恋的感觉。

野象谷——树上旅馆的感觉

经驯化的大象和野象是大不一样的。流传着一个耸人听闻的传说：在野象谷还未开发以前，一行人在公路上走，准备上车离开，遭遇了野象，又恐慌又兴奋又刺激。象群从路桥下过，人象彼此相安无事。突然，一只野象从路坡下冲上了公路，人们立即惊惧地大叫着乱逃，那头野象只咬住了一个人紧迫，他逃进了自己的小轿车里，那头野象并不因为他缩进了乌龟壳而就此罢休，只见它抬起前脚狠劲一踩就把小轿车踩成了废铁……据分析，此公曾惹了这头野象，它记住了他。

野象谷在西双版纳北线，距景洪市区 47 公里。景区内野象时常出没的峡谷中有千米长的空中观象栈桥和树上旅馆，观野象的设施很安全。入谷不一定就能看到野象，虽然那里的野生象多达几十群，谷中河床是它们常来饮水嬉水的地方。有心等待就住在树上旅馆里，那是一个神秘刺激、充满了渴望而最终未必就一定有结果的等待过程。看驯养的大象很容易，景区每天都有驯象表演，强壮、笨拙、憨态的大象无论是独自还是与游客互动性的表演，都会给人们带来愉悦和欢乐。只是，不要因此就产生错觉，把象当作很温良的动物——老虎和用尖角挑人当即让人丧命的犀牛都是不敢招惹大象的。孔雀和品类丰富的蝴蝶是云南的特产，景区山门处有孔雀飞行表演场、蝴蝶园，还有歌舞表演场和大型宾馆度假村，那才是平衡消费心理的地方。

原始森林公园，天天过节

原始森林也在北线，距景洪市区 8 公里。

动物表演、水上餐厅和宾馆；走上铁索桥才能走进去的爱尼村寨；大型歌舞表演场和泼水游乐场以及原始森林装饰出的深山峡谷……按地势分区，按功能布局的原始森林公园粗看是以全取胜的，差不多游客想在西双版纳得到的这里都有。但它的魅力绝非仅此，爱尼村寨的参与性"抢亲"活动是展示独特的爱尼婚俗风情的，更是娱乐大众的，那是制造欢乐的活动，不管是参与还是旁观，都逃离不了欢乐。更无法逃避欢乐的是成百上千人的"挥盆对泼"。傣族泼水节是有日子的，得恰逢其时才能体验，这里每天都是"泼水节"，下午傣族歌舞表演之后就是泼水节，众人不分男女老少，尽情地泼，在铓锣咣咣声中泼，在象脚鼓咚咚声中泼，在"水、水、水"的欢呼声中泼，在相互追逐中泼，泼它个漫天银花、烟瀑迷离、浑身水湿、旋天昏地，那是纯净的水，除恶洗污的水，吉祥的水，幸福的水。

原始森林公园天天在过节。

橄榄坝——感受欢乐时光

在景洪东南 37 公里的地方。

橄榄坝本是以集市吸引游客。赶场赶摆，各个地方叫法不同，意思是一样的。橄榄坝的集市，对全国大多数地区的人们来说都具有一种新奇感，是赶傣族集呀！买不买都开心。上集的傣家女不是乔装打扮出来的，是原汁原味非常本色的民族着装。卖蝴蝶标本的，卖手绘傣族风情画的，卖孔雀翎的，卖相思豆手工系列的，卖鸡蛋果、细腰葫芦、傣族风味食品的……置身其间很快就看得眼花缭乱。在全国旅游商品大串连的时代，你真为它的特色风情感动，空手离开的可能性很小，总会有你忍不住想买的纪念品、食物或日用品。现在的橄榄坝，有了大型景区傣族园，中央是停车场、餐饮、住宿服务区、泼水游乐场、民族歌舞表演场，周围五个傣族村寨。中央景区每天都有歌舞表演，都过"泼水节"——游人的泼水节，还有织布、挖甘蔗等民间技艺表演。傣族村的傣家竹楼是免费参观的，傣家乐活动的独特生活体验、生活情趣不知会给您和家人带来多少欢乐。

穿过橄榄坝、勐罕、雨林谷，有勐仑热带植物园，它是老景区了，风采迷人，是滋神养目、增长见闻增长知识的地方，能见到很多闻所未闻的奇异树种和花草，还能买到很多可心的热带植物做的小纪念品。大王椰下留影，就像传染似的，让游人到那儿情不自禁就想拍几张纪念照。

雨林谷与勐仑热带植物园相距 7 公里，十几年前是导游带去免费观赏体验的地方，现在则要花钱买门票才能与自然的野生的雨林树种、花卉禽鸟对话交流了。

佛界建筑奇观

曼飞龙佛塔在景洪市南 70 公里的勐龙曼飞龙寨子后面山顶上，是西双版纳最著名的佛塔群，傣族悠久历史文化的象征，也是傣族文化的形象大使。图说西双版纳，没有这座塔群的图片，人家不一定信你说的是西双版纳。此塔群也叫笋塔和白塔，叫白塔是因其色，叫笋塔是因其形。八塔簇一塔，居中的主塔高 16.29 米，八角八塔均 9.1 米，雨后春笋节节高的态势，也酷似笋的形姿，一节一节的；其实更像细腰葫芦。细腰葫芦属于道教文化，西双版纳是佛教文化，而且与内地的佛教不同，是小乘佛教文化，当地又盛产竹，自然不能称其为葫芦塔了。曼飞龙佛塔是壮观雄伟的，壮观雄伟中又有一种俊朗清秀的气质，是内地见不到的塔形塔貌，体现了西双版纳人的智慧和才华。傣文史载它建于傣历五六五年，即公元 1204 年，距今已有八百多年历史。

景真八角亭用亭这个词的时候，我们想象的翅膀张得再开也想象不出它的形貌，而看过之后也很难用形象的语言逼真地描述它，口头和文字语言无法还原。它在景洪市之西，稍稍偏点西南方向。周围的环境好，亭东南有滋养出著名悲剧《葫芦信》（对不起，版纳也产葫芦，而且是腰葫芦，凡清秀形的美物其专利和专有权都不在北方）的碧清碧清的流沙河。景真公主从桥上跳河殉情而死。亭的西面是波光潋滟的景真湖，傣族名著《召树屯》里景真公主七姐妹就是在这湖里洗澡遇上了王子召树屯的，一河一湖均是孕育文学名著的"温床"（水床），厉害吧！

亭子是八角形，砖木结构。未见实物时，按八角想象，我们根本想象不出它是如何的八角形，怎么想都会想偏，而且离其甚远。亭有 31 个面，32 个角，把 22 米高的亭做一个区域划分的话，基座和亭身合起来占不到二分之一，亭顶要占二分之一强，攒尖顶。出人意料之外的是这攒尖顶是由下而上的内收的层层叠叠错落着的小抱厦攒簇形成的，造型奇特之极。据说此亭融着汉人的智慧，是汉傣共同的创造物，心血结晶。此亭细节配置上还有很多奇特之处，如镶嵌的镜子。它镶嵌的不是一面镜子，也不是一种形状的镜子。

这是佛教建筑，其形，仿的是佛祖释迦牟尼戴的金丝帽台"长钟罩"。它是高僧授经、商定宗教大事、处理日常重大事务的场所，也是和尚晋升为佛爷的场所。

打洛边贸区的一树之林

独木成林是西双版纳的明星，去过西双版纳的人没有不知道独木成林的。取独木成林作为景观的名称就是与"单丝不成线，独木不成林"这公众认同的真理叫板。它真的是一木之林。林幅 120 平方米，高 70 多米，是由一棵 900 多年的老榕树的 31 根气根组成的。这榕树是精，它的气根不趴着长，立着长，不抱在一块长而是散着长，很懂得如何才能出名的道理。这棵独木林在边贸区境内，旅行社组织边贸旅游，一般都带团过去看一看。

打洛镇除了"独木成林"景，还在中缅边境口岸的曼景山开发了打洛森林公园，公园内有热带原始森林、森林动物园、江上泼水、赛龙舟、界河跨国竹筏漂流等项目，独木林也囊括进公园内。因是口岸界河旅游区，边境特色比较浓，从国外进口的小商品很多。

进出西双版纳

航空：西双版纳有机场，机场距景洪市区 5 公里，市区有公交车直达，还有民航班车。上海、天津、成都、重庆、丽江、大理和曼谷都有直达的班机，昆明每天有 8~16 个航班往来。

公路：昆明到景洪有 692 公里的路程，每天有 20 多班卧铺车、普通班车到景洪，昆明长途车站就在火车站旁。

水路：澜沧江航道可通航，景洪有景洪、橄榄坝和关累 3 个码头。

住宿：景洪不缺住的地方，星级饭店 30 多家，最高的四星级，淡旺季价格浮动。

饮食：傣味菜里的香竹饭、香茅草烤鱼、香竹糯米饭是南北皆宜的，北方人比当地人吃着更香。想深入品尝傣味菜，烤竹鼠肉、刺猬酸肉、蒸青苔蛋、赶摆黄焖鸡、熟鸡肉剁生、荷包蛋蛹、江鳅煮酸笋、酸味鲤鱼汤等都是那里的特色菜。

"剁生"，傣族下酒名菜之一。剁生，就是剁生肉，把生肉细剁了拌佐餐作料。现在人讲究，改剁七成熟肉了，一点生没有就不是剁生了。

线路提示

最佳旅游时间：11 月~转年 4 月

西双版纳一年分三季：热季、雨季、冷季。雨季雨多雨频雨大，是不大适合旅游的。当地人把每年的 11 月到来年 2 月这段时间，称雾季，雾季和冷季有交差。雾季并不影响旅游，反而有一种特别的视觉效果。

中缅边境购物旅游线从打洛出境。这条线也称西线，一般是随着旅行社走，过境手续旅行社统一给办了，顺路还有不少景点，方便，内容丰富。有人总有一种概念，觉得多了层旅行社，就被多剥了一层皮，旅行社在黑自己的钱。其实，不找旅行社，那部分钱也得付出，旅行社赚的是服务差价，它不是从游客钱袋里直接拿的，而是从游客必须给酒店、餐馆、机场、公交公司、景点的钱中抽取的，是以上那些经营单位让给旅行社的利润，它们与旅行社利益分沾了。比如说，订宾馆标间自助游客再能砍价，砍到 8 折入住了，旅行社拿的价格则可能是 6 折、5 折甚至 4 折 3 折，这部分钱宾馆是不会让给消费者的，它要刺激旅行社保障它的客源、出租率、稳定的收入。总体上游客并不吃亏，甚至有可能因旅行社而占了"便宜"，旅行社为了顺利组团，可能返还给游客 1~2 折的利益。

对中缅边境游来说，依靠旅行社，游客获得的利益更大。对导游依赖和信任能避免重大的经济损失，他们的经验能帮游客很大忙。

到缅境购物主要是珠宝玉器。缅甸玉很有名。价越高，越货真价实，这是一般游客的想法。这种认识在缅境购物实在是太危险了。不是行家，在缅境别相信常识而要相信导游，他们会提醒游客，游客也可以请教，掌握缅境购物规律，确保货真价实。还有在购物时不要对任何人妄生同情之心，那很容易被商人的花言巧语蛊惑。缅境商人中有很多华侨，如果您碰到了老乡，千万小心了，"老乡见老乡，背后打一枪"，这里是商战战场，您就是"心黑手辣"也免不了要吃亏上当。

在西双版纳旅游要有取舍，不一定所有的开放点都要走到，同类的、内容大同小异的可舍去一个两个，如热带植物园，如有泼水娱乐项目的公园。

野象谷是要去的，橄榄坝也是要去的。橄榄坝必去的原因是原版原味的傣家自由贸易市场、傣家竹楼、傣家生活、傣家风情。出游时间够，又不必考虑节省费用，怎么开心怎么玩，那另当别论。

勐仑热带植物园与景洪市区花卉园可二者选一。

旅行社一般会安排三日游。一天，勐仑热带植物园，途径橄榄坝，赶摆，去仿傣家村寨，从植物园返回市区不是再选一家风情园就是自助活动。第二天，中缅一日游，景观有景真八角寺、打洛边贸、中缅界碑与国门、缅境卧佛、大金塔、禁毒馆、缅甸小勐拉集市、人妖表演、独木成林。第三天，野象谷，返回后在市区附近再选一个点。

随团走的不利之处是自由度差了些，一些相中的景观没有时间没有机会去，往往是整个游览时间和行程都是锁定了的。

自助游家庭，最好是自助、拼团两结合，起码和旅行社签订中缅一日游合同。

进出西双版纳最好从昆明坐飞机，若有打折机票，既快又省钱。坐卧铺大巴车走山路，老年人未必适应，耗时也长。

瑞丽

不想做一个比较吗？在瑞丽和西双版纳之间！同在彩云之南，同与缅甸接壤，同是孔雀与民族歌舞之乡，同样的神奇美丽令人神往。一个可以替代另一个？去了瑞丽就不必去西双版纳或去了西双版纳就不必瑞丽？

恰恰不是。

瑞丽不大，却是西南最大的口岸城市，在市区西北有长达 1 公里的不夜边贸街，晚上比白天更热闹。

瑞丽之西 4 公里的姐告（傣语"旧城"）是云南最大的边贸口岸。丽江对面是缅甸的木姐市，距离只有 500 米，这里的中缅商贸一条街店铺林立，边民熙来攘往。

畹町，与缅甸相隔的是一条 10 米宽的小河，已停止使用的木板桥中间划着一条红线，上面立有中缅文字的标牌："中缅国界，禁止跨越"！这还不是距离最短之处，与缅甸村寨紧紧相邻的村寨有着"中国的瓜秧爬到缅甸去结果，缅甸的母鸡跑到中国来生蛋"的说法，这是不是很有趣？

还有对游客来说更有意思的事。弄岛与缅甸的南坎相邻。弄岛的南茹河上有大型的淘宝场，这是当地宝石矿带原矿最富集地区，遇暴雨，发洪水，会有宝石冲来。宝石矿分布过于分散，河里的宝石坯子矿场顾不过来，当然也是因开采价值不高，让游人过去淘，淘了就归己，淘捡那些红蓝刚玉和尖晶什么的好看小石头也是游人的一大乐趣。运气好的话，就像中彩票一样能淘到货真价实的，那也归己。就是小心别淘晕了头，一淘淘到外国去。

在瑞丽自然景观中，瑞丽江是宽阔秀丽的，两岸林木茂盛，野鸭白鹭点点，森林景区巨树参天，遮掩得林中小道暗无天日。芒令村有独树成林，面积超过 500 平方米，比西双版纳独木林大出好几倍，相当气派，但与瑞丽相邻的盈江县铜壁关老刀寨旁的中国榕树王比，谁能戴中国独树成林之冠的金牌还不好说呢。

人文景观，瑞丽市区南 4 公里西侧的寨子里有喊萨寺。别把它当作一般的寺庙来理解，当地人称之为奘房，是别具特色的民族建筑，是傣族文化沿革的艺术宝库，有凤竹环绕，榕树垂须，装饰绚丽多彩。在市东北 4 公里处还有瑞丽最古老的佛教建筑姐勒金塔。塔身贴满金色瓷砖，16 座小塔簇拥着一座高 39.5 米的锥塔，金碧辉煌，壮观而崇丽。

进出瑞丽

先坐飞机或卧铺长途公交车到芒市（德宏州州府所在地），然后乘班车到瑞丽。

住宿：瑞丽有星级宾馆和比较干净的旅馆，集中在南卯车站和边城街。

风味小吃：酸辣是傣族特色，小吃有撒苤、撒大卤、炸猪皮。景颇菜以舂菜为长。舂菜就是把野菜野果捣后做成的菜。

尝一尝当地特产泡努打，这是柠檬汁加米酒、面包干等混合制成的。

纪念品：缅甸制作的木雕大象、狮、虎、人物。

线路提示

在瑞丽至少是做三件事：一是出境游；一是去南菇河淘宝场淘宝，还有一件事是在珠宝城买珠宝玉器。

出境一日游既方便时间又宽松。外地游客可以在三个地方办理中缅边境一日游手续：瑞丽、畹町和潞西。潞西指的是芒市，也就是德宏州州府所在地、潞西县城所在地，不管怎么叫，隶属关系如何，都是一个样儿。瑞丽口岸最近，入缅境只有 10 多分钟不到 20 分钟的路程；畹町口岸远一点，距离瑞丽 30 公里，过境到缅甸要 1 个小时的样子。但这两个地方在哪儿办手续都一样。因为一日游的地方是两个城市，一是对方的木姐，一是对方的南坎，木姐距瑞丽近，南坎距畹町近。或从木姐入缅，或从南坎入缅，出来又调了个个儿，路线一样，长短一样，内容差不了太多，办手续不需要护照，只需要身份证原件和钱。非自费项目（在旅行社安排的项目里）有国门、天涯海角、市容（木姐或南坎）、金皇宫、金鹿寺、珠宝展、独立碑、云峰塔、蛮坎大佛寺、螺蛳塔等。这么多内容不一定全安排，但自费项目肯定是去的，有人妖表演、长颈族表演、大象表演。理论上可以不看，实际上难以做到。一日游还包括姐告边贸区、中缅一条街，晚上还有一顿有歌舞表演的特色民族风味儿的晚餐。

以上内容肯定是随旅行社走。

瑞丽开有珠宝城，瑞丽离缅甸产翡翠的地方太近了，和缅甸的边贸，珠宝翡翠是长项。世界上百分之九十五的翡翠都出自缅甸，靠近缅甸了，能不想买吗？至少是看一看开开眼吧，那是挡不住的诱惑。不过，进珠宝城选购时一定要谨慎小心，不懂的话，去之前多请教请教行内人，有点知识储备。在边贸街、在缅甸珠宝城都得谨慎。

淘宝的乐趣是不应该放弃的。可能就是捡了些漂亮的小石子，那也是在祥瑞美丽、雾茫笼翠的瑞丽捡的呀！吉祥、浪漫。捡是要花钱的，交了钱，淘宝场提供淘宝工具，提供午餐。带着孩子去参与淘宝，这种家庭旅游的乐趣是别处没有的。

淘宝场距瑞丽市区 30 公里的样子，乘旅游车，租车、自驾车都行。淘到好宝贝可以就地加工，加工费金额不大，按件收费。

淘宝后如时间还有富余，去一趟大等喊（金色池塘），那是瑞丽出名的柚子村，电影《孔雀公主》孔雀王宫的外景地，村中建于清乾隆年间的奘房，看过《孔雀公主》的肯定还有些印象，实地实景欣赏游历一番，留张纪念照肯定不错。整体时间不足，打的去趟喊萨奘房，位置在瑞丽市南 4 公里处的喊萨村。

瑞丽东线旅游含三项内容：一是观赏影视里的榕树明星芒令村口的独树成林，它在《边寨烽火》《孔雀公主》《戴手铐的旅客》《西游记》等影视片中都露过头脸。二是在暗无天日的莫里峡谷、热带雨林中的羊肠小道上行走，感受秀美旖旎的热带风光，探找从 60 米高的悬崖陡壁上倾泻而下的扎朵瀑布，默默欣赏（欢呼雀跃着欣赏也没人反对）这山涧白练如何壮观，如雷轰鸣声中如何惊心动魄。三是乘船顺丽江而下欣赏两岸如诗如画的风景。

独树成林和莫里热带雨林风景区都在瑞丽和畹町之间，要包车去。莫里热带雨林里面可以泡温泉，景区门票及泡温泉都要另收费。

瑞丽游总共只需要三四天吧。

加一天时间给德宏州的首府芒市。芒市被称为"黎明之城"，据说此名是佛祖释迦牟尼取的，也有怒江以西第一坝之称。有如下几个颇为诱人之处：

树包塔奇观。出菩提寺不远便见树包塔。树包塔奇妙在仰望中由不得惊叹它究竟是树包塔还是塔包树，它树中生塔，塔中有树，一树菩提如柱擎天，紧紧裹住塔身，树干如飞瀑坠地，根须流入塔中，下部又见塔不见树。相传这里原本有塔无树，一颗菩提树种被风带入塔缝，种子生根发芽成树，树越长越高越长越粗，便有了眼前的奇观。

勐巴娜西珍奇园。芒市内重要景点。1956 年 12 月周总理与贺龙副总理同缅甸总理吴巴瑞在芒市主持过两国边民联欢。这里有三项之最：世界上罕见的树化石，规模之大、精品之多为全国之最；大树根雕造型之美，古树数量之多（500 余株）、规模之大、形状之奇为全国之最；还有大树移植之多、成活率之高为全国之最。

在芒市，吃擦粉、泡鲁达、泼水粑粑、苏子粑粑、凉卷粉、米凉虾，喝柠檬水也是令人难忘的体验和经历。

那就别含糊，在芒市也住一天吧，反正进出，都要经过芒市。

桂西南

从防城港的竹山港中越零界碑到云南相接地的中越漫长边境线上，自然和历史创造的神奇数不胜数。北部湾畔的防城港、宁明花山、龙州小连城、凭祥镇南关（友谊关）、大新德天瀑布、靖西通灵大峡谷，都是镶嵌在这片土地上的耀眼明珠。

防城港，边境旅游新星

防城港是正在崛起的一颗旅游新星，无数旅游爱好者已注意到它的名字，成为痴迷着它和热衷追捧它的粉丝。

江山半岛

防城港的主要旅游区是江山半岛。从防城港北码头坐船，20来分钟就能到江山半岛上。半岛上最大的海滩是大平坡，细而黄的海沙铺展出的海滩长约10公里，宽近6公里，平展壮阔，退潮时滩平如镜；涨潮时波逐成列，浪涌成行，白色的浪花耸起在浪峰上。躺在滩边阔叶林间吊床上，或把着小桌，喝着啤酒、饮料，默默地欣赏，心房里涌荡起愉悦的旋律，与浪波的琴音一起合鸣，那该是多么惬意的享受。夕阳西下时，晚霞与浪花共辉，又是多么爽目的风景。这片沙滩有两个名字：大平坡、白浪滩，都恰如其分。

半岛海岸边有灯架山，灯架山上有为海中航船引向的灯塔，山巅是居高望景的理想观景台。灯架山下的海滩上一片怪异的岩石群，岩形岩态都是大自然无意间的雕琢，雕琢得很丑，却因此而成为最具艺术魅力的景观带。人类对自然，从来都是以怪、以奇、以异为美的，又刻意地发挥想象，在熟悉的物貌物态中去寻找对应物，给那些怪岩怪石起一些俗而又俗的名字。石滩的名字倒没有刻意雕琢，就叫怪石滩。怪石滩在涨潮时会被海水淹没，退潮时才会显现。

距怪石滩4公里，是江山半岛的尽头，那里有清末抗法时修筑的白龙古炮台，走进石砌的门洞，可看到两门昂首炮台的巨大铁炮。

东兴的潭尾半岛与白龙炮台隔海相望，是防城港三大半岛之一，是京族人发祥的巫头、山心、潭尾三岛的中心。京族，历史上自称京，他称越，祖先大约是在公元16世纪初从越南涂山等地迁徙来的，有丰富的海洋知识打鱼经验，服饰是上身窄袖紧身对襟无领短上衣，菱形遮胸布，下身着黑色或褐色长宽裤。但现在在京族三岛上轻易看不到他们穿传统服装了。潭尾岛上的金滩，全长15公里，沙细、浪平、坡缓、水暖，海水清澈，是天然的海滨浴场、度假休闲胜地，现已成为继北海银滩之后的又一旅游热点，在那里，京族的风味米粉，想吃就有，给的量大，价格也不贵。金滩的海鲜大排档很吸引人，游客可自己买来新鲜的鱼虾螺蚌请人加工后海撮一顿。潭尾岛上有万鹤山，从3月开始就有白鹭栖息，黄昏万鹤归巢落枝时雪茫一片，迷人而壮观。

风情独特的东兴口岸

大清国立的一号界碑在竹山北仑河入海口海陆交汇处，这里是中国大陆海岸线的最西端，也是陆路边界线的起点。曾经，它是中国、越南非常热闹繁华的一个通商口岸，这个口岸很小，至多是村级单位，当初可能就是一个港口，却遗留下不少的古迹，三圣宫、天主教堂、古街、古戏台……那都是投射历史神貌的铜镜。现在的口岸在东兴市区，对面越南的芒街与我国的东兴市只隔着一条窄窄的北仑河，河面宽处有 50 多米，窄处也就是 10 来米，河上架着一座钢筋水泥浇筑的小桥，桥中间一道红线就是两国的分界，不注意细节，不了解情况的，粗看之下会错误地认为芒街和东兴市是一座城市，它们太近了，近到实实在在地唇齿相依。

走进东兴著名的边贸一条街，走进东兴市，在感受着这口岸、这边贸城市的繁华的时候，也会感受一种困惑：怎么区分越南人和中国人？尤其是区分女人。都戴着三角形的斗笠，围着薄围巾，把鼻子和嘴捂得严严的，只让眼睛露在外面。越南芒街的女子，到这边来卖越南工艺品，兑换货币；这边的女子有越南那边嫁过来的，大部分恐怕是一种习俗的感染，抑或是同种自然环境条件下，女子只能这样武装？到处是越南货物、越南工艺品。越南式店铺插着中国国旗，表明这是中国人开的。只有在边界，才有如此自觉和强烈的国家意识。店铺插国旗，时时让五星红旗迎风飘扬，成为口岸城市的一景。

北仑河入海口的竹山，河左是越南，河右是中国。东兴市区也是，踏进北仑河桥上的红线就进了越南，而在红线这边，就是在中国。踏越红线时，只要拿出通行证给卫兵验一下，盖个章，就过去了。办证也很方便，只要在口岸办证大厅出具身份证，交纳规定的手续费就行。

进出防城港

去江山半岛：南宁琅东客运站每天都有开往防城港的直达快班。防城港汽车站，每半小时有一趟开往江山半岛大平坡的中巴，大平坡有三轮车到怪石滩。也可乘去白龙的中巴车，中途下车，步行前往。从怪石滩返回时在公路上，截白龙方向过来的中巴车就行。

去东兴澫尾。防城港每半小时有一班开往东兴的班车，东兴有去澫尾的中巴，每隔半小时一趟车。

去竹山，去南宁：澫尾每半小时一趟公交车开往东兴，东兴汽车站每半小时有趟中巴，开往竹山。东兴开往南宁江南客运站的直达快车很多。

住宿：游江山半岛以住防城港为宜。大平坡有简易的住宿，旁边有个半岛酒店，价格较高。怪石滩没有住宿条件。

澫尾金滩有私家小旅馆，去澫尾应住在东兴。东兴汽车站有很多挂着各大省市名字的宾馆、招待所。

线路提示

到防城港，一是海滩观景戏水休闲吃海鲜；二是逛边贸城边贸街，从东兴到越南一日或几日游。在防城港找旅行社安排防城港的全程旅游和越南游是比较合适的。防城港是全广西组织出境越南游最便宜的地方，境内自助游主要是交通上的麻烦，它适合年轻夫妇，有老有少家庭在游后疲累的情况下找车、等车不仅心情变得很糟糕，遇到一些实际问题也不好处理。自助游最好的方式是选择住宿和交通便当的点，忍心舍弃看似就便却因交通不便而进出很麻烦的点。

友谊关，小长城

今天我们看到的友谊关关楼，已非清末冯子材率军激战两昼夜，歼灭入侵法军千余名，乘胜追击将其赶出越南凉山、文渊州等地的那道关的关楼。友谊关曾有过

友谊关小长城

很多名，明洪武年初设时，叫镇南关，那时元军的势力在南方还很猖獗。也叫过镇夷关、界首关、大南关。清雍正年间建起一层关楼，中法战争时被法军毁了，以后建起的两层关楼又毁于抗日战争中。1953 年，此关改称睦南关，重建了关楼，1965年改建的关楼比历代关楼都要雄伟，拱式城门，三层楼阁，额书"友谊关"是陈毅

元帅的题字。关楼两翼城体如巨蟒分连两山，气势磅礴。现在的关楼和关城是旅游开放点，售门票。景区内的景点有城楼、展厅、一座法式楼和左辅山镇关炮台和右辅山镇关炮台以及右辅山古城墙。

当年冯子材指挥的镇南关大捷，损失和伤亡是惨重的，关后埋葬抗法捐躯的烈士墓，叫万人坟。歼灭法军千人的大捷以牺牲忠勇将士万人为代价，这个胜利实在是太沉重了。但毕竟，祖国的领土未被法国鱼肉分割。镇南关大捷的那一年，法国侵略军占领了越南，开始了长达一个世纪的殖民统治，这一个世纪留下的最明显的痕迹就是遍布越南的法式建筑，而镇南关留下的建筑则是抗法的炮台和南疆小长城。

南疆小长城是中越边境线上防御系统严密的军事设施，它是由炮台、兵房和连墙组成的，当地称为小连城、大连城。小连城在龙州县城5公里的将军山，山巅三座山头有左中右三座炮台，左当镇南关孔道，右控水口关，并与下冻、水口炮台连成一体，气势雄伟壮观，山的西麓灰色的长龙是石灰岩石砌成的长墙，与炮台相连，在险峻起伏的峰峦间连亘绵延数十公里，被誉为南疆小长城。开放的景区有保元宫、太乙门、天阙、九龙壁和15座炮台。在炮台上能看到当时装备的德国克虏伯大炮。修建这些军事设施的，已不是冯子材，而是广西提督苏元春。冯子材在参加抗法前，本已退职，领兵的淮军将领在法国入侵时因怯战而节节败退，若不是广西群情激奋，冯子材挺身而出，此后的局面真的是难以预料了。冯子材打出了军威，打出了国威，也打出了抗法必胜的信心。

友谊关坐落在距凭祥市18公里距越南谅山16公里的中越边境线上，是国家一级口岸，关下的铁路公路直抵越南河内。南宁经友谊关到越南谅龙湾的旅游线是热门旅游线。

德天亚洲第一跨国瀑布

桂西南边境大新的德天瀑布宽近120米，落差近70米，与越南的板约瀑布相接，合宽近200米，是既有磅礴的气势，撼天动地的声威，又子瀑纷呈，穿插错落，灵动活泼意蕴悠长的三级瀑。形成瀑布的归春河湛清碧绿。瀑布水帘上方有许多大大小小的水池水泡，两侧青山夹峙，瀑下河面波平如镜，是激情与柔媚，雄壮与清丽和谐共辉的山水诗。沿中越边境，有长250公里的山水田园风光画廊，秀丽清奇。

　　大新县多山水名胜，银链翻滚的沙屯叠瀑和贵州天星桥景区的银链坠潭有异曲同工之妙，石峰玉立的乔苗平湖一望便知是桂系家族的芊芊秀子……

靖西，边城世外桃源

　　广西靖西县龙邦镇国家一级口岸龙邦口岸与越南茶灵口岸相接，这个口岸注定无法成为边境旅游区，是因为它以机电产品贸易为主。旅游提不上日程，一切旅游配套服务和服务设施免谈。但靖西这个地方，却有着毫不逊色的旅游资源。靖西是

龙邦口岸

山水胜地，在靖西县城东北3.5公里处有龙潭，泉从山脚喷出，宽数丈，清可鉴人的水潭周围奇石起伏，亭阁错落，绿树浓荫密布；城东1公里有宾山风洞，在山腹前后相通，幽邃奇巧；城南10公里有紫壁山，紫褐色石山陡峭，为苍翠的林木遮护，半山腰有"紫"壁樵歌天然唱歌台，唱歌的是泉水，而不是樵夫。虽泉已干涸，雨季到来仍能再现妙景。靖西更有神奇瑰丽、百态千姿的通灵大峡谷，谷长10余公里、由念八峡、通灵峡、古劳峡、新灵峡、新桥峡等组成，是封闭的深留在地平线下的盲谷，谷内瀑布群、地下河、山中洞穴和溪流等自然景观与古崖墓葬自成一统，峡头高崖飞瀑落差160米，瀑底巨大的溶洞岩溶大厅中暗河汹涌，流瀑多布，潭深涡旋，钟乳神异。靖西是在清顺治六年（公元1649年）归顺州，州治北迁于现址的基础上发展起来，州治北迁前的州治所在地改为旧州，文天祥抗元兵败，随他抗元的江西人张天宗退居旧州后设乡塾教育土民子弟，大概是天高皇帝远的缘故吧，居住在这里的人倒也安居乐业，这里也就成为边城的世外桃源。旧州引

起了旅游者的注意，是这里的旧州街500多户人家家家户户都会制作绣球，女子做男人也做，年轻人做，老年人也做，红黄绿三色绣球大大小小，上面绣飞禽走兽、花鸟鱼虫各种图案，既是年轻人的定情物更是饶有特色的旅游工艺品、纪念品。四四方方的街区，高低起伏的青石板路，久经历练的老式砖瓦房显示出厚重的文化底蕴，很能激发起人们的怀古情思，亦证明着绣球街绣球制作历史的深长。旧州还不只此，兀立水中的文昌阁，是旧州古远的人文画卷中独具神采的一笔。

线路提示

怎样游凭祥和友谊关

南宁客运站有直达凭祥的客车。到凭祥换机动车，30分钟后即到友谊关，凭祥至友谊关这段路程不通公交车，要打的。距友谊关不远，有浦寨、弄尧等边境小镇。凭祥至浦寨有很多车。浦寨设关卡，两国关卡中间有200米长的自由贸易区，在区内出入的是两国边民，游客是不能进入的。

友谊关关前广场有棵千年古榕，顺广场南下就是著名的零公里处。

凭祥可办理赴越南谅山游。办签证要交费。

如何去龙州

从凭祥去龙州是40多公里路，山多林少，车慢。凭祥每40分钟有一趟中巴发往龙州。

清军事遗址：炮台、小连城距龙州城区仅5公里。有公交车直达景区。从山脚顺台阶上行，走到几丈高的石牌楼，过石门，有两个相连的崖洞，一叫通天洞，一叫蔽日岩，通天洞是钟乳岩洞，蔽日岩，原是观音殿。顺崎岖山道上到将山山顶，小连城尽收眼底。小连城是对沿山脊筑石为城连起五峰小炮台和兵营铺堡的清军事设施的习称。现石城墙已破损，半隐在树丛中。

如何去大新

南宁每天有6班直达快班到大新县城，行车约两个半小时。慢车很多，晚间有卧铺大巴。去德天瀑布在大新换客中巴，到硕龙镇，在镇上包摩的。

南宁客运总站每天都有大新——德天一日游的大巴，顺路览龙岩宫、黑水河、绿岛行云、沙屯叠瀑等沿线景点。

如何去靖西

南宁有发往靖西的班车，快巴每天6班，车行4~5小时，慢车和卧铺巴车从早到晚都有。从靖西到旧州每半小时一趟车。旧州没有旅馆，要在县城住宿。靖西去通灵大峡谷，得包微面，行车50分钟，大峡谷门口有度假村。靖西县城内宾馆旅馆便宜，家庭旅馆更便宜。

若不是随旅游团，桂西南边境游不适宜大人小孩老老少少全家出动。60岁以下中年人和十五六岁以上年轻人的组合还可以。边境游是很辛苦的，还要爬山。

还有一条，雨季时最好不出行去有山区的地方。解决住宿，若景区没有住宿地的，最好安排在县城或市内。